2022 名酒拍卖年鉴

郝建军 主编

海南出版社
·海口·

图书在版编目（CIP）数据

2022名酒拍卖年鉴 / 郝建军主编. -- 海口 : 海南出版社, 2022.8

ISBN 978-7-5730-0703-2

Ⅰ. ①2… Ⅱ. ①郝… Ⅲ. ①酒－拍卖－价格－中国－2022－年鉴 Ⅳ. ①F746.87-54

中国版本图书馆CIP数据核字(2022)第132106号

2022 名酒拍卖年鉴

2022 MINGJIU PAIMAI NIANJIAN

出 品 人：王景霞
总 策 划：王晓文
主　　编：郝建军
支持单位：中国酒类流通协会收藏与市场专业委员会
　　　　　中国拍卖行业协会文化艺术品拍卖专业委员会
　　　　　北京兰友汇文化艺术有限公司
　　　　　北京德艺咨询有限公司
编　　委：丁　宁　顾海林　国建立　刘剑锋　刘晓伟　刘雪清　刘云鹏　宋　磊
　　　　　王　涛　王晓文　徐　显　余洪山　余锦生　曾　宇　张跃飞
责任编辑：于晓静
特约编辑：刘长娥
封面设计：陈　丹
责任印制：杨　程
印刷装订：雅昌文化（集团）有限公司
读者服务：唐雪飞
出版发行：海南出版社
总社地址：海口市金盘开发区建设三横路2号　　邮　　编：570216
北京地址：北京市朝阳区黄厂路3号院7号楼102室
电　　话：0898-66812392　010-87336670
投稿邮箱：hnbook@263.net
经　　销：全国新华书店经销
版　　次：2022年8月第1版
印　　次：2022年8月第1次印刷
开　　本：787 mm × 1 092 mm　1/16
印　　张：45
字　　数：310千字
书　　号：ISBN 978-7-5730-0703-2
定　　价：368.00元

序一

在时间长河中品味老酒价值

王新国 / 中国酒类流通协会会长

刘员 / 中国酒类流通协会常务副会长、

中国酒类流通协会收藏与市场专业委员会会长

白酒是中国文化的重要组成部分，是中国人生活中不可缺少的精神和物质要素。在悠远的历史长河中，酒文化潜藏于帝王将相的豪迈故事，深植于文人墨客的动人诗篇，印刻于江湖儿女的侠骨柔情。可以说没有酒的话，许多我们耳熟能详的人和事都将失去光彩。同时，与精神层面相对应，酒在物质层面也酝藏着丰厚的价值，水、粮、窖、法、藏等要素给中国白酒增添了产区价值、工艺价值、大师价值、时间价值……其中老酒，兼具饮用价值和收藏、投资价值，更受到人们的青睐。大家都知道“酒是陈的香”，老酒尤其是老名酒市场已经爆发，正在成为了酒业一条异军突起的赛道。

中国老酒市场发展概览

中国老酒市场的成形，可追溯到20世纪90年代末。当时全国五届评酒会召开以及国家放开白酒统购统销模式，街头小巷的烟酒回收店开始零散出现老酒的身影，小规模的老酒爱好者（俗称“老酒粉”）开始发掘老酒的饮用价值。

2008年左右，老酒行业进入发展期。随着互联网的发展，一批早期的老酒交易网站开始出现，越来越多的酒文化爱好者开始注重老酒的文化特质、历史价值，这也催生了老酒拍卖、老酒文化传播的崛起与发展。2009年北京歌德拍卖有限公司率先推出了老酒拍卖专场，正式开启了中国陈年白酒的拍卖时代。

2014年开始，茅台的崛起与其陈年老酒领跑的名酒价格开始不断上涨，消费者逐渐形成了老酒稀缺——“喝一瓶少一瓶”的概念，电商平台、拍卖平台、媒体、酒厂的参与，这些都成为了老酒价格上涨的助推器。茅台酒最受拍卖市场青睐：1935年产赖茅于2011年拍出单瓶1,072万元的天价；1992年产汉帝茅台于2014年拍出单瓶920万元高价。以茅台为代表的老酒价值已经可与高端书画、瓷器等收藏品比肩！

进入“十四五”新周期，中国经济迈入新阶段。根据国家统计局数据，2021年实现全年国内生产总值114.367亿元，比2020年增长8.1%，全国人均国内生产总值突破8万元，比2020年增长8.0%，中国如期全面建成小康社会。伴随着人民生活水平的进一步提高，中国酒业格局也发生了很大的变化，名酒品牌、老酒产品和酱香酒品类的火热说明，消费需求和市场资源正向稀缺资源集中。聚焦到老酒市场，我们可以预见老酒市场将会在当前千亿规模基础上进一步扩容。

老酒市场健康发展重点工作

俗话说：盛世收藏乱世金。我们正处在中华民族伟大复兴的时代，老酒收藏也迎来了历史上最好的发展时期。中国酒类流通协会非常重视老酒市场的高质量健康发展，并着力在以下方面做好工作：

一、推动建立老酒鉴评标准体系

老酒市场健康发展的基础是老酒鉴评标准体系，借助专业鉴评人员，依托区块链、溯源码等科技手段，确保为市场中流通的老酒创造一个权威背书、专业认证、交易可控的正规环境，避免制假售假，净化老酒市场。

二、积极引导老酒市场氛围营造

老酒市场繁荣有序的氛围需要肥沃的“人群”土壤，也就是包括老酒爱好者、收藏者、从业者等在内的群体要有充足的人口数量。这就需要我们积极引导、普及老酒文化，培育更多老酒粉，来巩固夯实老酒市场底盘。

三、促进老酒专业交易平台建设

老酒集饮用、投资、收藏属性于一身，在交易过程中既要保真，又要提供系列增值服务，因此专业老酒交易平台是市场承上启下的主体。而利用新零售模式，将老酒交易、文化体验、专业鉴定、存储服务等综合功能汇集于平台，这将是老酒流通渠道发展的重要方向。

四、老酒文化的深度挖掘和创新表达

老酒背后蕴含着深厚的文化脉络，不仅是时间累积于酒体上的升华，也是不同历史阶段品牌成长的见证，更是酒文化沿袭发展的载体。通过老酒文化的深度挖掘和创新表达，利用短视频、直播等新媒体平台，将有利于老酒文化的再造，促进老酒市场繁荣发展。

老酒市场的健康发展离不开政府、协会、厂家、商家以及广大消费者的共同努力，当然也离不开专家学者对老酒市场的专业研究和知识普及。随着越来越多的老酒爱好者进入老酒市场，为推动老酒文化传播，提升老酒爱好者的专业素养，为老酒消费者提供价值参考，这本《2022名酒拍卖年鉴》应运而生。《2022名酒拍卖年鉴》对中国嘉德、北京保利、永乐拍卖（北京）、中贸圣佳、北京荣宝、西泠印社、华艺国际（北京）等国内主流拍卖公司的白酒（贵州茅台酒、五粮液、汾酒等）、葡萄酒、威士忌、干邑等老名酒的拍卖情况进行系统的整理和展示，是名酒投资现状和名酒收藏价值的权威参考年鉴，也是名酒集中呈现的“纸上博物馆”，为名酒市场从业人员和爱好者提供了客观、翔实的投资指导信息。

希望《2022名酒拍卖年鉴》可以成为广大老酒文化爱好者、老酒收藏投资者学习精进、消费参考的“红宝书”。我也衷心希望老酒市场能够助力中国酒业价值升级，成为中国酒业最具文化内涵和增长潜力的细分赛道，让我们共同品味时间长河中的老酒价值！

2022年5月于北京

序二

拍卖推动老酒市场发展

黄小坚

中国拍卖行业协会会长

中国的酒文化博大精深，是民族文化瑰宝的一部分。酒作为一种特殊的物质文化载体，在人类社会的交往中拥有独特地位。2010年前后，老酒开始进入拍卖市场，中国嘉德、北京保利、西泠印社、北京永乐、北京荣宝、中贸圣佳、华艺国际等一批拍卖公司纷纷开设老酒业务，甚至还有一些拍卖公司以老酒拍卖为主营业务。经过十余年的发展，老酒作为兼具消费品、收藏品和投资品的功能，已然成为我国酒类流通中一个重要的细分市场，也是艺术收藏品拍卖领域中的一个重要门类，据统计，上述七家拍卖公司2021年名酒拍卖成交额4.43亿元。

拍卖是实现老酒价值的最优方式

拍卖作为一种古老而又新颖的交易方式，既能发现价值又能实现价值，因其“公开”“公平”“公正”的基本原则，在市场化经济下的商品流通中发挥着不可替代的作用。老酒除了具备实用价值外，更重要的是稀缺价值、品牌价值、时间价值，甚至是社交价值、人文价值，这些因素决定了拍卖是实现老酒价值的最优方式，一方面是因为以公开竞价为形式，另一方面是以市场需求为导向，能够最大程度地发现老酒的市场价值，并且起到很强的宣传作用，这也是近年来老酒拍卖市场表现良好的内在原因。

规范是确保行业发展的基本前提

随着老酒自身市场的发展和消费者对老酒认知的深入，“专业化”“透明化”和“标准化”将是老酒行业发展的必由之路。下一步，老酒行业一要不断提升从业人员的职业道德、专业素养和执业形象；二要加快完善行业标准和业务规范，尤其是老酒鉴定标准和流程；三要通过科学技术，实现防伪溯源，保障消费者权益；四要加快建设行业诚信机制，开展从业人员及经营主体信用评价。

文化是决定市场繁荣的灵魂所在

文化是一个行业繁荣并持续发展的源动力，老酒作为中国古典文化的重要元素之一，被赋予“液体文物”之美称，这里边蕴含着酿造技术、酒礼文化、酒具文化、酒标文化、品牌文化，以及与酒有关的年代记忆，风土人情、历史典故等丰富内涵。因此，老酒市场的灵活在于老酒文化，我们要加快构建老酒的文化价值体系，并且希望我们的每位从业者做一个老酒文化的守护者、传承者和推广者。

最后，祝贺《2022名酒拍卖年鉴》顺利出版，也祝愿中国的老酒拍卖市场越来越好！

2022年7月于北京

凡　例

1. 《2022年名酒拍卖年鉴》旨在明晰中外名酒在2021年中国拍卖市场的成交价格，并集中呈现给名酒爱好者及收藏家。
2. 书中包含了中国白酒：贵州茅台酒、五粮液、汾酒、竹叶青、郎酒、董酒、西凤酒、剑南春、习酒、泸州老窖、金门高粱、口子窖、国窖等，世界名酒：La Romanee-Conti（罗曼尼·康帝）、Chateau Petrus（柏图斯酒庄）、Château Lafite-Rothschild（拉菲）、Macallan（麦卡伦）、Bowmore（波摩）、軽井沢ウィスキー（轻井沢）、サントリー（三得利）等皆取图于国内七家一线拍卖企业。
3. 具体内容：拍品名称、生产年份、描述文字、酒精度、数量、容量、拍卖企业、拍卖时间、Lot号（拍卖品号）、估价、成交价等均基于原拍卖公司官网数据，其中估价和成交价均以人民币为单位。书中有图片相同而名称略有区别的现象，谨忠实于原数据。
4. 书中第一部分为中国白酒，贵州茅台酒从1957年至2021年按年份分序，同一年份中依基本款、定制款、纪念款排列，其他名酒如五粮液、汾酒、剑南春等依例。第二部分葡萄酒按产区分序，顺序为法国勃艮第产区、法国波尔多产区、法国其他产区、法国香槟法定产区、意大利皮埃蒙特产区、意大利托斯卡纳产区、葡萄牙杜罗河谷、美国加州纳帕谷。第三部分为威士忌，第四部分为干邑、白兰地。
5. 书中上方书眉处有各酒的名称或生产年份，便于检索。
6. 如需查看更多图片资料和详细内容，请登录各家拍卖公司官网。

目　录

1957年产五星牌贵州茅台酒

约55%vol　1瓶/540ml

中国嘉德 18/05 lot 3986

估价：100,000—800,000

成交价：1,150,000

1957年产贵州茅台酒（土陶瓶／筒体）

约55%vol　1瓶/500ml

华艺国际（北京）　03/06　lot 3296

估价：1,000,000—2,000,000

成交价：1,725,000

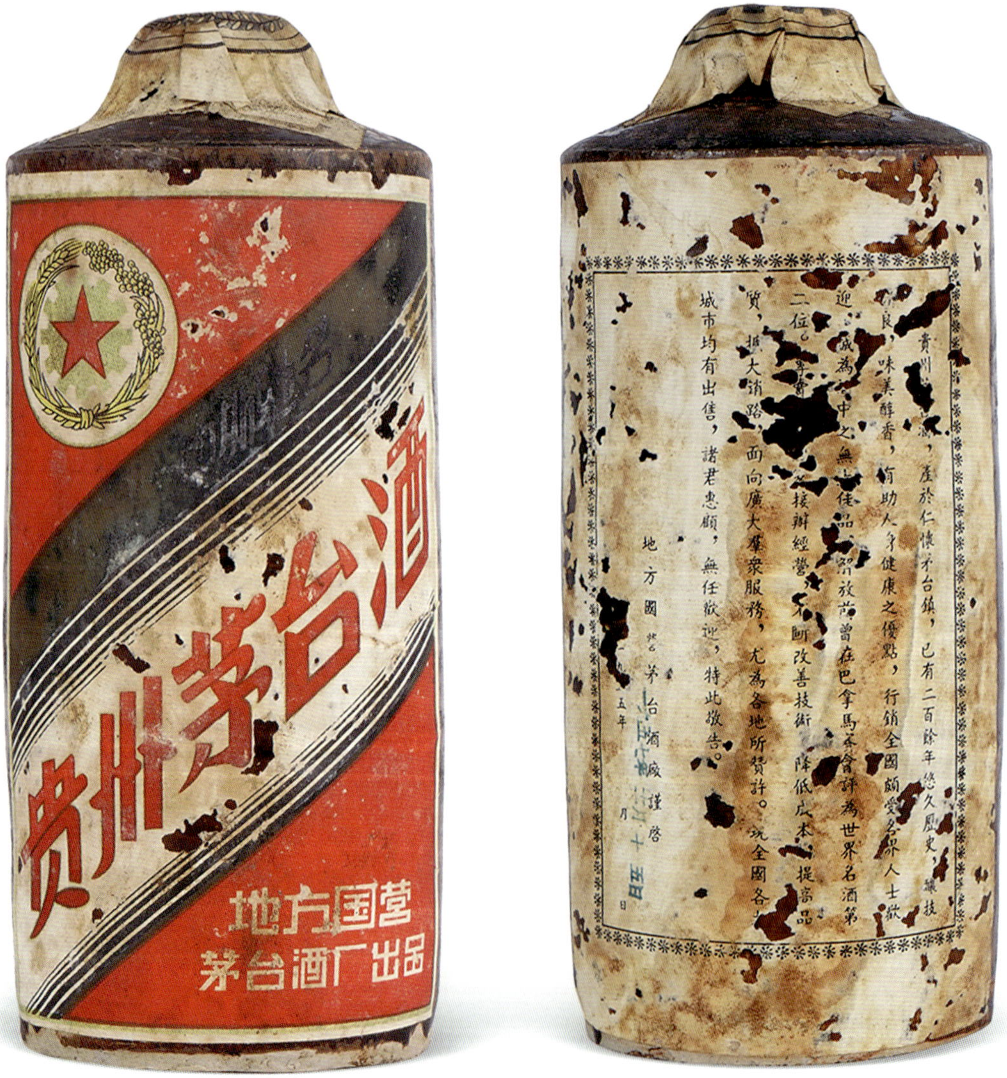

1958年产五星牌贵州茅台酒（同一生产日期）

约55%vol　2瓶/540ml

北京荣宝　19/06　lot 3073

估价：2,850,000—3,600,000

成交价：4,370,000

1959年产五星牌全棉纸贵州茅台酒

约55%vol　1瓶/540ml
中国嘉德　10/12　lot 4001
估价：100,000—1,000,000
成交价：483,000

1962年产贵州茅台酒

约55%vol　1瓶/约540ml

西泠印社 14/01 lot 0045

估价：300,000—500,000

成交价：345,000

1971年产贵州茅台酒（矮盖／木塞）

约55%vol　1瓶/500ml

华艺国际（北京）　03/06　lot 3297

估价：200,000—400,000

成交价：379,500

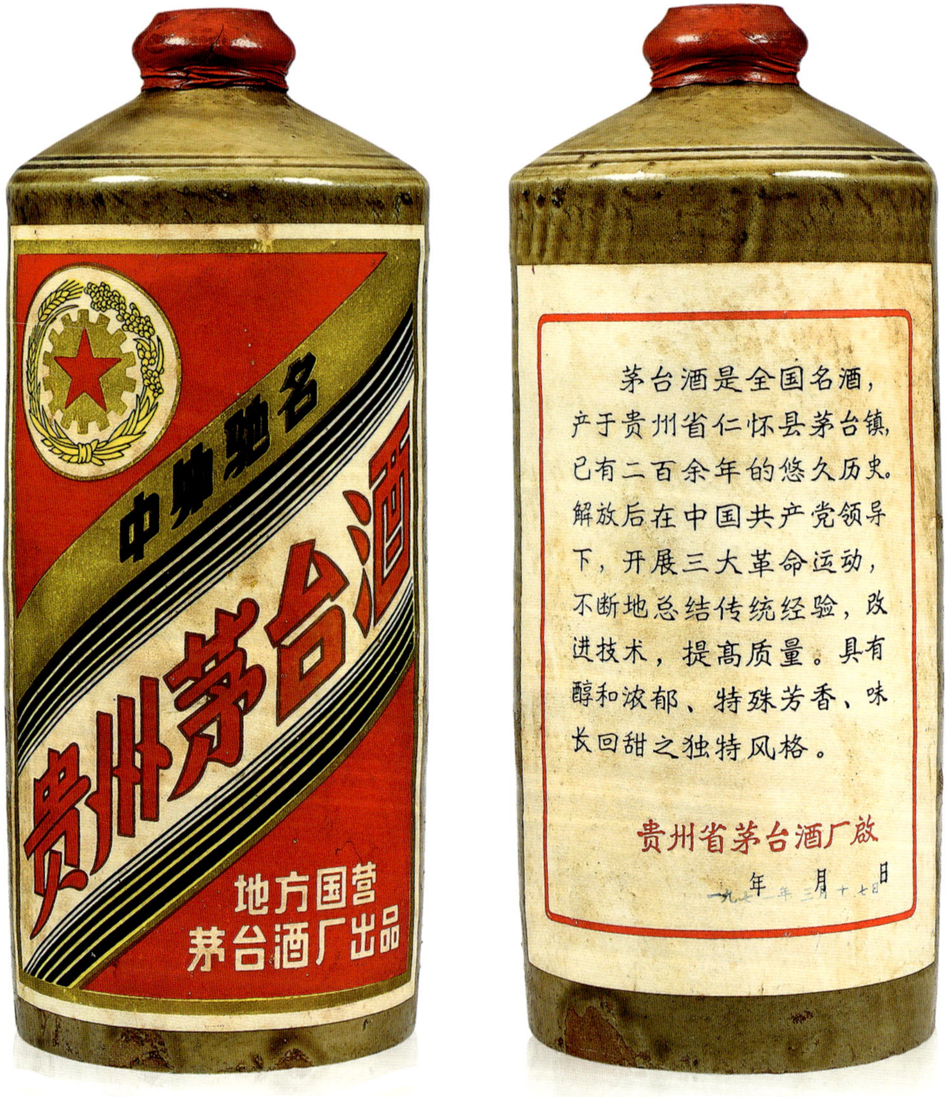

1972年、1976年、1977年
产贵州茅台酒

约55%vol　3瓶 /500g

永乐拍卖（北京）　03/12 lot 7036

估价：740,000—860,000

成交价：851,000

1972年产葵花牌全棉纸贵州茅台酒（同一生产日期）

约55%vol　2瓶/500ml

北京荣宝 19/06 lot 3028

估价：800,000—1,200,000

成交价：1,150,000

1972年产金轮牌贵州茅台酒

约55%vol　1瓶/500g

永乐拍卖（北京）　22/05 lot 3626

估价：326,000—350,000

成交价：402,500

20世纪70年代产葵花牌贵州茅台酒

约55%vol　6瓶/270ml
中国嘉德 10/12 lot 4002
估价：100,000—600,000
成交价：402,500

KWEICHOW MOU-TAI CHIEW
茅台
SUNFLOWER
贵州茅台酒
中国
茅台酒厂出品
PRODUCE OF CHINA
MOU TAI DISTILLERY
KWEICHOW, CHINA.

20世纪70年代初产葵花牌贵州茅台酒

约55%vol　1瓶/540ml/1013g

华艺国际（北京）11/12 lot 3512

估价：150,000—200,000

成交价：310,500

1976年产金轮牌贵州茅台酒

约55%vol　1瓶 /500g

永乐拍卖（北京）　22/05　lot 3627

估价：186,000—200,000

成交价：213,900

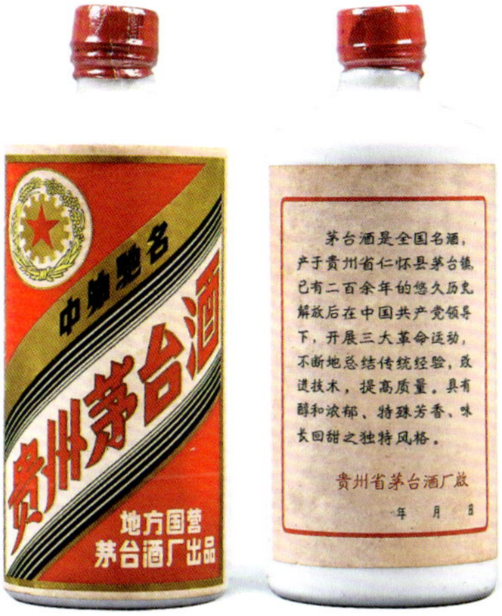

1977年产金轮牌贵州茅台酒

约55%vol　1瓶 /500g

永乐拍卖（北京）　22/05　lot 3628

估价：150,000—160,000

成交价：195,500

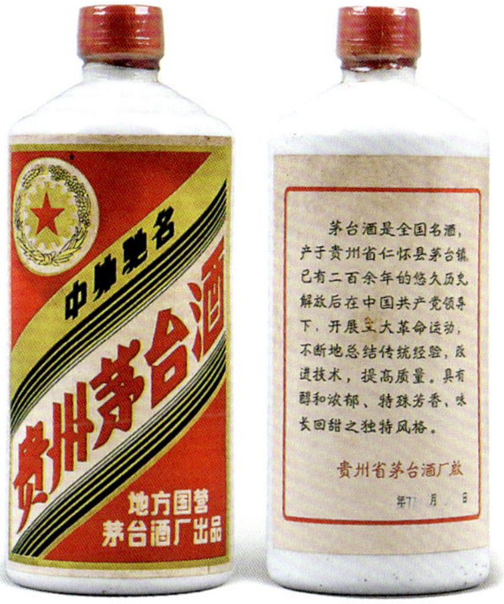

1977年产五星牌三大革命全棉纸贵州茅台酒

约55%vol　1瓶/540ml

中国嘉德　18/05　lot 3989

估价：50,000—120,000

成交价：103,500

1978年产五星牌三大革命贵州茅台酒

约55%vol　1瓶/540ml

中国嘉德　10/12　lot 4003

估价：50,000—120,000

成交价：115,000

1979年产金轮牌贵州茅台酒

约55%vol　1瓶/500g
北京保利　07/06　lot 15028
估价：100,000—120,000
成交价：115,000

1979年产五星牌三大革命贵州茅台酒

约55%vol　1瓶/540ml
中国嘉德　10/12　lot 4004
估价：50,000—100,000
成交价：103,500

1978年产纸葵花牌三大革命全棉贵州茅台酒

约55%vol　1瓶/540ml
中国嘉德　18/05　lot 3987
估价：100,000—150,000
成交价：138,000

1979年产五星牌三大革命全棉纸贵州茅台酒

约55%vol　2瓶/540ml
中国嘉德　18/05　lot 3991
估价：80,000—180,000
成交价：207,000

1978年产五星牌三大革命贵州茅台酒

约55%vol　1瓶/540ml
中国嘉德　18/05　lot 3990
估价：50,000—100,000
成交价：109,250

1982年产五星牌三大革命贵州茅台酒

约55%vol　2瓶/540ml

中国嘉德　10/12　lot 4005

估价：50,000—100,000

成交价：161,000

1981年产三大革命贵州茅台酒

约55%vol　1瓶/540ml

西泠印社　23/07　lot 0748

估价：50,000—70,000

成交价：57,500

1981年产五星牌三大革命全棉纸贵州茅台酒

约55%vol　1瓶/540ml

中国嘉德　18/05　lot 3992

估价：30,000—80,000

成交价：80,500

1981年产五星牌三大革命贵州茅台酒

约55%vol　2瓶/540ml

北京荣宝　19/06　lot 3034

估价：140,000—180,000

成交价：161,000

1980年产五星牌三大革命贵州茅台酒

约55%vol　2瓶/540ml

北京荣宝　19/06　lot 3035

估价：150,000—190,000

成交价：172,500

1983年产五星牌地方国营贵州茅台酒

约55%vol　4瓶/540ml

中国嘉德 18/05 lot 3994

估价：50,000—200,000

成交价：218,500

中外驰名
贵州茅台酒
地方国营
茅台酒厂出品
中外驰名
贵州茅台酒
地方国营
茅台酒厂出品

1982年产五星牌三大革命贵州茅台酒

约55%vol　2瓶/540ml

华艺国际（北京） 30/03 lot 3310

估价：80,000—120,000

成交价：117,300

1982年产五星牌三大革命贵州茅台酒

约55%vol　2瓶/540ml

中国嘉德 18/05 lot 3993

估价：50,000—150,000

成交价：172,500

1982年五星牌三大革命贵州茅台酒

约55%vol　2瓶/540ml

北京荣宝 19/06 lot 3033

估价：130,000—180,000

成交价：149,500

1980—1982年产五星牌三大革命贵州茅台酒

约55%vol　3瓶/540ml

西泠印社 23/07 lot 0750

估价：170,000—200,000

成交价：195,500

1980年—1982年产三大革命贵州茅台酒（年份垂直套组）

约55%vol　3瓶/540ml

西泠印社 14/01 lot 0039

估价：130,000—180,000

成交价：149,500

1981年、1982年产五星牌三大革命原绵纸贵州茅台酒

约55%vol　2瓶/540ml

北京荣宝 19/06 lot 3032

估价：155,000—200,000

成交价：178,250

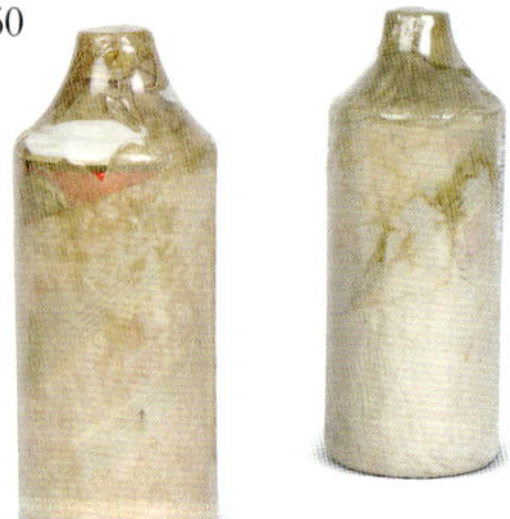

1981年、1982年产五星牌三大革命贵州茅台酒

约55%vol　2瓶/540ml
华艺国际（北京）　30/03　lot 3311
估价：80,000—120,000
成交价：135,700

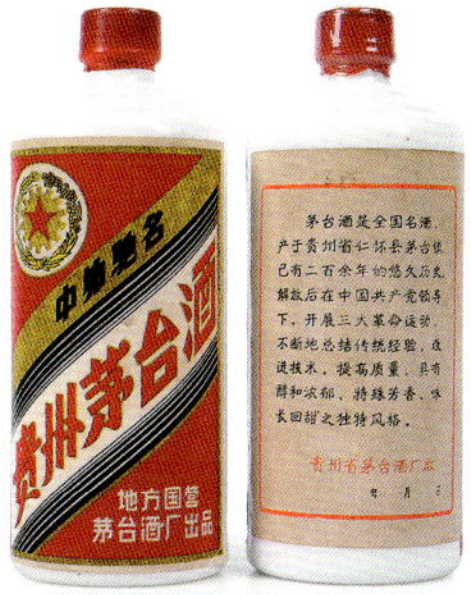

1980—1982年产金轮牌三大革命内销贵州茅台酒

约55%vol　6瓶 /500g
永乐拍卖（北京）　22/05　lot 3639
估价：298,000—324,000
成交价：342,700

1981年、1982年产金轮牌三大革命贵州茅台酒

约55%vol　6瓶 /500g
永乐拍卖（北京）　03/12　lot 7045
估价：373,000—396,000
成交价：428,950

1981年、1982年产五星牌三大革命贵州茅台酒

约55%vol　2瓶/540ml
华艺国际（北京）　03/06　lot 3295
估价：100,000—200,000
成交价：149,500

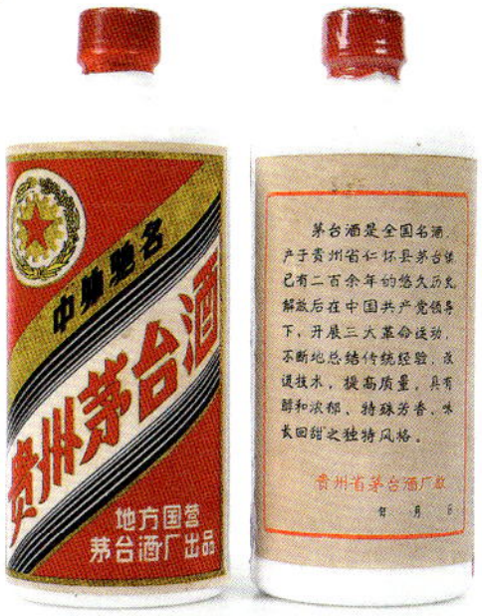

1980—1982年产金轮牌原棉纸三大革命内销贵州茅台酒

约55%vol　3瓶 /500g
永乐拍卖（北京）　22/05　lot 3638
估价：155,000—168,000
成交价：178,250

1981年、1982年产金轮牌三大革命原绵纸贵州茅台酒

约55%vol　3瓶/500g
北京保利　07/06　lot 15036
估价：197,000—198,000
成交价：226,550

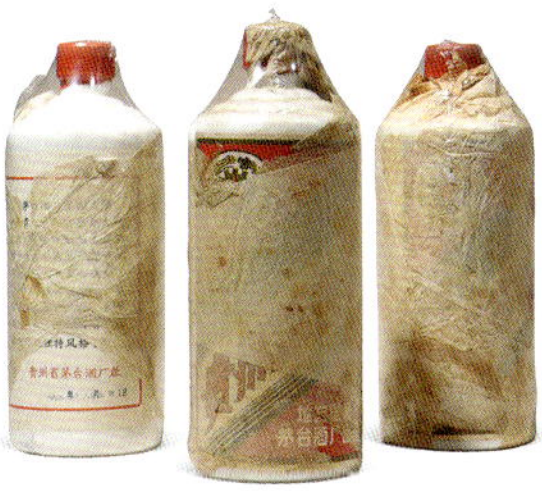

20世纪80年代初期产飞天牌外销贵州茅台酒

53%vol　12瓶/540ml

永乐拍卖（北京）　22/05　lot 3635

估价：560,000—636,000

成交价：644,000

KWEICHO
MOUTAI
MOUTAI DISTILLE

1983年产地方国营贵州茅台酒

约55%vol 2瓶/540ml
西泠印社 23/07 lot 0747
估价：95,000—120,000
成交价：109,250

1983年产五星牌三大革命贵州茅台酒

约55%vol 2瓶/540ml
中国嘉德 10/12 lot 4006
估价：50,000—100,000
成交价：149,500

1983年产五星牌地方国营贵州茅台酒

约55%vol 6瓶/540ml
北京保利 05/12 lot 7039
估价：250,000—280,000
成交价：287,500

1983年产五星牌地方国营贵州茅台酒

约55%vol　2瓶/540ml

北京荣宝　19/06　lot 3031

估价：110,000—160,000

成交价：126,500

1984年产五星牌地方国营贵州茅台酒

约55%vol　4瓶/540ml

中国嘉德　10/12　lot 4007

估价：50,000—200,000

成交价：230,000

1983年产五星牌贵州茅台酒

约55%vol　6瓶/540ml

北京保利　05/12　lot 7041

估价：220,000—250,000

成交价：253,000

1984年产五星牌黄酱贵州茅台酒

约55%vol　1瓶/540ml
西泠印社　23/07　lot 0751
估价：200,000—250,000
成交价：230,000

1984年产五星牌地方国营全棉纸贵州茅台酒

约55%vol　4瓶/540ml
中国嘉德　18/05　lot 3995
估价：50,000—200,000
成交价：241,500

1984年产五星牌地方国营全棉纸贵州茅台酒

约55%vol　4瓶/540ml
华艺国际（北京）　30/03　lot 3309
估价：130,000—180,000
成交价：184,000

1985年产五星牌黑酱贵州茅台酒

约55%vol　1瓶/540ml

中国嘉德　10/12　lot 4013

估价：60,000—150,000

成交价：172,500

1985年产五星牌地方国营贵州茅台酒

约55%vol　2瓶/540ml

中国嘉德　10/12　lot 4008

估价：30,000—100,000

成交价：161,000

1985年产五星牌地方国营贵州茅台酒

约55%vol　4瓶/540ml

中贸圣佳　21/05　lot 9051

估价：100,000—150,000

成交价：212,750

1985年产五星牌地方国营原箱贵州茅台酒

约55%vol　12瓶/540ml（1箱×12瓶）
中国嘉德　18/05　lot 3998
估价：500,000—1,000,000
成交价：1,437,500

贵州茅台酒
地方国营
茅台酒厂出品

20世纪80年代产飞天牌黄酱贵州茅台酒

约55%vol 1瓶/540ml
中国嘉德 10/12 lot 4012
估价：100,000—280,000
成交价：230,000

1985年产地方国营贵州茅台酒

约55%vol 2瓶/540ml
西泠印社 23/07 lot 0745
估价：85,000—100,000
成交价：97,750

1985年产五星牌地方国营全棉纸贵州茅台酒

约55%vol 2瓶/540ml
中国嘉德 18/05 lot 3996
估价：30,000—100,000
成交价：115,000

20世纪80年代中期产特供五星黑酱贵州茅台酒

约55%vol　2瓶/540ml　重量：约970g、972g
西泠印社　14/01　lot 0044
估价：120,000—180,000
成交价：166,750

1983—1985年产飞天牌贵州茅台酒

约53%vol　6瓶/540ml
北京保利　05/12　lot 7040
估价：200,000—230,000
成交价：230,000

20世纪80年代中期产飞天牌外销贵州茅台酒

53%vol　6瓶/540ml
北京保利　05/12　lot 7033
估价：270,000—288,000
成交价：310,500

20世纪80年代产飞天牌贵州茅台酒

53%vol　2瓶/540ml
华艺国际（北京）　11/12　lot 3509
估价：70,000—90,000
成交价：89,700

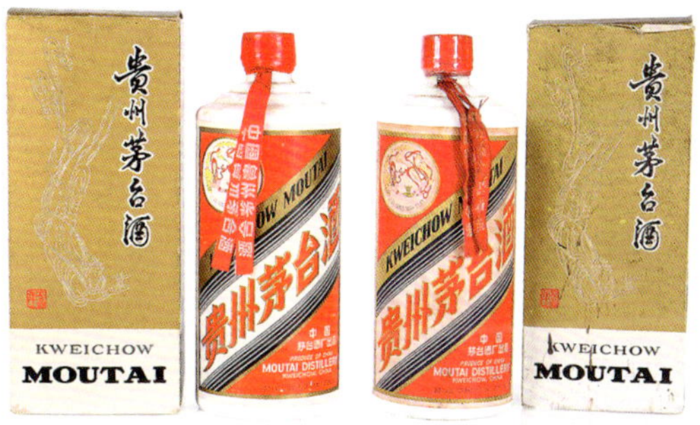

1983—1986年产五星牌地方国营全棉纸
贵州茅台酒

约55%vol　4瓶/540ml
中国嘉德 10/12 lot 4010
估价：50,000—200,000
成交价：287,500

20世纪80年代中期产五星牌黑酱
贵州茅台酒

约55%vol　4瓶/540ml
中国嘉德 10/12 lot 4015
估价：200,000—550,000
成交价：483,000

贵州茅台酒（20世纪80年代、1983—1986）

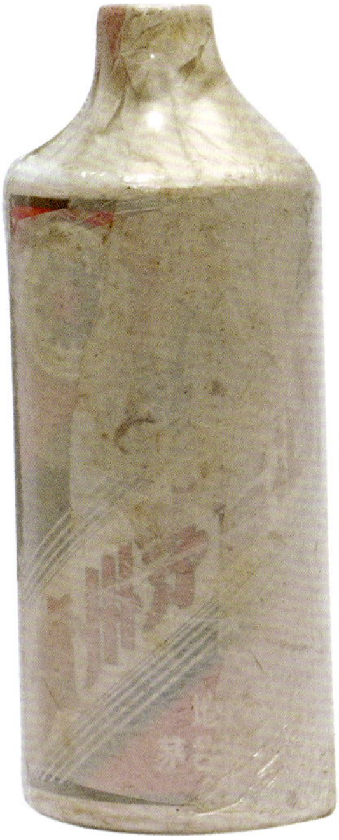

20世纪80年代中期产飞天牌外销贵州茅台酒

53%vol 12瓶/500ml

永乐拍卖（北京） 22/05 lot 3636

估价：470,000—540,000

成交价：540,500

20世纪80年代中期产飞天牌外销贵州茅台酒

53%vol 12瓶/500ml

永乐拍卖（北京） 03/12 lot 7043

估价：520,000—576,000

成交价：598,000

1986年产铁盖珍品贵州茅台酒

53%vol　2瓶/500ml

中国嘉德　10/12　lot 4046

估价：60,000—160,000

成交价：149,500

1986年产地方国营贵州茅台酒

53%vol　2瓶/500ml

中贸圣佳　21/05　lot 9052

估价：100,000—120,000

成交价：161,000

1986年产五星牌黑酱贵州茅台酒

约55%vol　1瓶/540ml

中国嘉德　18/05　lot 3988

估价：50,000—100,000

成交价：115,000

1986年产五星牌地方国营原箱全棉纸
贵州茅台酒

约55%vol　12瓶/540ml（1箱×12瓶）
中国嘉德 18/05 lot 3999
估价：300,000—450,000
成交价：1,092,500

1986年产铁盖珍品贵州茅台酒

53%vol 2瓶/500ml

中国嘉德 18/05 lot 4084

估价：100,000—160,000

成交价：184,000

1986年产珍品一七〇四贵州茅台酒

53%vol　1瓶/500ml（原盒）
北京荣宝 19/06 lot 3064
估价：59,000—80,000
成交价：67,850

1986年产五星牌特需酱釉瓷瓶贵州茅台酒

约55%vol　2瓶/540ml

北京保利　07/06 lot 15029

估价：178,000—200,000

成交价：204,700

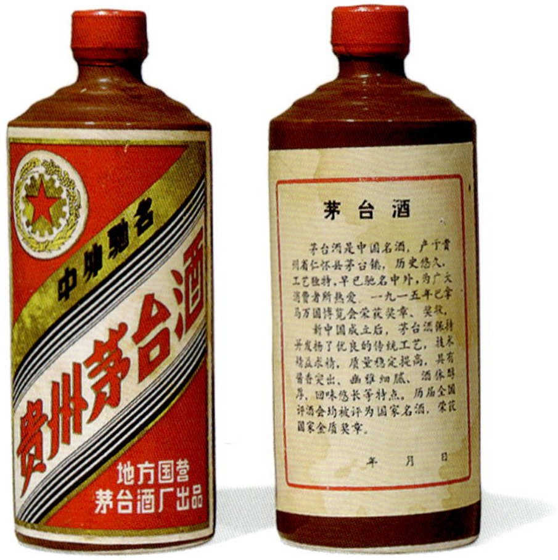

1986年产五星牌黑酱贵州茅台酒

约55%vol　1瓶/540ml

华艺国际（北京）　11/12 lot 3511

估价：80,000—100,000

成交价：120,750

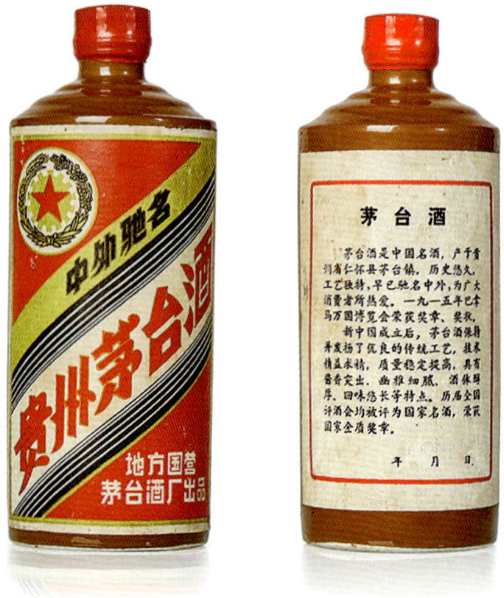

1986年产五星牌地方国营贵州茅台酒

约55%vol　6瓶/540ml

中国嘉德　10/12 lot 4009

估价：80,000—300,000

成交价：345,000

1986年产五星牌黑酱贵州茅台酒

约55%vol　2瓶/540ml

中国嘉德　10/12　lot 4014

估价：100,000—300,000

成交价：253,000

1986年产地方国营贵州茅台酒

约55%vol　2瓶/540ml

西泠印社 23/07 lot 0743

估价：75,000—100,000

成交价：86,250

1986年产五星牌地方国营贵州茅台酒

约55%vol　2瓶/540ml

北京荣宝 19/06 lot 3030

估价：82,000—150,000

成交价：94,300

1986年产五星牌地方国营全棉纸贵州茅台酒

约55%vol　4瓶/540ml

中国嘉德 18/05 lot 3997

估价：50,000—190,000

成交价：230,000

1986年产五星牌特需酱釉瓷瓶贵州茅台酒

约55%vol　2瓶/500g

永乐拍卖（北京） 22/05 lot 3629

估价：166,000—400,000

成交价：190,900

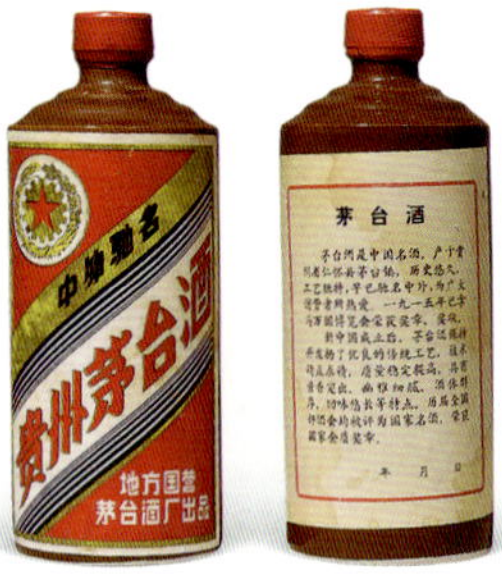

1986年产地方国营贵州茅台酒

约55%vol　6瓶/540ml

西泠印社 23/07 lot 0744

估价：220,000—280,000

成交价：253,000

20世纪80年代中期产飞天牌贵州茅台酒

约55%vol　4瓶/540ml

中国嘉德 10/12 lot 4011

估价：60,000—160,000

成交价：172,500

1983—1986年产飞天牌外销贵州茅台酒

53%vol　12瓶/270ml
永乐拍卖（北京）　22/05　lot 3637
估价：210,000—240,000
成交价：241,500

1983—1986年产地方国营贵州茅台酒

约55%vol　4瓶/540ml　1082g、1086g、1089g、1085g
华艺国际（北京）　11/12　lot 3516
估价：140,000—180,000
成交价：230,000

1983　1986年产地方国营贵州茅台酒

约55%vol　6瓶/540ml
华艺国际（北京）　03/06　lot 3291
估价：240,000—300,000
成交价：333,500

1983—1986年产棉纸地方国营贵州茅台酒

约55%vol　3瓶/540ml
华艺国际（北京）　30/03　lot 3308
估价：120,000—180,000
成交价：189,750

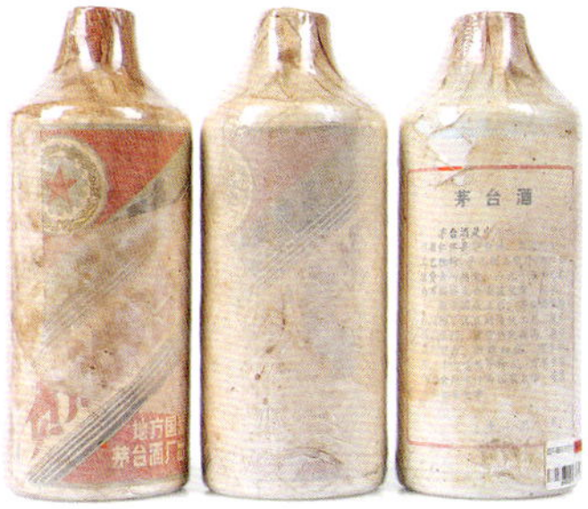

1983—1986年产五星牌地方国营贵州茅台酒

约55%vol　6瓶 /500g
永乐拍卖（北京）　22/05　lot 3641
估价：255,000—276,000
成交价：293,250

1983—1986年产五星牌地方国营棉纸贵州茅台酒

约55%vol　6瓶/500g
永乐拍卖（北京）　22/05　lot 3640
估价：270,000—300,000
成交价：310,500

1983—1986年产飞天牌外销贵州茅台酒

53%vol　12瓶/270ml
永乐拍卖（北京） 03/12 lot 7044
估价：265,000—300,000
成交价：322,000

1983—1986年产五星牌地方国营原绵纸贵州茅台酒

约55%vol　2瓶/540ml
北京荣宝 19/06 lot 3029
估价：100,000—250,000
成交价：126,500

1983—1986年产五星牌内销地方国营棉纸贵州茅台酒

约55%vol　6瓶 /500g
永乐拍卖（北京） 03/12 lot 7046
估价：310,000—324,000
成交价：362,250

1983—1986年产地方国营棉纸贵州茅台酒

约55%vol　2瓶/540ml　1096g、1085g
华艺国际（北京） 11/12 lot 3514
估价：70,000—100,000
成交价：149,500

1984—1986年产地方国营贵州茅台酒

约55%vol　6瓶/500ml
中贸圣佳 21/05 lot 9050
估价：250,000—280,000
成交价：310,500

1983—1986年产地方国营贵州茅台酒

约55%vol　4瓶/540ml　1083g、1035g、1053g、1031g
华艺国际（北京） 11/12 lot 3517
估价：140,000—180,000
成交价：230,000

1983—1986年产地方国营棉纸贵州茅台酒

约55%vol　1瓶/540ml/1103g
华艺国际（北京）　11/12　lot 3513
估价：35,000—50,000
成交价：55,200

1983—1986年产地方国营棉纸贵州茅台酒

约55%vol　3瓶/540ml　1029g、947g、1105g
华艺国际（北京）　11/12　lot 3515
估价：100,000—150,000
成交价：149,500

1983—1986年产五星牌内销地方国营棉纸贵州茅台酒

约55%vol　3瓶/500g
北京保利　07/06　lot 15038
估价：160,000—165,000
成交价：184,000

1983—1986年产五星牌内销地方国营棉纸贵州茅台酒

约55%vol　6瓶/500g
北京保利　05/12　lot 7037
估价：320,000—324,000
成交价：368,000

1983—1986年产地方国营贵州茅台酒

约55%vol　4瓶/540ml
华艺国际（北京）　03/06　lot 3290
估价：160,000—200,000
成交价：218,500

1983—1986年产地方国营贵州茅台酒

约55%vol　5瓶/540ml
西泠印社　14/01　lot 0034
估价：140,000—200,000
成交价：161,000

20世纪80年代产五星牌黑酱贵州茅台酒

约55%vol　1瓶/540ml

北京荣宝　02/12 lot 2151

估价：98,000—120,000

成交价：120,750

1987年产五星牌原箱铁盖贵州茅台酒

53%vol　12瓶/500ml（1箱 × 12瓶）

中国嘉德　10/12 lot 4052

估价：300,000—1,000,000

成交价：897,000

20世纪80年代产五星牌地方国营贵州茅台酒

约55%vol　2瓶/540ml
北京荣宝　02/12　lot 2152
估价：98,000—110,000
成交价：115,000

20世纪80年代产地方国营黄酱贵州茅台酒

约55%vol　5瓶/540ml
西泠印社　14/01　lot 0038
估价：150,000—200,000
成交价：184,000

20世纪80年代中期产飞天牌外销贵州茅台酒

53%vol　6瓶/500ml
北京保利 07/06 lot 15034
估价：280,000—288,000
成交价：322,000

1987年产五星牌铁盖贵州茅台酒

53%vol　6瓶/500ml
中国嘉德 10/12 lot 4025
估价：100,000—300,000
成交价：425,500

20世纪80年代产飞天牌贵州茅台酒

53%vol　6瓶/500ml
中贸圣佳 21/05 lot 9048
估价：180,000—200,000
成交价：264,500

20世纪80年代产飞天牌贵州茅台酒

53%vol　6瓶/540ml
1022g、1021g、1021g、1045g、996g、973g
华艺国际（北京） 11/12
lot 3510
估价：210,000—230,000
成交价：258,750

1987年产五星牌铁盖贵州茅台酒

53%vol　4瓶/500ml
中国嘉德 18/05 lot 4014
估价：100,000—200,000
成交价：402,500

1987年产铁盖贵州茅台酒

53%vol　4瓶/500ml
中贸圣佳 21/05 lot 9010
估价：150,000—180,000
成交价：202,400

1987年产珍品方印贵州茅台酒

53%vol　1瓶/500ml（原盒）

北京荣宝　19/06　lot 3063

估价：58,000—80,000

成交价：66,700

1987年产铁盖贵州茅台酒

2瓶/500ml　957g、966g

华艺国际（北京）　11/12　lot 3518

估价：60,000—80,000

成交价：92,000

1987年产飞天牌铁盖贵州茅台酒

53%vol　6瓶/500ml

中国嘉德　10/12　lot 4036

估价：100,000—300,000

成交价：414,000

1987年产飞天牌铁盖贵州茅台酒

53%vol　6瓶/500ml

永乐拍卖（北京） 22/05 lot 3655

估价：230,000—252,000

成交价：264,500

1987年产飞天牌铁盖贵州茅台酒

53%vol　4瓶/500ml

中国嘉德 18/05 lot 4024

估价：100,000—200,000

成交价：322,000

1987年产飞天牌铁盖贵州茅台酒

53%vol　12瓶/500ml（原箱）

北京荣宝 19/06 lot 3048

估价：680,000—850,000

成交价：862,500

1988年产五星牌铁盖贵州茅台酒

53%vol　6瓶/500ml

中国嘉德　10/12　lot 4024

估价：100,000—300,000

成交价：437,000

1988年产铁盖贵州茅台酒

53%vol　4瓶/500ml

中贸圣佳　21/05　lot 9053

估价：120,000—150,000

成交价：178,250

1988年产五星牌铁盖贵州茅台酒

53%vol　6瓶/500ml

永乐拍卖（北京）　22/05　lot 3648

估价：225,000—246,000

成交价：258,750

1988年产飞天牌铁盖贵州茅台酒

53%vol　6瓶/500ml

中国嘉德　10/12　lot 4035

估价：100,000—300,000

成交价：402,500

1988年产五星牌铁盖贵州茅台酒

53%vol　4瓶/500ml

中国嘉德　18/05　lot 4013

估价：100,000—200,000

成交价：368,000

1988年产飞天牌铁盖贵州茅台酒

53%vol　4瓶/500ml

中国嘉德　18/05　lot 4023

估价：100,000—200,000

成交价：402,500

1988年产铁盖贵州茅台酒

53%vol　6瓶/500ml
中贸圣佳 21/05 lot 9011
估价：120,000—150,000
成交价：304,750

1988年产五星牌铁盖原箱贵州茅台酒

53%vol　12瓶/500ml（1箱×12瓶）
中国嘉德 10/12 lot 4053
估价：300,000—900,000
成交价：885,500

1988年产铁盖珍品贵州茅台酒

53%vol　4瓶/500ml

中国嘉德　10/12　lot 4045

估价：100,000—200,000

成交价：253,000

1988年产铁盖珍品贵州茅台酒

53%vol　4瓶/500ml

中国嘉德　18/05　lot 4083

估价：100,000—200,000

成交价：322,000

1988年产铁盖珍品贵州茅台酒

53%vol　6瓶/500ml

西泠印社　23/07　lot 0765

估价：200,000—250,000

成交价：230,000

1989年产五星牌铁盖贵州茅台酒

53%vol 6瓶/500ml
中国嘉德 10/12 lot 4023
估价：100,000—270,000
成交价：345,000

1989年产五星牌铁盖贵州茅台酒

53%vol 6瓶/500ml
北京保利 07/06 lot 15047
估价：260,000—264,000
成交价：299,000

1989年产五星牌铁盖原箱贵州茅台酒

53%vol 12瓶/500ml（1箱×12瓶）
中国嘉德 18/05 lot 4025
估价：200,000—360,000
成交价：805,000

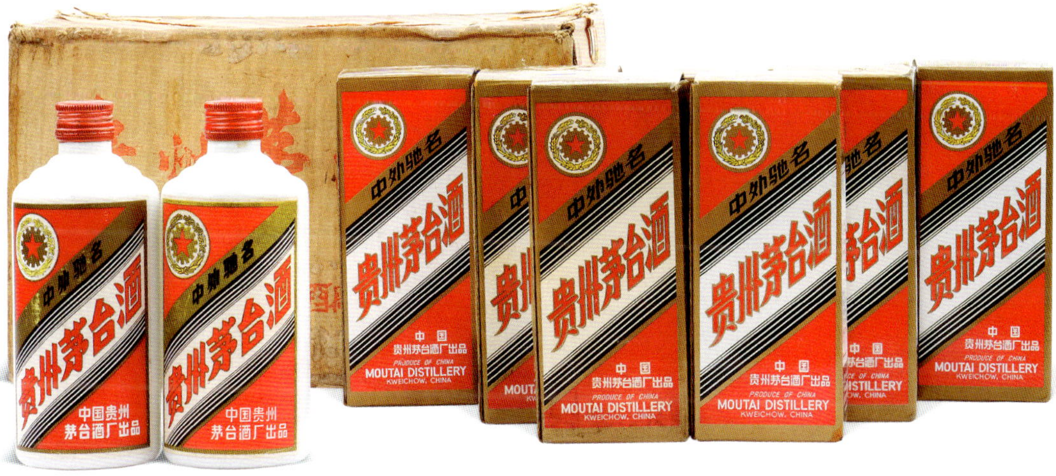

1989年产铁盖贵州茅台酒

53%vol 6瓶/500ml
中贸圣佳 21/05 lot 9054
估价：200,000—250,000
成交价：269,100

1989年产金盖原箱贵州茅台酒

12瓶/500ml
华艺国际（北京） 11/12 lot 3569
估价：500,000—700,000
成交价：713,000

1989年产五星牌铁盖
贵州茅台酒

53%vol　6瓶/500ml（原盒）
北京荣宝　19/06　lot 3046
估价：225,000—260,000
成交价：258,750

1989年产贵州茅台酒

53%vol　6瓶/500ml
中贸圣佳　21/05　lot 9033
估价：200,000—250,000
成交价：270,250

1989年产五星牌铁盖
贵州茅台酒

53%vol　4瓶/500ml
中国嘉德　18/05　lot 4012
估价：100,000—180,000
成交价：287,500

1989年产铁盖珍品贵州茅台酒

53%vol 4瓶/500ml

中国嘉德 18/05 lot 4082

估价：100,000—200,000

成交价：218,500

1989年产飞天牌铁盖贵州茅台酒

53%vol 4瓶/500ml

中国嘉德 18/05 lot 4022

估价：100,000—180,000

成交价：253,000

1989年产铁盖珍品贵州茅台酒

53%vol 6瓶/500ml

中国嘉德 10/12 lot 4044

估价：100,000—300,000

成交价：345,000

1989年产五星牌铁盖贵州茅台酒

53%vol　6瓶/500ml

北京保利　05/12　lot 7044

估价：260,000—276,000

成交价：299,000

1989年产飞天牌铁盖贵州茅台酒

53%vol　6瓶/500ml

中国嘉德　10/12　lot 4034

估价：100,000—270,000

成交价：345,000

1990年产飞天牌铁盖贵州茅台酒

53%vol　6瓶/500ml

中国嘉德　10/12　lot 4033

估价：100,000—270,000

成交价：322,000

1990年产五星牌铁盖贵州茅台酒

53%vol　6瓶/500ml

中国嘉德　10/12　lot 4022

估价：100,000—270,000

成交价：322,000

1990年产五星牌铁盖原箱贵州茅台酒

53%vol　12瓶/500ml（1箱×12瓶）

中国嘉德　18/05　lot 4026

估价：200,000—360,000

成交价：747,500

1990年产铁盖贵州茅台酒

53%vol　6瓶/500ml

华艺国际（北京）　30/03 lot 3295

估价：180,000—220,000

成交价：218,500

1990年产五星牌铁盖贵州茅台酒

53%vol　4瓶/500ml

中国嘉德　18/05 lot 4011

估价：100,000—180,000

成交价：287,500

1990年产五星牌铁盖贵州茅台酒

53%vol　6瓶/500ml

西泠印社　14/01 lot 0030

估价：180,000—280,000

成交价：207,000

1990年产铁盖贵州茅台酒

53%vol　12瓶/500ml

永乐拍卖（北京）

22/05 lot 3649

估价：385,000—432,000

成交价：448,500

1990年产五星牌铁盖贵州茅台酒

53%vol　6瓶/500ml（原盒）
北京荣宝　19/06　lot 3045
估价：205,000—250,000
成交价：235,750

中外驰名
贵州茅台酒
中国贵州
茅台酒厂出品
KWEICHOW
MOUTAI
茅台酒

1990年产飞天牌珍品贵州茅台酒

53%vol　2瓶/500ml（原盒）
北京荣宝　19/06　lot 3062
估价：65,000—130,000
成交价：74,750

1990年产铁盖珍品贵州茅台酒

53%vol　4瓶/500ml
中国嘉德　18/05　lot 4081
估价：100,000—180,000
成交价：218,500

1990年产飞天牌铁盖贵州茅台酒

53%vol　6瓶/500ml
西泠印社　23/07　lot 0742
估价：190,000—250,000
成交价：218,500

1990年产飞天牌铁盖贵州茅台酒

53%vol　4瓶/500ml
中国嘉德　18/05　lot 4021
估价：100,000—180,000
成交价：287,500

1990年产铁盖珍品贵州茅台酒

53%vol　6瓶/500ml
中国嘉德　10/12　lot 4043
估价：100,000—300,000
成交价：322,000

1990年产铁盖珍品贵州茅台酒

53%vol　12瓶/500ml
西泠印社　23/07　lot 0764
估价：450,000—550,000
成交价：517,500

1987—1990年产铁盖贵州茅台酒

4瓶/500ml　963g、970g、986g、929g
华艺国际（北京）11/12 lot 3519
估价：120,000—150,000
成交价：189,750

中外驰名
贵州茅台酒
中国贵州
茅台酒厂出品
中国名酒世界名酒
贵州茅台酒
中国
贵州茅台酒厂出品

20世纪80—90年代产贵州茅台酒

53%vol　2瓶/140ml、2瓶/500ml、1瓶/375ml、1瓶/540ml

西泠印社 14/01 lot 0042

估价：75,000—100,000

成交价：86,250

1991年产五星牌铁盖贵州茅台酒

53%vol　12瓶/500ml

中国嘉德 10/12 lot 4021

估价：200,000—480,000

成交价：575,000

1991年产飞天牌铁盖贵州茅台酒

53%vol　12瓶/500ml

中国嘉德 10/12 lot 4032

估价：200,000—480,000

成交价：552,000

1991年产五星牌铁盖原箱贵州茅台酒

53%vol　12瓶/500ml（1箱×12瓶）

中国嘉德 18/05 lot 4028

估价：200,000—360,000

成交价：747,500

1991年产五星牌铁盖原箱贵州茅台酒

53%vol　12瓶/500ml
中国嘉德　10/12　lot 4054
估价：300,000—750,000
成交价：747,500

1991年产飞天牌铁盖原箱贵州茅台酒

53%vol　12瓶/500ml
中国嘉德　18/05　lot 4027
估价：200,000—360,000
成交价：747,500

1991年产五星牌铁盖贵州茅台酒

53%vol　6瓶/500ml
中国嘉德　18/05　lot 4010
估价：100,000—240,000
成交价：460,000

1991年产铁盖贵州茅台酒

53%vol　6瓶/500ml

中贸圣佳 21/05 lot 9012

估价：100,000—150,000

成交价：224,250

1991年产铁盖贵州茅台酒

53%vol　6瓶/500ml

中贸圣佳 21/05 lot 9034

估价：100,000—150,000

成交价：224,250

1991年产铁盖原箱贵州茅台酒

53%vol　12瓶/500ml

华艺国际（北京） 11/12 lot 3572

估价：400,000—600,000

成交价：690,000

1991年产五星牌铁盖贵州茅台酒

53%vol　6瓶/500ml

西泠印社　14/01　lot 0029

估价：100,000—150,000

成交价：161,000

1991年产飞天牌铁盖贵州茅台酒

53%vol　6瓶/500ml

西泠印社　14/01　lot 0028

估价：100,000—150,000

成交价：161,000

1991年产铁盖贵州茅台酒

53%vol　12瓶/500ml

北京保利　07/06　lot 15049

估价：440,000—468,000

成交价：506,000

1991年产飞天牌铁盖珍品贵州茅台酒

53%vol　3瓶/500ml

北京荣宝 19/06 lot 3061

估价：140,000—186,000

成交价：161,000

1991年产铁盖贵州茅台酒

53%vol　6瓶/500ml

中贸圣佳 21/05 lot 9024

估价：100,000—150,000

成交价：224,250

1991年产珍品贵州茅台酒

53%vol　6瓶/500ml

永乐拍卖（北京）03/12 lot 7048

估价：210,000—240,000

成交价：241,500

1991年产飞天牌铁盖贵州茅台酒

53%vol　6瓶/500ml

西泠印社 23/07 lot 0741

估价：160,000—200,000

成交价：207,000

1991年产铁盖贵州茅台酒

53%vol　12瓶/500ml

永乐拍卖（北京） 22/05 lot 3650

估价：373,000—420,000

成交价：428,950

1991年产珍品贵州茅台酒

53%vol　6瓶/500ml

永乐拍卖（北京）22/05 lot 3642

估价：193,000—216,000

成交价：224,250

1991年产铁盖珍品贵州茅台酒

53%vol　4瓶/500ml

中贸圣佳　21/05　lot 9013

估价：100,000—120,000

成交价：149,500

1991年产铁盖珍品贵州茅台酒

53%vol　6瓶/500ml

中国嘉德　18/05　lot 4080

估价：100,000—240,000

成交价：368,000

1991年产铁盖贵州茅台酒

53%vol　6瓶/500ml

中贸圣佳　21/05　lot 9036

估价：100,000—150,000

成交价：224,250

1991年产五星牌铁盖贵州茅台酒

53%vol　6瓶/500ml
北京荣宝　19/06　lot 3044
估价：200,000—250,000
成交价：230,000

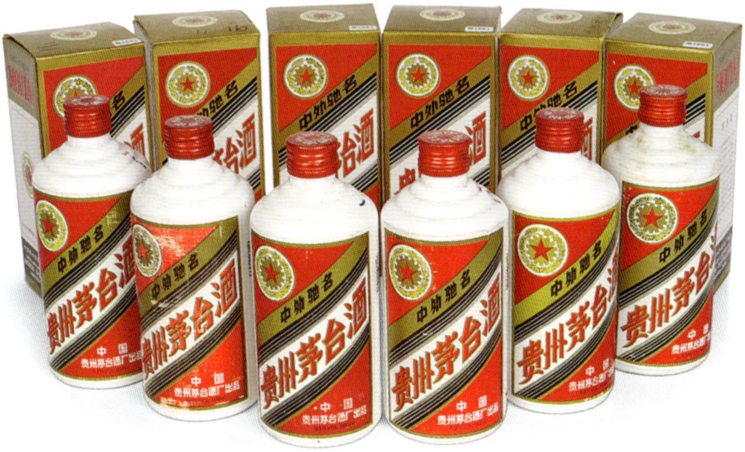

1991年产铁盖贵州茅台酒

53%vol　9瓶/500ml
中贸圣佳　21/05　lot 9035
估价：100,000—150,000
成交价：333,500

1991年产飞天牌铁盖贵州茅台酒

53%vol　6瓶/500ml
中国嘉德　18/05　lot 4020
估价：100,000—240,000
成交价：437,000

1991年产铁盖珍品贵州茅台酒

53%vol　12瓶/500ml
中国嘉德 10/12 lot 4042
估价：200,000—480,000
成交价：552,000

收藏可以喝的中国文化
MOUTAI
贵州茅台酒
中 國
貴州茅台酒廠出品
PRODUCE OF CHINA
MOUTAI DISTILLERY
KWEICHOW CHINA

1992年产飞天牌铁盖原箱贵州茅台酒
53%vol 12瓶/500ml
中国嘉德 18/05 lot 4029
估价：200,000—360,000
成交价：690,000

1992年产五星牌铁盖贵州茅台酒
53%vol 8瓶 /500ml
中贸圣佳 21/05 lot 9004
估价：200,000—300,000
成交价：299,000

1992年产飞天牌铁盖贵州茅台酒
53%vol 6瓶/500ml
中贸圣佳 21/05 lot 9037
估价：200,000—250,000
成交价：224,250

1992年产飞天牌铁盖原箱贵州茅台酒

53%vol　12瓶/500ml

永乐拍卖（北京）

22/05 lot 3651

估价：373,000—408,000

成交价：437,000

1992年产飞天牌铁盖贵州茅台酒

53%vol　9瓶/500ml

中贸圣佳 21/05 lot 9025

估价：100,000—150,000

成交价：339,250

1992年产飞天牌铁盖贵州茅台酒

53%vol　6瓶/500ml

中国嘉德 18/05 lot 4019

估价：100,000—240,000

成交价：402,500

1992年产铁盖珍品原箱贵州茅台酒

53%vol　6瓶/500ml（1箱×6瓶）
中国嘉德 10/12 lot 4061
估价：100,000—400,000
成交价：391,000

1992年产铁盖珍品贵州茅台酒

53%vol　6瓶/500ml
北京保利 07/06 lot 15041
估价：220,000—234,000
成交价：253,000

1992年产铁盖珍品贵州茅台酒

53%vol　6瓶/500ml
中贸圣佳 21/05 lot 9014
估价：160,000—200,000
成交价：224,250

1992年产铁盖珍品贵州茅台酒

53%vol　6瓶/500ml
西泠印社 23/07 lot 0763
估价：160,000—200,000
成交价：195,500

1992年产铁盖珍品贵州茅台酒

53%vol　6瓶/500ml
中国嘉德　18/05 lot 4079
估价：100,000—240,000
成交价：322,000

1992年产五星牌铁盖贵州茅台酒

53%vol　6瓶/500ml
中国嘉德　18/05 lot 4009
估价：100,000—240,000
成交价：437,000

1992年产铁盖珍品贵州茅台酒

53%vol　12瓶/500ml
中国嘉德　10/12 lot 4041
估价：200,000—480,000
成交价：552,000

1992年产五星牌铁盖原箱贵州茅台酒

53%vol　12瓶/500ml（1箱×12瓶）
中国嘉德　10/12　lot 4055
估价：300,000—750,000
成交价：782,000

1992年产五星牌铁盖贵州茅台酒

53%vol　12瓶/500ml
中国嘉德　10/12　lot 4020
估价：200,000—480,000
成交价：575,000

1992年产铁盖珍品贵州茅台酒

53%vol　6瓶/500ml
西泠印社　14/01　lot 0052
估价：160,000—220,000
成交价：184,000

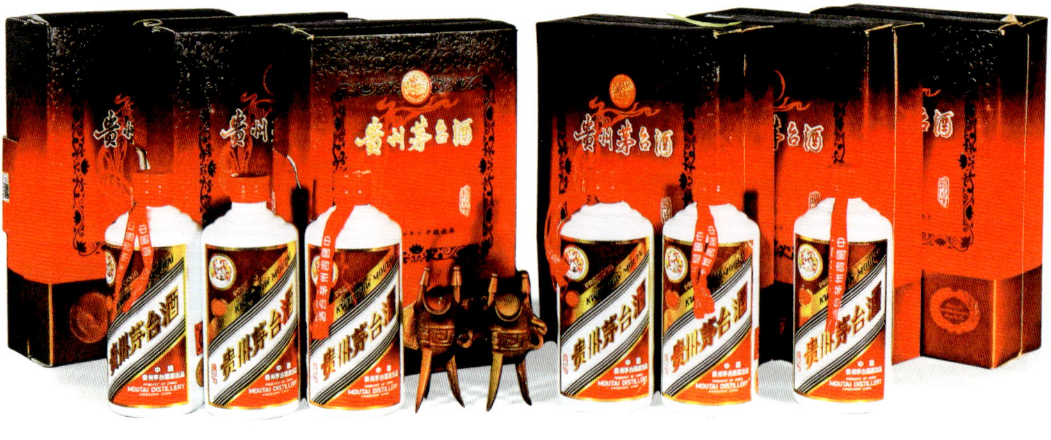

1992年产五星牌铁盖
贵州茅台酒
53%vol　12瓶/500ml
永乐拍卖（北京）　03/12
lot 7055
估价：400,000—456,000
成交价：465,750

1992年产飞天牌铁盖
贵州茅台酒
53%vol　12瓶/500ml
中国嘉德　10/12　lot 4031
估价：200,000—480,000
成交价：575,000

1992年产五星牌铁盖原箱贵州茅台酒
53%vol　12瓶/500ml（1箱×12瓶）
中国嘉德　18/05　lot 4030
估价：200,000—360,000
成交价：690,000

1993年产五星牌铁盖贵州茅台酒
53%vol 6瓶/500ml
中国嘉德 18/05 lot 4008
估价：100,000—240,000
成交价：402,500

1993年产五星牌铁盖原箱贵州茅台酒
53%vol 12瓶/500ml（1箱×12瓶）
中国嘉德 18/05 lot 4031
估价：200,000—360,000
成交价：747,500

1993年产五星牌铁盖原箱贵州茅台酒
53%vol 12瓶/500ml（1箱×12瓶）
中国嘉德 10/12 lot 4056
估价：300,000—700,000
成交价：805,000

1993年产铁盖贵州茅台酒
53%vol　12瓶/500ml
北京保利　05/12　lot 7048
估价：400,000—444,000
成交价：460,000

1993年产五星牌铁盖贵州茅台酒
53%vol　6瓶/500ml
西泠印社　23/07　lot 0740
估价：160,000—200,000
成交价：184,000

1993年产五星牌铁盖贵州茅台酒
53%vol　12瓶/500ml
中国嘉德　10/12　lot 4019
估价：200,000—480,000
成交价：552,000

1993年产铁盖贵州茅台酒

53%vol 12瓶/500ml

北京保利 07/06 lot 15051

估价：420,000—444,000

成交价：494,500

1993年产五星、飞天牌铁盖贵州茅台酒

53%vol 6瓶/500ml

北京荣宝 19/06 lot 3041

估价：195,000—220,000

成交价：224,250

1993年产飞天牌铁盖贵州茅台酒

53%vol 6瓶/500ml

中国嘉德 18/05 lot 4018

估价：100,000—240,000

成交价：460,000

1993年产铁盖贵州茅台酒

53%vol　12瓶/500ml

永乐拍卖（北京）　22/05　lot 3652

估价：360,000—396,000

成交价：414,000

1993年产铁盖原箱贵州茅台酒

53%vol　12瓶/375ml

华艺国际（北京）　11/12　lot 3571

估价：240,000—300,000

成交价：379,500

1993年产铁盖贵州茅台酒

53%vol　10瓶/500ml

中贸圣佳　21/05　lot 9039

估价：250,000—300,000

成交价：368,000

1993年产铁盖贵州茅台酒
53%vol　6瓶/500ml
中贸圣佳　21/05　lot 9026
估价：100,000—150,000
成交价：218,500

1993年产飞天牌铁盖贵州茅台酒
53%vol　12瓶/500ml
中国嘉德　10/12　lot 4030
估价：200,000—480,000
成交价：575,000

1993年产铁盖珍品贵州茅台酒
53%vol　6瓶/500ml
永乐拍卖（北京）　22/05　lot 3644
估价：183,000—204,000
成交价：224,250

1993年产铁盖珍品
贵州茅台酒
53%vol　12瓶/500ml
中国嘉德　10/12 lot 4040
估价：200,000—480,000
成交价：529,000

1993年产铁盖珍品
贵州茅台酒
53%vol　6瓶/500ml
中国嘉德　18/05 lot 4078
估价：100,000—240,000
成交价：345,000

1993年产铁盖珍品原箱贵州茅台酒
53%vol　6瓶/500ml（1箱×6瓶）
中国嘉德　10/12 lot 4062
估价：100,000—400,000
成交价：425,500

1993年产珍品贵州茅台酒

53%vol　60瓶/500ml

永乐拍卖（北京） 03/12 lot 7037

估价：2,000,000—2,280,000

成交价：2,300,000

贵州茅台酒（1993）

1994年产飞天牌贵州茅台酒

53%vol 6瓶/500ml
西泠印社 23/07 lot 0738
估价：100,000—150,000
成交价：184,000

1994年产五星牌铁盖原箱贵州茅台酒

53%vol 12瓶/500ml（1箱×12瓶）
中国嘉德 10/12 lot 4057
估价：300,000—700,000
成交价：678,500

1994年产五星牌铁盖原箱贵州茅台酒

53%vol 12瓶/500ml（1箱×12瓶）
中国嘉德 18/05 lot 4032
估价：200,000—360,000
成交价：747,500

1994年产铁盖贵州茅台酒

53%vol　12瓶/500ml
永乐拍卖（北京）
22/05 lot 3653
估价：360,000—384,000
成交价：414,000

1994年产铁盖贵州茅台酒

53%vol　12瓶/500ml
北京保利 07/06 lot 15052
估价：250,000—300,000
成交价：460,000

1994年产飞天牌铁盖贵州茅台酒

53%vol　12瓶/500ml
中国嘉德 10/12 lot 4029
估价：350,000—400,000
成交价：563,500

1994年产五星牌铁盖
贵州茅台酒

53%vol　12瓶/500ml
中国嘉德　10/12　lot 4018
估价：200,000—480,000
成交价：575,000

1994年产铁盖珍品
贵州茅台酒

53%vol　6瓶/500ml
中国嘉德　18/05　lot 4077
估价：100,000—240,000
成交价：322,000

1994年产飞天牌铁盖贵州茅台酒

53%vol　6瓶/500ml
中国嘉德　18/05　lot 4017
估价：100,000—240,000
成交价：460,000

1994年产珍品铁盖贵州茅台酒

53%vol　12瓶/500ml
中国嘉德　10/12　lot 4039
估价：200,000—480,000
成交价：517,500

1994年产五星牌、飞天牌铁盖贵州茅台酒

53%vol　6瓶/500ml（原盒）
北京荣宝　19/06　lot 3040
估价：190,000—220,000
成交价：218,500

1994年产五星牌铁盖贵州茅台酒

53%vol　6瓶/500ml
中国嘉德　18/05　lot 4007
估价：100,000—240,000
成交价：437,000

1994年产珍品贵州茅台酒

53%vol　6瓶/500ml

永乐拍卖（北京）　22/05　lot 3645

估价：183,000—198,000

成交价：212,750

1994年产珍品贵州茅台酒

53%vol　6瓶/500ml

北京保利　07/06　lot 15043

估价：207,000—222,000

成交价：238,050

1994年产铁盖珍品贵州茅台酒

53%vol　6瓶/500ml

中贸圣佳　21/05　lot 9015

估价：150,000—200,000

成交价：230,000

1994年产铁盖贵州茅台酒

53%vol　12瓶/500ml

中贸圣佳　21/05　lot 9027

估价：250,000—300,000

成交价：437,000

1995年产五星牌、
飞天牌铁盖贵州茅台酒
53%vol　6瓶/500ml（原盒）
北京荣宝　19/06 lot 3039
估价：185,000—210,000
成交价：212,750

1995年产五星牌铁
盖贵州茅台酒
53%vol　6瓶/500ml
西泠印社　23/07　lot 0737
估价：160,000—200,000
成交价：184,000

1995年产飞天牌铁盖原箱贵州茅台酒
53%vol　12瓶/500ml（1箱×12瓶）
中国嘉德　18/05　lot 4033
估价：200,000—360,000
成交价：747,500

1995年产铁盖贵州茅台酒

53%vol 12瓶/500ml
永乐拍卖（北京） 22/05 lot 3654
估价：350,000—378,000
成交价：402,500

1995年产飞天牌铁盖贵州茅台酒

53%vol 6瓶/500ml
中国嘉德 18/05 lot 4016
估价：100,000—240,000
成交价：437,000

1995年产飞天牌铁盖贵州茅台酒

53%vol 12瓶/500ml
中国嘉德 10/12 lot 4028
估价：200,000—480,000
成交价：563,500

1995年产铁盖贵州茅台酒

53%vol　12瓶/500ml
永乐拍卖（北京）
03/12 lot 7057
估价：373,000—420,000
成交价：437,000

1995年产五星牌铁盖贵州茅台酒

53%vol　6瓶/500ml
中国嘉德 18/05 lot 4006
估价：100,000—240,000
成交价：368,000

1995年产五星牌铁盖贵州茅台酒

53%vol　12瓶/500ml
中国嘉德 10/12 lot 4017
估价：200,000—480,000
成交价：598,000

1995年产铁盖珍品贵州茅台酒

53%vol　6瓶/500ml
中贸圣佳　21/05　lot 9016
估价：150,000—180,000
成交价：218,500

1995年产铁盖珍品原箱贵州茅台酒

53%vol　6瓶/500ml（1箱×6瓶）
中国嘉德　10/12　lot 4063
估价：250,000—300,000
成交价：391,000

1995年产铁盖珍品贵州茅台酒

53%vol　12瓶/500ml
中国嘉德　10/12　lot 4038
估价：200,000—480,000
成交价：586,500

1995年产铁盖贵州茅台酒

53%vol　12瓶/500ml
中贸圣佳　21/05　lot 9007
估价：250,000—350,000
成交价：437,000

1995年产铁盖珍品贵州茅台酒

53%vol　6瓶/500ml
中国嘉德　18/05 lot 4076
估价：100,000—240,000
成交价：287,500

1995年产铁盖珍品贵州茅台酒

53%vol　6瓶/500ml
西泠印社　14/01 lot 0050
估价：140,000—200,000
成交价：161,000

1995年产铁盖贵州茅台酒

53%vol　24瓶/500ml
中贸圣佳　21/05 lot 9028
估价：600,000—650,000
成交价：879,750

1995年产珍品贵州茅台酒

53%vol 6瓶/500ml
永乐拍卖（北京） 22/05 lot 3646
估价：180,000—195,000
成交价：207,000

1995年产珍品贵州茅台酒

53%vol 6瓶/500ml
永乐拍卖（北京） 03/12 lot 7050
估价：190,000—216,000
成交价：218,500

1995年产珍品贵州茅台酒

53%vol 6瓶/500ml
中贸圣佳 21/05 lot 9055
估价：100,000—150,000
成交价：224,250

1996年产贵州茅台酒

53%vol　10瓶/500ml
中贸圣佳 21/05 lot 9019
估价：100,000—150,000
成交价：209,300

1996年产五星牌铁盖贵州茅台酒

53%vol　12瓶/500ml
北京荣宝 02/12 lot 2160
估价：100,000—150,000
成交价：552,000

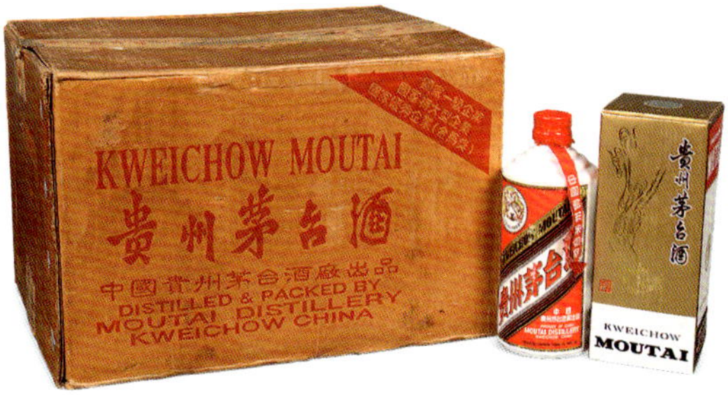

1996年产贵州茅台酒

53%vol　12瓶/500ml
中贸圣佳 21/05 lot 9040
估价：100,000—150,000
成交价：270,250

1996年产五星牌铁盖贵州茅台酒

53%vol　12瓶/500ml
中国嘉德 10/12 lot 4016
估价：200,000—480,000
成交价：632,500

1996年产五星牌铁盖贵州茅台酒
53%vol 6瓶/500ml
西泠印社 14/01 lot 0023
估价：140,000—200,000
成交价：161,000

1996年产塑料盖贵州茅台酒
53%vol 18瓶/500ml
永乐拍卖（北京）
22/05 lot 3656
估价：298,000—324,000
成交价：345,000

1996年产五星牌铁盖贵州茅台酒
53%vol 6瓶/500ml
中国嘉德 18/05 lot 4005
估价：100,000—240,000
成交价：368,000

1996年产铁盖珍品
贵州茅台酒
53%vol　6瓶/500ml
西泠印社　14/01　lot 0049
估价：140,000—200,000
成交价：161,000

1996年产塑料盖贵州
茅台酒
53%vol　18瓶/500ml
北京保利　07/06　lot 15057
估价：340,000—360,000
成交价：391,000

1996年产飞天牌铁盖贵州茅台酒
53%vol　6瓶/500ml
中国嘉德　18/05　lot 4015
估价：100,000—240,000
成交价：460,000

1996年产铁盖原箱
贵州茅台酒
53%vol 12瓶/500ml
华艺国际（北京） 11/12 lot 3573
估价：400,000—600,000
成交价：546,250

1996年产铁盖
贵州茅台酒
53%vol 9瓶/500ml
中贸圣佳 21/05 lot 9020
估价：100,000—150,000
成交价：322,000

1996年产贵州茅台酒
53%vol 12瓶/500ml
中贸圣佳 21/05 lot 9008
估价：200,000—250,000
成交价：253,000

1996年产红膜铁盖贵州茅台酒

53%vol　12瓶/500ml
华艺国际（北京）　03/06　lot 3285
估价：300,000—400,000
成交价：483,000

1996年产五星牌、飞天牌贵州茅台酒

53%vol　6瓶/500ml（原盒）
北京荣宝　19/06　lot 3023
估价：115,000—150,000
成交价：132,250

1996年产飞天牌铁盖贵州茅台酒

53%vol　12瓶/500ml
中国嘉德　10/12　lot 4027
估价：200,000—480,000
成交价：575,000

1996年产红膜铁盖贵州茅台酒

53%vol 6瓶/500ml
华艺国际（北京） 30/03 lot 3287
估价：150,000—200,000
成交价：207,000

1996年产飞天牌铁盖原箱贵州茅台酒

53%vol 12瓶/500ml（1箱×12瓶）
中国嘉德 10/12 lot 4058
估价：300,000—700,000
成交价：667,000

1996年产珍品贵州茅台酒

53%vol　6瓶/500ml
永乐拍卖（北京）　22/05 lot 3647
估价：180,000—192,000
成交价：207,000

1996年产铁盖珍品原箱贵州茅台酒

53%vol　6瓶/500ml（1箱×6瓶）
中国嘉德 10/12 lot 4064
估价：100,000—350,000
成交价：402,500

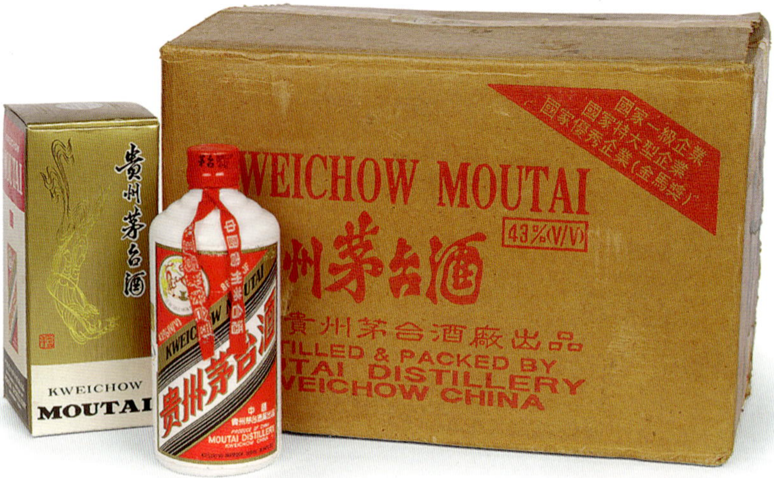

1996年产飞天牌铁盖贵州茅台酒

43%vol　12瓶/500ml（原箱）

北京荣宝 19/06 lot 3037

估价：95,000—128,000

成交价：109,250

1996年产铁盖珍品贵州茅台酒

53%vol　6瓶/500ml

中国嘉德 18/05 lot 4075

估价：100,000—240,000

成交价：322,000

1996年产铁盖珍品贵州茅台酒

53%vol　12瓶/500ml

中国嘉德 10/12 lot 4037

估价：200,000—480,000

成交价：575,000

1996年产金属盖珍品贵州茅台酒

53%vol　6瓶/500ml

北京保利 07/06 lot 15045

估价：200,000—210,000

成交价：230,000

1996年产飞天牌原箱贵州茅台酒

53%vol　12瓶/500ml（1箱×12瓶）

中国嘉德 18/05 lot 4035

估价：80,000—150,000

成交价：460,000

1995年、1996年产红膜铁盖贵州茅台酒

53%vol　6瓶/500ml

华艺国际（北京） 03/06 lot 3283

估价：150,000—200,000　成交价：207,000

1995年、1996年产飞天牌铁盖贵州茅台酒

53%vol　8瓶/500ml（原盒）

北京荣宝 19/06 lot 3038

估价：240,000—280,000

成交价：287,500

1993—1996年产铁盖贵州茅台酒

53%vol　10瓶/500ml　975g、963g、993g、994g、960g、975g、979g、976g、975g、1000g

华艺国际（北京） 11/12 lot 3524

估价：200,000—250,000

成交价：356,500

1991—1996年产红膜铁盖贵州茅台酒

53%vol　12瓶/375ml

华艺国际（北京） 03/06 lot 3282

估价：200,000—250,000

成交价：276,000

1991—1996年产铁盖贵州茅台酒

53%vol　12瓶/375ml

华艺国际（北京） 03/06 lot 3281

估价：200,000—250,000

成交价：310,500

1991—1996年产红膜铁盖
贵州茅台酒
53%vol 10瓶/375ml
华艺国际（北京） 30/03 lot 3291
估价：180,000—220,000
成交价：253,000

1991—1996年产红膜铁盖
贵州茅台酒
53%vol 12瓶/375ml
746g、734g、751g、762g、
771g、794g、749g、778g、
771g、778g、760g、755g
华艺国际（北京） 11/12 lot 3521
估价：100,000—150,000
成交价：322,000

1992—1996年产五星牌、飞天牌铁盖贵州茅台酒
43%vol 6瓶/500ml（原盒）
北京荣宝 19/06 lot 3036
估价：20,000—30,000
成交价：52,900

1995年、1996年产铁盖贵州茅台酒

53%vol　12瓶/500ml
971g、980g、997g、946g、980g、974g、978g、991g、981g、971g、965g、963g
华艺国际（北京）11/12 lot 3525
估价：100,000—150,000
成交价：414,000

1991—1996年产红膜铁盖贵州茅台酒

53%vol　10瓶/375ml
771g、737g、734g、712g、726g、749g、760g、757g、775g、731g
华艺国际（北京）
11/12 lot 3520
估价：100,000—150,000
成交价：253,000

1991—1996年产飞天牌铁盖贵州茅台酒（年份垂直套组）

53%vol　6瓶/500ml
西泠印社 14/01 lot 0031
估价：130,000—180,000
成交价：149,500

1995年、1996年产铁盖珍品贵州茅台酒

53%vol　6瓶/500ml

华艺国际（北京）　30/03　lot 3293

估价：160,000—200,000

成交价：195,500

1991—1996年产飞天牌铁盖珍品贵州茅台酒

53%vol　6瓶/500ml（原盒）

北京荣宝　19/06　lot 3058

估价：180,000—250,000

成交价：230,000

1995年、1996年产红膜铁盖贵州茅台酒

53%vol　12瓶/500ml
华艺国际（北京）　03/06　lot 3284
估价：300,000—400,000
成交价：483,000

1991—1996年产飞天牌铁盖珍品贵州茅台酒

53%vol　15瓶/500ml（原盒）
北京荣宝　02/12　lot 2157
估价：470,000—490,000
成交价：540,500

1997年产五星牌原箱
贵州茅台酒
53%vol　12瓶/500ml
西泠印社　14/01　lot 0014
估价：220,000—300,000
成交价：253,000

1997年产珍品
贵州茅台酒
53%vol　6瓶/500ml
中国嘉德　10/12　lot 4134
估价：50,000—100,000
成交价：109,250

1997年产飞天牌贵州茅台酒
53%vol　12瓶/500ml
中国嘉德　10/12　lot 4141
估价：50,000—200,000
成交价：172,500

1997年产五星牌原箱贵州茅台酒

53%vol　12瓶/500ml
北京荣宝　02/12　lot 2176
估价：260,000—280,000
成交价：315,100

1997年产贵州茅台酒

53%vol　6瓶/500ml　971g、974g、1007g、990g、968g、929g
华艺国际（北京）11/12　lot 3526
估价：80,000—100,000
成交价：120,750

1997年产五星牌贵州茅台酒

53%vol　12瓶/500ml
中国嘉德　10/12　lot 4136
估价：50,000—200,000
成交价：195,500

1997年产纸盒珍品原箱贵州茅台酒

53%vol　6瓶/500ml
西泠印社　23/07　lot 0758
估价：100,000—150,000
成交价：115,000

1997年产飞天牌贵州茅台酒

53%vol　12瓶/500ml
西泠印社　23/07　lot 0736
估价：160,000—200,000
成交价：184,000

1997年产原箱贵州茅台酒

53%vol　12瓶/500ml（1箱×12瓶）
中贸圣佳　21/05　lot 9009
估价：150,000—200,000
成交价：345,000

1997年产贵州茅台酒

53%vol　7瓶/500ml

中贸圣佳　21/05　lot 9041

估价：80,000—100,000

成交价：135,700

1997年产五星牌原箱贵州茅台酒

53%vol　12瓶/500ml（1箱×12瓶）

中国嘉德　18/05　lot 4036

估价：80,000—150,000

成交价：345,000

1997年产纸盒珍品贵州茅台酒

53%vol　6瓶/500ml

西泠印社　23/07　lot 0756

估价：80,000—100,000

成交价：103,500

1997年产贵州茅台酒

53%vol　18瓶/500ml

永乐拍卖（北京）

22/05　lot 3657

估价：200,000—250,000

成交价：299,000

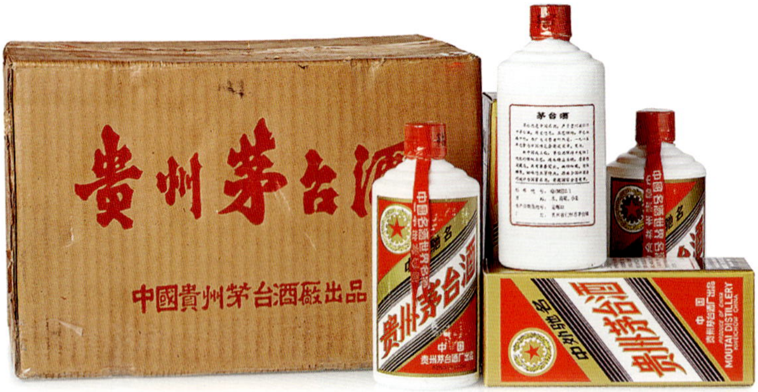

1997年产原箱贵州茅台酒

53%vol　12瓶/500ml
华艺国际（北京） 11/12 lot 3574
估价：220,000—300,000
成交价：327,750

1997年产贵州茅台酒

53%vol　18瓶/500ml
北京保利 07/06 lot 15058
估价：320,000—342,000
成交价：379,500

1997年产五星牌、飞天牌贵州茅台酒

53%vol　6瓶/500ml（原盒）
北京荣宝 19/06 lot 3022
估价：106,000—130,000
成交价：121,900

1997年产飞天牌原箱贵州茅台酒

53%vol　12瓶/500ml
西泠印社　14/01　lot 0013
估价：180,000—200,000
成交价：253,000

1997年产贵州茅台酒

53%vol　18瓶/500ml
永乐拍卖（北京）　03/12　lot 7059
估价：317,000—360,000
成交价：345,000

1997年产飞天牌原箱贵州茅台酒

53%vol　12瓶/500ml（1箱×12瓶）
中国嘉德　18/05　lot 4037
估价：80,000—150,000
成交价：230,000

1997年产纪念香港回归原箱贵州茅台酒

53%vol　12瓶/500ml（1箱×12瓶）

中国嘉德 10/12 lot 4071

估价：500,000—2,000,000

成交价：2,185,000

贵州茅台酒
KWEICHOW
MOUTAI
KWEICHOW MOUTAI
贵州茅台酒
中国
贵州茅台酒厂出品
PRODUCE OF CHINA
MOUTAI DISTILLERY
KWEICHOW CHINA

1998年产贵州茅台酒

53%vol　5瓶/500ml
中贸圣佳　21/05　lot 9042
估价：50,000—80,000
成交价：92,000

1998年产贵州茅台酒

53%vol　6瓶/500ml　968g、969g、952g、937g、944g、939g
华艺国际（北京）　11/12　lot 3528
估价：50,000—80,000
成交价：115,000

1998年产五星牌贵州茅台酒

53%vol　12瓶/500ml
中国嘉德　10/12　lot 4137
估价：50,000—200,000
成交价：184,000

1998年产贵州茅台酒

53%vol　12瓶/500ml
中贸圣佳　21/05　lot 9058
估价：200,000—300,000
成交价：356,500

1998年产贵州茅台酒

53%vol　12瓶/500ml
华艺国际（北京）　30/03　lot 3285
估价：175,000—200,000
成交价：201,250

1998年产贵州茅台酒

53%vol　18瓶/500ml

永乐拍卖（北京）　22/05　lot 3658

估价：250,000—306,000

成交价：287,500

1998年产五星牌贵州茅台酒

53%vol　12瓶/500ml

西泠印社　23/07　lot 0733

估价：160,000—200,000

成交价：184,000

1998年产飞天牌贵州茅台酒

53%vol　12瓶/500ml

中国嘉德　10/12　lot 4142

估价：50,000—200,000

成交价：149,500

1998年产飞天牌贵州茅台酒

53%vol　12瓶/500ml

西泠印社　23/07　lot 0734

估价：160,000—200,000

成交价：184,000

1998年产飞天牌原箱贵州茅台酒

53%vol　12瓶/500ml

西泠印社　14/01　lot 0012

估价：220,000—300,000

成交价：253,000

1998年产原箱贵州茅台酒

53%vol　24瓶/500ml

华艺国际（北京）　03/06　lot 3276

估价：400,000—500,000

成交价：609,500

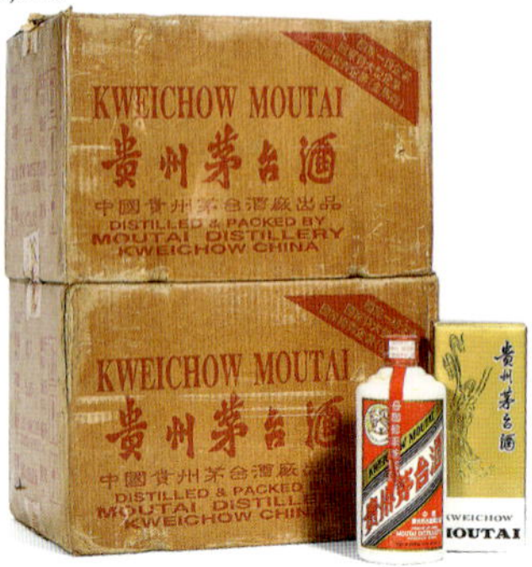

1998年产原箱贵州茅台酒

53%vol　12瓶/500ml

华艺国际（北京）　11/12　lot 3575

估价：200,000—250,000

成交价：310,500

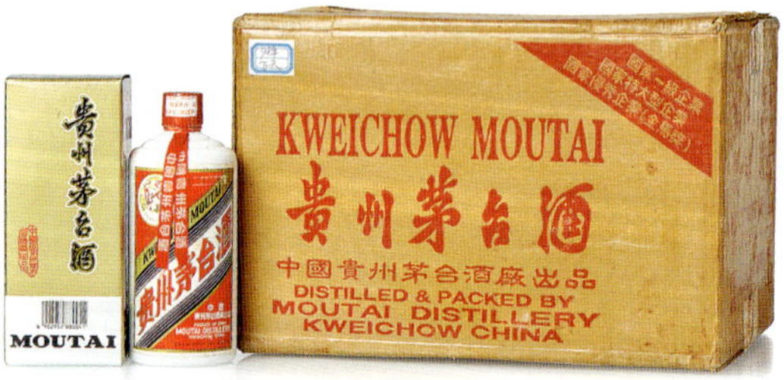

1998年产飞天牌珍品原箱贵州茅台酒

53%vol　24瓶/500ml

北京荣宝　19/06　lot 3056

估价：70,000—120,000

成交价：86,250

1998年产飞天牌原箱贵州茅台酒

53%vol　24瓶/500ml

西泠印社　23/07　lot 0713

估价：450,000—600,000

成交价：517,500

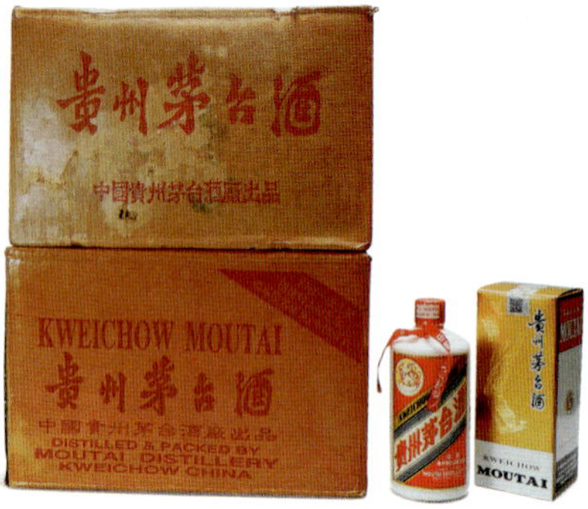

1998年产木盒珍品原箱贵州茅台酒

53%vol　12瓶/500ml（2箱×6瓶）

中国嘉德　10/12　lot 4068

估价：120,000—150,000

成交价：299,000

1998年产飞天牌珍品原箱贵州茅台酒

53%vol　60瓶/500ml

北京荣宝　02/12　lot 2156

估价：170,000—190,000

成交价：195,500

1998年产贵州茅台酒

53%vol　18瓶/500ml
北京保利　07/06　lot 15059
估价：200,000—250,000
成交价：345,000

1998年产飞天牌原箱贵州茅台酒

53%vol　12瓶/500ml（1箱×12瓶）
中国嘉德　18/05　lot 4038
估价：200,000—250,000
成交价：402,500

1998年产珍品贵州茅台酒

53%vol　12瓶/500ml
中国嘉德　10/12　lot 4135
估价：50,000—200,000
成交价：195,500

1998年产贵州茅台酒

53%vol　12瓶/500ml
中贸圣佳　21/05　lot 9021
估价：100,000—150,000
成交价：218,500

1998年产木盒装珍品原箱贵州茅台酒

53%vol　6瓶/500ml（1箱×6瓶）
中国嘉德 10/12 lot 4067
估价：60,000—80,000
成交价：149,500

1998年产木盒装珍品原箱贵州茅台酒

53%vol　12瓶/500ml（2箱×6瓶）
中国嘉德 18/05 lot 4088
估价：120,000—150,000
成交价：230,000

1998年产珍品贵州茅台酒

53%vol　6瓶/500ml
西泠印社 14/01 lot 0048
估价：75,000—120,000
成交价：86,250

1998年产五星牌、飞天牌贵州茅台酒

53%vol　6瓶/500ml
北京荣宝 19/06 lot 3021
估价：96,000—128,000
成交价：110,400

1998年产珍品原箱贵州茅台酒

53%vol　60瓶/50ml（5箱×12瓶）
中国嘉德 18/05 lot 4085
估价：100,000—160,000
成交价：322,000

1998年产纸盒装珍品贵州茅台酒

53%vol　12瓶/500ml
中国嘉德　18/05　lot 4087
估价：120,000—150,000
成交价：218,500

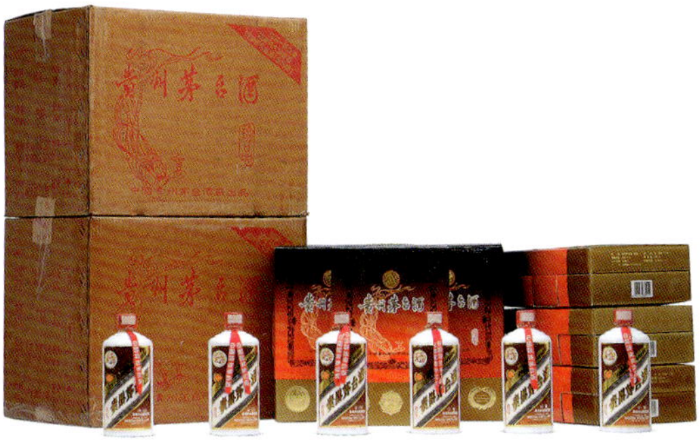

1998年产珍品原箱贵州茅台酒

53%vol　6瓶/500ml
中贸圣佳　21/05　lot 9057
估价：100,000—150,000
成交价：184,000

1998年产木盒珍品贵州茅台酒

53%vol　6瓶/500ml
西泠印社　23/07　lot 0754
估价：85,000—120,000
成交价：97,750

1998年产飞天牌珍品贵州茅台酒

53%vol　2瓶/500ml（大漆盒）
北京荣宝　19/06　lot 3057
估价：120,000—150,000
成交价：41,400

1999年产贵州茅台酒

53%vol　18瓶/500ml

永乐拍卖（北京）

22/05 lot 3659

估价：240,000—288,000

成交价：276,000

1999年产国庆50周年盛典纪念贵州茅台酒

53%vol　6瓶/500ml

西泠印社 14/01 lot 0062

估价：220,000—300,000

成交价：253,000

1999年产飞天牌贵州茅台酒

53%vol　6瓶/500ml

北京荣宝 19/06 lot 3020

估价：95,000—126,000

成交价：109,250

1999年产飞天牌贵州茅台酒

53%vol　12瓶/500ml

中国嘉德 10/12 lot 4143

估价：50,000—200,000

成交价：149,500

1999年产贵州茅台酒

53%vol　18瓶/500ml
永乐拍卖（北京）
03/12　lot 7061
估价：280,000—324,000
成交价：322,000

1999年产贵州茅台酒

53%vol　4瓶/500ml
中贸圣佳　21/05　lot 9044
估价：30,000—50,000
成交价：74,750

1999年产贵州茅台酒

53%vol　4瓶/500ml
中贸圣佳　21/05　lot 9043
估价：30,000—50,000
成交价：74,750

1999年产五星牌贵州茅台酒

53%vol　12瓶/500ml
中国嘉德　10/12　lot 4138
估价：50,000—200,000
成交价：172,500

1999年产飞天牌世博会特制陈年50年贵州茅台酒

53%vol　1瓶/500ml（原盒）

北京荣宝　19/06　lot 3071

估价：38,000—65,000

成交价：43,700

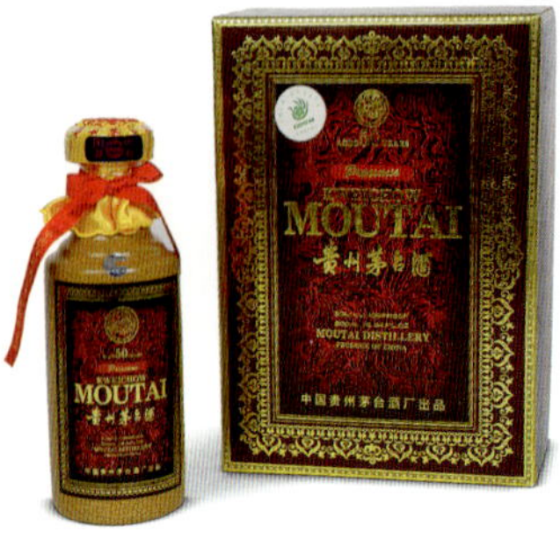

1999年产国庆50周年盛典纪念贵州茅台酒

53%vol　1瓶/500ml

西泠印社　14/01　lot 0063

估价：50,000—80,000

成交价：195,500

1999年产飞天牌贵州茅台酒

53%vol　12瓶/500ml

西泠印社　23/07　lot 0732

估价：150,000—200,000

成交价：172,500

1999年产木盒珍品贵州茅台酒

53%vol　12瓶/500ml

西泠印社　23/07　lot 0753

估价：150,000—200,000

成交价：172,500

1999年产陈年15年贵州茅台酒

53%vol　6瓶/500ml（原箱）

北京荣宝　19/06　lot 3069

估价：110,000—150,000

成交价：126,500

1999年产国庆五十周年盛典纪念贵州茅台酒

53%vol　6瓶/500ml（原箱）

北京荣宝　19/06　lot 3094

估价：380,000—460,000

成交价：448,500

1999年产飞天牌原箱贵州茅台酒

53%vol　24瓶/500ml

西泠印社　23/07　lot 0711

估价：450,000—600,000

成交价：517,500

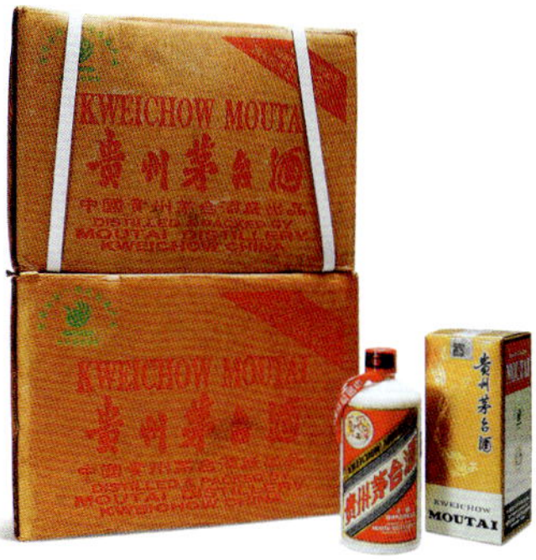

1999年产原箱贵州茅台酒

53%vol　12瓶/500ml

华艺国际（北京）　11/12　lot 3577

估价：200,000—300,000

成交价：316,250

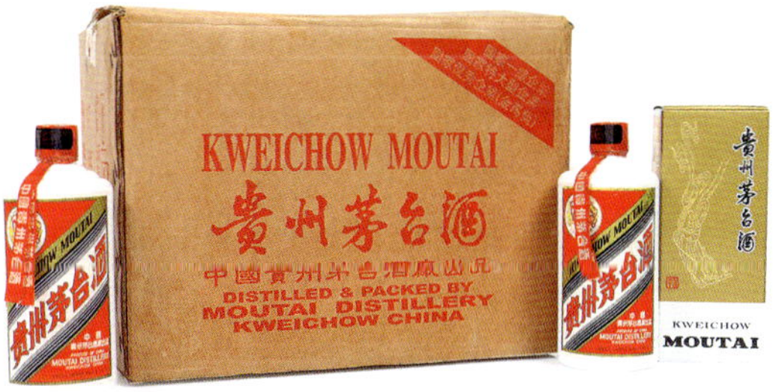

1999年产原箱贵州茅台酒

53%vol　12瓶/500ml

华艺国际（北京）　03/06　lot 3275

估价：200,000—300,000

成交价：322,000

1999年产飞天牌为世博会特制贵州茅台酒

43%vol　12瓶/500ml（原箱）

北京荣宝　02/12　lot 2217

估价：58,000—68,000

成交价：66,700

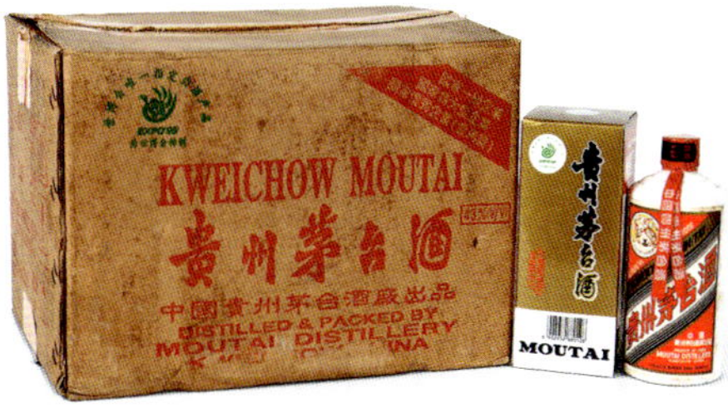

1999年产原箱贵州茅台酒

53%vol　12瓶/500ml

华艺国际（北京）　11/12　lot 3576

估价：200,000—300,000

成交价：316,250

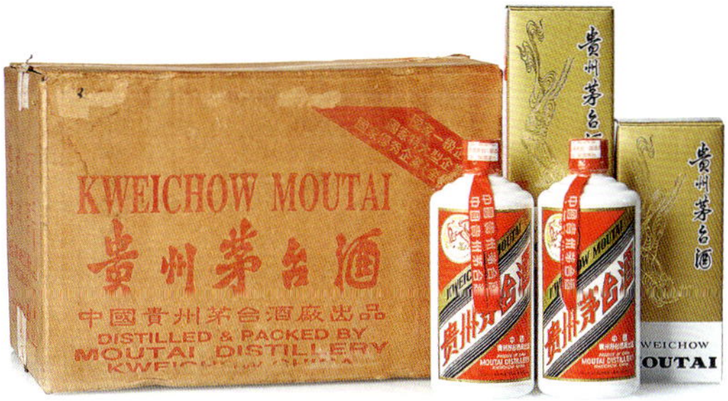

1999年产飞天牌原箱贵州茅台酒

53%vol　12瓶/500ml

西泠印社　14/01　lot 0011

估价：200,000—280,000

成交价：230,000

1999年产珍品
贵州茅台酒

53%vol　12瓶/500ml
中国嘉德　18/05 lot 4086
估价：100,000—180,000
成交价：218,500

1999年产贵州茅台酒

53%vol　20瓶/500ml
中贸圣佳　21/05　lot 9022
估价：200,000—250,000
成交价：358,800

1999年产贵州茅台酒

53%vol　12瓶/500ml
华艺国际（北京）　30/03　lot 3284
估价：100,000—150,000
成交价：201,250

1997—1999年产贵州茅台酒

（1997年3瓶、1998年2瓶、1999年1瓶）/500ml
华艺国际（北京）　30/03　lot 3286
估价：88,000—110,000
成交价：101,200

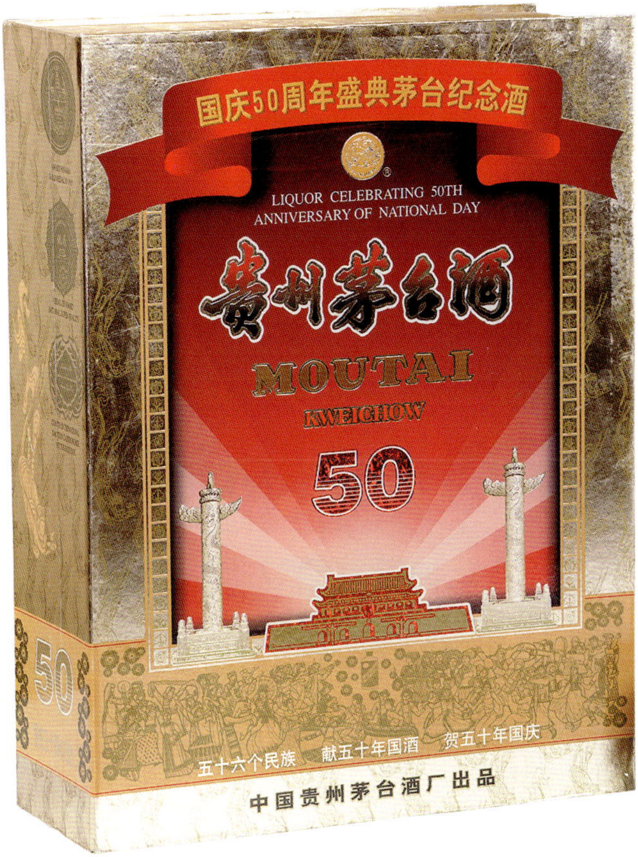

1999年产50周年庆典贵州茅台酒

53%vol　1瓶/500ml（原盒）
北京荣宝 19/06 lot 3093
估价：280,000—350,000
成交价：345,000

1999年产飞天牌原箱贵州茅台酒

53%vol　12瓶/500ml（1箱×12瓶）
中国嘉德 18/05 lot 4039
估价：60,000—130,000
成交价：368,000

2000年产五星牌、飞天牌贵州茅台酒

53%vol　6瓶/500ml（原盒）
北京荣宝　19/06 lot 3019
估价：85,000—120,000
成交价：97,750

2000年产贵州茅台酒

53%vol　12瓶/500ml
北京保利　07/06 lot 15061
估价：175,000—192,000
成交价：201,250

2000年产贵州茅台酒

53%vol　10瓶/500ml
华艺国际（北京）11/12 lot 3529
估价：100,000—150,000
成交价：166,750

2000年产贵州茅台酒

53%vol　18瓶/500ml
永乐拍卖（北京）22/05 lot 3660
估价：223,000—270,000
成交价：256,450

2000年产飞天牌原箱贵州茅台酒

53%vol　60瓶/500ml
（5箱×12瓶）
中国嘉德　10/12　lot 4105
估价：500,000—1,300,000
成交价：1,265,000

2000年产贵州茅台酒

53%vol　12瓶/500ml
华艺国际（北京）　30/03　lot 3283
估价：146,000—170,000
成交价：167,900

2000年产贵州茅台酒

53%vol　12瓶/500ml
华艺国际（北京）　03/06　lot 3261
估价：130,000—180,000
成交价：207,000

2000年产贵州茅台酒

53%vol　18瓶/500ml
永乐拍卖（北京）03/12　lot 7062
估价：260,000—306,000
成交价：287,500

2000年产飞天牌原箱贵州茅台酒

53%vol　24瓶/500ml（2箱×12瓶）
中国嘉德　18/05　lot 4040
估价：100,000—200,000
成交价：552,000

2000年产原箱贵州茅台酒

53%vol　12瓶/500ml
华艺国际（北京）　11/12　lot 3578
估价：180,000—250,000
成交价：293,250

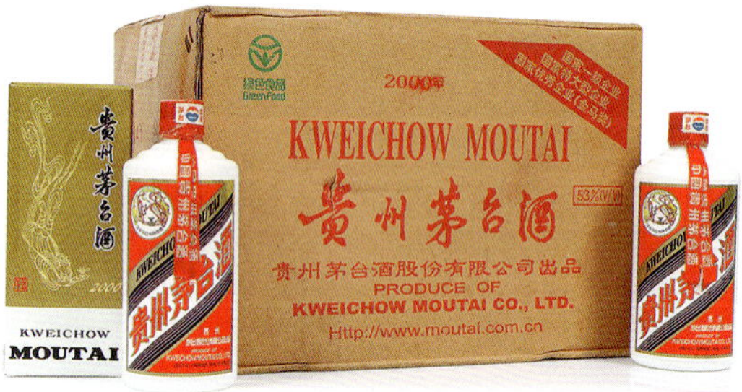

2000年产原箱贵州茅台酒

53%vol　12瓶/500ml
华艺国际（北京）　11/12　lot 3579
估价：180,000—250,000
成交价：293,250

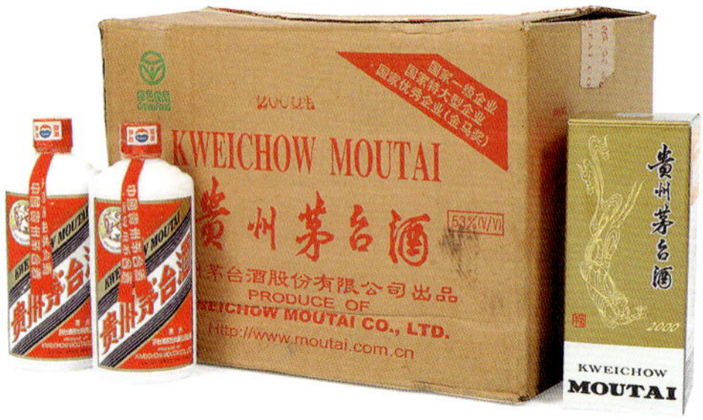

2000年产飞天牌原箱贵州茅台酒

53%vol　12瓶/500ml
西泠印社　14/01　lot 0010
估价：170,000—250,000
成交价：195,500

2000年产五星牌原箱贵州茅台酒

53%vol　12瓶/500ml
西泠印社　14/01　lot 0009
估价：170,000—220,000
成交价：195,500

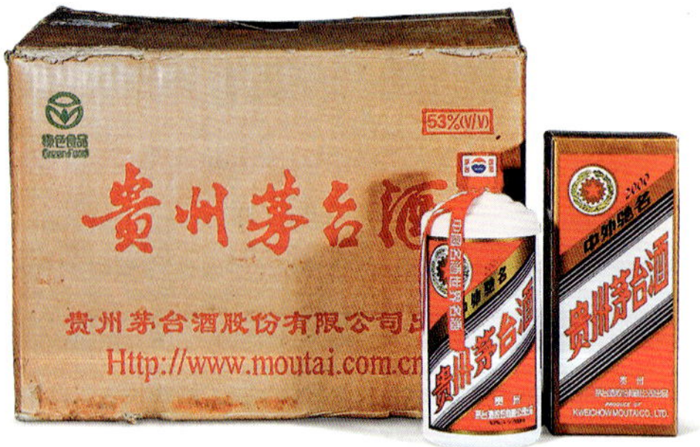

2000年产纸盒装珍品原箱贵州茅台酒

53%vol　12瓶/500ml（2箱×6瓶）
中国嘉德　10/12　lot 4066
估价：120,000—150,000
成交价：356,500

2000年产原箱贵州茅台酒

53%vol　12瓶/500ml
华艺国际（北京）　30/03　lot 3282
估价：180,000—220,000
成交价：224,250

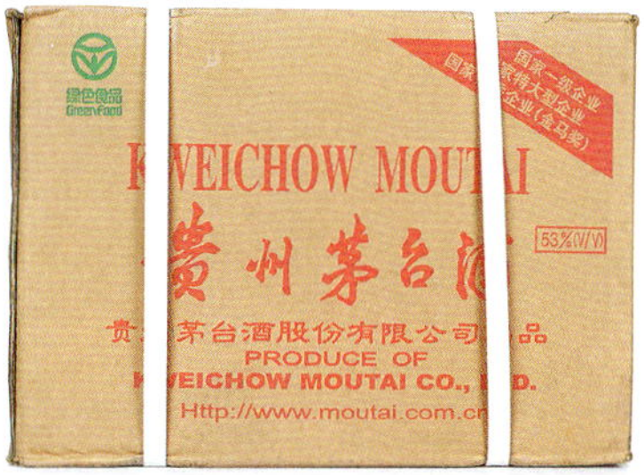

2000年产飞天牌珍品贵州茅台酒

53%vol　6瓶/500ml（原箱）
北京荣宝　19/06　lot 3053
估价：65,000—120,000
成交价：109,250

2000年产飞天牌铁盖珍品贵州茅台酒

53%vol　6瓶/375ml（原箱）
北京荣宝　19/06　lot 3054
估价：68,000—125,000
成交价：109,250

2000年产飞天牌珍品贵州茅台酒

53%vol　6瓶/500ml（原箱）
北京荣宝　02/12　lot 2159
估价：100,000—120,000
成交价：120,750

2000年产飞天牌原箱贵州茅台酒

53%vol　24瓶/500ml
西泠印社　23/07　lot 0709
估价：380,000—480,000
成交价：437,000

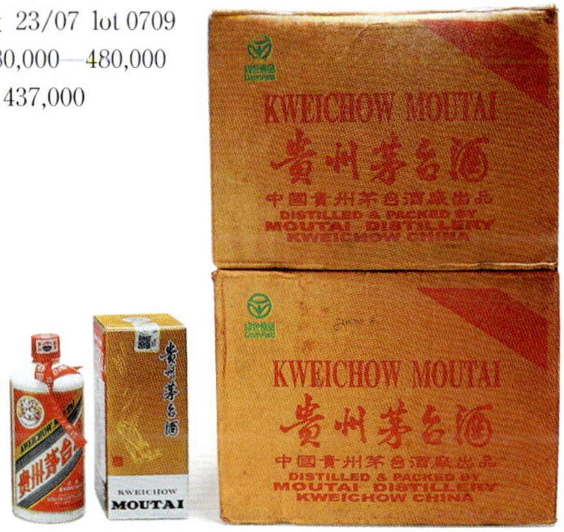

2000年产贵州茅台酒

53%vol　100瓶/500ml

永乐拍卖（北京）　22/05　lot 3631

估价：1,250,000—1,500,000

成交价：1,437,500

中國貴州茅台
KWEICHOW MOUTAI
贵州茅台酒
中 國
貴州茅台酒廠出品
PRODUCE OF CHINA
MOUTAI DISTILLERY
KWEICHOW CHINA

2000年产铁盖珍品贵州茅台酒

53%vol 6瓶/375ml

中贸圣佳 21/05 lot 9018

估价：80,000—100,000

成交价：120,750

2000年产飞天牌贵州茅台酒

53%vol 12瓶/500ml

中国嘉德 10/12 lot 4144

估价：50,000—180,000

成交价：138,000

2000年产飞天牌贵州茅台酒

53%vol 6瓶/500ml

西泠印社 14/01 lot 0021

估价：55,000—80,000

成交价：66,700

2000年产贵州茅台酒

53%vol　12瓶/500ml
北京保利　05/12　lot 7055
估价：168,000—192,000
成交价：193,200

2000年产五星牌贵州茅台酒

53%vol　12瓶/500ml
中国嘉德　10/12　lot 4139
估价：50,000—180,000
成交价：149,500

2000年产五星牌贵州茅台酒

53%vol　6瓶/500ml
西泠印社　14/01　lot 0020
估价：55,000—80,000
成交价：63,250

2000年产陈年15年、35年、50年贵州茅台酒

53%vol 3瓶/500ml
华艺国际（北京） 11/12 lot 3501
估价：60,000—80,000
成交价：115,000

2000年产陈年15年贵州茅台酒

53%vol 2瓶/500ml（原盒）
北京荣宝 19/06 lot 3068
估价：30,000—50,000
成交价：34,500

2000年产陈年15年贵州茅台酒

53%vol 2瓶/500ml
华艺国际（北京） 30/03 lot 3304
估价：33,000—40,000
成交价：37,950

2000年产飞天牌珍品贵州茅台酒

53%vol 20瓶/500ml（原盒）
北京荣宝 02/12 lot 2155
估价：250,000—280,000
成交价：299,000

2000年产铁盖珍品贵州茅台酒

53%vol　6瓶/375ml

中贸圣佳 21/05 lot 9017

估价：60,000—80,000

成交价：92,000

2000年产纸盒装珍品原箱贵州茅台酒

53%vol　12瓶/500ml（2箱×6瓶）

中国嘉德 18/05 lot 4089

估价：120,000—150,000

成交价：161,000

2000年产纸盒装原箱珍品贵州茅台酒

53%vol　6瓶/500ml（1箱×6瓶）

中国嘉德 10/12 lot 4065

估价：60,000—80,000

成交价：149,500

2001年产贵州茅台酒

53%vol　12瓶/500ml

华艺国际（北京）30/03 lot 3270

估价：128,000—150,000

成交价：147,200

2001年产五星牌贵州茅台酒

53%vol　12瓶/500ml

西泠印社 23/07 lot 0729

估价：110,000—160,000

成交价：126,500

2001年产贵州茅台酒

53%vol　12瓶/500ml

北京保利 07/06 lot 15062

估价：160,000—180,000

成交价：184,000

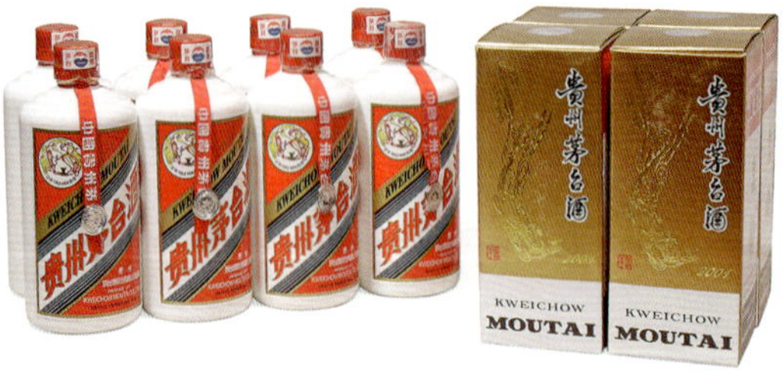

2001年产贵州茅台酒

53%vol　12瓶/500ml

永乐拍卖（北京） 22/05 lot 3661

估价：136,000—168,000

成交价：156,400

2001年产五星牌贵州茅台酒

53%vol　12瓶/500ml

中国嘉德 10/12 lot 4140

估价：50,000—160,000

成交价：138,000

2001年产五星牌、飞天牌贵州茅台酒

53%vol　6瓶/500ml（原盒）

北京荣宝 19/06 lot 3018

估价：61,000—100,000

成交价：70,150

2001年产飞天牌原箱贵州茅台酒

53%vol　12瓶/500ml
西泠印社　23/07　lot 0708
估价：140,000—200,000
成交价：161,000

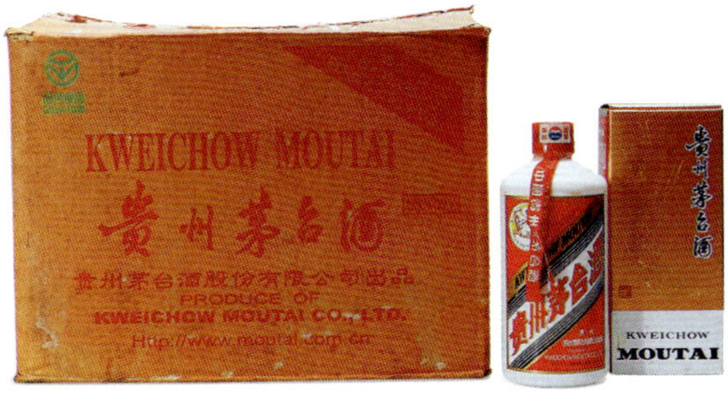

2001年产原箱贵州茅台酒

53%vol　12瓶/500ml
华艺国际（北京）　11/12　lot 3580
估价：150,000—200,000
成交价：207,000

2001年产原箱贵州茅台酒

53%vol　24瓶/500ml
中贸圣佳　21/05　lot 9068
估价：250,000—300,000
成交价：391,000

2001年产飞天牌原箱贵州茅台酒

53%vol　24瓶/500ml（2箱×12瓶）
中国嘉德　18/05　lot 4041
估价：100,000—200,000
成交价：437,000

2001年产飞天牌贵州茅台酒

53%vol　48瓶/500ml（原箱）
北京荣宝　02/12　lot 2169
估价：610,000—630,000
成交价：713,000

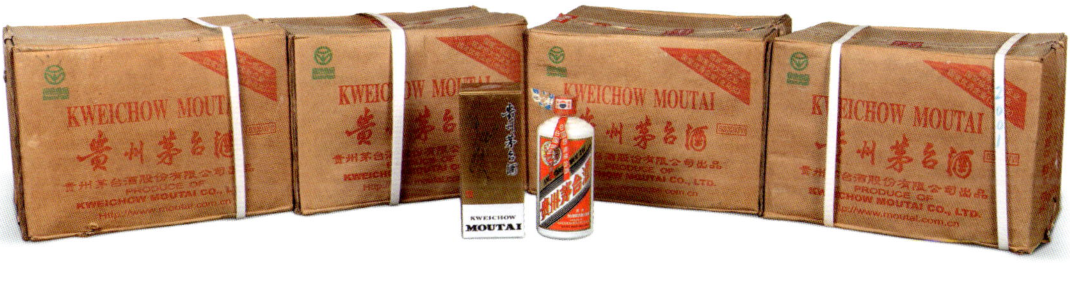

2001年产陈年15年贵州茅台酒

53%vol　1瓶/500ml

华艺国际（北京）11/12 lot 3502

估价：30,000—40,000

成交价：48,300

2001年产祝贺中国加入WTO、男足进入世界杯决赛圈、北京取得奥运会主办权纪念贵州茅台酒（3瓶组合）

53%vol　3瓶/500ml

北京保利 07/06 lot 15018

估价：50,000—60,000

成交价：80,500

2001年产祝贺男足进入世界杯决赛圈纪念原箱贵州茅台酒

53%vol　6瓶/500ml

永乐拍卖（北京） 22/05 lot 3682

估价：80,000—100,000

成交价：149,500

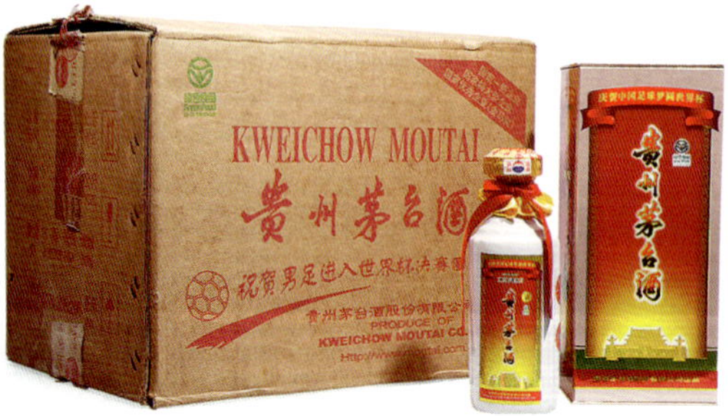

2001年产陈年15年贵州茅台酒

53%vol　6瓶/500ml

华艺国际（北京） 03/06 lot 3263

估价：50,000—100,000

成交价：115,000

2001年产祝贺中国加入WTO、男足进入世界杯决赛圈、北京取得奥运会主办权纪念贵州茅台酒（3瓶组合）

53%vol　3瓶/500ml

永乐拍卖（北京） 03/12 lot 7010

估价：50,000—60,000

成交价：73,600

2001年产祝贺北京取得奥运会主办权纪念原箱贵州茅台酒

53%vol　6瓶/500ml

永乐拍卖（北京） 22/05 lot 3683

估价：80,000—100,000

成交价：149,500

2001年产纸盒装珍品原箱贵州茅台酒

53%vol　12瓶/500ml（2箱×6瓶）
中国嘉德　18/05　lot 4090
估价：120,000—150,000
成交价：161,000

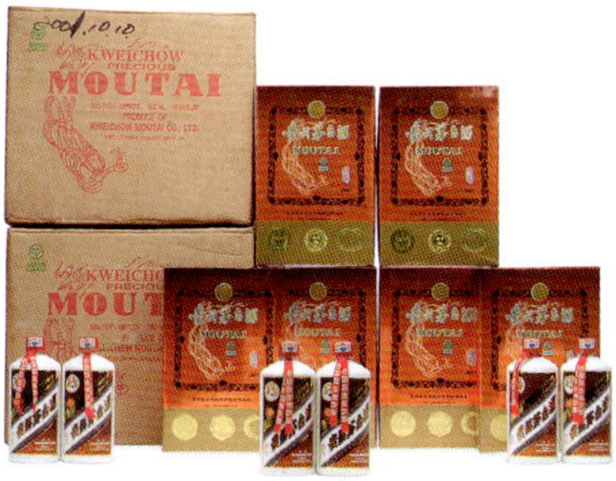

2001年产三大事件纪念贵州茅台酒

53%vol　3瓶/500ml
永乐拍卖（北京）　22/05　lot 3606
估价：56,000—60,000
成交价：64,400

2001年产祝贺北京取得奥运主办权纪念贵州茅台酒

53%vol　6瓶/500ml（原箱）
北京荣宝　19/06　lot 3104
估价：85,000—100,000
成交价：97,750

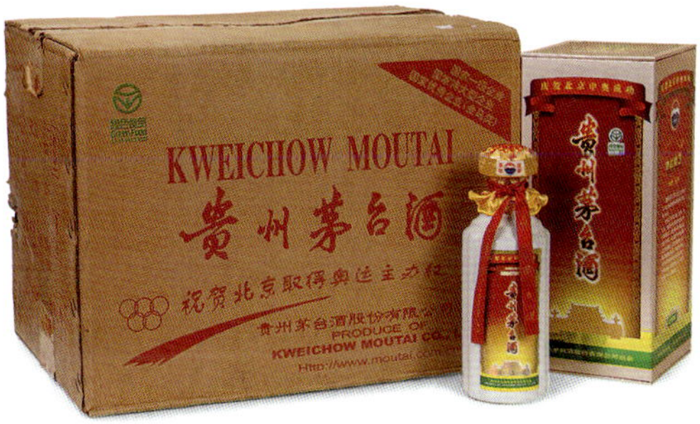

2001年产祝贺北京取得奥运主办权纪念贵州茅台酒

53%vol　6瓶/500ml（原箱）
北京荣宝　02/12　lot 2218
估价：98,000—110,000
成交价：112,700

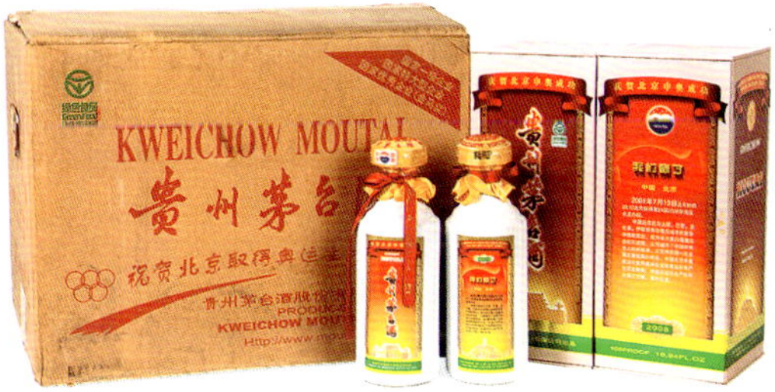

2001年产祝贺中国加入WTO纪念原箱贵州茅台酒

53%vol　6瓶/500ml
永乐拍卖（北京）　22/05　lot 3681
估价：120,000—132,000
成交价：149,500

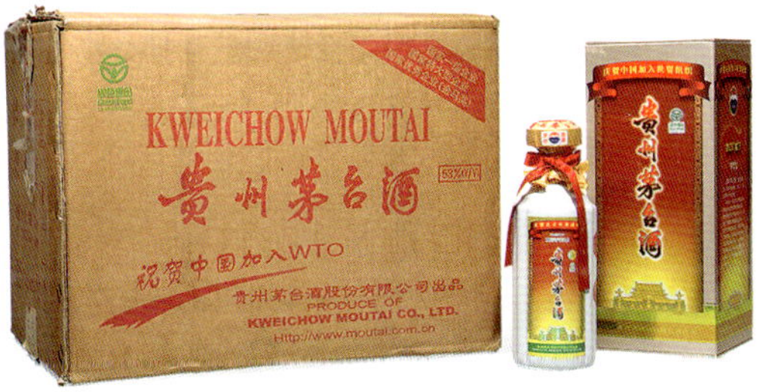

2001年产事件纪念原箱贵州茅台酒

53%vol　18瓶/500ml
永乐拍卖（北京）　03/12　lot 7099
估价：373,000—396,000
成交价：428,950

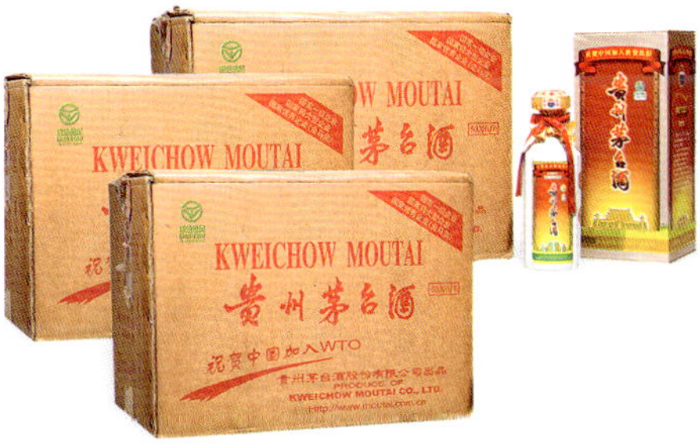

2002年产贵州茅台酒

53%vol　12瓶/500ml

华艺国际（北京）11/12 lot 3531

估价：96,000—120,000

成交价：143,750

2002年产原箱贵州茅台酒

53%vol　12瓶/500ml

中贸圣佳 21/05 lot 9061

估价：120,000—150,000

成交价：178,250

2002年产贵州茅台酒

53%vol　6瓶/500ml

华艺国际（北京）11/12 lot 3530

估价：48,000—60,000

成交价：69,000

2002年产贵州茅台酒

53%vol　12瓶/500ml

华艺国际（北京）03/06 lot 3260

估价：120,000—170,000

成交价：161,000

2002年产贵州茅台酒

53%vol　12瓶/500ml

永乐拍卖（北京）22/05 lot 3662

估价：125,000—156,000

成交价：143,750

2002年产贵州茅台酒

53%vol　12瓶/500ml

永乐拍卖（北京）03/12 lot 7064

估价：150,000—180,000

成交价：157,550

2002年产五星牌、飞天牌贵州茅台酒

53%vol　6瓶/500ml（原盒）

北京荣宝 19/06 lot 3017

估价：60,000—110,000

成交价：69,000

2002年产贵州茅台酒

53%vol　16瓶/500ml

中贸圣佳 21/05 lot 9023

估价：100,000—150,000

成交价：212,750

2002年产原箱贵州茅台酒

53%vol　12瓶/500ml

中贸圣佳 21/05 lot 9069

估价：100,000—150,000

成交价：179,400

2002年产飞天牌贵州茅台酒

53%vol　6瓶/500ml

西泠印社 14/01 lot 0018

估价：45,000—70,000

成交价：57,500

2002年产飞天牌贵州茅台酒

53%vol　12瓶/500ml

西泠印社 23/07 lot 0728

估价：100,000—150,000

成交价：115,000

2002年产贵州茅台酒

53%vol　20瓶/500ml

华艺国际（北京） 30/03 lot 3269

估价：200,000—230,000

成交价：230,000

2002年产飞天牌原箱贵州茅台酒

53%vol　24瓶/500ml（2箱×12瓶）
中国嘉德　10/12　lot 4146
估价：50,000—240,000
成交价：218,500

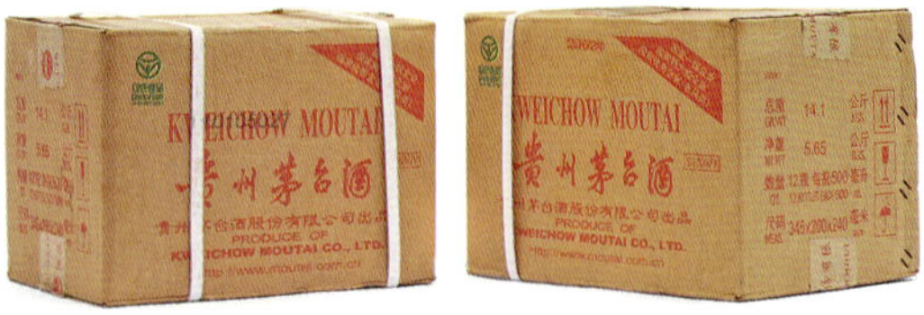

2002年产原箱贵州茅台酒（未开封）

53%vol　12瓶/500ml
华艺国际（北京）　11/12　lot 3581
估价：130,000—150,000
成交价：166,750

2002年产原箱贵州茅台酒（未开封）

53%vol　12瓶/500ml
华艺国际（北京）　30/03　lot 3281
估价：155,000—180,000
成交价：184,000

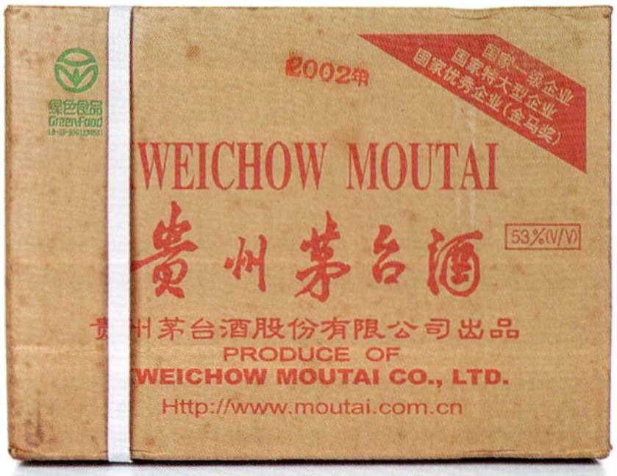

2002年产五星牌原箱贵州茅台酒

53%vol　12瓶/500ml
西泠印社　14/01　lot 0008
估价：140,000—200,000
成交价：161,000

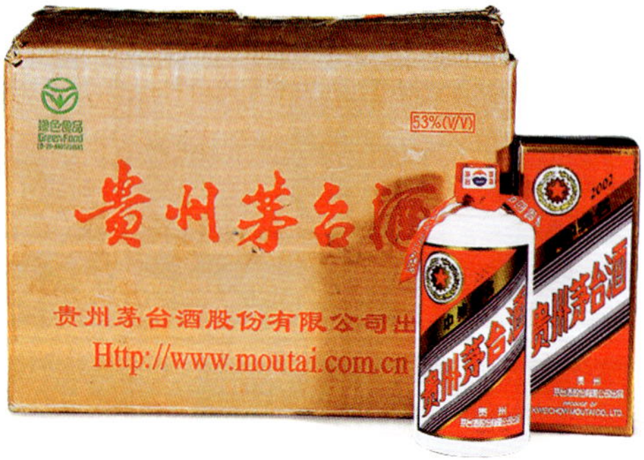

2002年产飞天牌贵州茅台酒

53%vol　12瓶/箱　48瓶/500ml（原箱）
北京荣宝　02/12　lot 2168
估价：560,000—580,000
成交价：655,500

2002年产五星牌原箱贵州茅台酒

53%vol 24瓶/500ml
西泠印社 23/07 lot 0707
估价：280,000—350,000
成交价：322,000

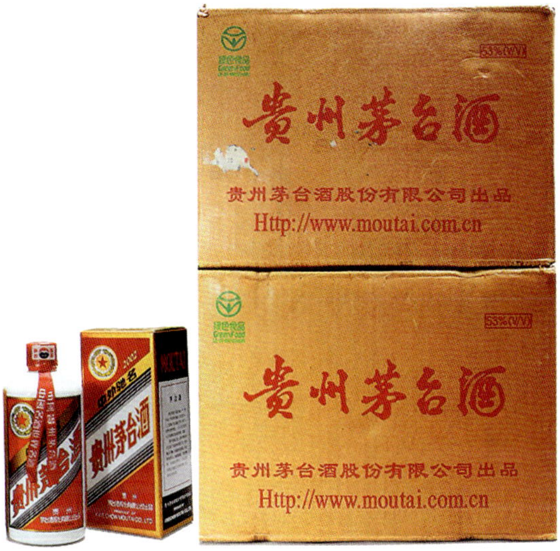

2002年产飞天牌原箱贵州茅台酒

53%vol 24瓶/500ml
西泠印社 23/07 lot 0706
估价：280,000—350,000
成交价：322,000

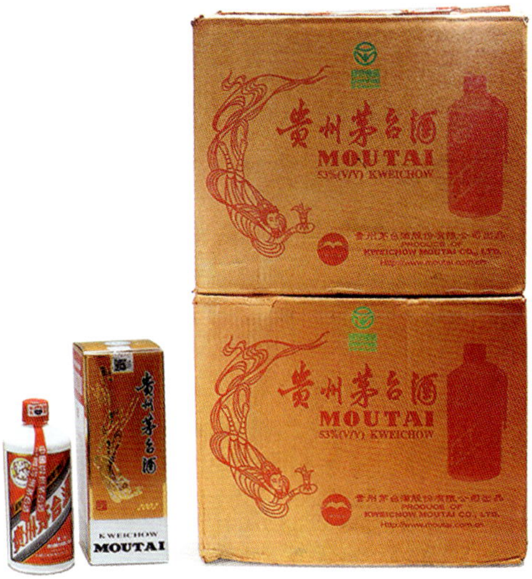

2002年产飞天牌原箱贵州茅台酒

53%vol 24瓶/500ml（2箱×12瓶）
中国嘉德 18/05 lot 4042
估价：100,000—200,000
成交价：437,000

2002年产五星牌陈年80年贵州茅台酒

53%vol　1瓶/500ml（原盒）
北京荣宝 19/06 lot 3072
估价：290,000—365,000
成交价：333,500

2002年产五星牌世纪经典黑龙贵州茅台酒

53%vol　4瓶/500ml（原箱）
北京荣宝 19/06 lot 3138
估价：240,000—270,000
成交价：276,000

2002年产珍品原箱贵州茅台酒

53%vol　6瓶/500ml

华艺国际（北京）　03/06　lot 3279

估价：60,000—100,000

成交价：92,000

2002年产陈年15年贵州茅台酒

53%vol　12瓶/500ml

北京荣宝　02/12　lot 2177

估价：190,000—220,000

成交价：218,500

2002年产千年吉祥珍品贵州茅台酒

53%vol　4瓶/500ml（原箱）

北京荣宝　19/06　lot 3141

估价：55,000—80,000

成交价：63,250

2002年产珍品原箱贵州茅台酒

53%vol　6瓶/375ml

华艺国际（北京）　11/12　lot 3582

估价：50,000—70,000

成交价：69,000

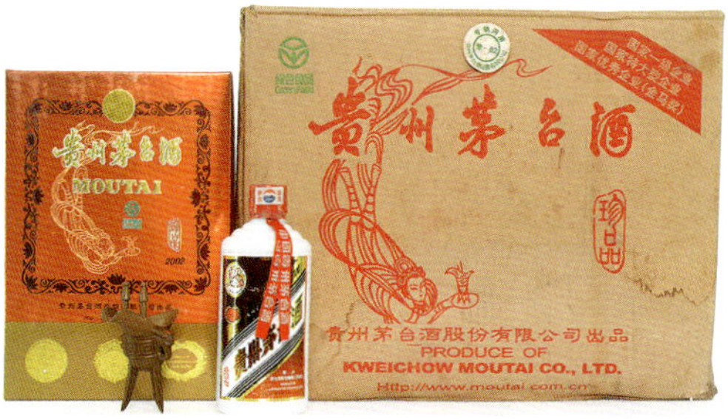

2002年产陈年15年贵州茅台酒

53%vol　12瓶/500ml（原箱）

北京荣宝　19/06　lot 3070

估价：200,000—350,000

成交价：253,000

2002年产陈年15年原箱贵州茅台酒

53%vol　6瓶/500ml

华艺国际（北京）　30/03　lot 3306

估价：85,000—100,000

成交价：103,500

2003年产贵州茅台酒

53%vol　12瓶/500ml

华艺国际（北京）　30/03　lot 3268

估价：115,000—135,000

成交价：132,250

2003年产五星牌贵州茅台酒

53%vol　12瓶/500ml

西泠印社　23/07　lot 0725

估价：100,000—150,000

成交价：115,000

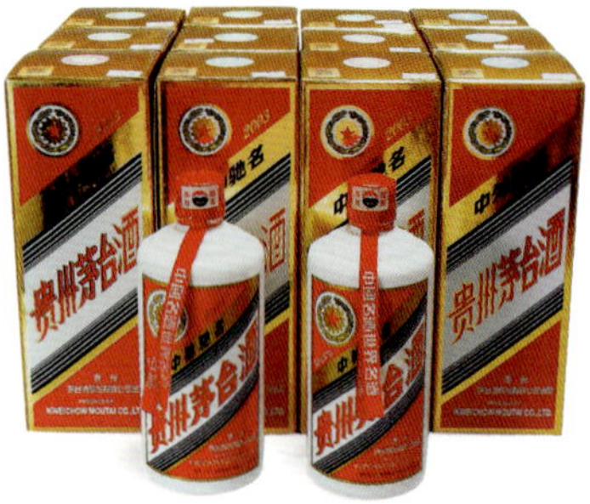

2003年产贵州茅台酒

53%vol　12瓶/500ml

永乐拍卖（北京）　22/05　lot 3663

估价：120,000—144,000

成交价：149,500

2003年产飞天牌贵州茅台酒

53%vol　6瓶/500ml

西泠印社　14/01　lot 0017

估价：45,000—70,000

成交价：51,750

2003年产五星牌贵州茅台酒

53%vol　6瓶/500ml（原盒）

北京荣宝　19/06　lot 3015

估价：59,000—90,000

成交价：67,850

2003年产飞天牌贵州茅台酒

53%vol　12瓶/500ml

西泠印社 23/07 lot 0726

估价：100,000—150,000

成交价：115,000

2003年产贵州茅台酒

53%vol　12瓶/500ml

华艺国际（北京） 11/12 lot 3533

估价：90,000—120,000

成交价：138,000

2003年产原箱贵州茅台酒

53%vol　12瓶/500ml

中贸圣佳 21/05 lot 9062

估价：100,000—150,000

成交价：178,250

2003年产刘剑锋升学定制铁盖原箱贵州茅台酒

53%vol　12瓶/500ml（1箱×12瓶）

中国嘉德 10/12 lot 4049

估价：180,000—200,000

成交价：437,000

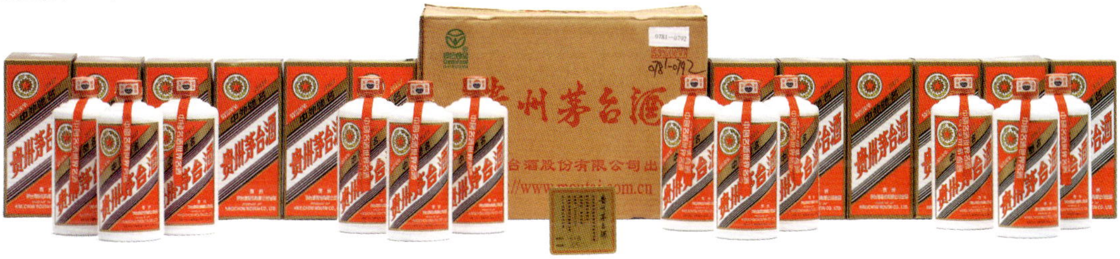

2003年产飞天牌原箱贵州茅台酒

53%vol　24瓶/500ml
西泠印社　23/07　lot 0704
估价：250,000—320,000
成交价：287,500

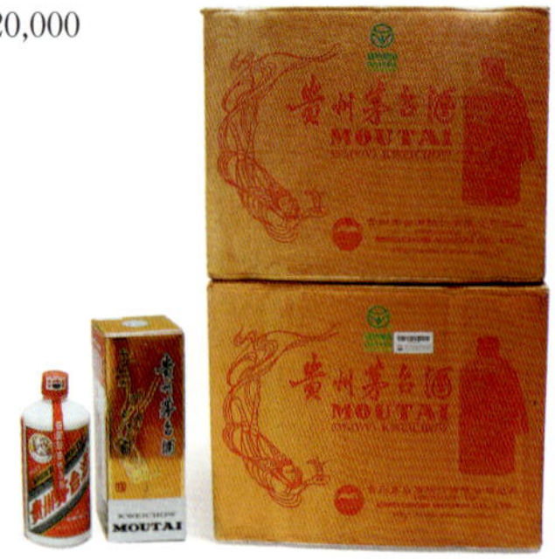

2003年产五星牌原箱贵州茅台酒

53%vol　24瓶/500ml
西泠印社　23/07　lot 0705
估价：250,000—320,000
成交价：287,500

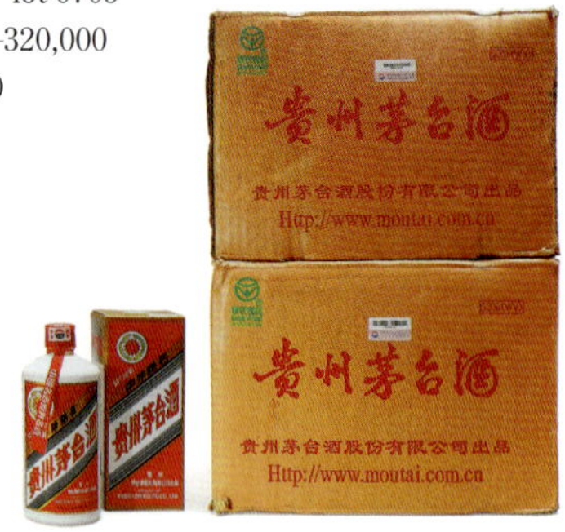

2003年产五星牌贵州茅台酒

43%vol　12瓶/500ml（原箱）
北京荣宝　19/06　lot 3016
估价：27,000—60,000
成交价：31,050

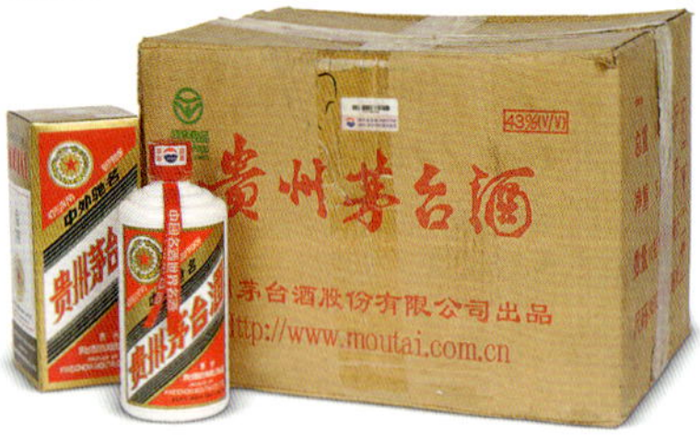

2003年产飞天牌原箱贵州茅台酒

53%vol　24瓶/500ml（2箱×12瓶）
中国嘉德　10/12　lot 4147
估价：50,000—240,000
成交价：172,500

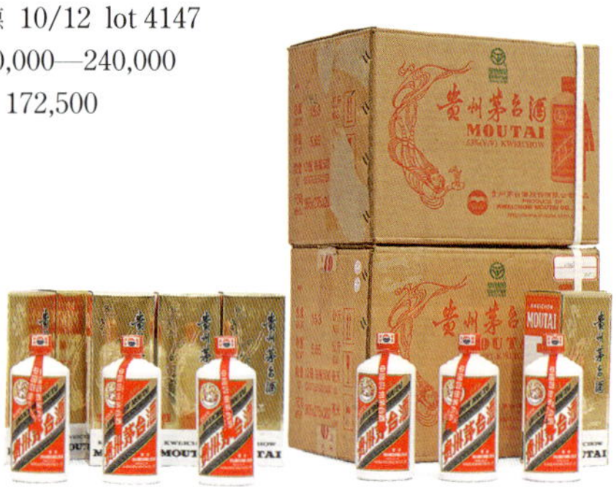

2003年产飞天牌原箱贵州茅台酒

53%vol　24瓶/500ml（2箱×12瓶）
中国嘉德　18/05　lot 4043
估价：100,000—200,000
成交价：402,500

2003年产原箱贵州茅台酒

53%vol　24瓶/500ml

北京保利　05/12　lot 7073

估价：310,000—336,000

成交价：356,500

2003年产原箱贵州茅台酒

53%vol　24瓶/500ml

永乐拍卖（北京）　22/05　lot 3695

估价：275,000—312,000

成交价：322,000

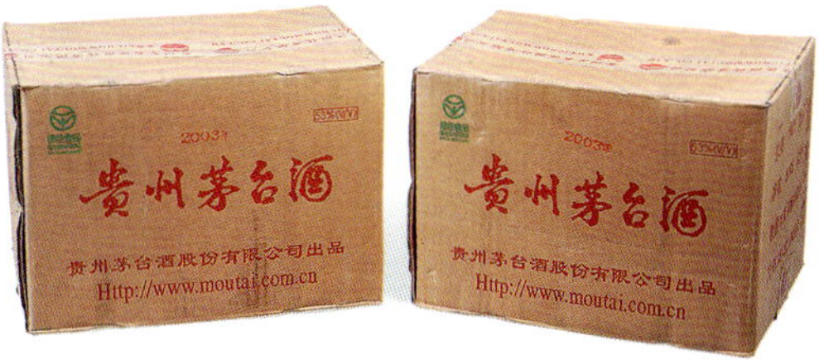

2003年产飞天牌专供出口贵州茅台酒

53%vol　24瓶/500ml

北京荣宝　02/12　lot 2167

估价：270,000—290,000

成交价：310,500

2003年产原箱贵州茅台酒

53%vol　24瓶/500ml

中贸圣佳　21/05　lot 9070

估价：100,000—150,000

成交价：339,250

2003年产刘剑锋升学定制铁盖原箱贵州茅台酒

53%vol 24瓶/500ml（2箱×12瓶）
中国嘉德 18/05 lot 4003
估价：360,000—400,000
成交价：920,000

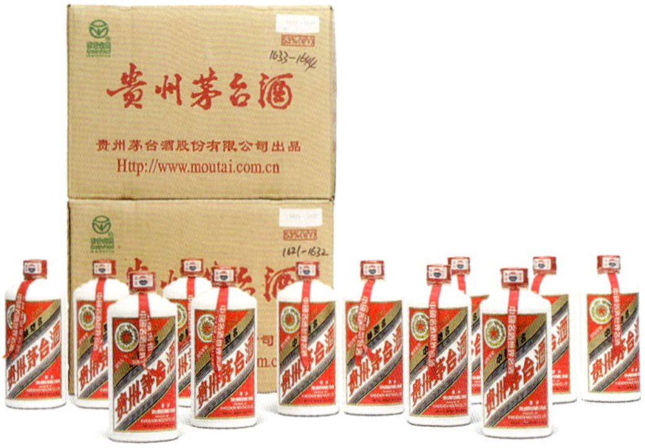

2003年产贵州茅台酒

53%vol 12瓶/500ml
华艺国际（北京） 03/06 lot 3259
估价：115,000—160,000
成交价：132,250

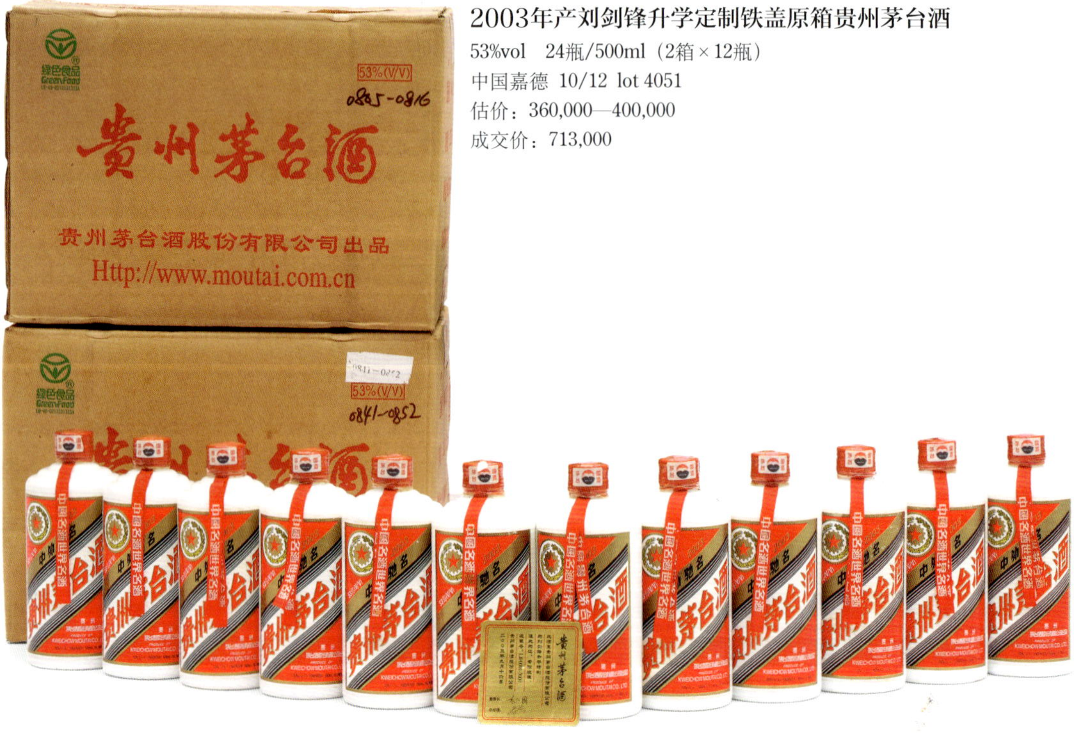

2003年产刘剑锋升学定制铁盖原箱贵州茅台酒

53%vol 24瓶/500ml（2箱×12瓶）
中国嘉德 10/12 lot 4051
估价：360,000—400,000
成交价：713,000

2003年产飞天牌、五星牌贵州茅台酒
53%vol 50瓶/500ml
北京荣宝 02/12 lot 2170
估价：420,000—480,000
成交价：483,000

2003年产刘剑锋升学定制铁盖
原箱贵州茅台酒
53%vol 12瓶/500ml（1箱×12瓶）
中国嘉德 18/05 lot 4001
估价：180,000—200,000
成交价：552,000

2003年产人民大会堂特供陈酿贵州茅台酒

53%vol　1瓶/500ml
永乐拍卖（北京）　22/05　lot 3616
估价：20,000—22,000
成交价：74,750

2003年产国宴原箱贵州茅台酒

53%vol　12瓶/500ml
华艺国际（北京）　03/06　lot 3305
估价：600,000—800,000
成交价：828,000

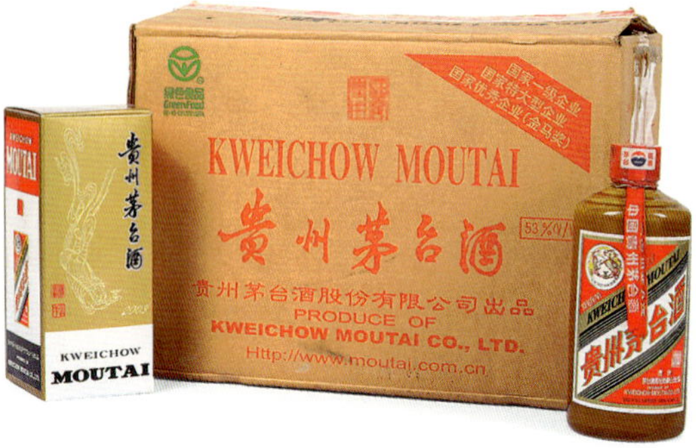

2003年产专卖店原箱贵州茅台酒

53%vol　12瓶/500ml（1箱×12瓶）
中国嘉德　10/12　lot 4097
估价：80,000—90,000
成交价：126,500

2003年产珍品原箱贵州茅台酒

53%vol　6瓶/500ml

华艺国际（北京）11/12 lot 3583

估价：50,000—70,000

成交价：69,000

2003年产飞天牌木盒装珍品贵州茅台酒

53%vol　6瓶/500ml（原箱）

北京荣宝　02/12 lot 2158

估价：68,000—75,000

成交价：78,200

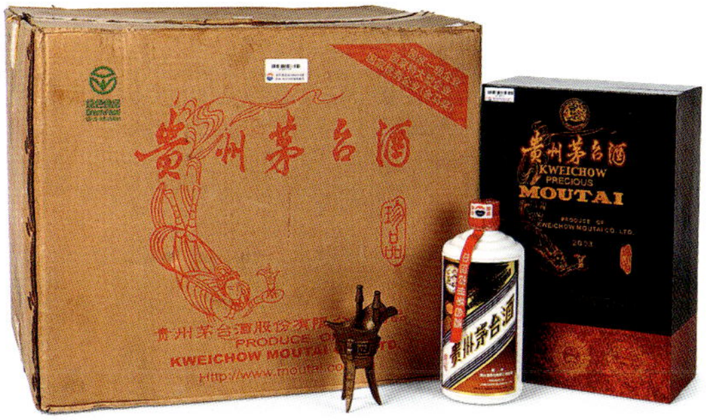

2003年产飞天牌木盒装珍品贵州茅台酒

53%vol　6瓶/500ml（原箱）

北京荣宝　19/06 lot 3050

估价：50,000—85,000

成交价：74,750

2003年产陈年30年贵州茅台酒

53%vol　1瓶/500ml

华艺国际（北京）11/12 lot 3503

估价：20,000—30,000

成交价：36,800

2003年产飞天牌神州珍藏贵州茅台酒

53%vol　6瓶/500ml（原箱）

北京荣宝　19/06 lot 3140

估价：250,000—280,000

成交价：299,000

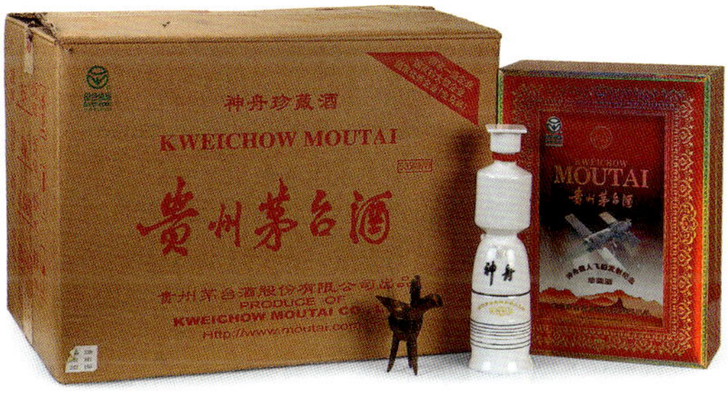

绿色食品
GreenFood
53%(V/V)
1753-1764
贵州茅台酒
中外驰名
中國名酒世界名酒
KWEICHOW MOUTAI CO.,LTD.

绿色食品
GreenFood
1717—1728
53%(V/V)
贵州茅台酒
2003
中外驰名
中國名酒世界名酒
KWEICHOW MOUTAI CO.,LTD.

2003年产刘剑锋升学定制铁盖原箱贵州茅台酒
53%vol　12瓶/500ml（1箱×12瓶）
中国嘉德　18/05　lot 4000
估价：180,000—200,000
成交价：483,000

2003年产刘剑锋升学定制铁盖原箱贵州茅台酒
53%vol　12瓶/500ml（1箱×12瓶）
中国嘉德　10/12　lot 4048
估价：180,000—200,000
成交价：448,500

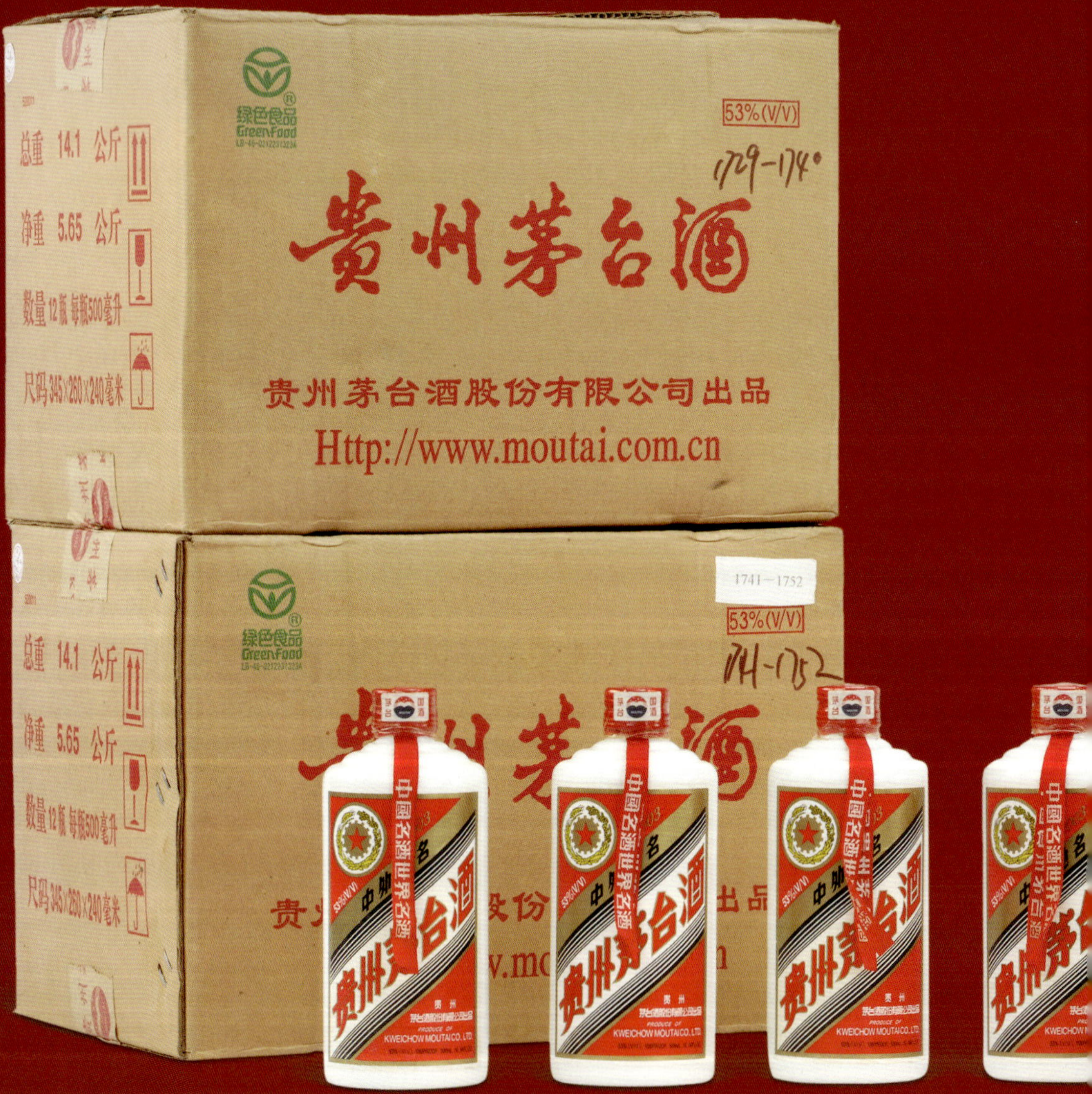
绿色食品
GreenFood
53%(V/V)
1729-1740
贵州茅台酒
贵州茅台酒股份有限公司出品
Http://www.moutai.com.cn
总重 14.1 公斤
净重 5.65 公斤
数量 12瓶 每瓶500毫升
尺码 345×260×240毫米
1741—1752
53%(V/V)
1741-1752
中国名酒世界名酒
贵州茅台酒
KWEICHOW MOUTAI CO., LTD.

2003年产刘剑锋升学定制铁盖原箱贵州茅台酒

53%vol　24瓶/500ml（2箱×12瓶）

中国嘉德　18/05 lot 4002

估价：360,000—400,000

成交价：977,500

2004年产贵州茅台酒

53%vol　6瓶/500ml

华艺国际（北京） 11/12 lot 3534

估价：42,000—60,000

成交价：66,700

2004年产贵州茅台酒

53%vol　12瓶/500ml

华艺国际（北京） 03/06 lot 3257

估价：110,000—160,000

成交价：138,000

2004年产五星牌贵州茅台酒

53%vol　6瓶/500ml（原盒）

北京荣宝 19/06 lot 3013

估价：47,000—90,000

成交价：54,050

2004年产贵州茅台酒

53%vol　12瓶/1000ml

华艺国际（北京）11/12 lot 3542

估价：180,000—250,000

成交价：310,500

2004年产贵州茅台酒

53%vol　12瓶/500ml

永乐拍卖（北京）22/05 lot 3664

估价：105,500—132,000

成交价：121,325

2004年产贵州茅台酒

53%vol 24瓶/500ml

华艺国际（北京） 30/03 lot 3266

估价：205,000—230,000

成交价：235,750

2004年产原箱贵州茅台酒

53%vol 12瓶/500ml

中贸圣佳 21/05 lot 9071

估价：100,000—150,000

成交价：172,500

2004年产贵州茅台酒

53%vol 12瓶/500ml

北京保利 05/12 lot 7059

估价：116,000—144,000

成交价：133,400

2004年产五星牌原箱贵州茅台酒

53%vol 24瓶/500ml（2箱×12瓶）

中国嘉德 10/12 lot 4148

估价：50,000—170,000

成交价：172,500

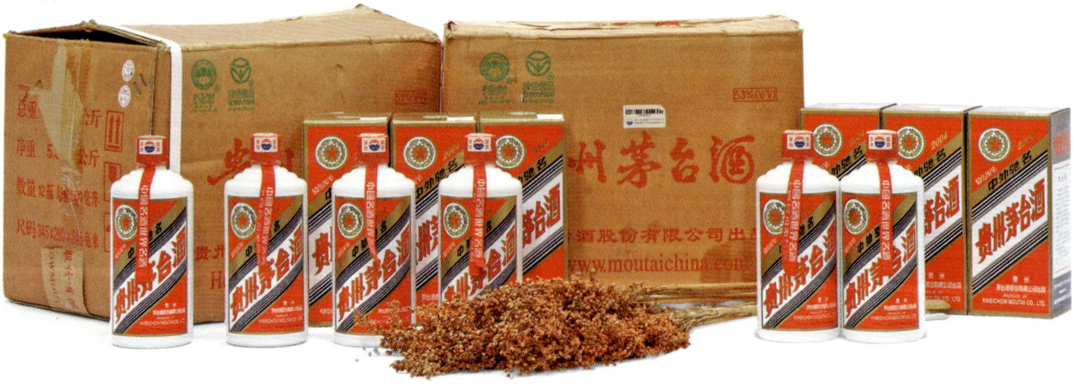

2004年产五星牌贵州茅台酒

53%vol　12瓶/500ml

西泠印社 23/07 lot 0723

估价：90,000—120,000

成交价：103,500

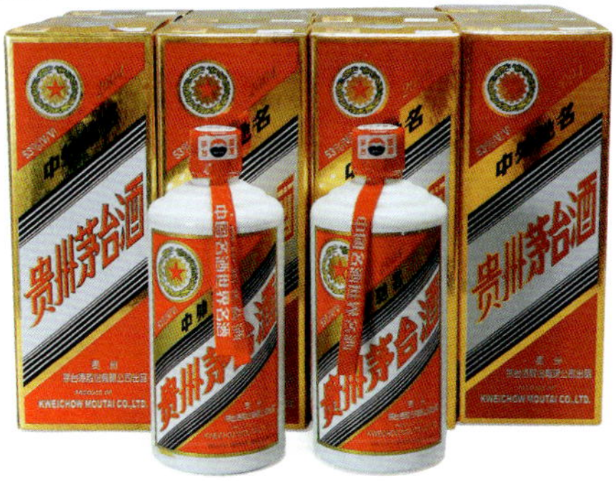

2004年产贵州茅台酒

53%vol　12瓶/500ml

华艺国际（北京） 11/12 lot 3535

估价：84,000—120,000

成交价：138,000

2004年产贵州茅台酒

53%vol　12瓶/500ml

北京保利 07/06 lot 15066

估价：128,000—144,000

成交价：147,200

2004年产飞天牌原箱贵州茅台酒

53%vol　24瓶/500ml（2箱×12瓶）

中国嘉德 18/05 lot 4044

估价：80,000—160,000

成交价：368,000

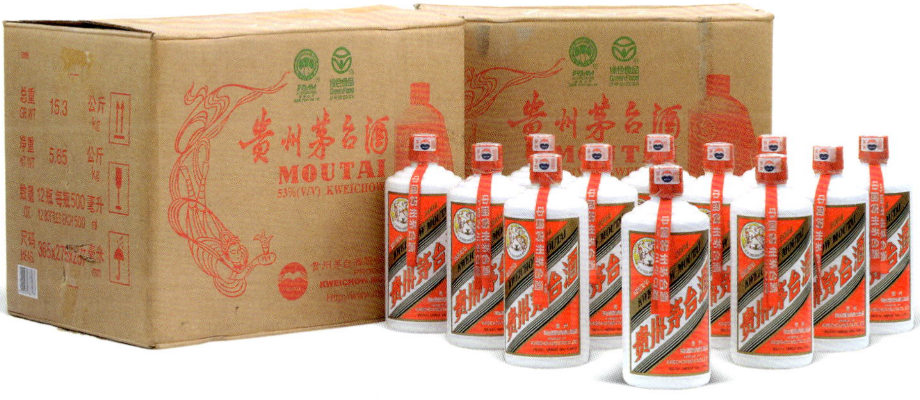

2004年产原箱贵州茅台酒

53%vol　12瓶/500ml

永乐拍卖（北京）　03/12　lot 7083

估价：350,000—384,000

成交价：322,000

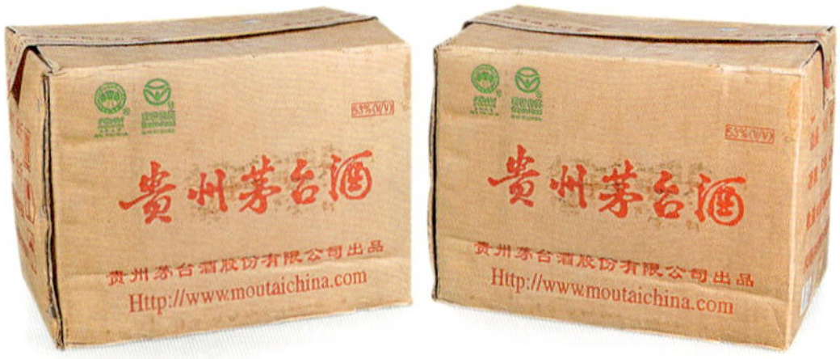

2004年产原箱贵州茅台酒

53%vol　6瓶/500ml

华艺国际（北京）　30/03　lot 3280

估价：60,000—80,000

成交价：69,000

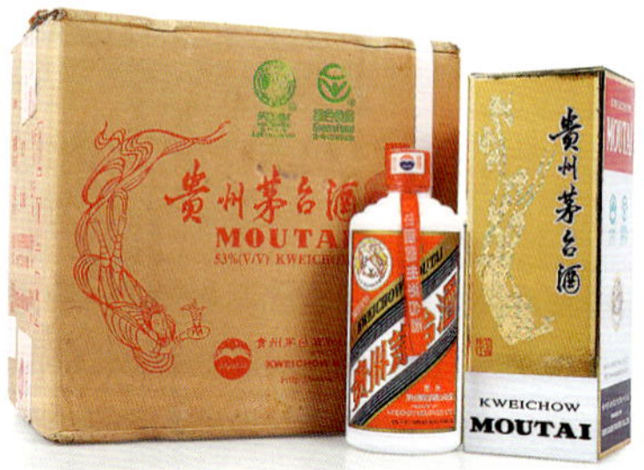

2004年产原箱贵州茅台酒

53%vol　12瓶/500ml

华艺国际（北京）　11/12　lot 3585

估价：100,000—120,000

成交价：143,750

2004年产原箱贵州茅台酒

53%vol　24瓶/500ml

永乐拍卖（北京）　22/05　lot 3696

估价：250,000—288,000

成交价：287,500

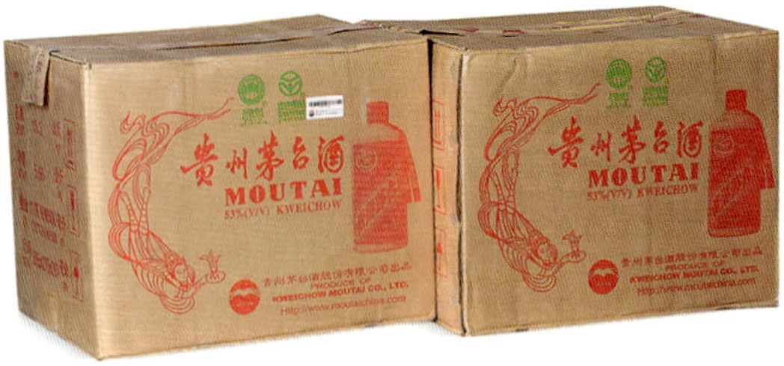

2004年产飞天牌贵州茅台酒

53%vol　12瓶/200ml（原箱）

北京荣宝　19/06　lot 3014

估价：50,000—88,000

成交价：57,500

2004年产原箱贵州茅台酒

53%vol　12瓶/1000ml

华艺国际（北京）　11/12　lot 3547

估价：220,000—280,000

成交价：322,000

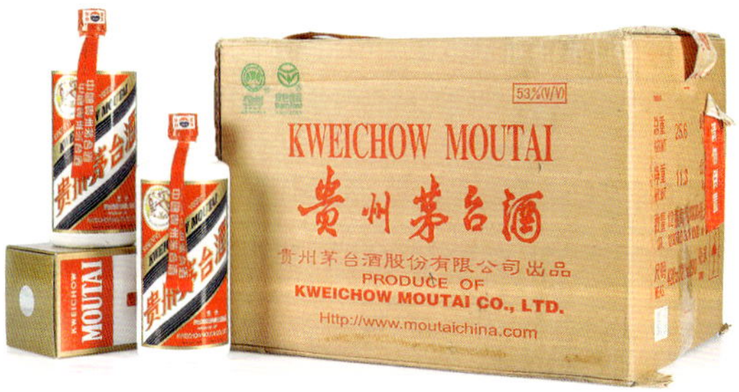

2004年产陈年15年原箱贵州茅台酒

53%vol　6瓶/500ml
华艺国际（北京）　03/06　lot 3264
估价：50,000—100,000
成交价：112,700

2004年产陈年15年贵州茅台酒

53%vol　6瓶/500ml（原箱）
北京荣宝　19/06　lot 3067
估价：86,000—120,000
成交价：98,900

2004年产专卖店原箱贵州茅台酒

53%vol　12瓶/500ml（1箱×12瓶）
中国嘉德　10/12　lot 4098
估价：80,000—90,000
成交价：126,500

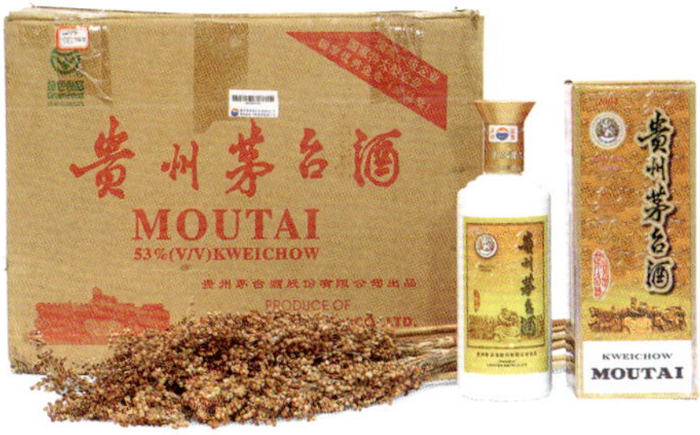

2004年产陈年15年原箱贵州茅台酒

53%vol　6瓶/500ml
华艺国际（北京）　30/03　lot 3305
估价：75,000—95,000
成交价：86,250

2004年产飞天牌珍品贵州茅台酒

53%vol　6瓶/500ml（原箱）
北京荣宝　19/06　lot 3049
估价：45,000—80,000
成交价：69,000

2004年产飞天牌原箱贵州茅台酒

53%vol　24瓶/500ml
西泠印社　23/07　lot 0702
估价：200,000—280,000
成交价：230,000

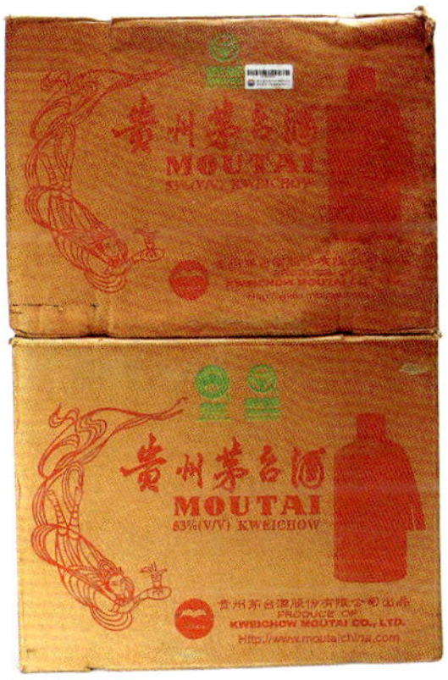

2005年产原箱贵州茅台酒

53%vol　24瓶/500ml

永乐拍卖（北京）　22/05　lot 3697

估价：235,000—264,000

成交价：276,000

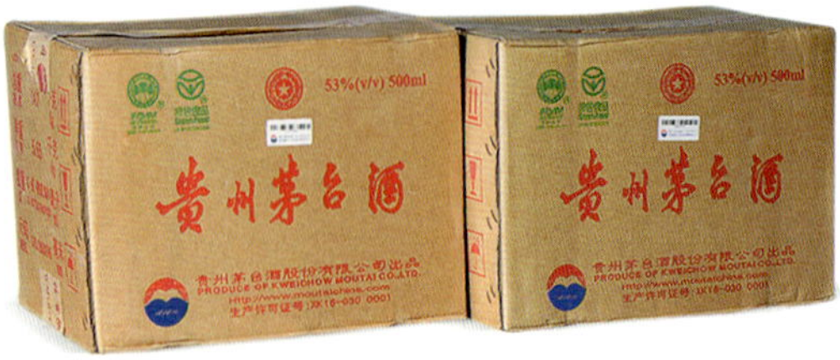

2005年产贵州茅台酒

53%vol　24瓶/500ml

华艺国际（北京）　11/12　lot 3536

估价：160,000—200,000

成交价：253,000

2005年产五星牌原箱贵州茅台酒

53%vol　24瓶/500ml（2箱×12瓶）

中国嘉德　18/05　lot 4045

估价：80,000—150,000

成交价：368,000

2005年产五星牌贵州茅台酒

53%vol　12瓶/500ml

西泠印社　23/07　lot 0721

估价：90,000—120,000

成交价：103,500

2005年产五星牌贵州茅台酒

53%vol　6瓶/500ml（原盒）

北京荣宝　19/06　lot 3011

估价：46,000—90,000

成交价：52,900

2005年产原箱贵州茅台酒

53%vol　12瓶/500ml

华艺国际（北京）　11/12　lot 3586

估价：90,000—110,000

成交价：120,750

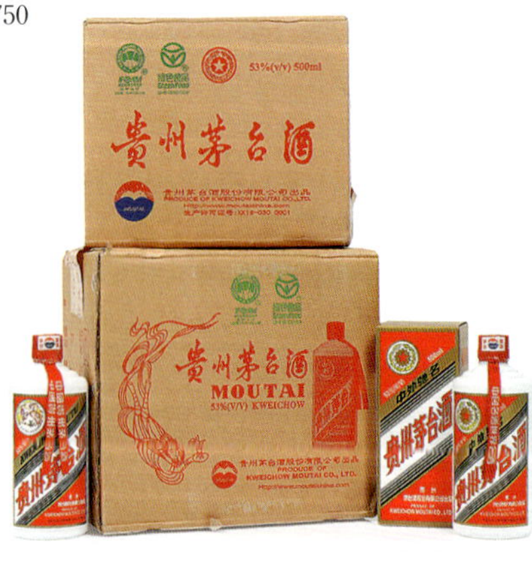

2005年产原箱贵州茅台酒

53%vol　12瓶/500ml

永乐拍卖（北京）　03/12　lot 7084

估价：323,000—360,000

成交价：310,500

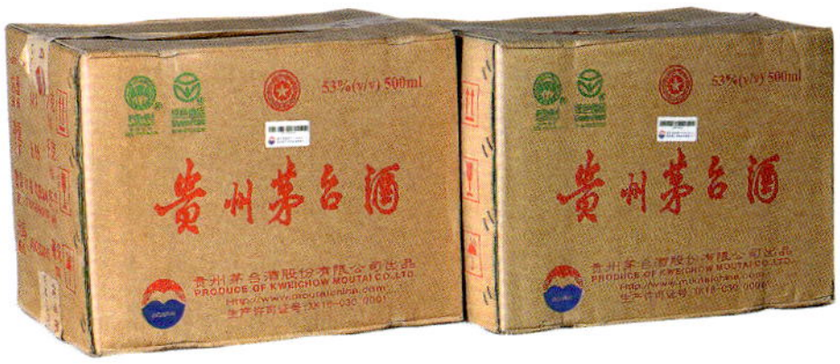

2005年产原箱贵州茅台酒

53%vol　24瓶/500ml

北京保利　07/06　lot 15069

估价：348,000—360,000

成交价：400,200

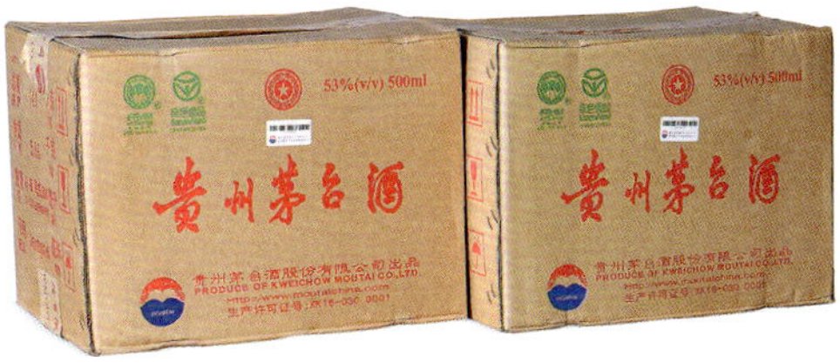

2005年产贵州茅台酒

53%vol　20瓶/500ml

华艺国际（北京）　03/06　lot 3255

估价：160,000—200,000

成交价：218,500

2005年产贵州茅台酒

53%vol　20瓶/500ml

华艺国际（北京）　30/03　lot 3265

估价：165,000—185,000

成交价：195,500

2005年产五星牌贵州茅台酒

53%vol　12瓶/500ml（原箱）

北京荣宝　19/06　lot 3012

估价：96,000—160,000

成交价：110,400

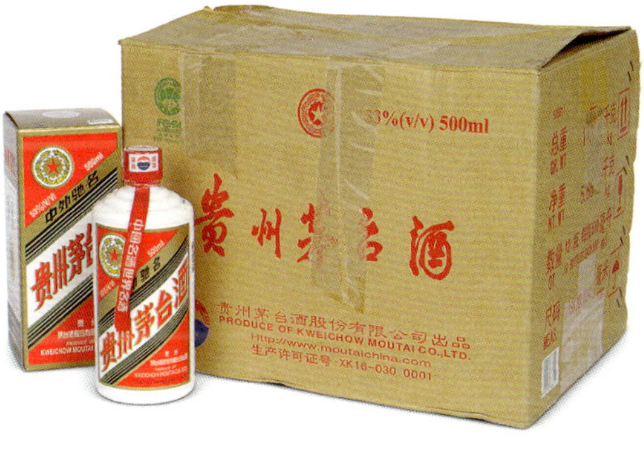

2005年产五星牌原箱贵州茅台酒

53%vol　24瓶/500ml

西泠印社　23/07　lot 0699

估价：180,000—220,000

成交价：207,000

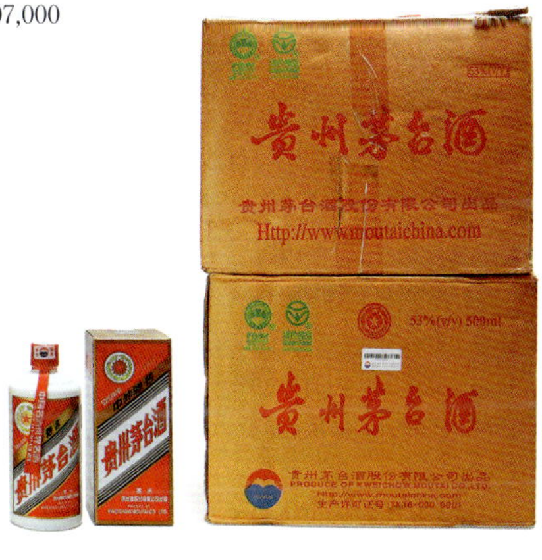

2005年产飞天牌贵州茅台酒

53%vol　36瓶/500ml
北京荣宝　02/12　lot 2166
估价：280,000—295,000
成交价：327,750

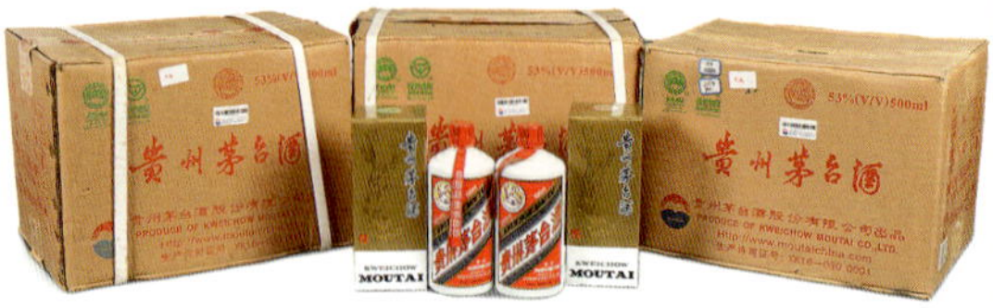

2005年产原箱贵州茅台酒

53%vol　12瓶/500ml
华艺国际（北京）　11/12　lot 3587
估价：90,000—110,000
成交价：120,750

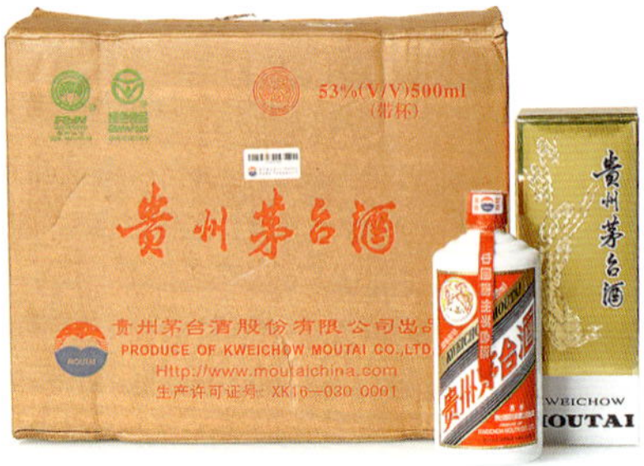

2005年产原箱贵州茅台酒

53%vol　12瓶/500ml
华艺国际（北京）　30/03　lot 3279
估价：105,000—125,000
成交价：126,500

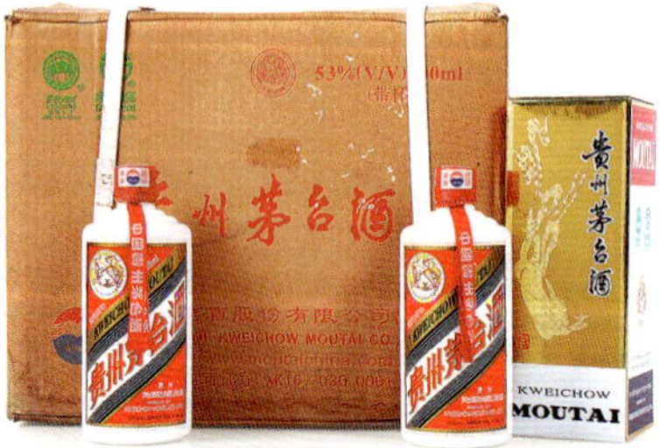

2005年产原箱贵州茅台酒

53%vol　12瓶/1000ml
华艺国际（北京）　03/06　lot 3271
估价：200,000—250,000
成交价：281,750

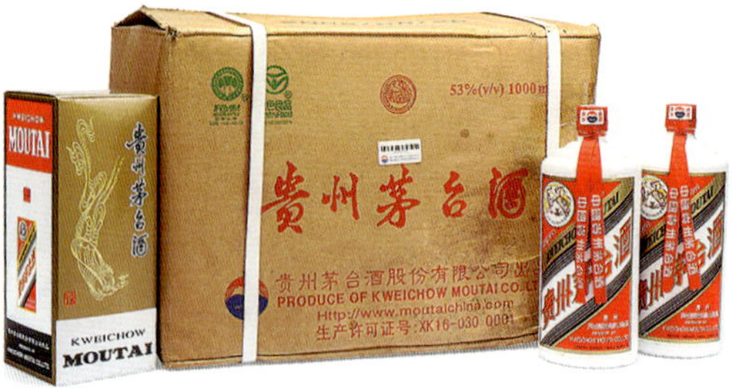

2005年产飞天牌原箱贵州茅台酒

53%vol　12瓶/500ml
西泠印社　14/01　lot 0006
估价：100,000—180,000
成交价：115,000

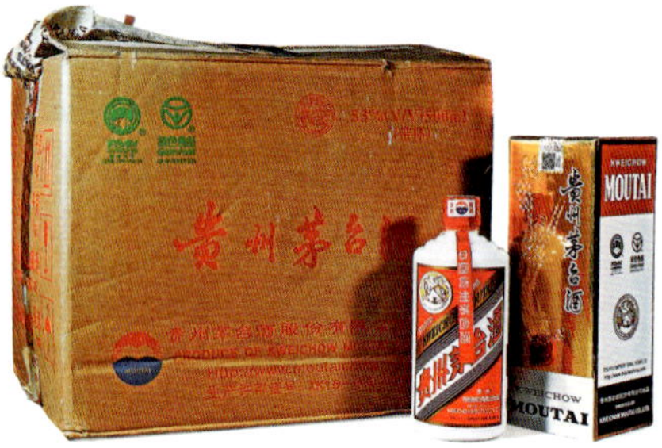

2005年产原箱贵州茅台酒

53%vol　12瓶/1000ml
华艺国际（北京）　03/06　lot 3270
估价：200,000—250,000
成交价：281,750

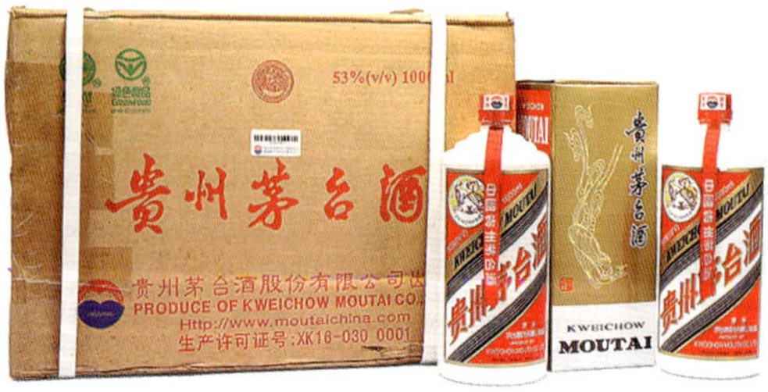

2005年产贵州茅台酒

53%vol　12瓶/500ml

北京保利　07/06　lot 15068

估价：120,000—132,000

成交价：138,000

2005年产贵州茅台酒

53%vol　12瓶/500ml

永乐拍卖（北京）　22/05　lot 3665

估价：99,500—120,000

成交价：126,500

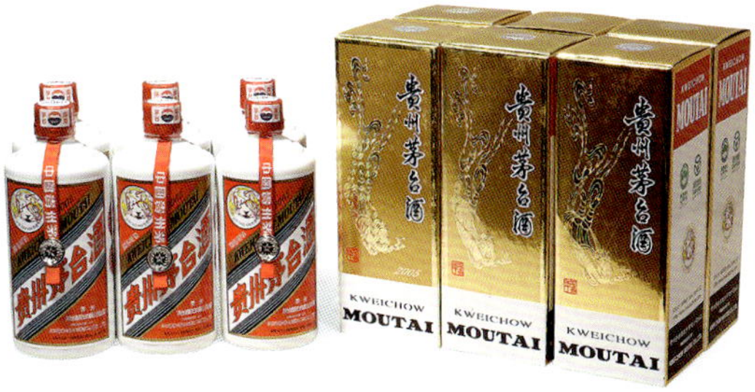

2005年产原箱贵州茅台酒

53%vol　60瓶/500ml

中贸圣佳　21/05　lot 9063

估价：450,000—500,000

成交价：667,000

2005年产贵州茅台酒

53%vol　12瓶/500ml

华艺国际（北京）　03/06　lot 3256

估价：100,000—150,000

成交价：138,000

2005年产飞天牌茅台酒

53%vol　6瓶/500ml

西泠印社　14/01　lot 0015

估价：40,000—70,000

成交价：46,000

2005年产贵州茅台酒

53%vol　12瓶/500ml

永乐拍卖（北京）　03/12　lot 7067

估价：118,000—144,000

成交价：121,900

2005年产为红塔集团特制飞天牌贵州茅台酒

53%vol　4瓶/1000ml（原盒）
北京荣宝　19/06　lot 3143
估价：100,000—130,000
成交价：115,000

2005年产飞天牌原箱贵州茅台酒

53%vol　12瓶/1000ml（1箱×12瓶）
中国嘉德　10/12　lot 4149
估价：50,000—170,000
成交价：218,500

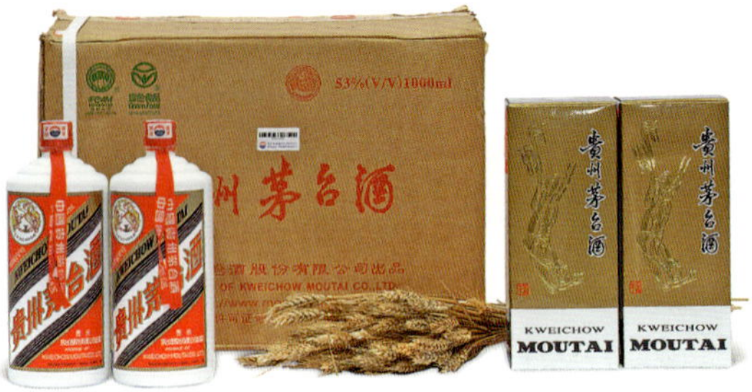

2005年产飞天牌原箱贵州茅台酒

53%vol　60瓶/500ml
西泠印社　23/07　lot 0701
估价：450,000—600,000
成交价：517,500

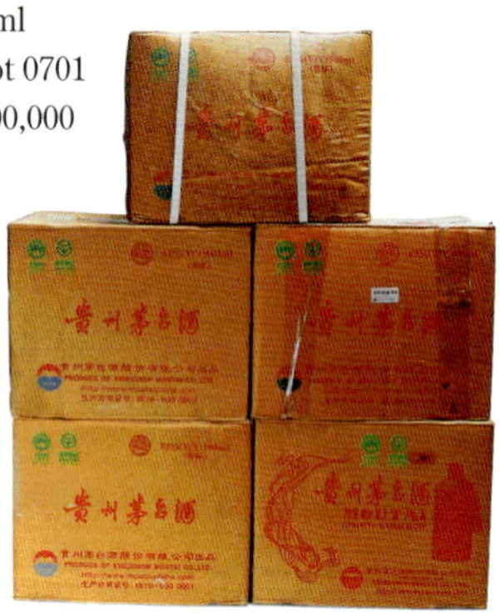

2005年产飞天牌原箱贵州茅台酒

53%vol　24瓶/500ml
西泠印社　23/07　lot 0700
估价：180,000—220,000
成交价：207,000

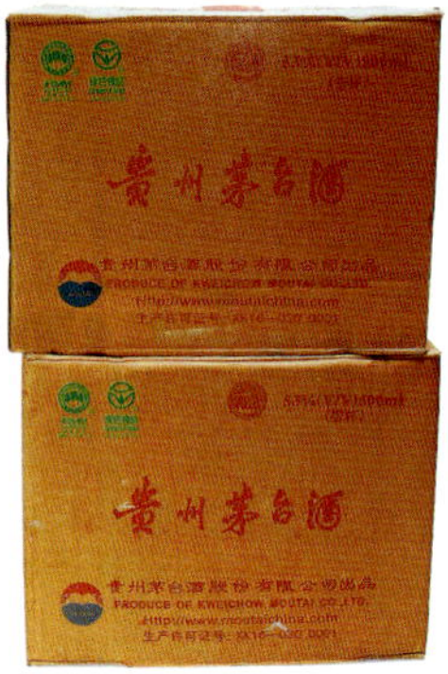

2005年产GWYGLJ[1]北戴河服务局暑期会议特殊原箱贵州茅台酒

53%vol　12瓶/500ml（1箱×12瓶）
中国嘉德　10/12　lot 4093
估价：100,000—260,000
成交价：483,000

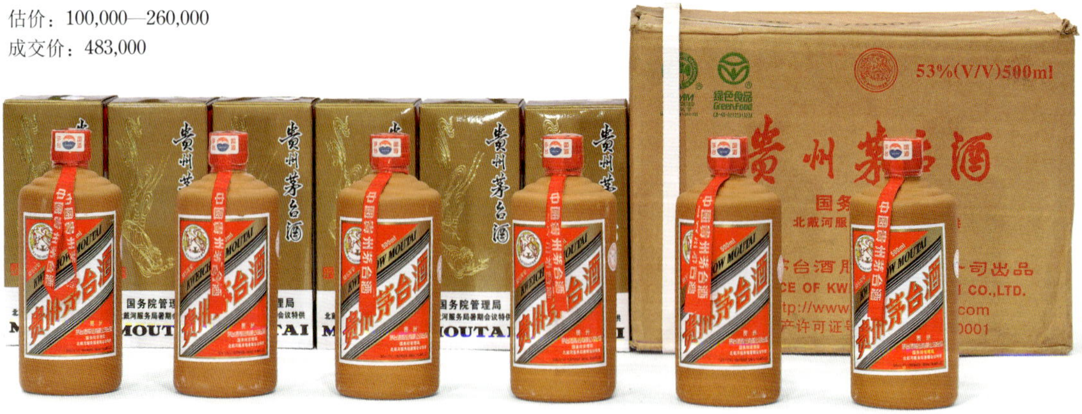

1 国务院管理局

2005年产纪念1915年荣获巴拿马博览会金奖90周年贵州茅台酒

53%vol 2瓶/500ml（原箱）
北京荣宝 02/12 lot 2214
估价：48,000—60,000
成交价：55,200

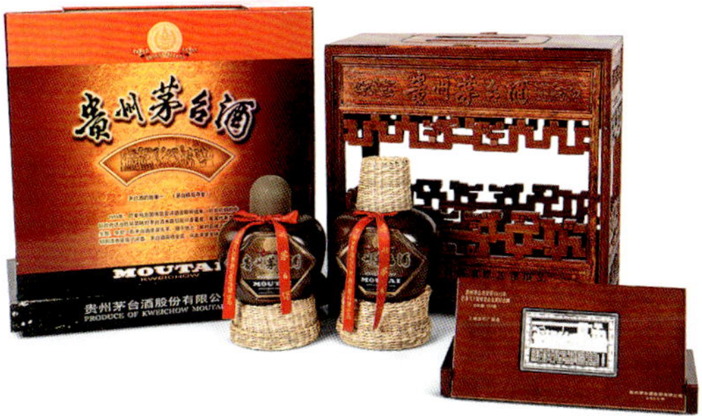

2005年产纪念1915年荣获巴拿马博览会金奖90周年贵州茅台酒

53%vol 2瓶/500ml（原箱）
北京荣宝 19/06 lot 3127
估价：50,000—80,000
成交价：57,500

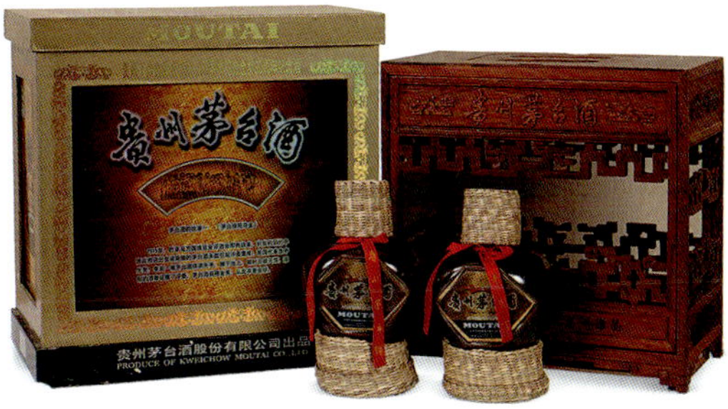

2005年产五星牌人民大会堂特供陈酿贵州茅台酒

53%vol 6瓶/500ml（原箱）
北京荣宝 19/06 lot 3121
估价：410,000—500,000
成交价：471,500

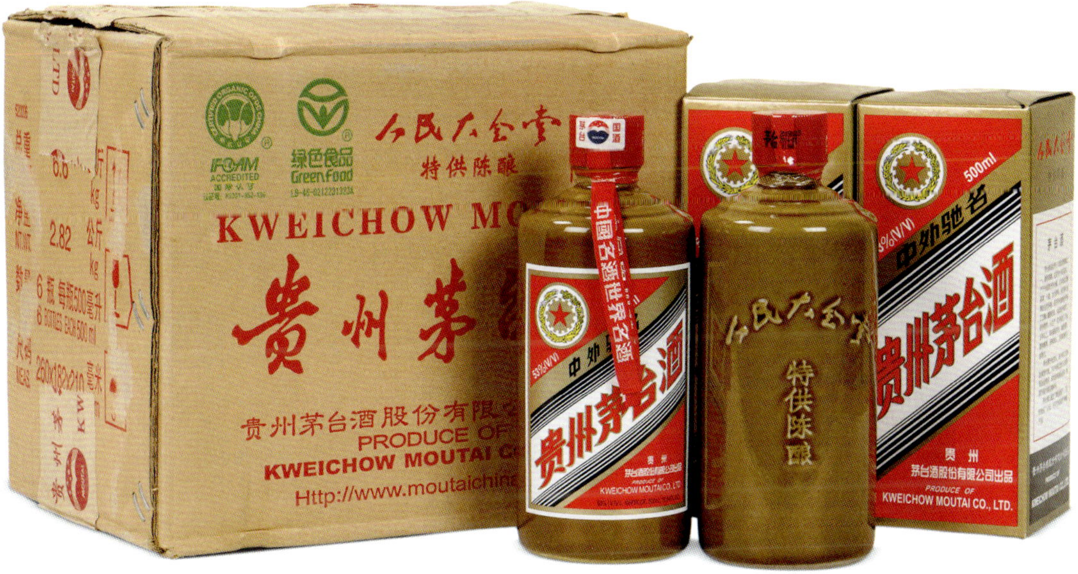

2005年产陈年15年贵州茅台酒

53%vol　30瓶/500ml
永乐拍卖（北京）　22/05　lot 3677
估价：360,000—390,000
成交价：414,000

2005年产纪念巴拿马博览会金奖原箱贵州茅台酒

53%vol　4瓶/500ml
华艺国际（北京）　30/03　lot 3298
估价：80,000—110,000
成交价：109,250

2005年产纪念巴拿马博览会金奖原箱贵州茅台酒

53%vol　4瓶/500ml
华艺国际（北京）　03/06　lot 3299
估价：80,000—120,000
成交价：112,700

2003年、2005年产专供人民大会堂国宴贵州茅台酒

53%vol　2瓶/500ml

华艺国际（北京）11/12 lot 3555

估价：100,000—150,000

成交价：172,500

2002—2005年产陈年15年贵州茅台酒

53%vol　4瓶/500ml

华艺国际（北京）03/06 lot 3262

估价：10,000—50,000

成交价：46,000

1986—2005年产珍品贵州茅台酒（20年茅台垂直珍藏）

53%vol　20瓶/500ml

华艺国际（北京）03/06 lot 3277

估价：400,000—500,000

成交价：690,000

2004年、2005年产飞天牌、五星牌贵州茅台酒

53%vol　100瓶/500ml（原盒）

北京荣宝　02/12　lot 2171

估价：720,000—780,000

成交价：828,000

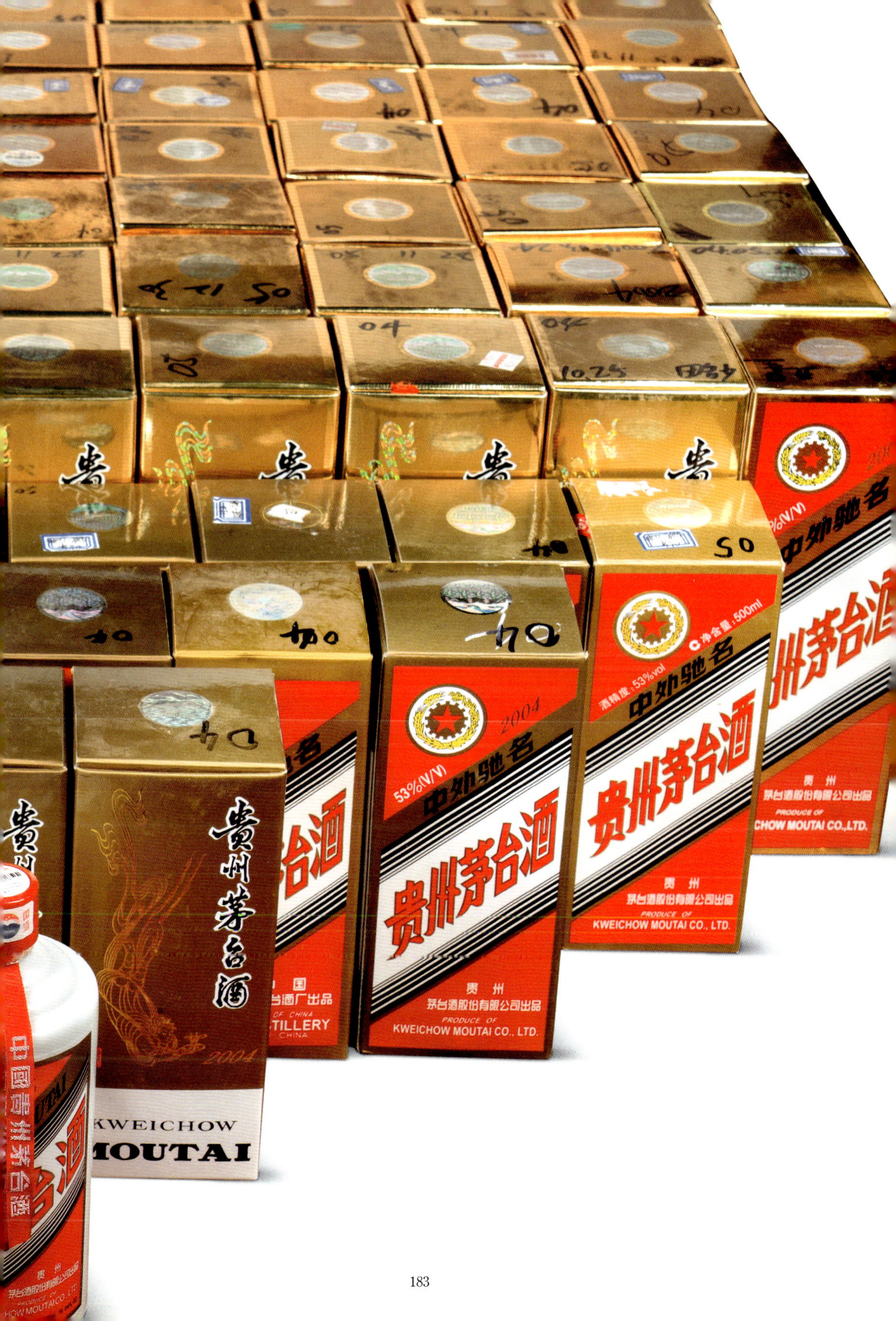
贵州茅台酒
中外驰名
53%(V/V)
2004
酒精度:53%vol
净含量:500ml
贵州
茅台酒股份有限公司出品
PRODUCE OF
KWEICHOW MOUTAI CO., LTD.
KWEICHOW
MOUTAI

2006年产贵州茅台酒

53%vol　12瓶/500ml

华艺国际（北京）　30/03　lot 3263

估价：80,000—100,000

成交价：92,000

2006年产五星牌茅台酒

53%vol　12瓶/500ml

西泠印社　23/07　lot 0719

估价：85,000—100,000

成交价：97,750

2006年产庆典专用原箱贵州茅台酒

53%vol　12瓶/500ml

西泠印社　23/07　lot 0806

估价：85,000—120,000

成交价：97,750

2006年产贵州茅台酒

53%vol　12瓶/500ml

永乐拍卖（北京）　03/12　lot 7068

估价：112,000—132,000

成交价：111,550

2006年产贵州茅台酒

53%vol　12瓶/500ml
北京保利　05/12　lot 7061
估价：100,000—120,000
成交价：115,000

2006年产贵州茅台酒

53%vol　24瓶/500ml
华艺国际（北京）　11/12　lot 3538
估价：160,000—200,000
成交价：241,500

2006年产贵州茅台酒

53%vol　20瓶/500ml
华艺国际（北京）　30/03　lot 3264
估价：100,000—150,000
成交价：181,700

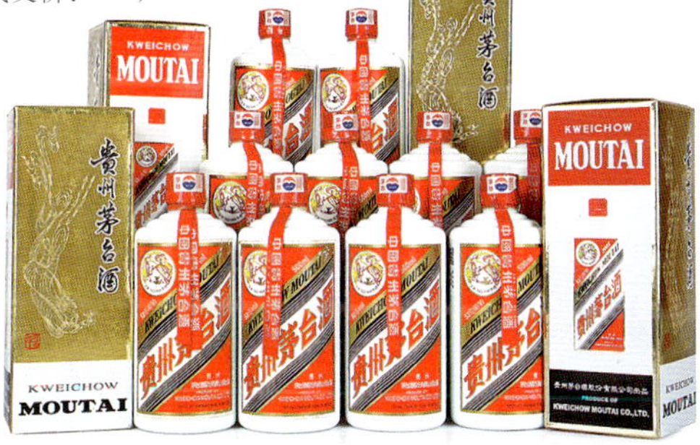

2006年产飞天牌贵州茅台酒

53%vol　6瓶/500ml（原盒）
北京荣宝　19/06　lot 3010
估价：45,000—90,000
成交价：51,750

2006年产贵州茅台酒

53%vol 12瓶/500ml

永乐拍卖（北京） 22/05 lot 3666

估价：95,000—108,000

成交价：109,250

2006年产贵州茅台酒

53%vol 12瓶/500ml

北京保利 07/06 lot 15070

估价：115,000—120,000

成交价：132,250

2006年产飞天牌原箱贵州茅台酒

53%vol 24瓶/500ml（2箱×12瓶）

中国嘉德 18/05 lot 4046

估价：80,000—150,000

成交价：322,000

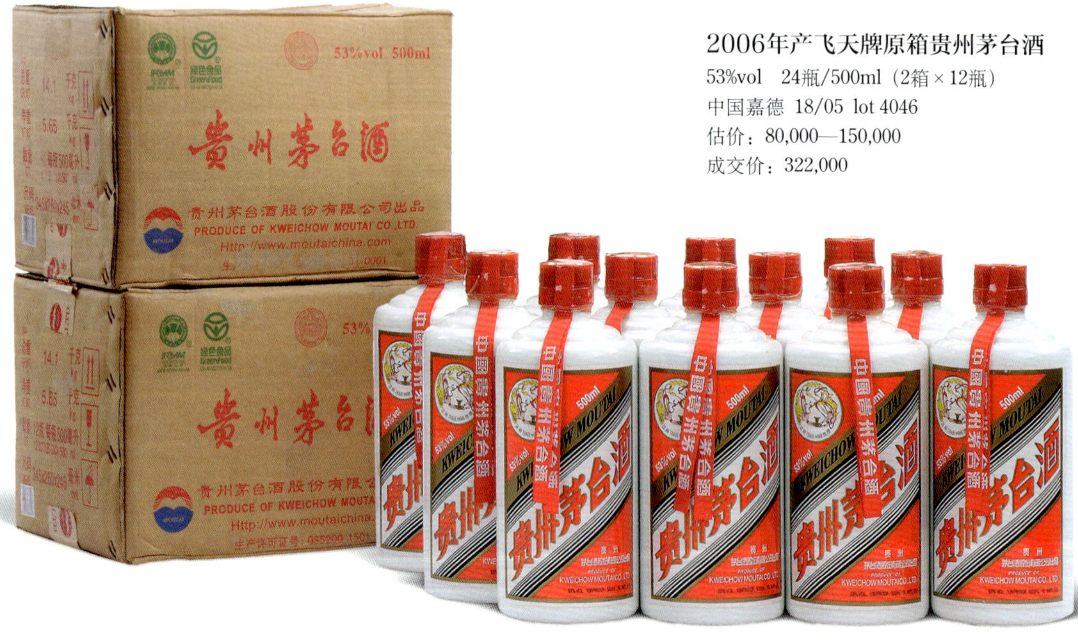

2006年产贵州茅台酒

53%vol　24瓶/500ml
华艺国际（北京）03/06 lot 3254
估价：170,000—200,000
成交价：241,500

2006年产飞天牌原箱贵州茅台酒

53%vol　24瓶/500ml（2箱×12瓶）
中国嘉德 10/12 lot 4150
估价：50,000—170,000
成交价：172,500

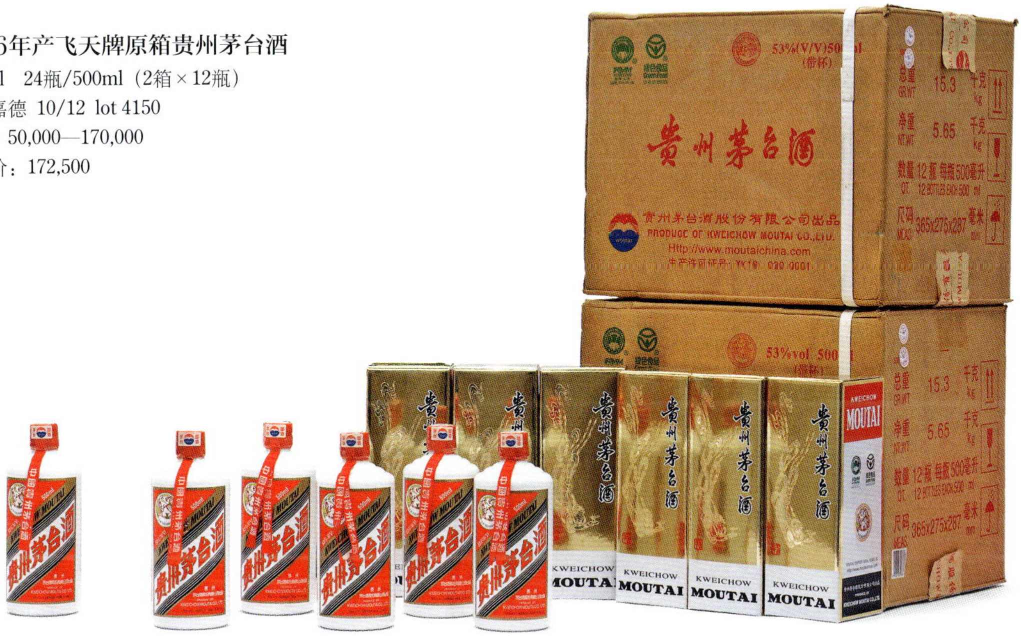

2006年产陈年15年贵州茅台酒

53%vol　30瓶/500ml
永乐拍卖（北京）　03/12　lot 7079
估价：378,000—420,000
成交价：488,750

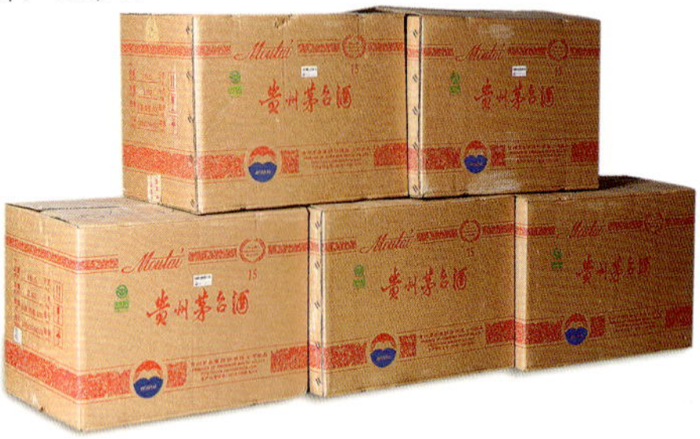

2006年产原箱贵州茅台酒

53%vol　120瓶/500ml
永乐拍卖（北京）　03/12　lot 7039
估价：1,490,000—1,680,000
成交价：1,380,000

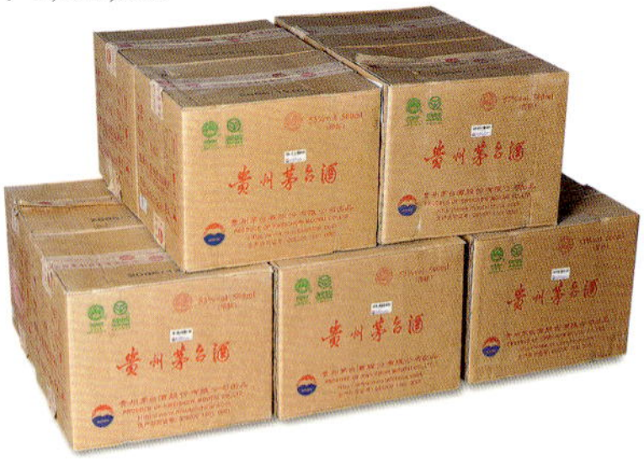

2006年产原箱贵州茅台酒

53%vol　24瓶/500ml
永乐拍卖（北京）　22/05　lot 3698
估价：200,000—228,000
成交价：230,000

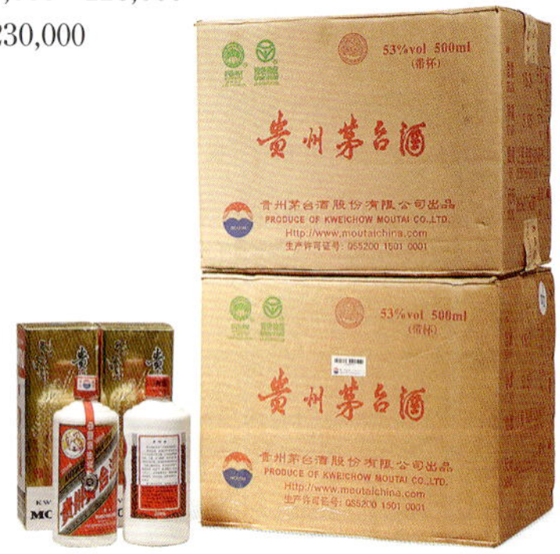

2006年产五星牌原箱贵州茅台酒

53%vol　24瓶/500ml
西泠印社　23/07　lot 0698
估价：180,000—220,000
成交价：207,000

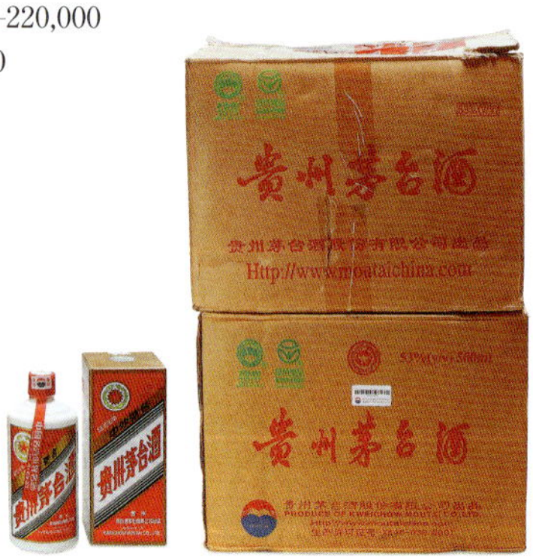

2006年产原箱贵州茅台酒

53%vol　12瓶/375ml
华艺国际（北京）　30/03　lot 3276
估价：67,000—90,000
成交价：77,050

2006年产原箱贵州茅台酒

53%vol　12瓶/1000ml
华艺国际（北京）　30/03　lot 3275
估价：200,000—230,000
成交价：247,250

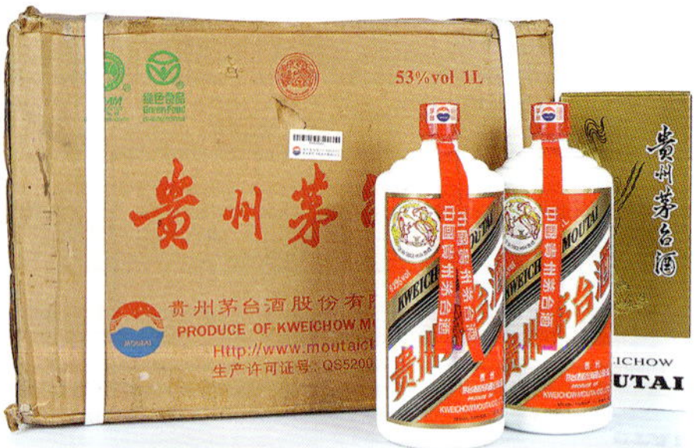

2006年产飞天牌〇六一基地庆典专用贵州茅台酒

53%vol　12瓶/500ml（原箱）
北京荣宝　02/12　lot 2191
估价：190,000—210,000
成交价：218,500

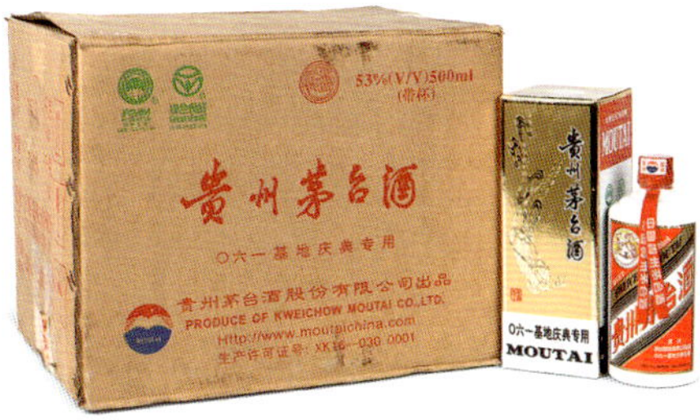

2006年产飞天牌〇六一基地庆典专用贵州茅台酒

53%vol　12瓶/500ml（原箱）
北京荣宝　19/06　lot 3091
估价：200,000—265,000
成交价：230,000

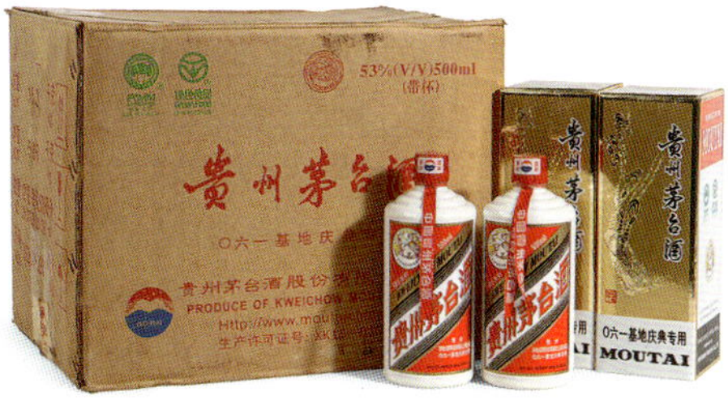

2006年产专卖店原箱贵州茅台酒

53%vol　12瓶/500ml（1箱×12瓶）
中国嘉德　10/12　lot 4099
估价：80,000—90,000
成交价：126,500

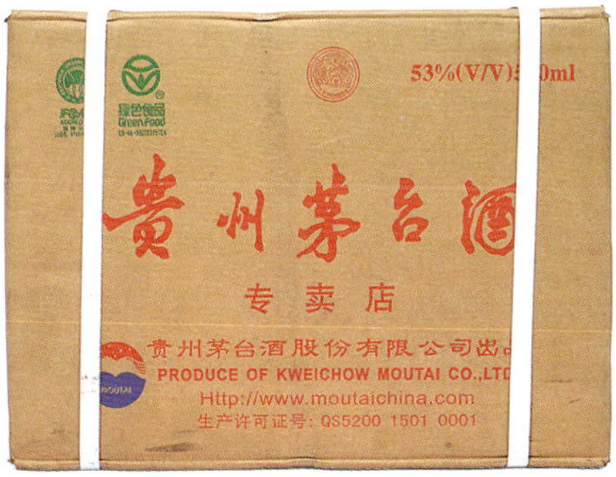

2006年产五星牌贵州茅台酒

53%vol　12瓶/500ml（原箱）
北京荣宝　19/06　lot 3009
估价：93,000—150,000
成交价：106,950

2006年产飞天牌原箱贵州茅台酒

53%vol　12瓶/500ml
西泠印社　14/01　lot 0005
估价：95,000—150,000
成交价：109,250

2006年产庆典专用贵州茅台酒

53%vol　6瓶/500ml
西泠印社　23/07　lot 0805
估价：42,000—60,000
成交价：48,300

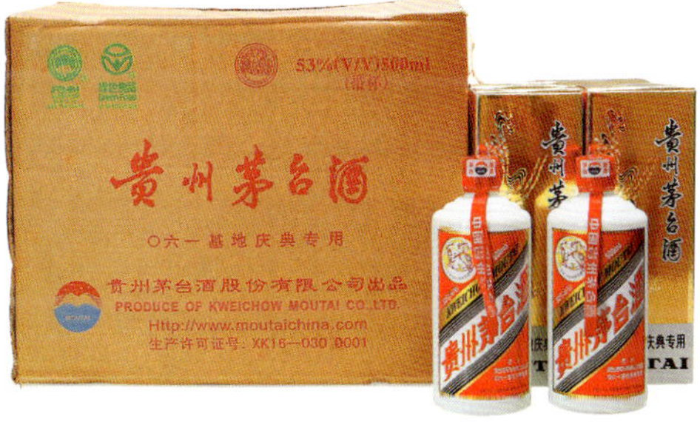

2006年产贵州茅台酒

53%vol　12瓶/1000ml
华艺国际（北京） 11/12 lot 3544
估价：168,000—200,000
成交价：264,500

2006年产新铁盖原箱贵州茅台酒

53%vol　12瓶/500ml（1箱×12瓶）
中国嘉德 18/05 lot 4034
估价：300,000—600,000
成交价：862,500

2006年产飞天牌原箱贵州茅台酒

53%vol　60瓶/500ml
北京荣宝 02/12 lot 2165
估价：500,000—520,000
成交价：580,750

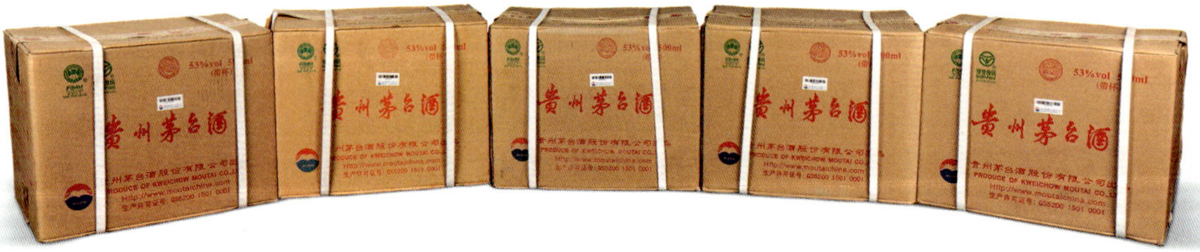

2006年产陈年30年贵州茅台酒

53%vol　30瓶/500ml

永乐拍卖（北京）　22/05　lot 3679

估价：685,000—735,000

成交价：793,500

2006年产贵宾特制原箱贵州茅台酒

53%vol　6瓶/500ml（1箱×6瓶）

中国嘉德　10/12　lot 4118

估价：50,000—150,000

成交价：172,500

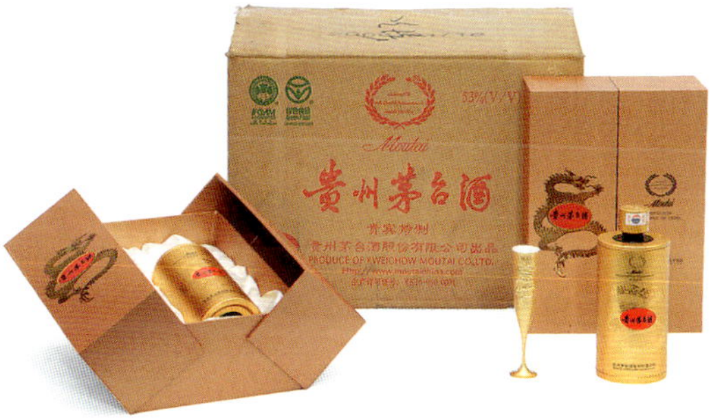

2006年产陈年15年贵州茅台酒

53%vol　6瓶/375ml（原箱）

北京荣宝　19/06　lot 3066

估价：55,000—80,000

成交价：63,250

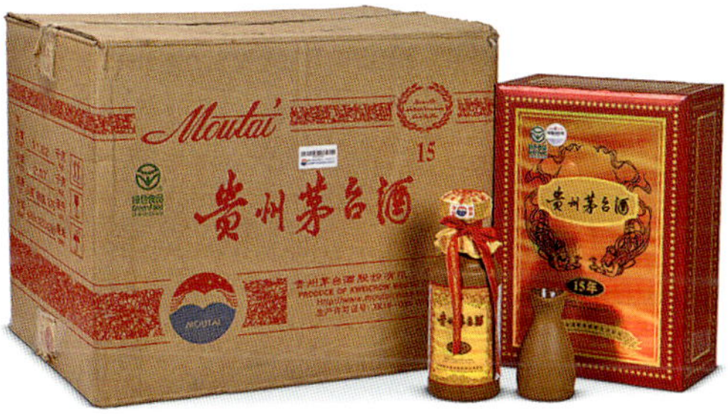

2006年产1680典藏贵州茅台酒

53%vol　1瓶/1680ml

永乐拍卖（北京）　22/05　lot 3613

估价：20,000—21,000

成交价：25,300

2006年产专卖店原箱贵州茅台酒

53%vol　12瓶/500ml

华艺国际（北京）　11/12　lot 3588

估价：70,000—90,000

成交价：86,250

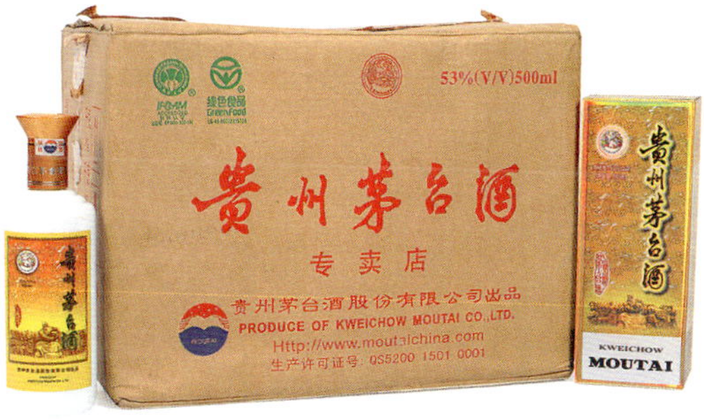

2006年产陈年15年贵州茅台酒

53%vol　6瓶/500ml

华艺国际（北京）　11/12　lot 3504

估价：50,000—70,000

成交价：74,750

2006年产陈年15年贵州茅台酒

53%vol　100瓶/500ml

永乐拍卖（北京）　22/05 lot 3632

估价：1,170,000—1,250,000

成交价：1,345,500

贵州茅台酒
2006
15

2006年产暑期原箱贵州茅台酒

53%vol　12瓶/500ml（1箱 × 12瓶）

中国嘉德　18/05　lot 4065

估价：100,000—240,000

成交价：322,000

2006年产特殊陈酿原箱贵州茅台酒

53%vol　6瓶/500ml（1箱 × 6瓶）

中国嘉德　10/12　lot 4073

估价：100,000—200,000

成交价：345,000

2003—2006年产贵州茅台酒

53%vol　12瓶/1000ml

华艺国际（北京）　03/06　lot 3268

估价：160,000—200,000

成交价：247,250

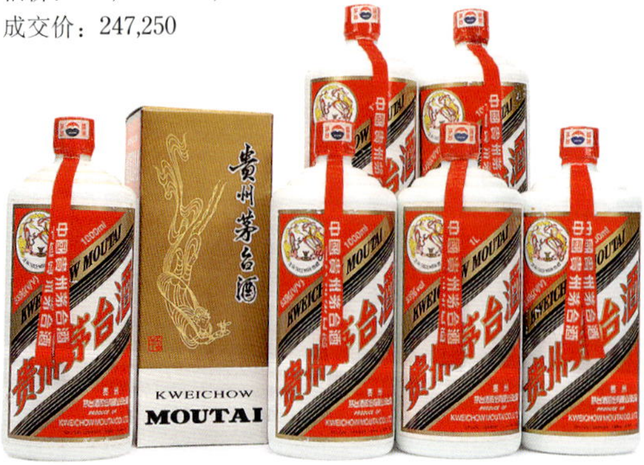

2006年产陈酿原箱贵州茅台酒

53%vol　6瓶/500ml（1箱 × 6瓶）

中国嘉德　18/05　lot 4051

估价：100,000—180,000

成交价：437,000

2006年产原箱贵州茅台酒

53%vol　12瓶/500ml

永乐拍卖（北京）　03/12　lot 7085

估价：300,000—336,000

成交价：322,000

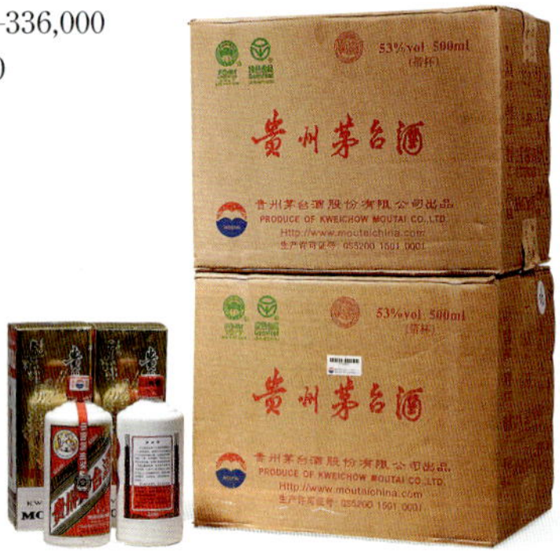

2006年、2007年产贵州茅台酒

53%vol　12瓶/500ml

华艺国际（北京）　03/06　lot 3253

估价：85,000—120,000

成交价：120,750

2007年产贵州茅台酒

53%vol　24瓶/500ml
华艺国际（北京）11/12 lot 3539
估价：150,000—180,000
成交价：201,250

2007年产贵州茅台酒

53%vol　12瓶/500ml
北京保利 05/12 lot 7062
估价：90,000—114,000
成交价：103,500

2007年产贵州茅台酒

53%vol　24瓶/500ml
华艺国际（北京）　30/03　lot 3262
估价：163,000—185,000
成交价：187,450

2007年产贵州茅台酒

53%vol　12瓶/500ml
永乐拍卖（北京）　22/05　lot 3667
估价：90,000—102,000
成交价：109,250

2007年产飞天牌贵州贵州茅台酒

53%vol　6瓶/500ml（原盒）
北京荣宝　19/06　lot 3008
估价：40,000—78,000
成交价：46,000

2007年产贵州茅台酒

53%vol　24瓶/500ml
华艺国际（北京）
03/06　lot 3252
估价：160,000—200,000
成交价：212,750

2007年产贵州茅台酒

53%vol　12瓶/500ml
永乐拍卖（北京）　03/12　lot 7069
估价：100,000—114,000
成交价：101,200

2007年产飞天牌原箱贵州茅台酒

53%vol　24瓶/500ml

西泠印社　23/07　lot 0695

估价：160,000—200,000

成交价：184,000

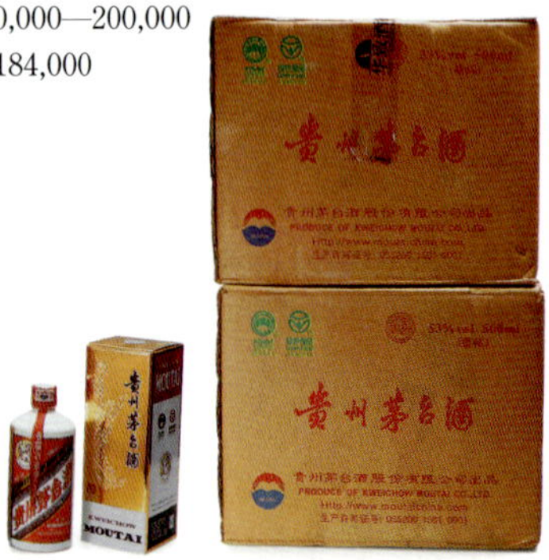

2007年产飞天牌贵州茅台酒

53%vol　12瓶/500ml

西泠印社　23/07　lot 0718

估价：75,000—90,000

成交价：86,250

2007年产飞天牌原箱贵州茅台酒

53%vol　12瓶/500ml

西泠印社　14/01　lot 0004

估价：80,000—120,000

成交价：92,000

2007年产飞天牌原箱贵州茅台酒

53%vol　24瓶/500ml（2箱×12瓶）

中国嘉德　10/12　lot 4151

估价：50,000—150,000

成交价：218,500

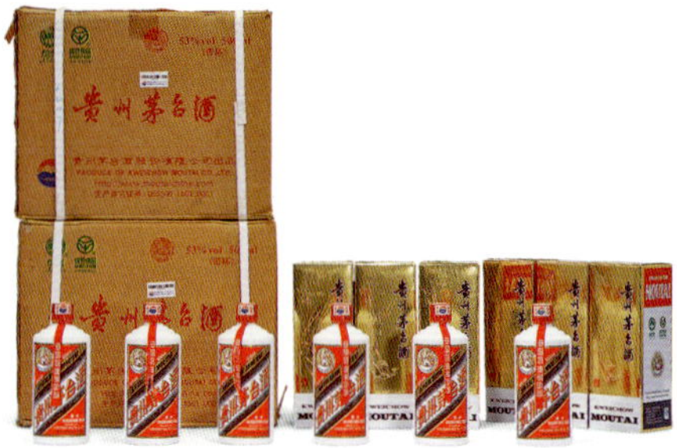

2007年产原箱贵州茅台酒（未开封）

53%vol　12瓶/500ml

华艺国际（北京）　30/03　lot 3278

估价：95,000—110,000

成交价：109,250

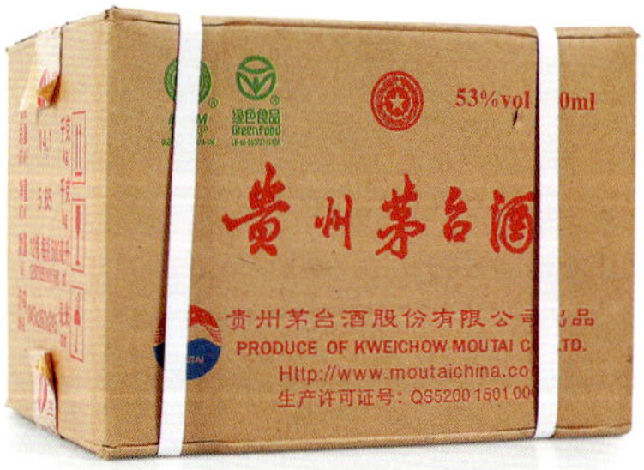

2007年产飞天牌原箱贵州茅台酒

53%vol　60瓶/500ml

西泠印社　23/07　lot 0696

估价：400,000—500,000

成交价：460,000

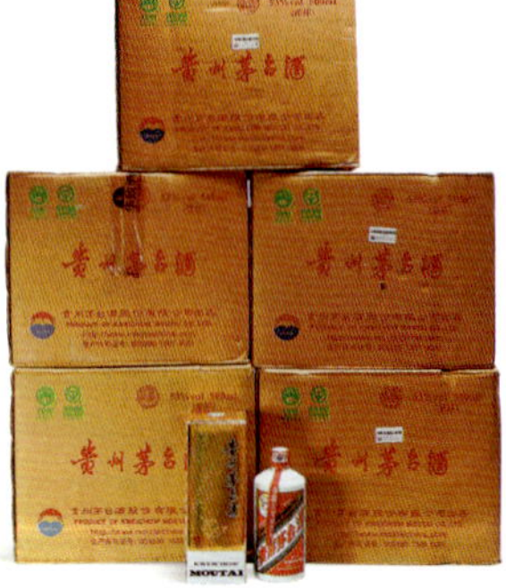

2007年产原箱贵州茅台酒

53%vol　24瓶/500ml

北京保利　07/06　lot 15073

估价：300,000—312,000

成交价：345,000

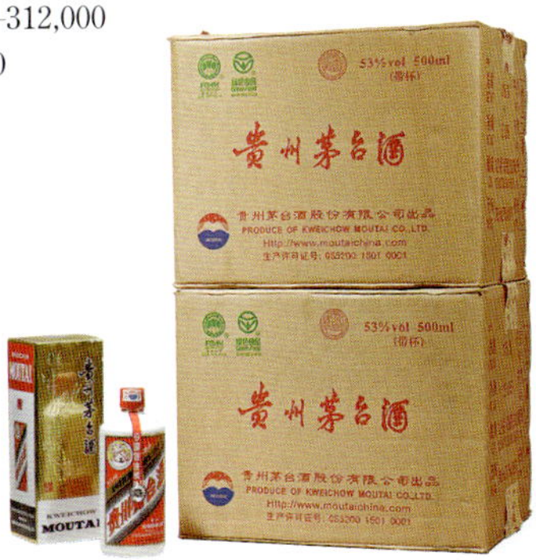

2007年产五星牌原箱贵州茅台酒

53%vol　12瓶/500ml

西泠印社　14/01　lot 0003

估价：80,000—120,000

成交价：92,000

2007年产原箱贵州茅台酒

53%vol　12瓶/900ml

华艺国际（北京）　11/12　lot 3548

估价：160,000—190,000

成交价：184,000

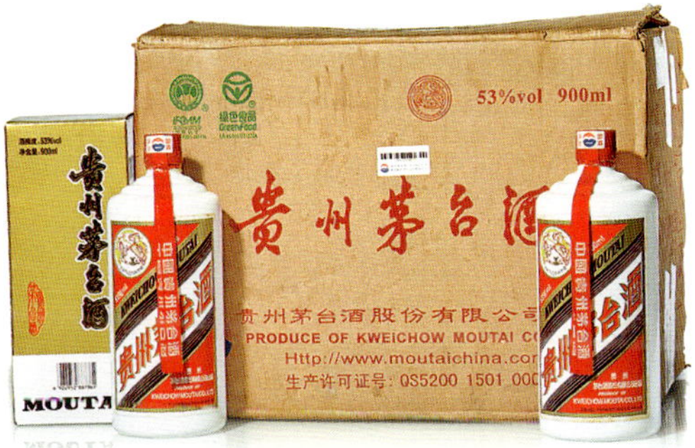

2007年产原箱贵州茅台酒

53%vol　12瓶/500ml

华艺国际（北京）　11/12　lot 3589

估价：70,000—90,000

成交价：92,000

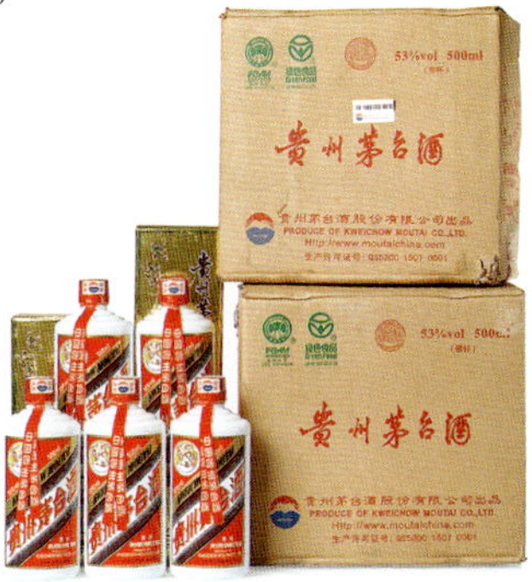

2007年产五星牌原箱贵州茅台酒

53%vol　12瓶/500ml

西泠印社　23/07　lot 0694

估价：80,000—120,000

成交价：92,000

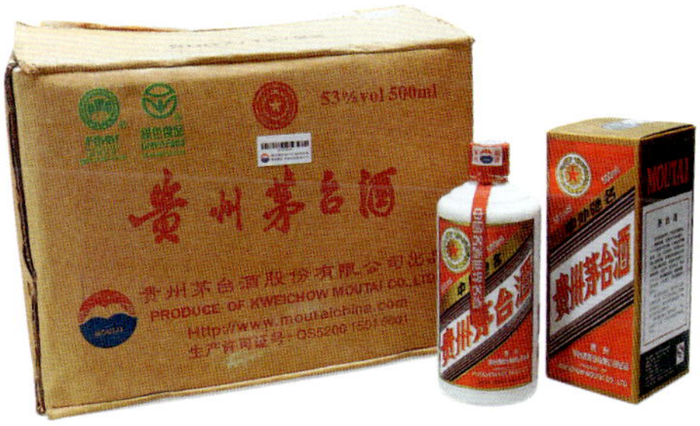

2007年产原箱贵州茅台酒

53%vol　12瓶/500ml

永乐拍卖（北京）　03/12　lot 7086

估价：275,000—312,000

成交价：253,000

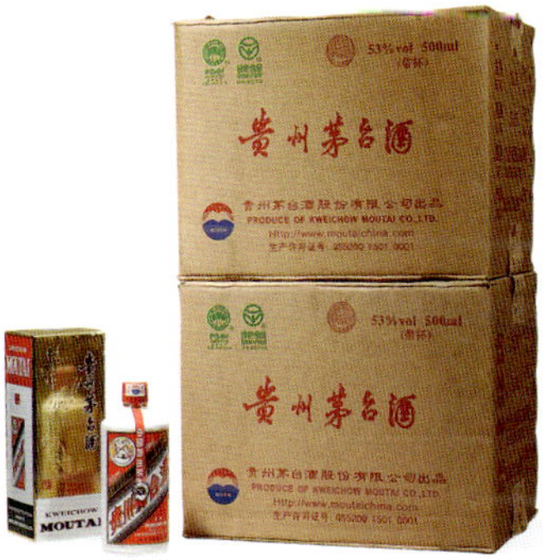

2007年产飞天牌纪念香港回归10年珍藏贵州茅台酒

53%vol　6瓶/500ml（原箱）

北京荣宝　02/12　lot 2210

估价：130,000—150,000

成交价：155,250

2007年产原箱贵州茅台酒

53%vol　12瓶/1000ml

华艺国际（北京）　30/03　lot 3274

估价：190,000—220,000

成交价：241,500

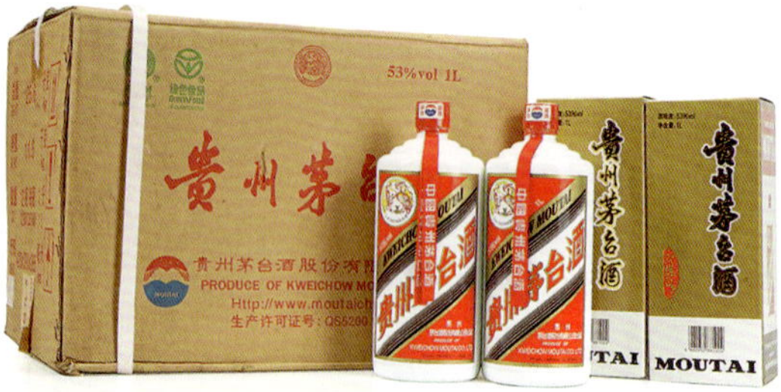

2007年产专卖店原箱贵州茅台酒

53%vol　12瓶/750ml（2箱×6瓶）

中国嘉德　18/05　lot 4047

估价：10,000—20,000

成交价：402,500

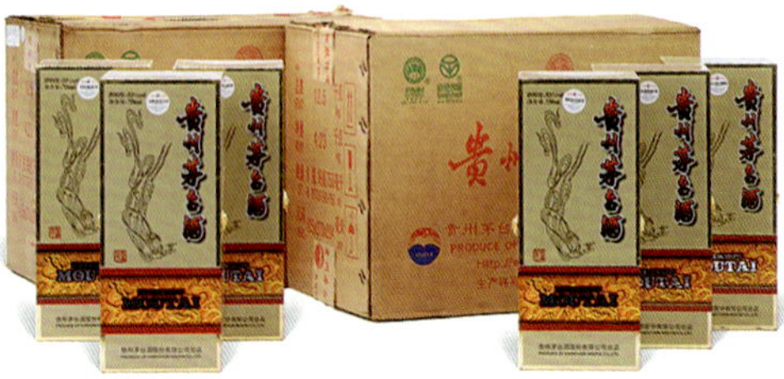

2007年产新铁盖原箱贵州茅台酒

53%vol　12瓶/500ml（1箱×12瓶）

中国嘉德　10/12　lot 4059

估价：600,000—800,000

成交价：690,000

2007年产飞天牌高尔夫会员贵州茅台酒

53%vol　30瓶/500ml（原箱）

北京荣宝　02/12　lot 2225

估价：72,000—85,000

成交价：82,800

2007年产飞天牌纪念香港回归10周年珍藏贵州茅台酒

53%vol　6瓶/500ml（原箱）
北京荣宝　19/06　lot 3110
估价：130,000—160,000
成交价：149,500

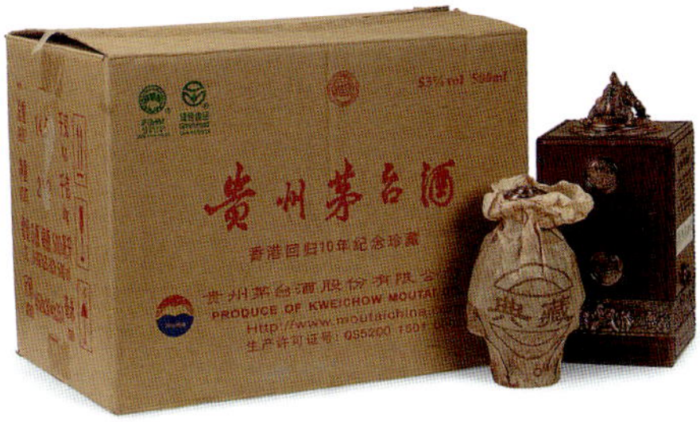

2007年产飞天牌盛世国藏贵州茅台酒

53%vol　6瓶/500ml（原箱）
北京荣宝　19/06　lot 3097
估价：60,000—80,000
成交价：69,000

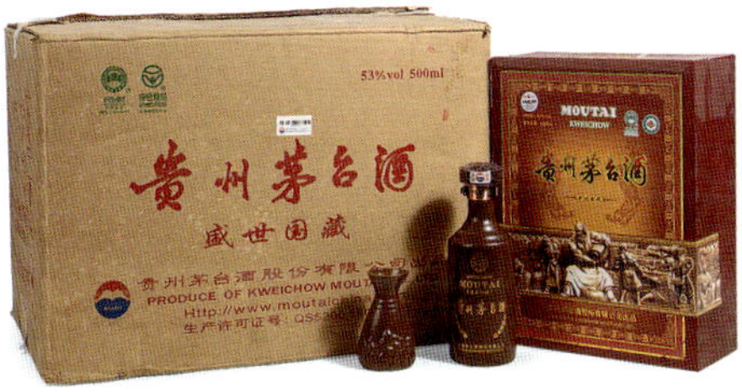

2007年产五星牌人民大会堂特供陈酿贵州茅台酒

53%vol　18瓶/500ml（原箱）
北京荣宝　02/12　lot 2197
估价：560,000—580,000
成交价：661,250

2007年产金奖纪念贵州茅台酒

53%vol　6瓶/500ml（原箱）
北京荣宝　02/12　lot 2213
估价：68,000—80,000
成交价：78,200

2007年产飞天牌专供南京军区贵州茅台酒

53%vol　12瓶/500ml（原箱）
北京荣宝　19/06　lot 3090
估价：120,000—160,000
成交价：138,000

2007年产陈酿原箱贵州茅台酒

53%vol　6瓶/500ml（1箱×6瓶）
中国嘉德　18/05　lot 4052
估价：100,000—180,000
成交价：437,000

2007年产暑期原箱贵州茅台酒

53%vol　12瓶/500ml（1箱×12瓶）
中国嘉德 18/05 lot 4066
估价：100,000—240,000
成交价：322,000

53%vol 500ml
中國貴州茅台酒
KWEICHOW MOUTAI
贵州茅台酒
53%vol
500ml
贵州
茅台酒股份有限公司出品
北戴河暑期特供

2007年产特殊原箱贵州茅台酒

53%vol　12瓶/500ml（1箱×12瓶）
中国嘉德　10/12　lot 4085
估价：100,000—250,000
成交价：368,000

2007年产五星牌人民大会堂贵州茅台酒（同一生产日期）

53%vol　6瓶/500ml（原箱）
北京荣宝　19/06　lot 3120
估价：650,000—700,000
成交价：782,000

2007年产隆重庆祝中国人民解放军80周年原箱贵州茅台酒

53%vol　12瓶/500ml
华艺国际（北京）　03/06　lot 3308
估价：200,000—250,000
成交价：264,500

2007年产飞天牌中华人民共和国商务部专用原箱贵州茅台酒

53%vol　12瓶/500ml（原箱）
北京荣宝　19/06　lot 3124
估价：320,000—386,000
成交价：368,000

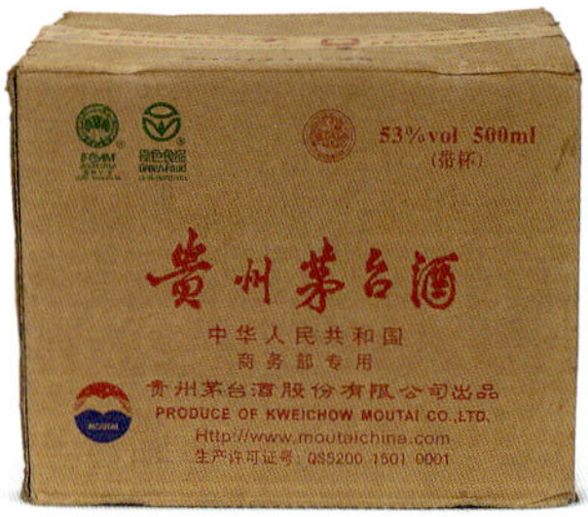

2007年产特别原箱贵州茅台酒

53%vol　12瓶/500ml（1箱×12瓶）
中国嘉德　18/05　lot 4062
估价：100,000—180,000
成交价：690,000

2007年、2008年产贵州茅台酒

53%vol　12瓶/1000ml

华艺国际（北京）　03/06　lot 3267

估价：150,000—200,000

成交价：218,500

2008年产飞天牌原箱贵州茅台酒

53%vol　12瓶/500ml

西泠印社　14/01　lot 0001

估价：75,000—120,000

成交价：86,250

2008年产原箱贵州茅台酒

53%vol　12瓶/900ml

华艺国际（北京）　11/12　lot 3549

估价：150,000—180,000

成交价：184,000

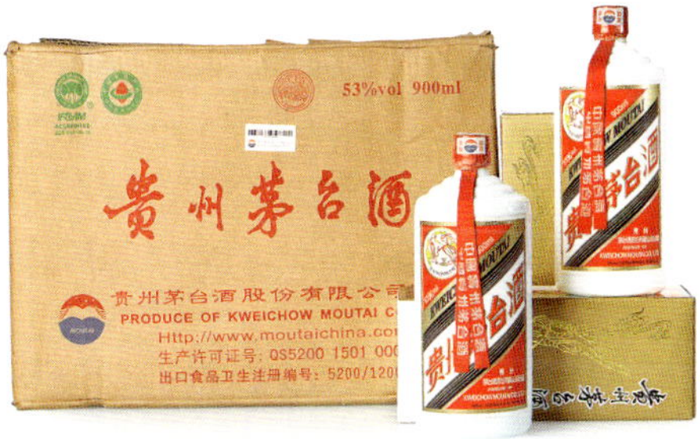

2008年产原箱贵州茅台酒

53%vol　12瓶/1000ml

华艺国际（北京）　11/12　lot 3550

估价：170,000—200,000

成交价：253,000

2008年产飞天牌原箱贵州茅台酒

53%vol　12瓶/500ml（2箱×6瓶）

中国嘉德　18/05　lot 4048

估价：10,000—20,000

成交价：184,000

2008年产专供成都军区贵州茅台酒

53%vol 6瓶/500ml
西泠印社 23/07 lot 0784
估价：130,000—160,000
成交价：149,500

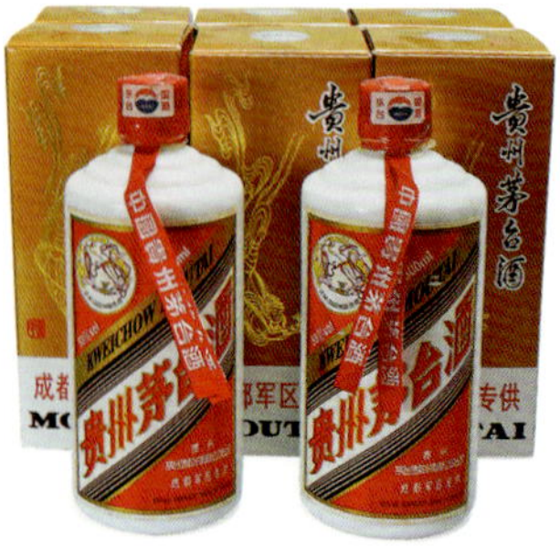

2008年产飞天牌贵州茅台酒

53%vol 12瓶/500ml
西泠印社 23/07 lot 0717
估价：75,000—90,000
成交价：86,250

2008年产原箱贵州茅台酒

53%vol 12瓶/500ml
永乐拍卖（北京） 03/12 lot 7087
估价：100,000—150,000
成交价：241,500

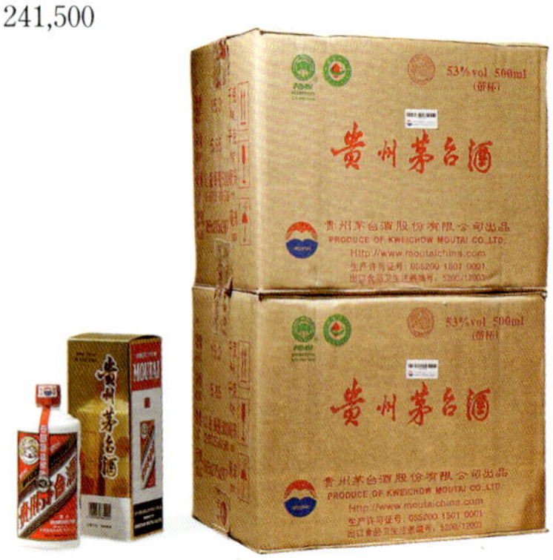

2008年产原箱贵州茅台酒

53%vol 12瓶/500ml
华艺国际（北京） 11/12 lot 3590
估价：50,000—80,000
成交价：92,000

2008年产飞天牌专供武警部队贵州茅台酒

53%vol 12瓶/900ml（原箱）
北京荣宝 19/06 lot 3086
估价：150,000—220,000
成交价：195,500

2008年产原箱贵州茅台酒

53%vol 12瓶/1000ml
华艺国际（北京） 30/03 lot 3273
估价：180,000—210,000
成交价：230,000

2008年产五星牌原箱贵州茅台酒

53%vol　12瓶/500ml
西泠印社　14/01　lot 0002
估价：75,000—120,000
成交价：86,250

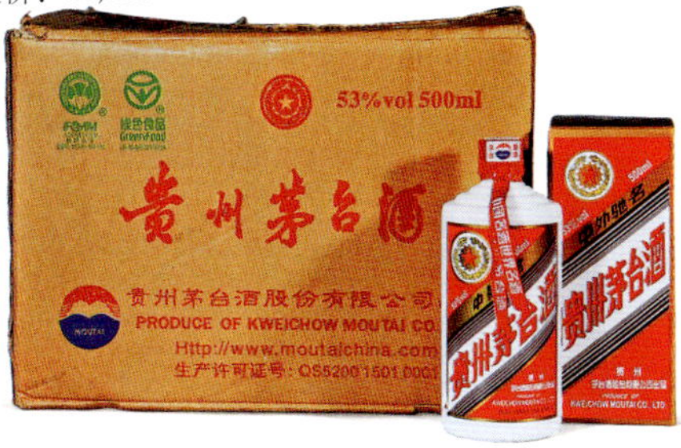

2008年产五星牌原箱贵州茅台酒

53%vol　18瓶/500ml
西泠印社　23/07　lot 0691
估价：110,000—150,000
成交价：126,500

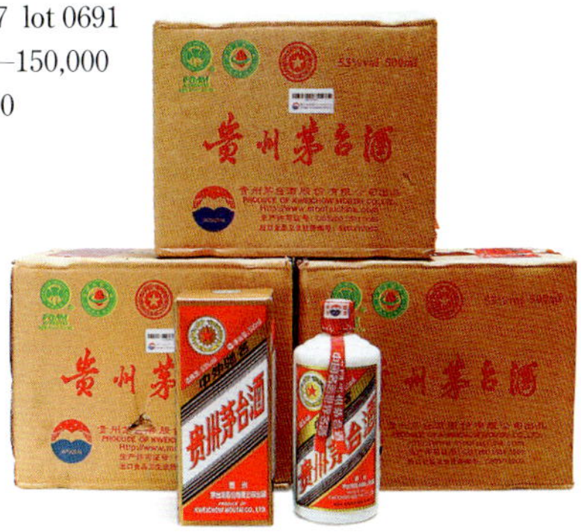

2008年产五星牌原箱贵州茅台酒

53%vol　24瓶/500ml
西泠印社　23/07　lot 0692
估价：150,000—200,000
成交价：172,500

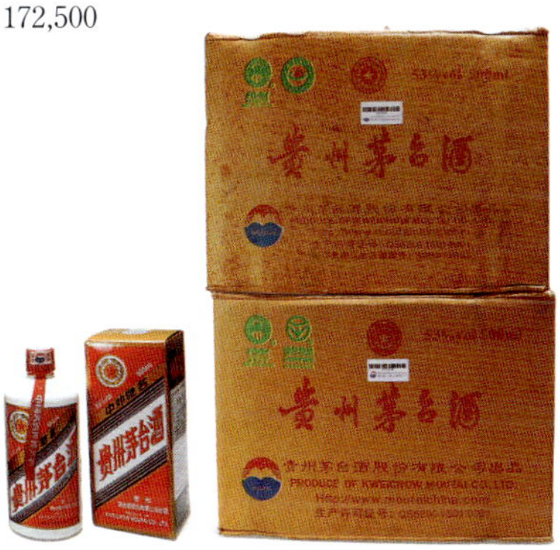

2008年产原箱贵州茅台酒

53%vol　24瓶/500ml
北京保利　07/06　lot 15075
估价：280,000—288,000
成交价：322,000

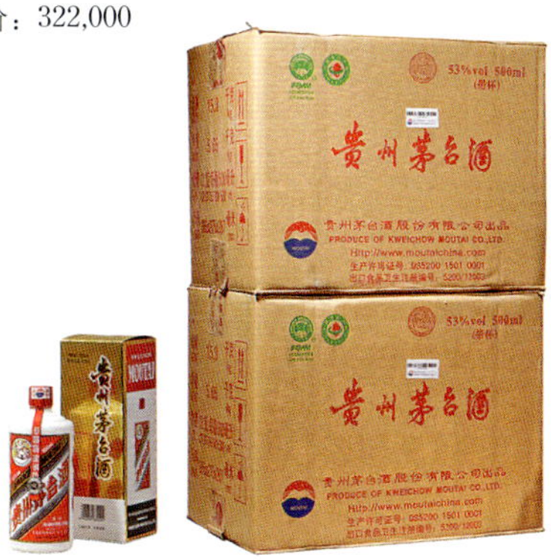

2008年产飞天牌原箱贵州茅台酒

53%vol　24瓶/500ml（2箱×12瓶）
中国嘉德　10/12　lot 4152
估价：50,000—150,000
成交价：184,000

2008年产贵州茅台酒

53%vol 24瓶/500ml

华艺国际（北京） 11/12 lot 3540

估价：150,000—180,000

成交价：195,500

2008年产飞天牌原箱贵州茅台酒

53%vol 60瓶/500ml（5箱×12瓶）

中国嘉德 10/12 lot 4106

估价：100,000—500,000

成交价：517,500

2008年产贵州茅台酒

53%vol 24瓶/500ml

华艺国际（北京） 03/06 lot 3251

估价：150,000—180,000

成交价：196,650

2008年产飞天牌贵州茅台酒

53%vol 6瓶/500ml（原盒）

北京荣宝 19/06 lot 3006

估价：39,000—85,000

成交价：44,850

2008年产贵州茅台酒

53%vol　12瓶/500ml

永乐拍卖（北京）　03/12 lot 7070

估价：95,000—108,000

成交价：95,450

2008年产京西特供原箱贵州茅台酒

53%vol　12瓶/500ml（1箱×12瓶）

中国嘉德　18/05 lot 4096

估价：60,000—150,000

成交价：149,500

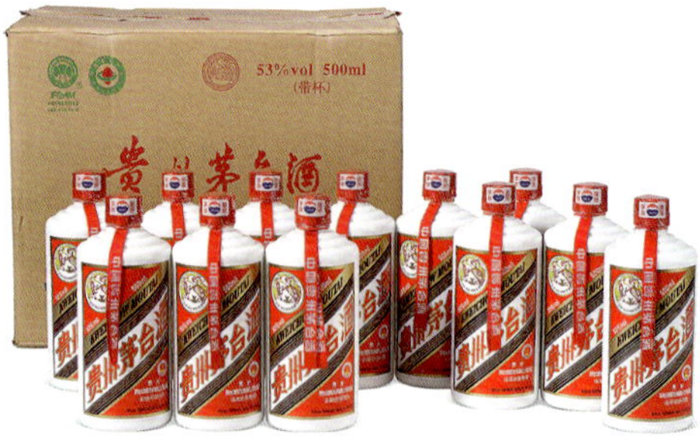

2008年产贵州茅台酒

53%vol　24瓶/500ml

华艺国际（北京）　30/03 lot 3261

估价：160,000—180,000

成交价：189,750

2008年产贵州茅台酒

53%vol　12瓶/500ml

永乐拍卖（北京）　22/05 lot 3668

估价：87,000—96,000

成交价：100,050

2008年产特殊原箱贵州茅台酒

53%vol　12瓶/500ml（1箱×12瓶）

中国嘉德　10/12 lot 4086

估价：100,000—250,000

成交价：241,500

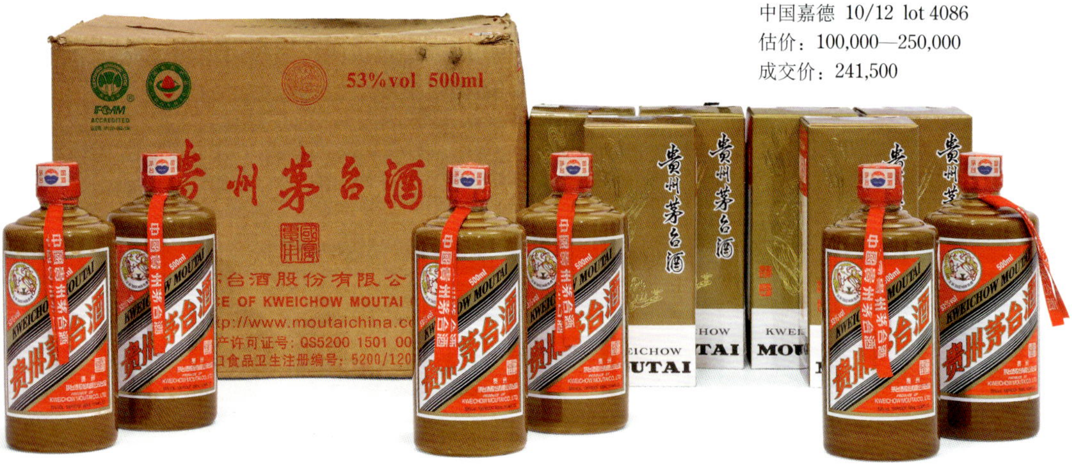

2008年产外交部驻香港特派员公署专用原箱贵州茅台酒

53%vol　12瓶/500ml
华艺国际（北京）　03/06　lot 3316
估价：550,000—600,000
成交价：661,250

2008年产北戴河暑期特殊原箱贵州茅台酒

53%vol　12瓶/500ml（1箱×12瓶）
中国嘉德　10/12　lot 4094
估价：100,000—240,000
成交价：287,500

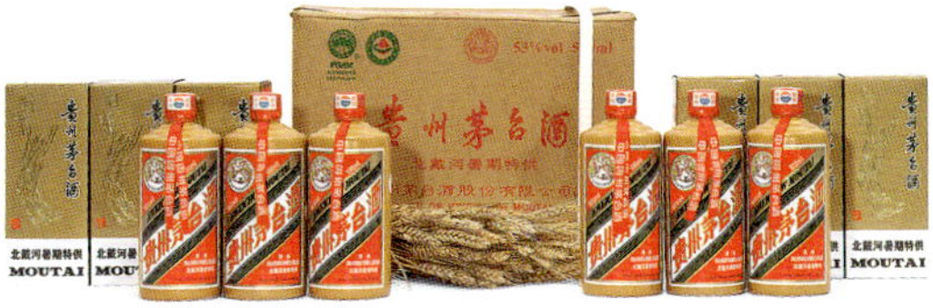

2008年产暑期原箱贵州茅台酒

53%vol　12瓶/500ml（1箱×12瓶）
中国嘉德　18/05　lot 4067
估价：100,000—150,000
成交价：345,000

2008年产特殊陈酿原箱贵州茅台酒

53%vol　6瓶/500ml（1箱×6瓶）
中国嘉德　10/12　lot 4074
估价：100,000—200,000
成交价：460,000

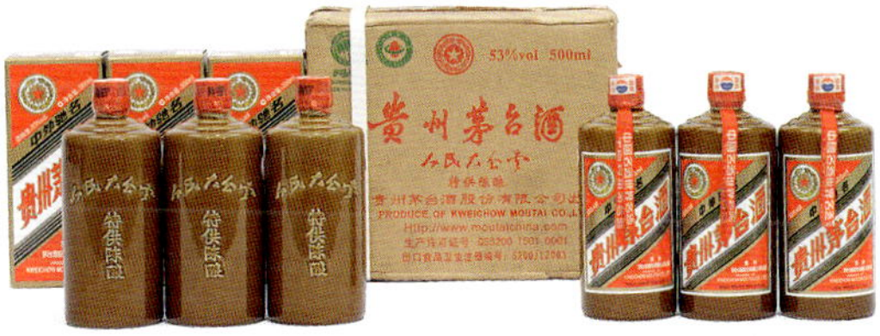

2008年产飞天牌专供中国空军贵州茅台酒

53%vol　12瓶/500ml（原箱）
北京荣宝　02/12　lot 2188
估价：210,000—225,000
成交价：241,500

2008年产飞天牌专供中国军区贵州茅台酒

53%vol　12瓶/500ml（原箱）
北京荣宝　19/06　lot 3088
估价：240,000—280,000
成交价：276,000

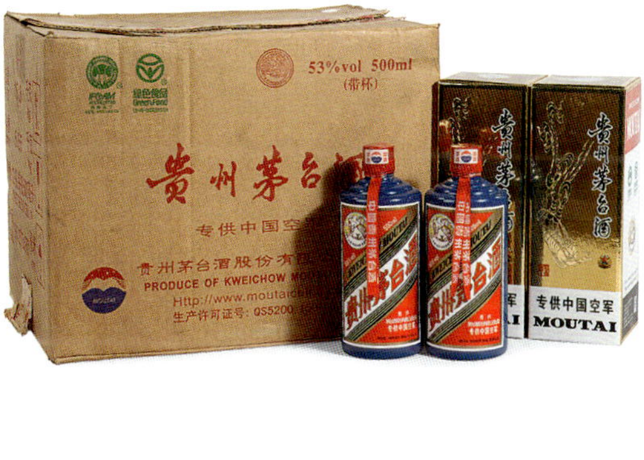

2008年产金色原箱贵州茅台酒

53%vol 30瓶/500ml（5箱×6瓶）
中国嘉德 10/12 lot 4121
估价：80,000—150,000
成交价：230,000

2008年产金色原箱贵州茅台酒

53%vol 12瓶/500ml（2箱×6瓶）
中国嘉德 18/05 lot 4073
估价：50,000—80,000
成交价：149,500

2008年产专供空军贵州茅台酒

53%vol 6瓶/500ml
中贸圣佳 21/05 lot 9029
估价：50,000—80,000
成交价：109,250

2008年产谷泉会议中心原箱贵州茅台酒

53%vol 36瓶/500ml（6箱×6瓶）
中国嘉德 18/05 lot 4095
估价：150,000—250,000
成交价：322,000

2008年产奥运纪念原箱贵州茅台酒

53%vol 6瓶/750ml（1箱×6瓶）
中国嘉德 18/05 lot 4097
估价：50,000—180,000
成交价：115,000

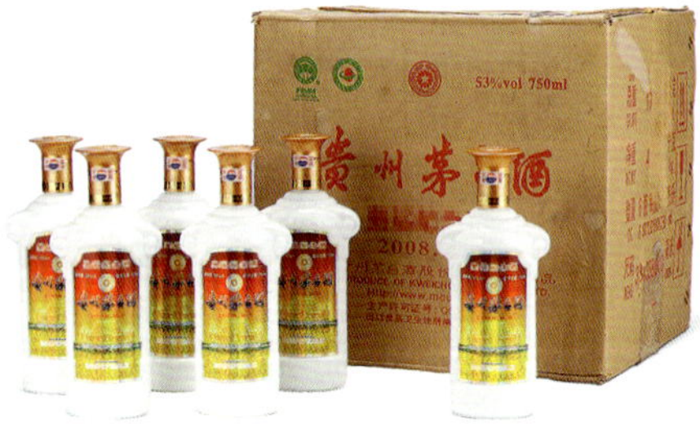

2008年产奥运纪念贵州茅台酒

53%vol 1瓶/750ml
永乐拍卖（北京） 03/12 lot 7021
估价：15,000—20,000
成交价：20,700

2008年产五星牌奥运纪念贵州茅台酒

53%vol　6瓶/750ml（原箱）
北京荣宝　19/06　lot 3103
估价：120,000—150,000
成交价：138,000

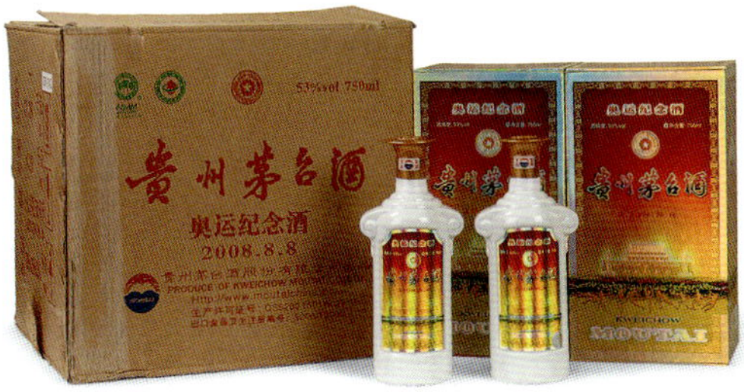

2008年产谷泉会议中心贵州茅台酒

53%vol　1瓶/500ml
永乐拍卖（北京）　03/12　lot 7024
估价：10,000—15,000
成交价：11,500

2008年产陈年15年贵州茅台酒

53%vol　6瓶/500ml（原箱）
北京荣宝　19/06　lot 3065
估价：65,000—90,000
成交价：74,750

2008年产飞天牌满天星1680贵州茅台酒

53%vol　3瓶/1680ml（原箱）
北京荣宝　19/06　lot 3144
估价：95,000—138,000
成交价：109,250

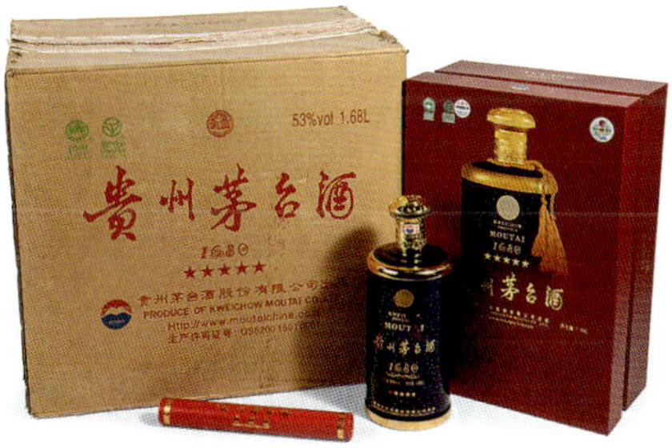

2008年产香港回归典藏贵州茅台酒

53%vol　6瓶/500ml（原箱）
北京荣宝　19/06　lot 3109
估价：75,000—100,000
成交价：86,250

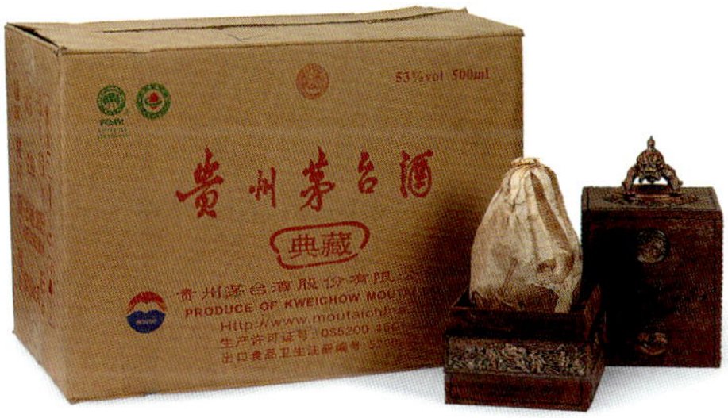

2008年产金奖纪念原箱贵州茅台酒

53%vol　6瓶/500ml
华艺国际（北京）　30/03　lot 3299
估价：40,000　60,000
成交价：59,800

2008年产陈年80年贵州茅台酒

53%vol 1瓶/500ml
北京保利 07/06 lot 15027
估价：280,000—300,000
成交价：322,000

2009年产贵州茅台酒

53%vol　12瓶/500ml

永乐拍卖（北京）　22/05　lot 3669

估价：77,000—87,000

成交价：88,550

2009年产贵州茅台酒

53%vol　24瓶/500ml

华艺国际（北京）　11/12　lot 3541

估价：130,000—160,000

成交价：184,000

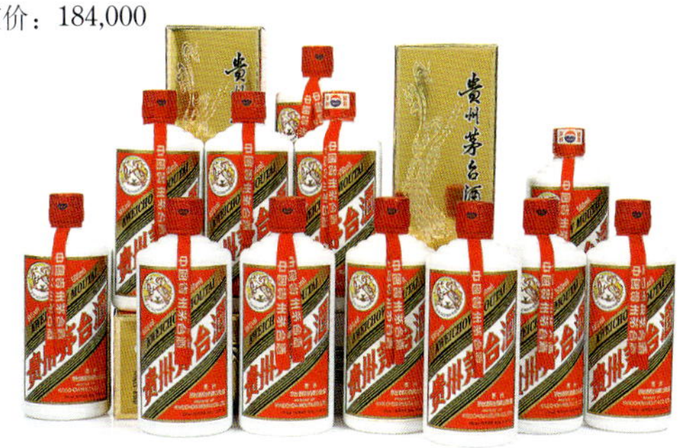

2009年产原箱贵州茅台酒

53%vol　60瓶/500ml

中贸圣佳　21/05　lot 9064

估价：40,000—50,000

成交价：517,500

2009年产飞天牌原箱贵州茅台酒

53%vol　12瓶/500ml（2箱×6瓶）

中国嘉德　18/05　lot 4049

估价：10,000—20,000

成交价：126,500

2009年产飞天牌原箱贵州茅台酒

53%vol　24瓶/500ml（2箱×12瓶）

中国嘉德　10/12　lot 4153

估价：50,000—120,000

成交价：184,000

2009年产原箱贵州茅台酒

53%vol　12瓶/500ml

华艺国际（北京）　30/03　lot 3277

估价：78,000—100,000

成交价：89,700

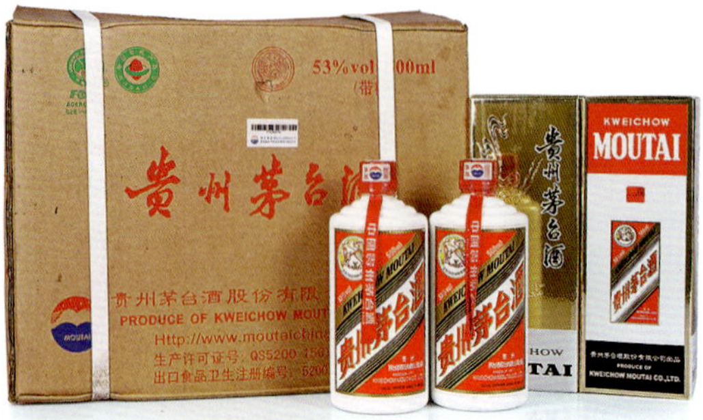

2009年产飞天牌贵州茅台酒

53%vol　6瓶/880ml（原箱）

北京荣宝　02/12　lot 2172

估价：48,000—60,000

成交价：57,500

2009年产原箱贵州茅台酒

53%vol　24瓶/500ml

北京保利　05/12　lot 7079

估价：189,000—204,000

成交价：217,350

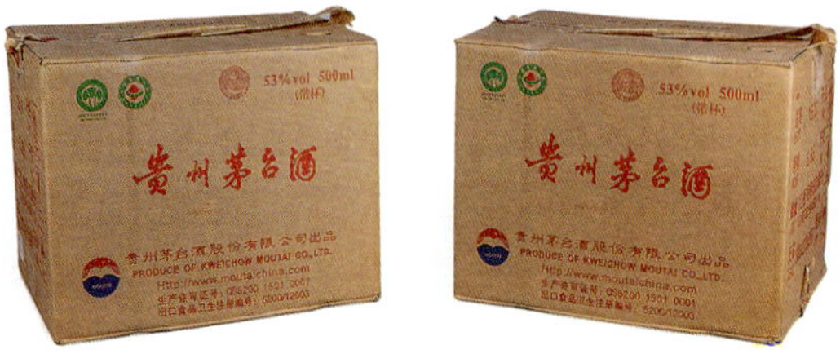

2009年产原箱贵州茅台酒

53%vol　12瓶/500ml

华艺国际（北京）　03/06　lot 3273

估价：70,000—100,000

成交价：103,500

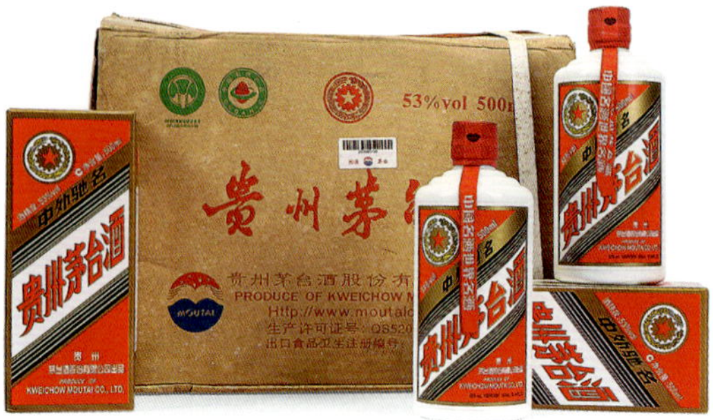

2009年产原箱贵州茅台酒

53%vol　24瓶/500ml

北京保利　07/06　lot 15077

估价：260,000—264,000

成交价：299,000

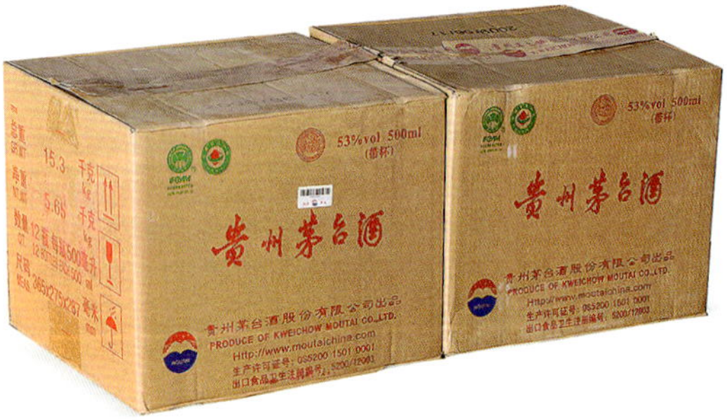

2009年产原箱贵州茅台酒

53%vol　24瓶/500ml

永乐拍卖（北京）　03/12　lot 7088

估价：236,000—264,000

成交价：218,500

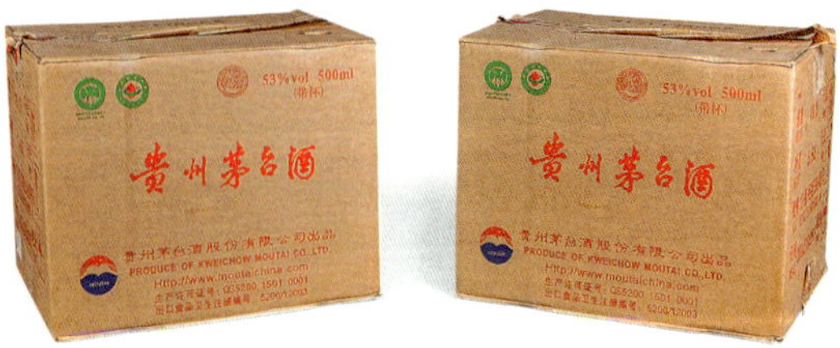

2009年产中国中铁原箱贵州茅台酒

53%vol　12瓶/500ml

华艺国际（北京）　03/06　lot 3319

估价：90,000—120,000

成交价：103,500

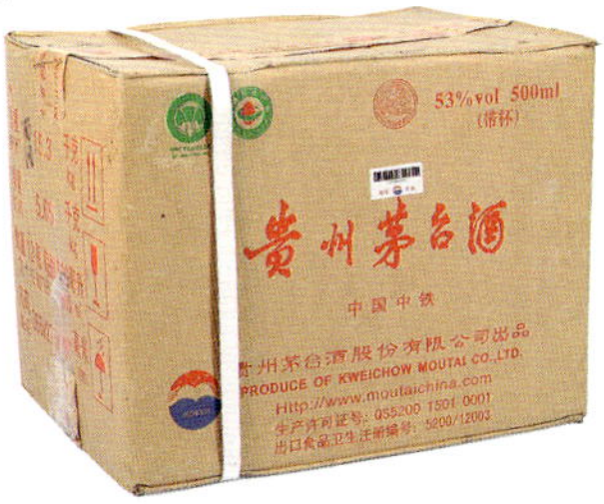

2009年产五星牌纪念澳门回归10周年原箱贵州茅台酒

53%vol　6瓶/500ml

北京荣宝　02/12　lot 2209

估价：90,000—110,000

成交价：109,250

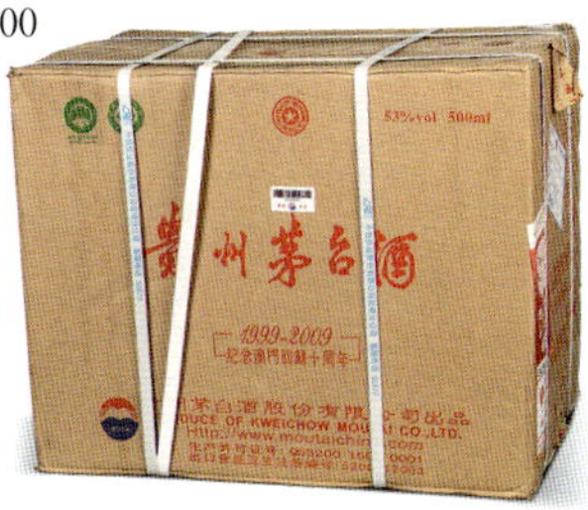

2009年产飞天牌专供北京军区贵州茅台酒

53%vol　12瓶/500ml（原箱）

北京荣宝　19/06　lot 3087

估价：120,000—160,000

成交价：138,000

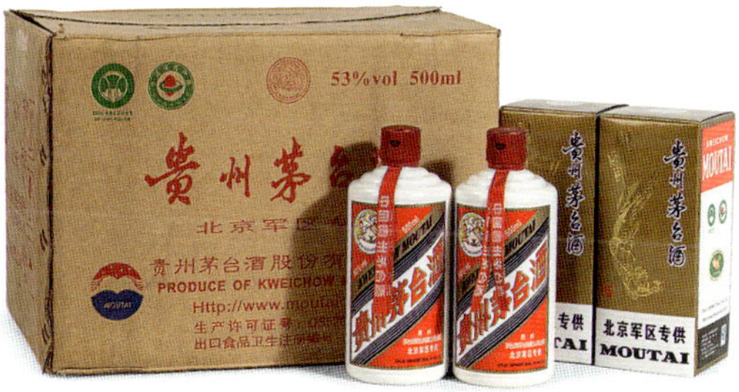

2009年产飞天牌全国政协宴会贵州茅台酒

53%vol　6瓶/500ml（原箱）

北京荣宝　19/06　lot 3118

估价：230,000—280,000

成交价：264,500

2009年产飞天牌全国人大会议中心陈酿贵州茅台酒、2019年产飞天牌茅台陈酿原箱贵州茅台酒、2020年产飞天牌茅台陈酿原箱贵州茅台酒

53%vol　12瓶/500ml

北京荣宝　19/06　lot 3116

估价：250,000—360,000

成交价：322,000

2009年产敬贺祖国60华诞原箱贵州茅台酒

53%vol 10瓶/600ml（10箱×1瓶）

中国嘉德 10/12 lot 4110

估价：450,000—800,000

成交价：690,000

2009年产专供空军原箱贵州茅台酒

53%vol 24瓶/500ml

中贸圣佳 21/05 lot 9073

估价：300,000—350,000

成交价：483,000

2009年产纪念澳门回归10周年原箱贵州茅台酒

53%vol　3瓶/500ml

北京荣宝　19/06　lot 3111

估价：50,000—80,000

成交价：115,000

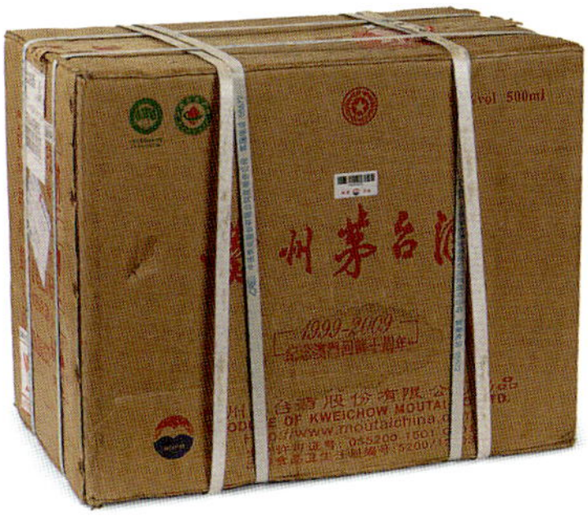

2009年产纪念澳门回归10周年贵州茅台酒

53%vol　30瓶/500ml（10箱×3瓶）

中国嘉德　10/12　lot 4114

估价：600,000—750,000

成交价：747,500

2009年产飞天牌专供北京军区贵州茅台酒

53%vol　12瓶/500ml（原箱）

北京荣宝　02/12　lot 2187

估价：110,000—130,000

成交价：126,500

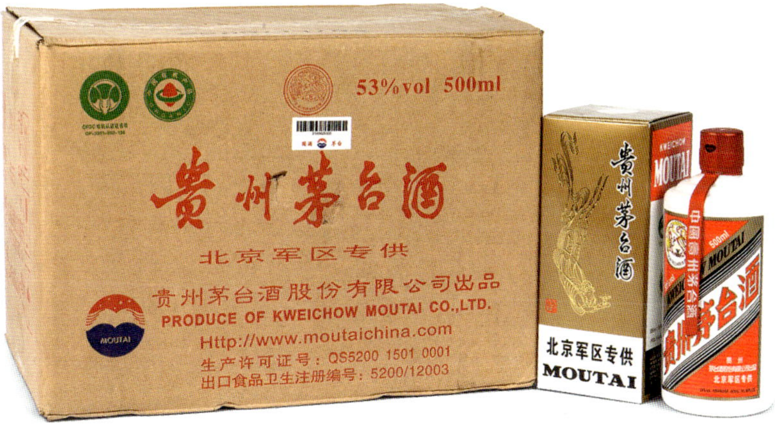

2009年产专供空军原箱贵州茅台酒

53%vol　36瓶/500ml

中贸圣佳

21/05　lot 9030

估价：550,000—650,000

成交价：724,500

2009年产飞天牌中华人民共和国外交部建部60周年纪念原箱贵州茅台酒

53%vol　12瓶/500ml

北京荣宝　02/12　lot 2206

估价：300,000—320,000

成交价：356,500

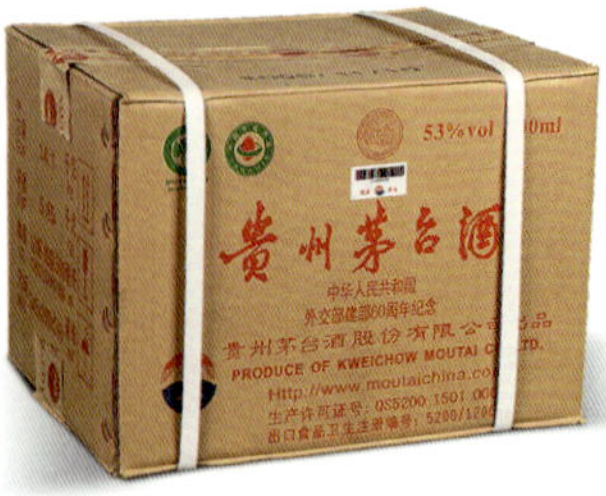

2009年产国酒茅台敬贺祖国60华诞珍藏贵州茅台酒

53%vol　1瓶/600ml（原箱）

北京荣宝　02/12　lot 2204

估价：65,000—78,000

成交价：74,750

2009年产五星牌庆祝建国60周年贵州茅台酒

53%vol　4瓶/600ml（原箱）

北京荣宝　19/06　lot 3092

估价：130,000—190,000

成交价：184,000

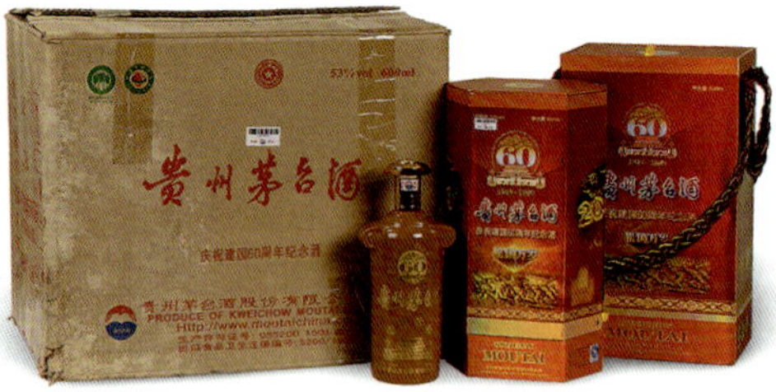

2009年产建国60周年纪念原箱贵州茅台酒

53%vol　4瓶/600ml

华艺国际（北京）　11/12　lot 3565

估价：100,000—150,000

成交价：184,000

2009年产卡慕原箱贵州茅台酒

53%vol　60瓶/375ml（5箱×12瓶）

中国嘉德　10/12　lot 4109

估价：100,000—200,000

成交价：345,000

2009年产建国60周年原箱贵州茅台酒

53%vol　4瓶/600ml

西泠印社　23/07　lot 0807

估价：220,000—300,000

成交价：253,000

2009年产贵宾贵州茅台酒

53%vol　1瓶/500ml

永乐拍卖（北京）　03/12　lot 7025

估价：8,000—15,000

成交价：13,800

2009年产贵宾贵州茅台酒

53%vol　1瓶/500ml

永乐拍卖（北京）　22/05　lot 3615

估价：8,000—9,000

成交价：11,500

2009年产五星牌国酒茅台会所专用贵州茅台酒

53%vol　8瓶/500ml（原箱）

北京荣宝　19/06　lot 3134

估价：80,000—110,000

成交价：92,000

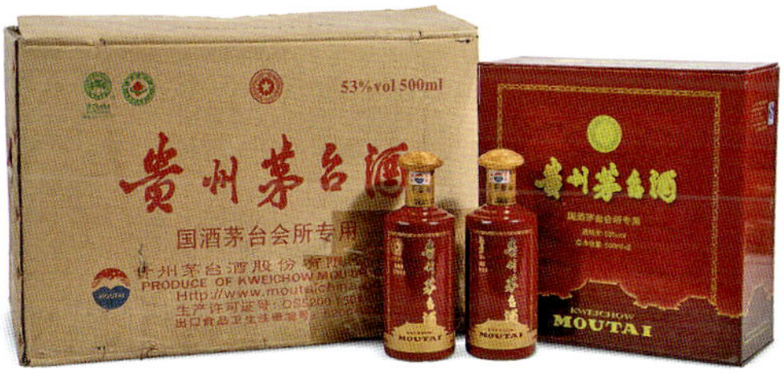

2009年产特殊贵州茅台酒

53%vol　2瓶/500ml

西泠印社　23/07　lot 0781

估价：50,000—70,000

成交价：57,500

2009年产世纪经典原箱贵州茅台酒

53%vol　6瓶/500ml（1箱×6瓶）

中国嘉德　18/05　lot 4094

估价：50,000—120,000

成交价：63,250

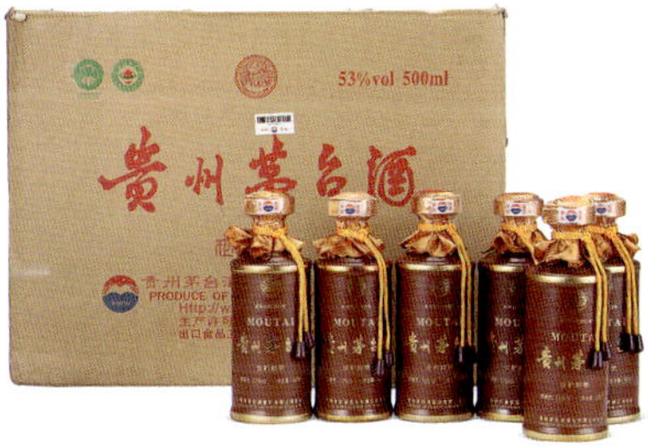

2009年产专卖店原箱贵州茅台酒

53%vol　6瓶/750ml（1箱×6瓶）

中国嘉德　10/12　lot 4100

估价：50,000—60,000

成交价：86,250

2009年产人民大会堂50周年庆

贵州茅台酒

53%vol　12瓶/500ml

中贸圣佳　21/05　lot 9072

估价：800,000—1,000,000

成交价：1,437,500

贵州茅台酒
KWEICHOW
MOUTAI
贵州茅台酒股份有限公司出品
Http://www.moutaichina.com

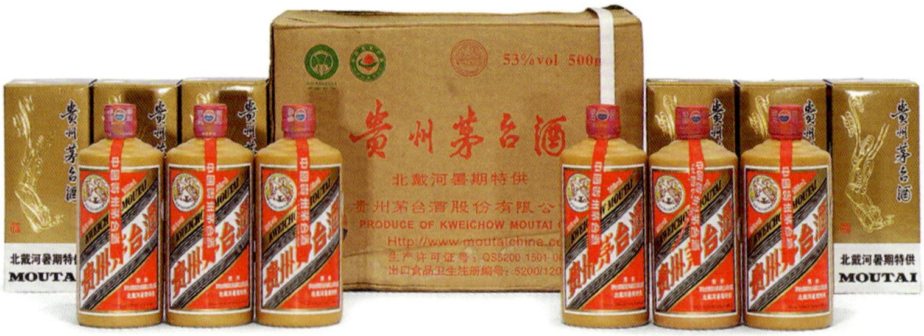

2009年产北戴河暑期特殊原箱贵州茅台酒

53%vol　12瓶/500ml（1箱×12瓶）
中国嘉德　10/12　lot 4095
估价：100,000—240,000
成交价：207,000

2009年产暑期原箱贵州茅台酒

53%vol　12瓶/500ml（1箱×12瓶）
中国嘉德　18/05　lot 4068
估价：100,000—120,000
成交价：345,000

2009年产特殊原箱贵州茅台酒

53%vol　12瓶/500ml（2箱×6瓶）
中国嘉德　10/12　lot 4075
估价：200,000—400,000
成交价：517,500

2009年产特殊原箱贵州茅台酒

53%vol　12瓶/500ml
西泠印社　23/07　lot 0789
估价：400,000—500,000
成交价：460,000

2009年产外交部驻澳门特别行政区特派员公署专用原箱贵州茅台酒

53%vol　12瓶/500ml（1箱×12瓶）
中国嘉德　10/12　lot 4112
估价：100,000—300,000
成交价：230,000

2010年产世博会原箱贵州茅台酒

53%vol　60瓶/500ml
中贸圣佳　21/05　lot 9066
估价：300,000—350,000
成交价：460,000

2010年产世博会原箱贵州茅台酒

53%vol　12瓶/500ml
中贸圣佳　21/05　lot 9065
估价：50,000—60,000
成交价：92,000

2010年产贵州茅台酒

53%vol　12瓶/500ml
永乐拍卖（北京）　03/12　lot 7072
估价：80,000—96,000
成交价：80,500

2010年产飞天牌贵州茅台酒

53%vol　24瓶/500ml（原箱）
北京荣宝　02/12　lot 2164
估价：130,000—148,000
成交价：154,100

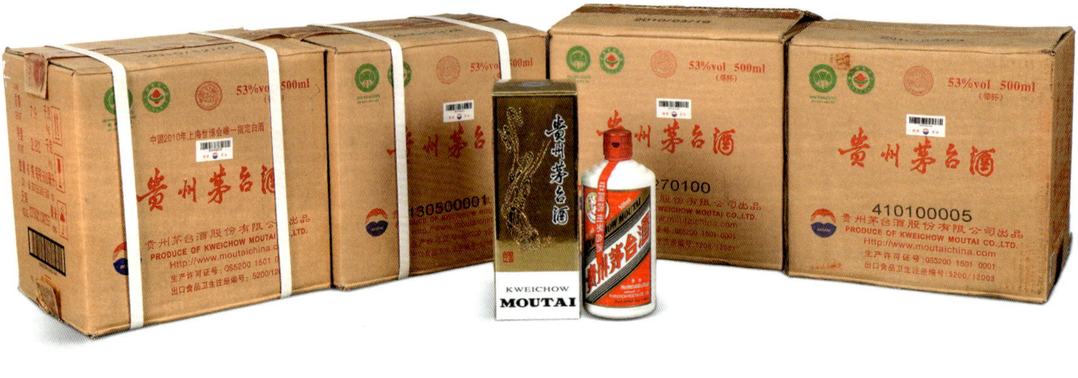

2010年产原箱贵州茅台酒

53%vol　12瓶/500ml

永乐拍卖（北京）　03/12　lot 7089

估价：212,000—240,000

成交价：184,000

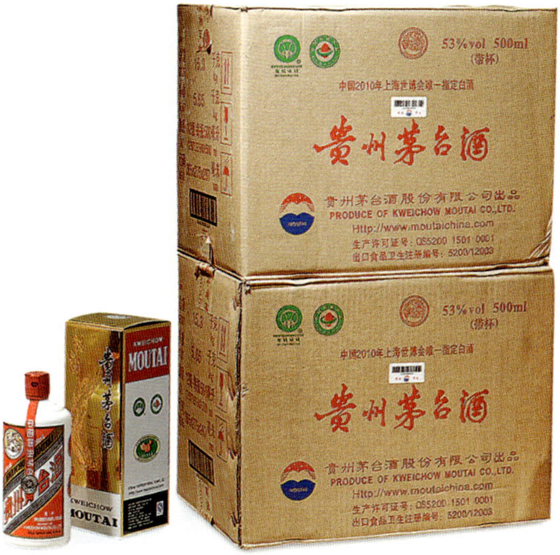

2010年产原箱贵州茅台酒

53%vol　12瓶/880ml

华艺国际（北京）　03/06　lot 3265

估价：120,000—150,000

成交价：181,700

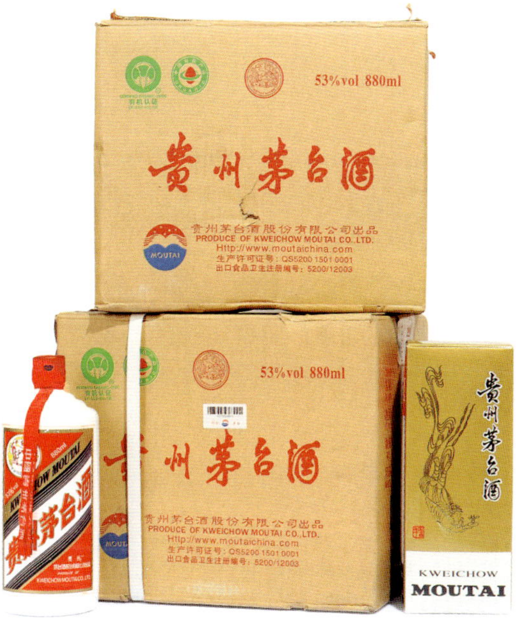

2010年产上海世博会唯一指定白酒五星牌贵州茅台酒

53%vol　12瓶/500ml（原箱）

北京荣宝　02/12　lot 2216

估价：38,000—48,000

成交价：46,000

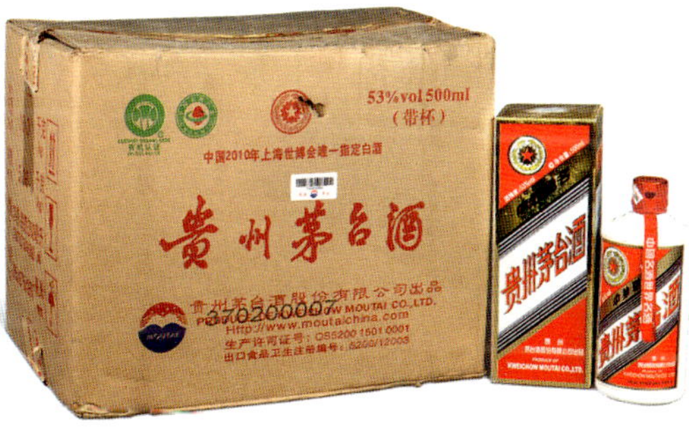

2010年产原箱贵州茅台酒

53%vol　6瓶/1000ml

华艺国际（北京）　11/12　lot 3551

估价：75,000—100,000

成交价：97,750

2010年产飞天牌贵州茅台酒

53%vol　6瓶/500ml（原盒）
北京荣宝　19/06　lot 3003
估价：34,000—60,000
成交价：39,100

2010年产贵州茅台酒

53%vol　12瓶/500ml
永乐拍卖（北京）　22/05　lot 3670
估价：72,000—82,000
成交价：82,800

2001—2010年产贵州茅台酒（收藏10瓶组合）

53%vol　10瓶/500ml
北京保利　07/06　lot 15055
估价：100,000—110,000
成交价：115,000

2010年产原箱贵州茅台酒

53%vol　12瓶/1000ml

华艺国际（北京）　30/03　lot 3272

估价：150,000—180,000

成交价：207,000

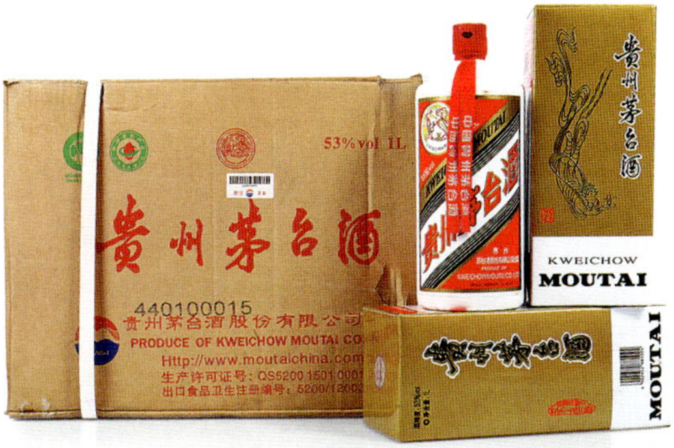

2010年产上海世博会唯一指定白酒飞天牌贵州茅台酒

53%vol　12瓶/500ml（原箱）

北京荣宝　19/06　lot 3007

估价：50,000—60,000

成交价：83,950

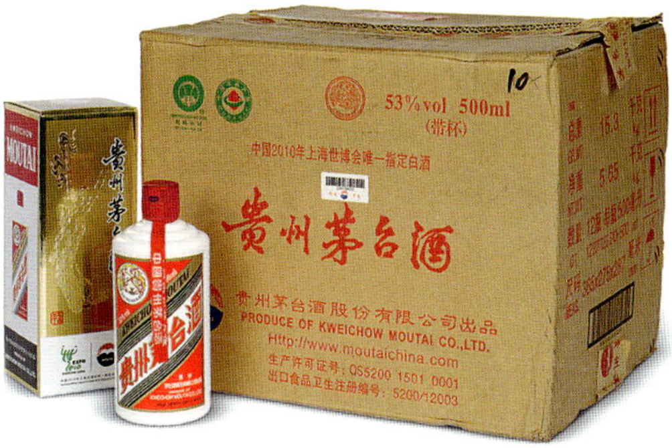

2010年产友谊使者特制陈酿贵州茅台酒

53%vol 5瓶/500ml（原箱）
北京荣宝 19/06 lot 3112
估价：85,000—110,000
成交价：97,750

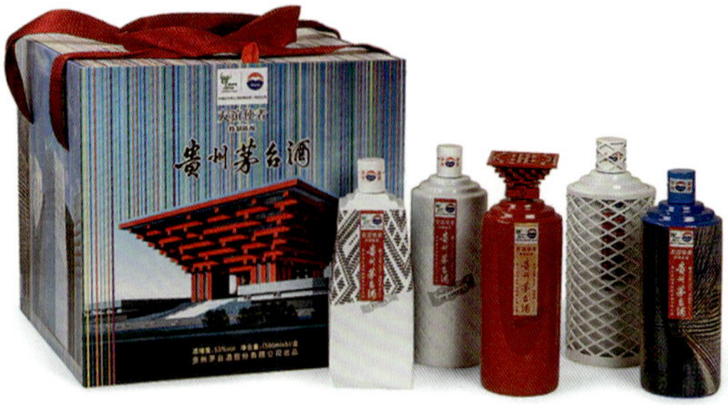

2010年产盛世中国原箱贵州茅台酒

53%vol 30瓶/500ml（5箱 × 6瓶）
中国嘉德 10/12 lot 4119
估价：150,000—350,000
成交价：517,500

2010年产原箱贵州茅台酒

53%vol 12瓶/500ml
华艺国际（北京） 11/12 lot 3591
估价：60,000—80,000
成交价：74,750

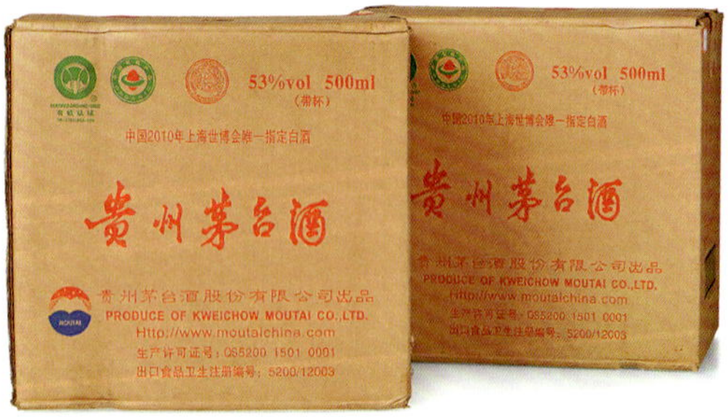

2010年产世博喜酒贵州茅台酒

53%vol 6瓶/500ml（原箱）
北京荣宝 19/06 lot 3099
估价：72,000—90,000
成交价：82,800

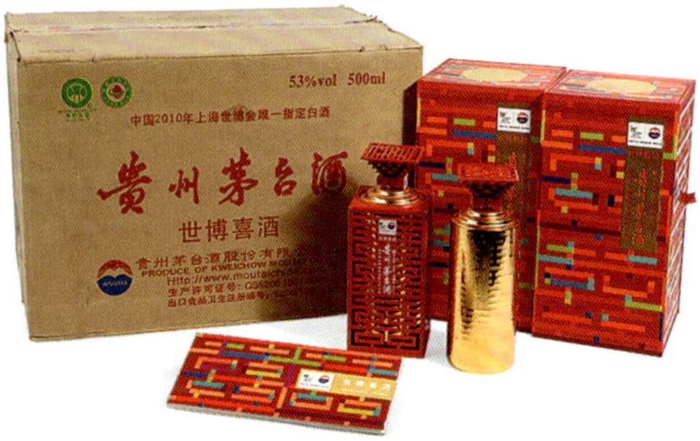

2010年产盛世中国特制陈酿贵州茅台酒

53%vol 6瓶/500ml（原箱）
北京荣宝 02/12 lot 2208
估价：98,000—110,000
成交价：112,700

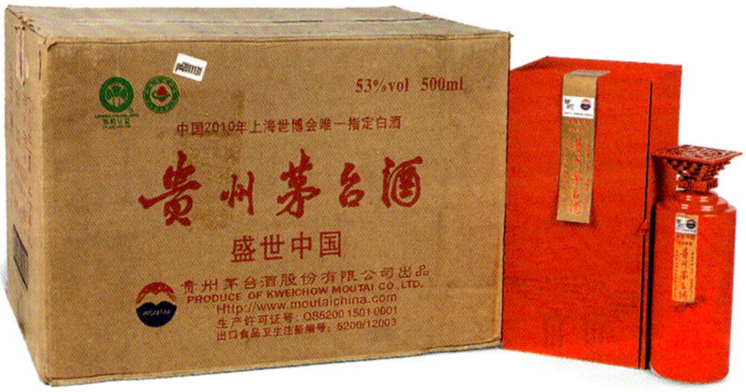

2010年产原箱贵州茅台酒

53%vol 24瓶/500ml（1 × 12）原箱
北京保利 07/06 lot 15079
估价：228,000—240,000
成交价：262,200

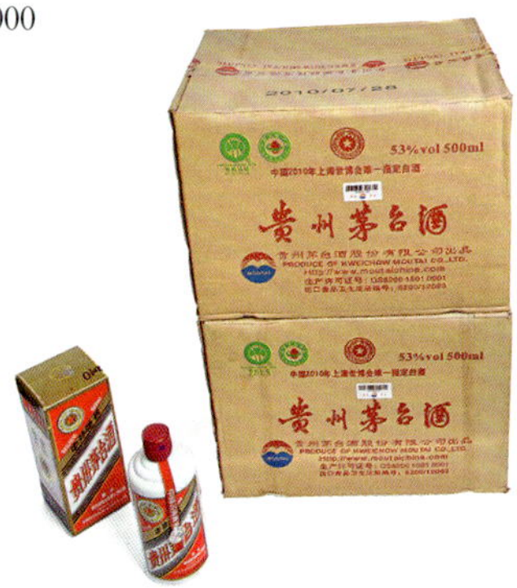

2010年产友谊使者贵州茅台酒

53%vol　10瓶/500ml

西泠印社　23/07　lot 0774

估价：150,000—200,000

成交价：172,500

2010年产友谊使者原箱贵州茅台酒

53%vol　5瓶/500ml（1箱×5瓶）

中国嘉德　18/05　lot 4098

估价：30,000—80,000

成交价：69,000

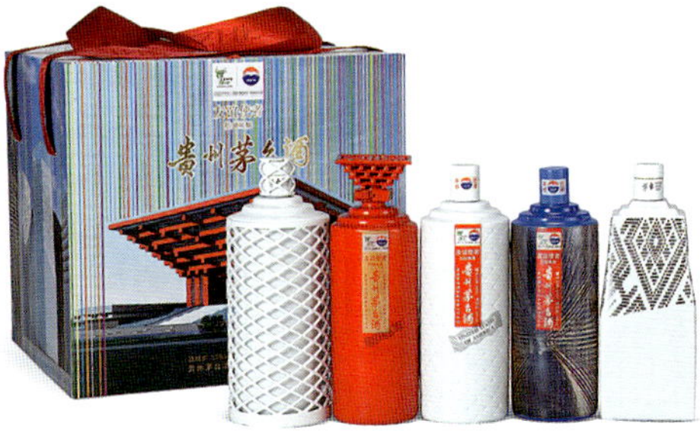

2010年产世博喜酒贵州茅台酒

53%vol　1瓶/500ml

永乐拍卖（北京）　03/12　lot 7020

估价：18,000—20,000

成交价：49,450

2010年产世博喜酒贵州茅台酒

53%vol　6瓶/500ml（原箱）

北京荣宝　02/12　lot 2215

估价：66,000—80,000

成交价：75,900

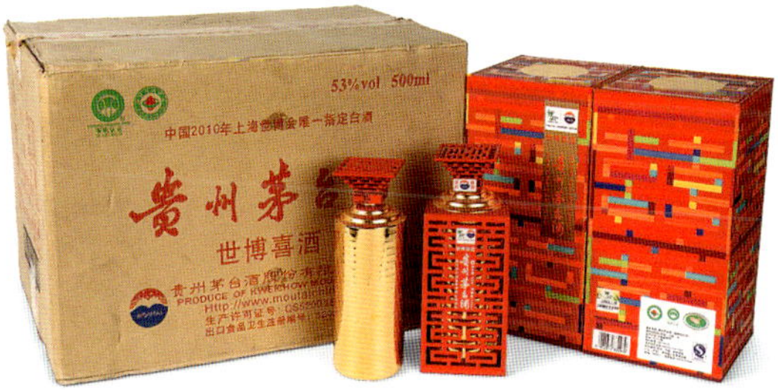

2010年产世博会原箱贵州茅台酒

10箱/500ml

中贸圣佳　21/05　lot 9067

估价：800,000—1,000,000

成交价：1,173,000

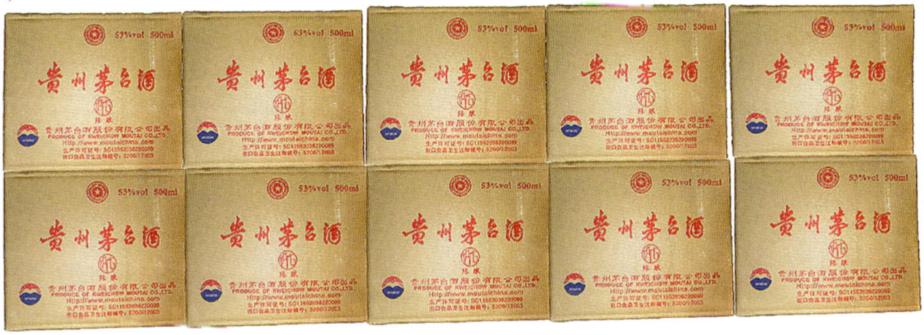

2010年产金奖纪念原箱贵州茅台酒

53%vol　12瓶/500ml（2箱×6瓶）
中国嘉德　10/12　lot 4111
估价：80,000—150,000
成交价：126,500

2010年产金奖纪念原箱贵州茅台酒

53%vol　18瓶/500ml
北京荣宝　02/12　lot 2212
估价：170,000—190,000
成交价：195,500

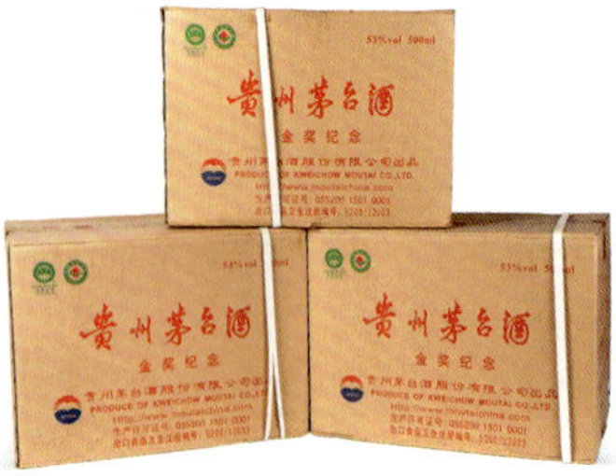

2010年产陈年30年贵州茅台酒

53%vol　30瓶/500ml
永乐拍卖（北京）　03/12　lot 7080
估价：630,000—675,000
成交价：724,500

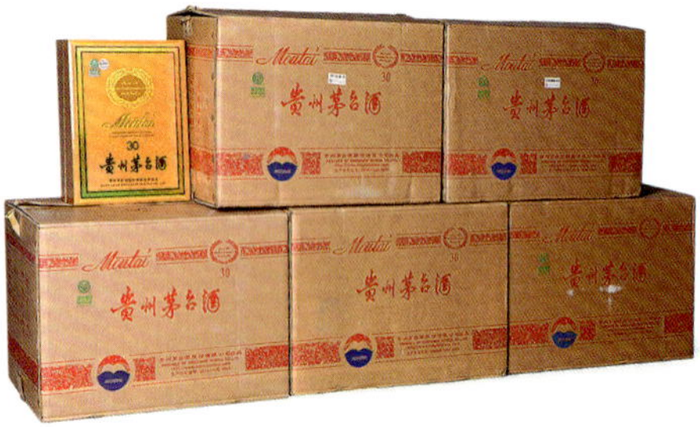

2010年产贵宾原箱贵州茅台酒

53%vol　12瓶/500ml
华艺国际（北京）　11/12　lot 3592
估价：70,000—90,000
成交价：126,500

2010年产飞天牌贵宾贵州茅台酒

53%vol　12瓶/500ml（原箱）
北京荣宝　02/12　lot 2224
估价：100,000—120,000
成交价：126,500

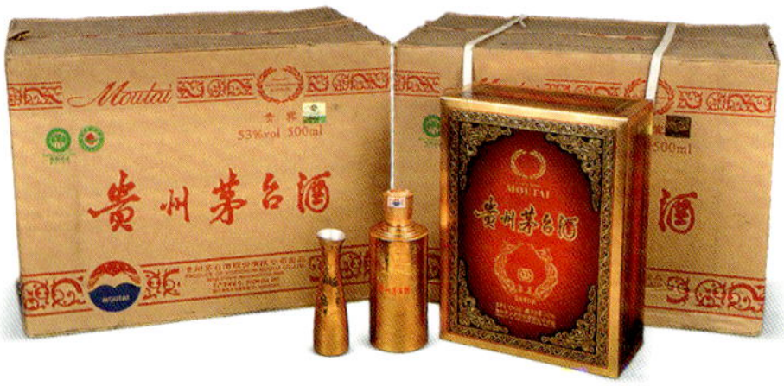

2010年产贵宾贵州茅台酒

53%vol　60瓶/500ml（10箱×6瓶）
中国嘉德　10/12　lot 4108
估价：300,000—600,000
成交价：575,000

2010年产专供北京军区贵州茅台酒

53%vol　10瓶/500ml
华艺国际（北京）　03/06　lot 3317
估价：95,000—150,000
成交价：109,250

2010年产专供空军原箱贵州茅台酒

53%vol　12瓶/500ml
中贸圣佳　21/05　lot 9074
估价：100,000—150,000
成交价：207,000

2010年产紫砂金龙珍品原箱贵州茅台酒

53%vol　6瓶/500ml
北京荣宝　02/12　lot 2222
估价：58,000—70,000
成交价：66,700

2010年产1680原箱贵州茅台酒

53%vol　3瓶/1680ml（1箱×3瓶）
中国嘉德　18/05　lot 4103
估价：50,000—100,000
成交价：92,000

2010年产贵宾原箱贵州茅台酒

53%vol　12瓶/500ml（2箱×6瓶）
中国嘉德　18/05　lot 4074
估价：100,000—200,000
成交价：138,000

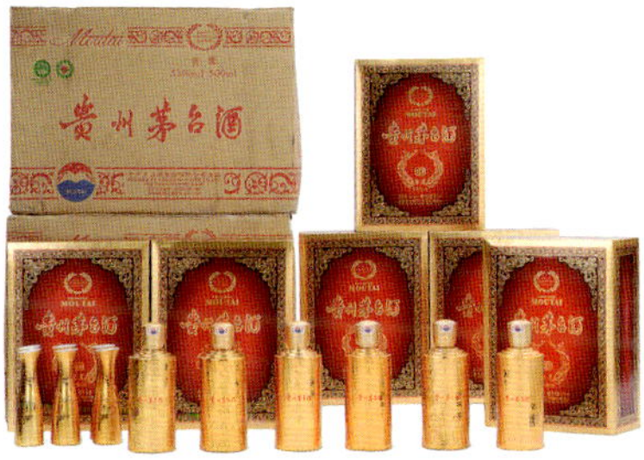

2010年产文化研究会会员专用原箱贵州茅台酒

53%vol　120瓶/500ml（15箱×8瓶）
中国嘉德　18/05　lot 4112
估价：500,000—800,000
成交价：1,092,500

2010年产中央军委贵州茅台酒

53%vol　1瓶/500ml

永乐拍卖（北京）　03/12　lot 7026

估价：15,000—20,000

成交价：27,600

2010年产特殊原箱贵州茅台酒

53%vol　12瓶/500ml（1箱×12瓶）

中国嘉德　10/12　lot 4087

估价：100,000—250,000

成交价：253,000

2010年产特殊陈酿原箱贵州茅台酒

53%vol　6瓶/500ml（1箱×6瓶）

中国嘉德　10/12　lot 4076

估价：100,000—200,000

成交价：230,000

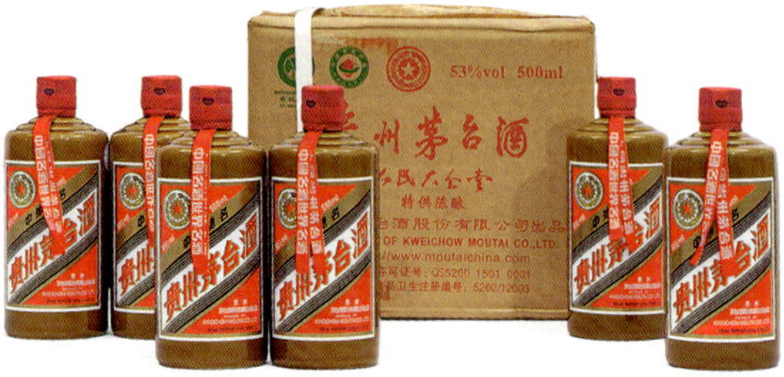

2010年产原中央军委办公厅贵州茅台酒

53%vol　1瓶/500ml

永乐拍卖（北京）　22/05　lot 3624

估价：18,000—19,000

成交价：25,300

2010年产人民大会堂特供陈酿贵州茅台酒

53%vol　1瓶/500ml

永乐拍卖（北京）　22/05　lot 3617

估价：18,000—20,000

成交价：25,300

2010年产中央政府驻澳门联络办专用原箱贵州茅台酒

53%vol　12瓶/500ml（1箱×12瓶）

中国嘉德　10/12　lot 4113

估价：100,000—300,000

成交价：253,000

2010年产暑期原箱贵州茅台酒

53%vol　12瓶/500ml（1箱×12瓶）
中国嘉德　18/05　lot 4069
估价：50,000—100,000
成交价：322,000

2010年产五星牌黄永玉十二生肖珍藏版贵州茅台酒

53%vol　12瓶/500ml（原箱）
北京荣宝　02/12　lot 2223
估价：350,000—370,000
成交价：414,000

2010年产中央政府驻澳门联络办专用原箱贵州茅台酒

53%vol　12瓶/500ml
华艺国际（北京）　03/06　lot 3314
估价：300,000—350,000
成交价：460,000

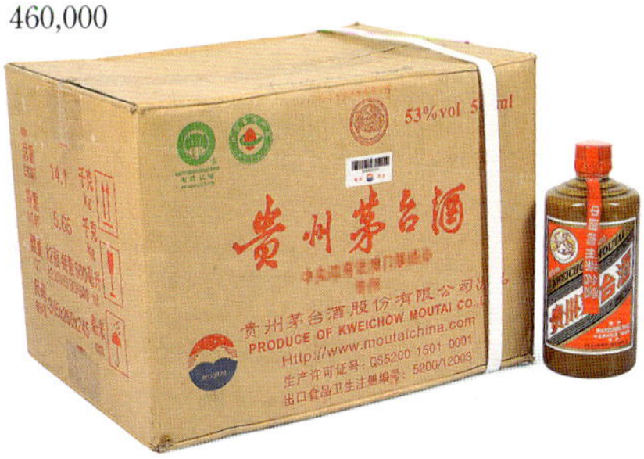

2010年产飞天牌警卫局铁盖贵州茅台酒

53%vol　12瓶/500ml（原箱）
北京荣宝　19/06　lot 3085
估价：680,000—850,000
成交价：920,000

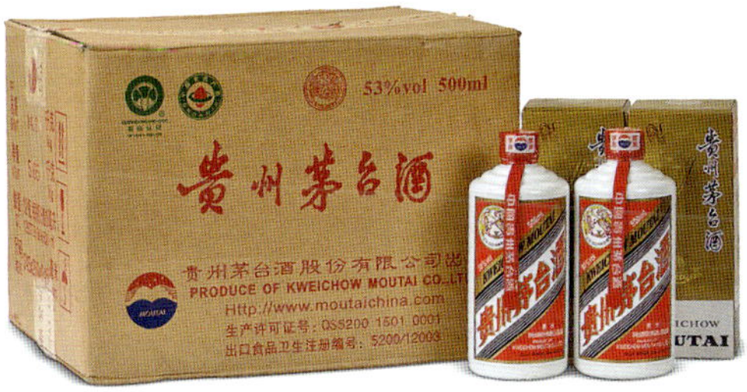

2010年产黄永玉十二生肖珍藏版贵州茅台酒

53%vol　12瓶/500ml
华艺国际（北京）　11/12　lot 3566
估价：250,000—350,000
成交价：448,500

2009—2011年产贵州茅台酒

53%vol　24瓶/1000ml
华艺国际（北京）　03/06　lot 3266
估价：240,000—300,000
成交价：362,250

2011年产原箱贵州茅台酒

53%vol　24瓶/500ml
永乐拍卖（北京）　22/05　lot 3703
估价：150,000—168,000
成交价：184,000

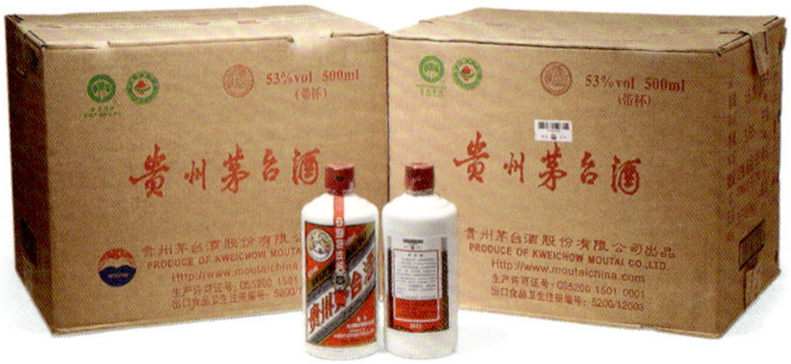

2011年产原箱贵州茅台酒

53%vol　12瓶/500ml
永乐拍卖（北京）　03/12　lot 7090
估价：199,000—216,000
成交价：178,250

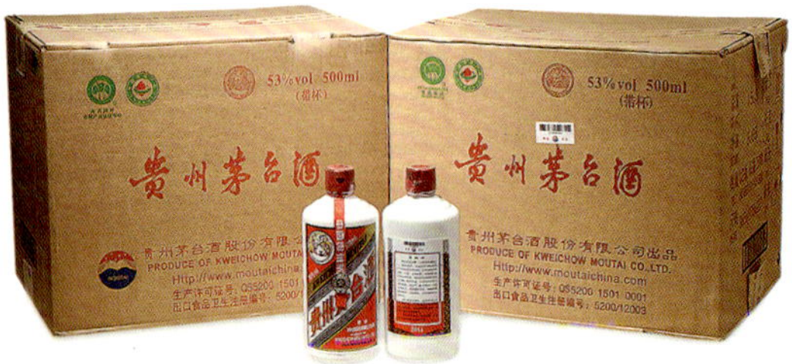

2011年产贵州茅台酒

53%vol　12瓶/500ml
永乐拍卖（北京）　03/12　lot 7073
估价：75,000—90,000
成交价：74,750

2011年产原箱贵州茅台酒

53%vol　24瓶/500ml
北京保利　07/06　lot 15081
估价：215,000—216,000
成交价：247,250

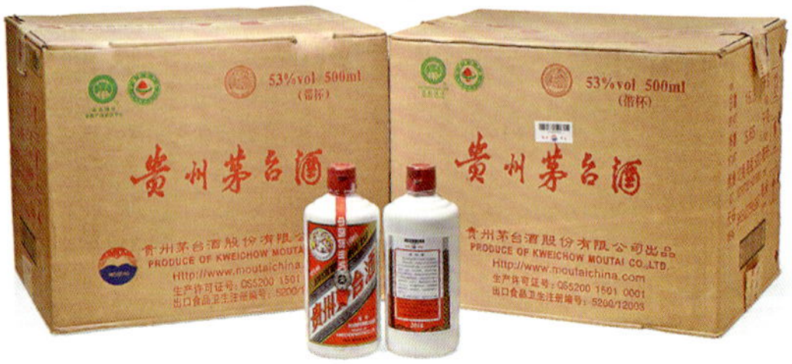

2011年产原箱贵州茅台酒

53%vol　24瓶/500ml
北京保利　05/12　lot 7081
估价：155,000—168,000
成交价：178,250

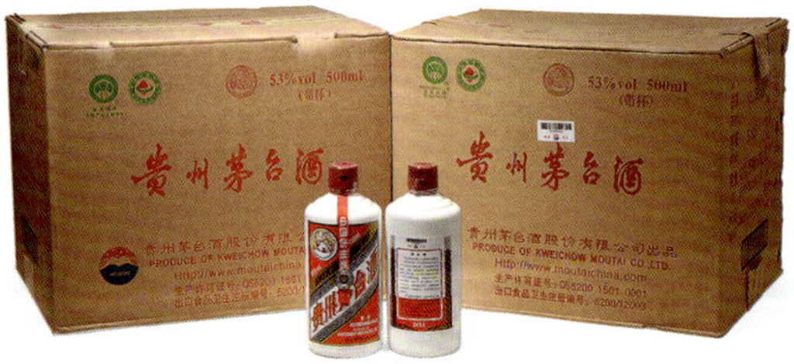

2011年产飞天牌贵州茅台酒

53%vol　6瓶/500ml（原盒）
北京荣宝　19/06 lot 3002
估价：30,000—60,000
成交价：34,500

2011年产贵州茅台酒

53%vol　12瓶/500ml
永乐拍卖（北京）　22/05 lot 3671
估价：65,000—75,000
成交价：74,750

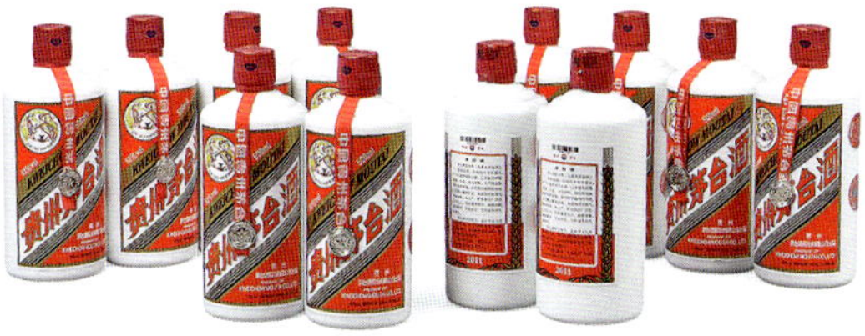

2011年产中国电信定制原箱贵州茅台酒

53%vol　12瓶/500ml
华艺国际（北京）　03/06 lot 3318
估价：80,000—100,000
成交价：92,000

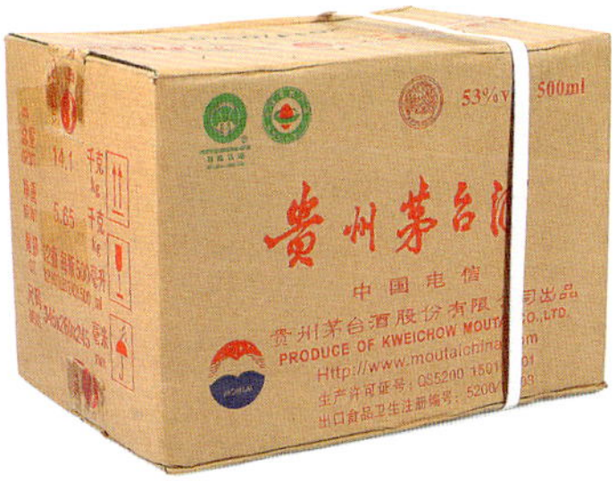

2011年产原箱贵州茅台酒

53%vol　12瓶/900ml
华艺国际（北京）　11/12 lot 3553
估价：140,000—170,000
成交价：161,000

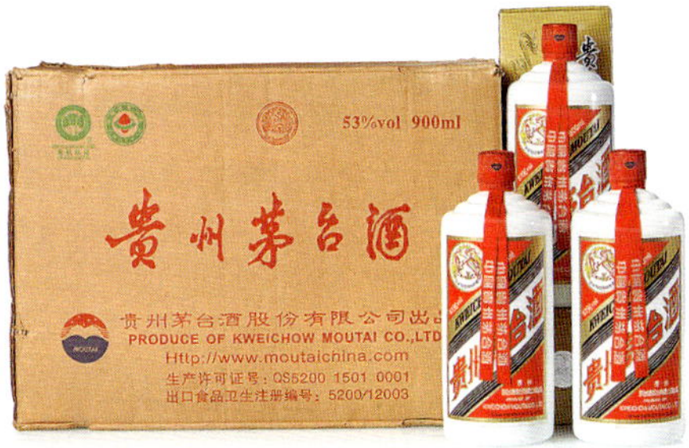

2011年产原箱贵州茅台酒

53%vol　12瓶/1000ml
华艺国际（北京）　03/06 lot 3269
估价：130,000—180,000
成交价：184,000

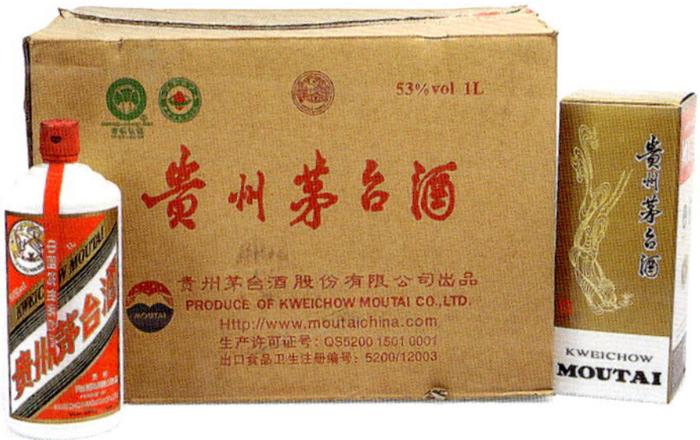

2011年产原箱贵州茅台酒

53%vol　24瓶/500ml
华艺国际（北京）　11/12 lot 3593
估价：110,000—130,000
成交价：149,500

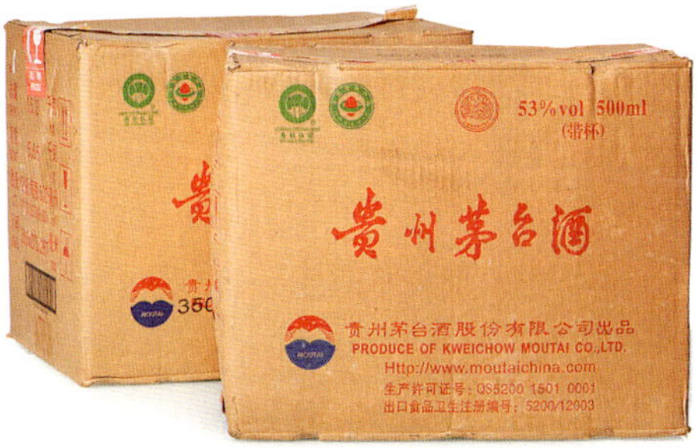

2011年产陈年80年贵州茅台酒

53%vol　1瓶/500ml
北京保利　05/12　lot 7031
估价：360,000—380,000
成交价：414,000

2011年产光辉历程贵州茅台酒

53%vol　8瓶/500ml
西泠印社　23/07　lot 0771
估价：160,000—200,000
成交价：184,000

2011年产黄永玉铜版十二生肖珍藏版贵州茅台酒

53%vol　12瓶/500ml
华艺国际（北京）　03/06　lot 3321
估价：180,000—250,000
成交价：253,000

2011年产光辉历程贵州茅台酒

53%vol　4瓶/500ml
西泠印社　14/01　lot 0064
估价：38,000—60,000
成交价：43,700

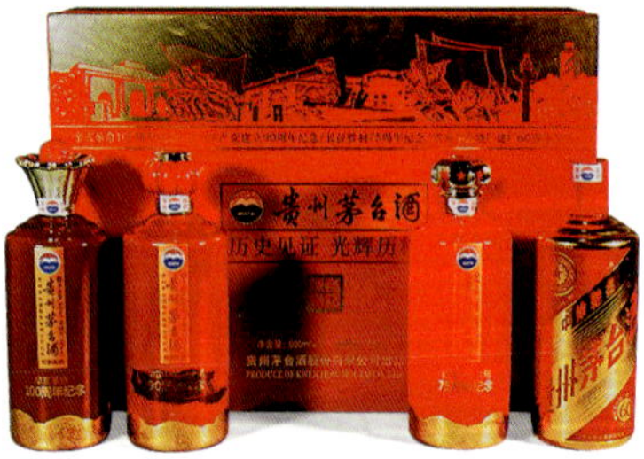

2011年产盛世帝都贵州茅台酒

53%vol　4瓶/500ml（1箱×4瓶）
中国嘉德　18/05　lot 4099
估价：20,000—80,000
成交价：63,250

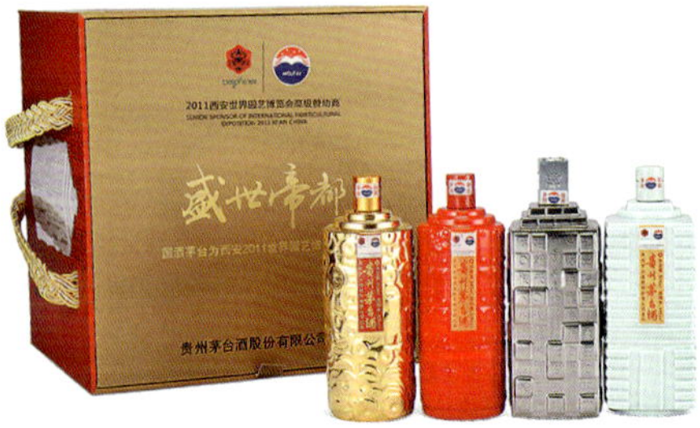

2011年产世博纪念原箱贵州茅台酒

53%vol　12瓶/500ml（2箱×6瓶）
中国嘉德　18/05　lot 4102
估价：100,000—180,000
成交价：195,500

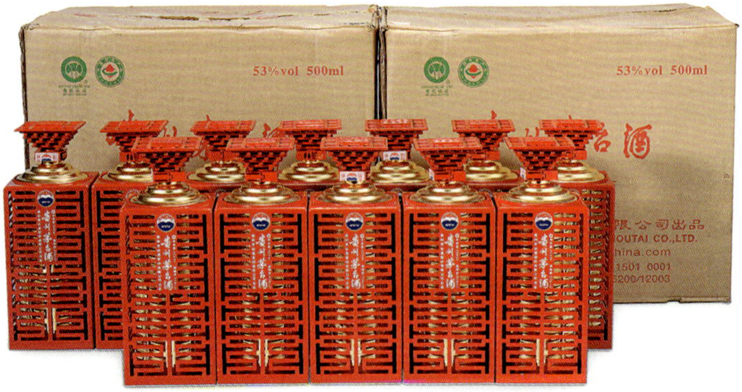

2011年产天下为公原箱贵州茅台酒

53%vol　1瓶/2500ml
中国嘉德　18/05　lot 4093
估价：80,000—150,000
成交价：109,250

2011年产金奖纪念原箱贵州茅台酒

53%vol　6瓶/500ml（原箱）
北京荣宝　19/06　lot 3132
估价：72,000—115,000
成交价：82,800

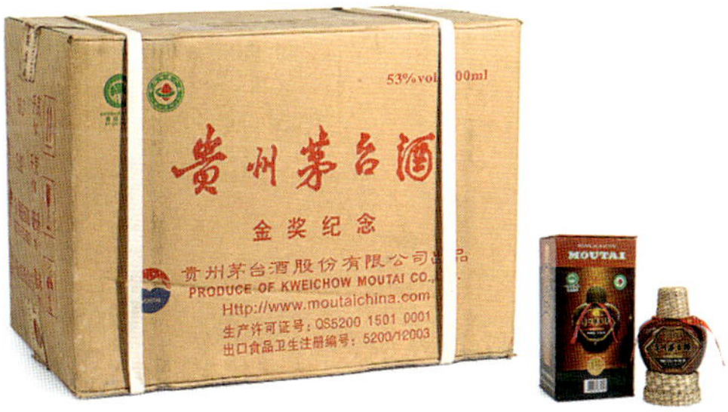

2011年产五星牌八一慰问军队专用贵州茅台酒

53%vol　6瓶/500ml（原箱）
北京荣宝　02/12　lot 2183
估价：45,000—56,000
成交价：51,750

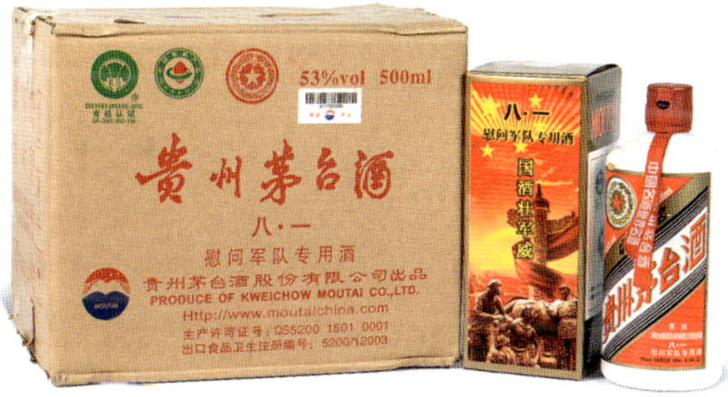

2011年产陈年30年贵州茅台酒

53%vol　30瓶/500ml
永乐拍卖（北京）　22/05　lot 3680
估价：615,000—660,000
成交价：707,250

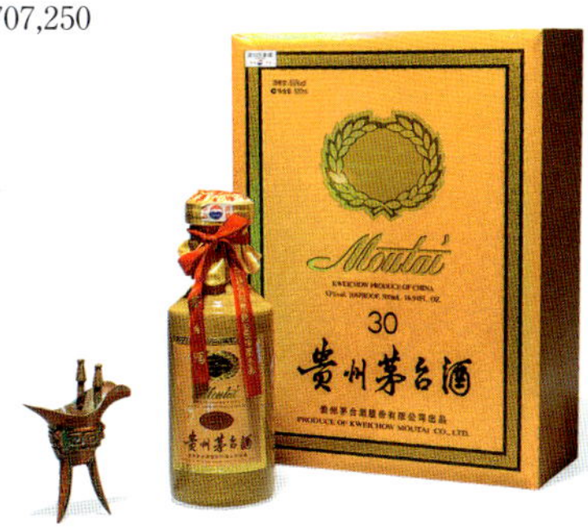

2011年产陈年30年贵州茅台酒

53%vol　30瓶/500ml
永乐拍卖（北京）　03/12　lot 7081
估价：616,000—660,000
成交价：345,000

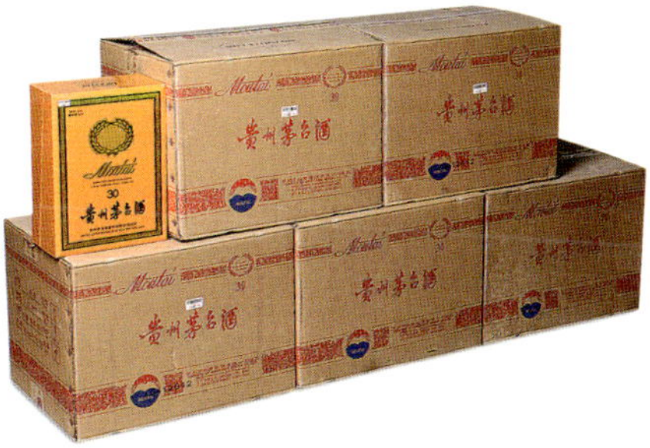

2011年产五星牌全国人大会议中心贵州茅台酒

53%vol　12瓶/560ml（原箱）
北京荣宝　02/12　lot 2200
估价：360,000—380,000
成交价：432,400

2011年产特殊陈酿原箱贵州茅台酒

53%vol　6瓶/500ml（1箱×6瓶）
中国嘉德 10/12 lot 4101
估价：50,000—150,000
成交价：126,500

2011年产暑期原箱贵州茅台酒

53%vol　12瓶/500ml（1箱×12瓶）
中国嘉德 18/05 lot 4070
估价：50,000—100,000
成交价：368,000

2011年产特殊原箱贵州茅台酒

53%vol　24瓶/500ml（2箱×12瓶）
中国嘉德 10/12 lot 4088
估价：200,000—500,000
成交价：391,000

2011年产陈酿贵州茅台酒

53%vol　1瓶/500ml
永乐拍卖（北京）　03/12　lot 7027
估价：15,000—20,000
成交价：29,900

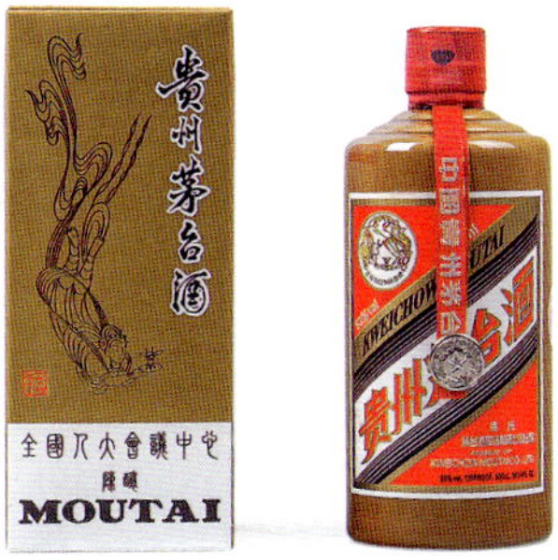

2011年产原封箱五星牌贵州茅台酒

53%vol　6瓶/560ml（原箱）
北京荣宝　19/06　lot 3117
估价：200,000—260,000
成交价：230,000

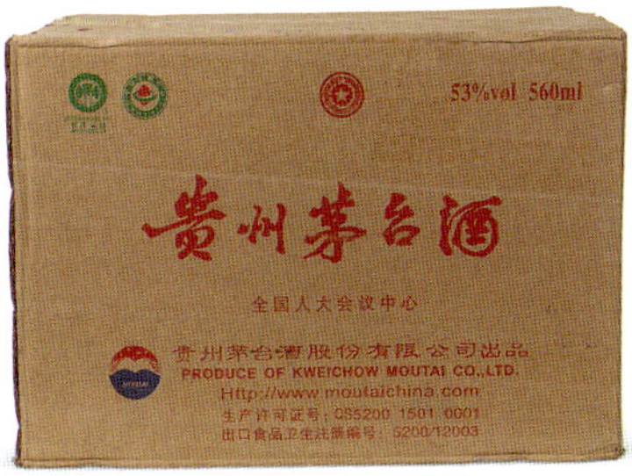

2011年产特殊陈酿原箱贵州茅台酒

53%vol　12瓶/500ml（2箱×6瓶）
中国嘉德　10/12　lot 4077
估价：200,000—400,000
成交价：552,000

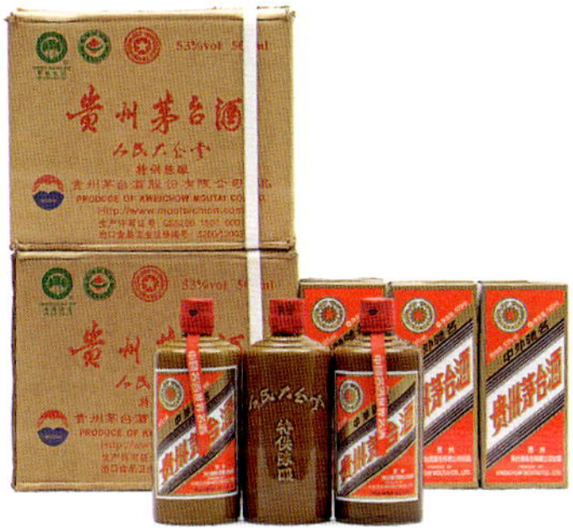

2011年产全国人大会议中心陈酿贵州茅台酒

53%vol　1瓶/500ml
永乐拍卖（北京）　22/05　lot 3620
估价：18,000—19,000
成交价：20,700

2011年产党校原箱贵州茅台酒

53%vol　12瓶/500ml
华艺国际（北京）　03/06　lot 3313
估价：320,000—400,000
成交价：529,000

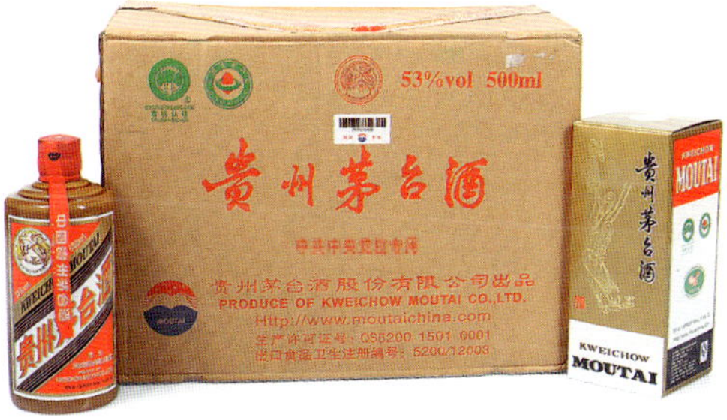

2011年产外交部驻澳门特别行政区特派员公署专用原箱贵州茅台酒

53%vol　12瓶/500ml
华艺国际（北京）　03/06　lot 3315
估价：400,000—500,000
成交价：460,000

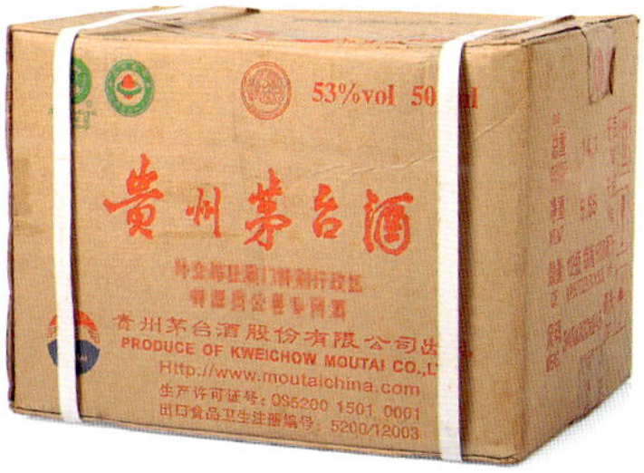

2012年产贵州茅台酒

53%vol　12瓶/500ml
永乐拍卖（北京）　03/12　lot 7074
估价：68,000—84,000
成交价：71,300

2012年产原箱贵州茅台酒

53%vol　12瓶/500ml
永乐拍卖（北京）　03/12　lot 7091
估价：175,000—192,000
成交价：178,250

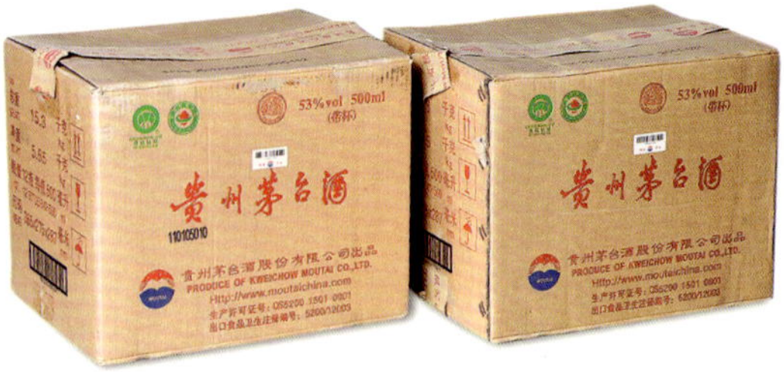

2012年产贵州茅台酒

53%vol　12瓶/500ml
永乐拍卖（北京）
22/05　lot 3672
估价：60,000—67,000
成交价：69,000

2012年产飞天牌贵州茅台酒

53%vol　60瓶/500ml（原箱）
北京荣宝　02/12　lot 2162
估价：310,000—330,000
成交价：368,000

2012年产原箱贵州茅台酒

53%vol　6瓶/1000ml

华艺国际（北京）　11/12　lot 3554

估价：60,000—80,000

成交价：92,000

2012年产陈年15年原箱贵州茅台酒

53%vol　12瓶/500ml

华艺国际（北京）　11/12　lot 3506

估价：80,000—120,000

成交价：138,000

2012年产敬献一代名将珍藏原箱贵州茅台酒

53%vol　20瓶/500ml

华艺国际（北京）　03/06　lot 3310

估价：200,000—250,000

成交价：379,500

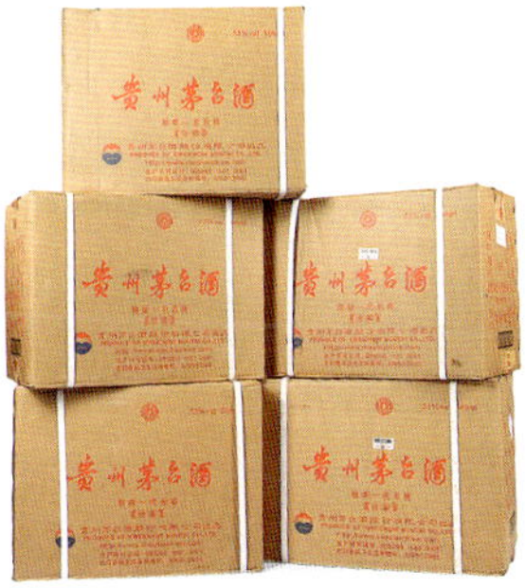

2012年产敬献一代名将珍藏原箱贵州茅台酒

53%vol　20瓶/500ml

华艺国际（北京）　11/12　lot 3563

估价：250,000—300,000

成交价：414,000

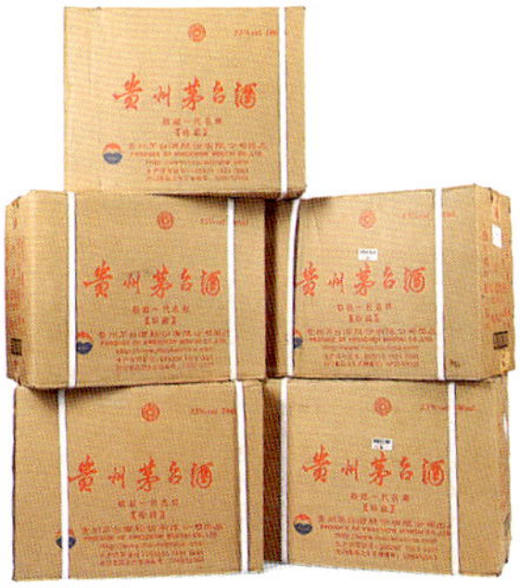

2012年产原箱贵州茅台酒

53%vol　12瓶/500ml

华艺国际（北京）　11/12　lot 3594

估价：50,000—70,000

成交价：74,750

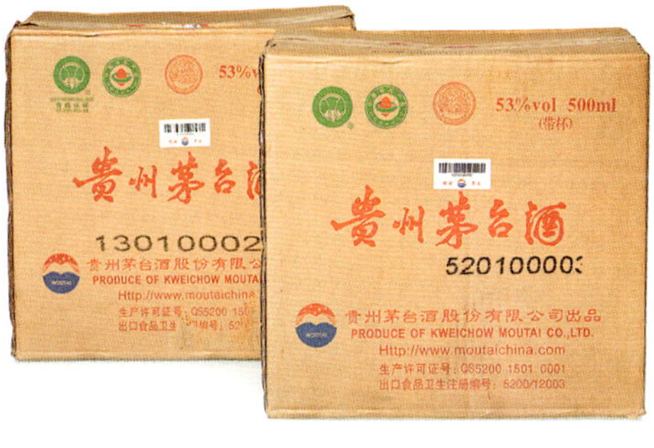

2012年产原箱贵州茅台酒

53%vol　24瓶/500ml

华艺国际（北京）　11/12　lot 3595

估价：100,000—120,000

成交价：155,250

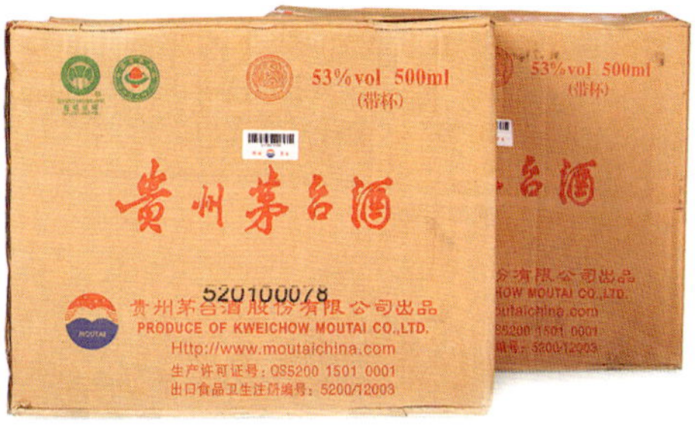

2012年产敬献一代名将珍藏原箱贵州茅台酒

53%vol　8瓶/500ml

华艺国际（北京）　30/03　lot 3296

估价：80,000—120,000

成交价：109,250

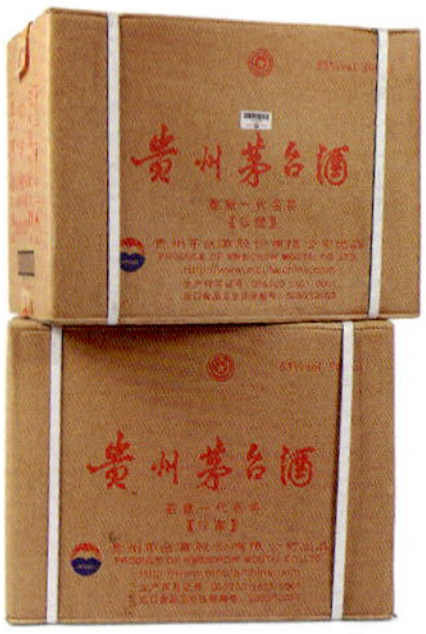

2012年产中国体育代表团铜牌原箱贵州茅台酒

53%vol　12瓶/500ml

永乐拍卖（北京）　22/05　lot 3686

估价：63,000—194,000

成交价：103,500

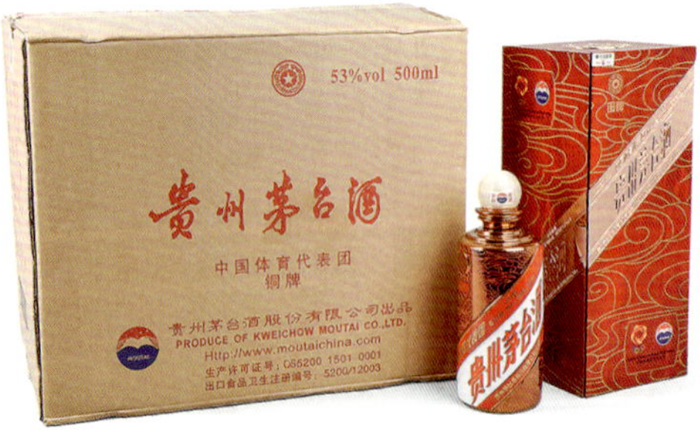

2012年产中国体育代表团银牌原箱贵州茅台酒

53%vol　6瓶/500ml

永乐拍卖（北京）　22/05　lot 3685

估价：150,000—248,000

成交价：212,750

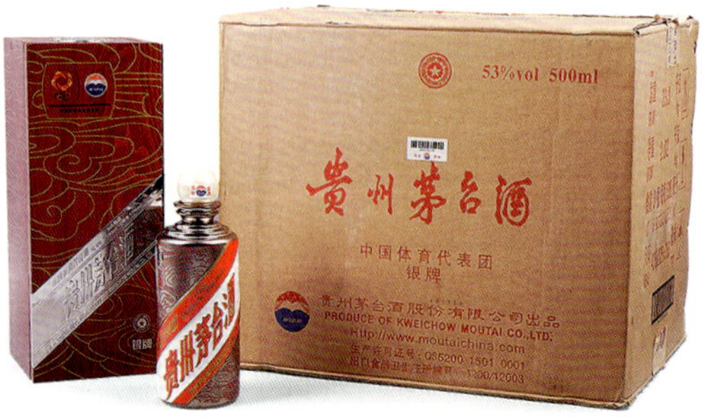

2012年产陈年15年贵州茅台酒（同日期、同批次）

53%vol　36瓶/500ml

北京荣宝　02/12　lot 2178

估价：300,000—350,000

成交价：368,000

2012年产成龙特制陈酿原箱贵州茅台酒

53%vol　14瓶/500ml（2箱×6瓶）

中国嘉德　10/12　lot 4120

估价：120,000—240,000

成交价：253,000

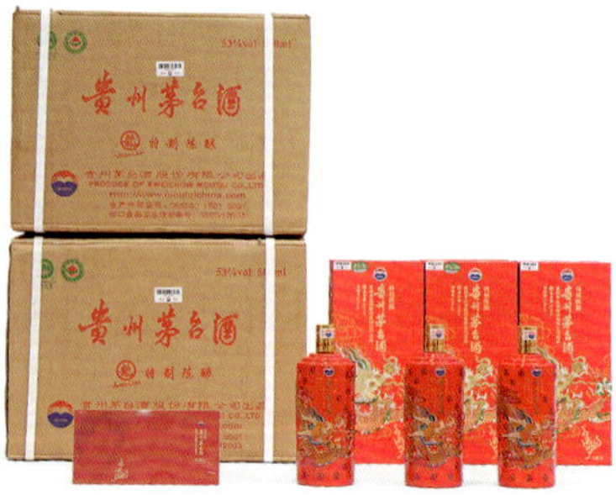

2012年产中国体育代表团银牌原箱贵州茅台酒

53%vol　6瓶/500ml

永乐拍卖（北京）　03/12　lot 7102

估价：150,000—396,000

成交价：172,500

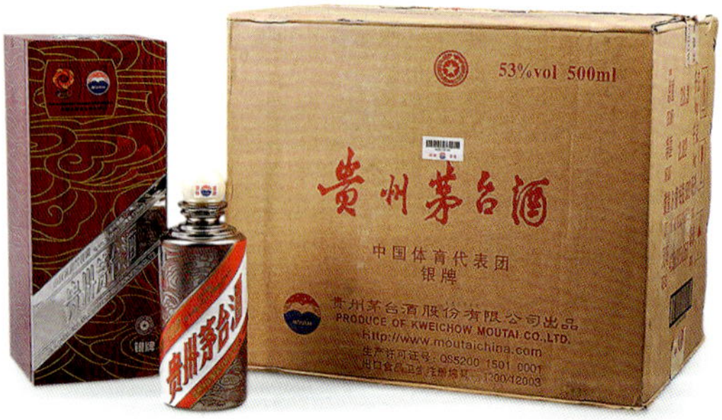

2012年产世纪经典贵州茅台酒

53%vol　1瓶/500ml

永乐拍卖（北京）　22/05　lot 3614

估价：8,000—9,000

成交价：10,350

2012年产庆功纪念贵州茅台酒

53%vol　4瓶/500ml

永乐拍卖（北京）　22/05　lot 3607

估价：140,000—190,000

成交价：184,000

2012年产十二生肖黄永玉金版贵州茅台酒

53%vol　12瓶/500ml（原箱）

北京荣宝　19/06　lot 3025

估价：200,000—350,000

成交价：287,500

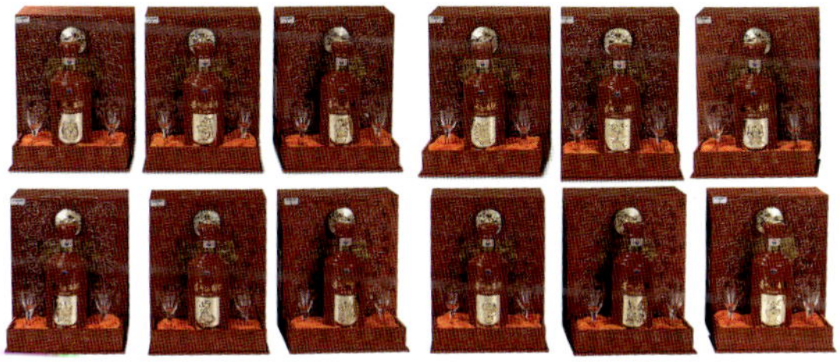

2012年产庆功纪念贵州茅台酒

53%vol　4瓶/500ml

永乐拍卖（北京）　03/12　lot 7014

估价：166,000—210,000

成交价：195,500

2012年产九龙墨宝陈年15年贵州茅台酒

53%vol　1瓶/999ml

西泠印社　23/07　lot 0770

估价：100,000—150,000

成交价：115,000

2012年产五星牌中国体育代表团金银铜牌庆功贵州茅台酒

53%vol　4瓶/500ml（原盒）

北京荣宝　19/06　lot 3101

估价：200,000—250,000

成交价：287,500

2012年产五星牌百年巨匠张大千陈年15年贵州茅台酒
53%vol　1瓶/500ml（原盒）
北京荣宝　19/06　lot 3114
估价：36,000—70,000
成交价：41,400

2012年产五星牌百年巨匠张大千陈年15年贵州茅台酒
53%vol　4瓶/500ml（1箱×4瓶）
中国嘉德　18/05　lot 4101
估价：30,000—120,000
成交价：172,500

2012年产纪念孔子原箱贵州茅台酒
53%vol　30瓶/500ml（5箱×6瓶）
中国嘉德　10/12　lot 4122
估价：60,000—120,000
成交价：207,000

2012年产飞天牌雕刻版文武财神贵州茅台酒
53%vol　2瓶/6000ml
中国嘉德　10/12　lot 4116
估价：80,000—150,000
成交价：172,500

2012年产世纪经典贵州茅台酒
53%vol　1瓶/500ml
北京保利　07/06　lot 15025
估价：6,000—10,000
成交价：6,900

2012年产世纪经典贵州茅台酒
53%vol　1瓶/500ml
永乐拍卖（北京）　03/12　lot 7023
估价：8,000—12,000
成交价：9,200

2012年产百年巨匠张大千陈年50年贵州茅台酒

53%vol 1瓶/500ml（原盒）
北京荣宝 19/06 lot 3113
估价：65,000—98,000
成交价：74,750

2012年产九龙墨宝陈年15年贵州茅台酒

53%vol 1瓶/999ml
西泠印社 14/01 lot 0057
估价：45,000—70,000
成交价：57,500

2012年产专供空军原箱贵州茅台酒

53%vol 12瓶/500ml
中贸圣佳 21/05 lot 9031
估价：80,000—150,000
成交价：215,050

2012年产八一慰问军队专用贵州茅台酒

53%vol 1瓶/500ml
永乐拍卖（北京） 03/12 lot 7029
估价：15,000—20,000
成交价：17,250

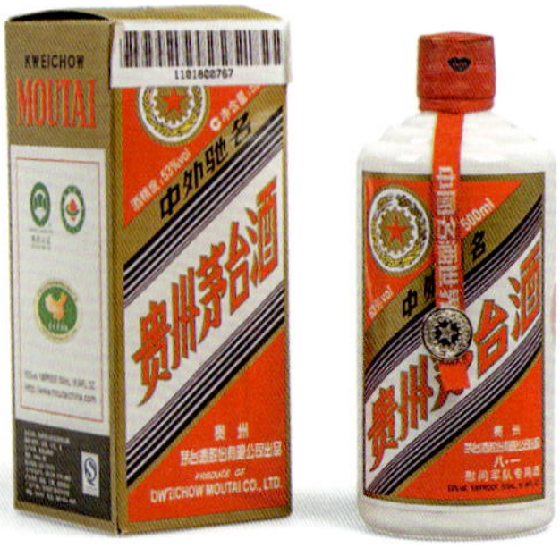

2012年产原全国人大会议中心陈酿贵州茅台酒

53%vol 1瓶/500ml
永乐拍卖（北京） 22/05 lot 3621
估价：18,000—19,000
成交价：25,300

2012年产陈酿原箱贵州茅台酒

53%vol 12瓶/500ml（2箱×6瓶）
中国嘉德 10/12 lot 4078
估价：200,000—400,000
成交价：368,000

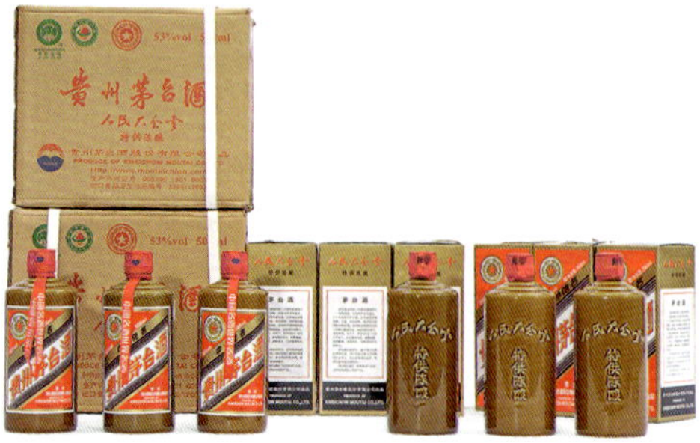

2012年产原八一慰问军队专用贵州茅台酒

53%vol 1瓶/500ml
永乐拍卖（北京） 22/05 lot 3625
估价：15,000—16,000
成交价：17,250

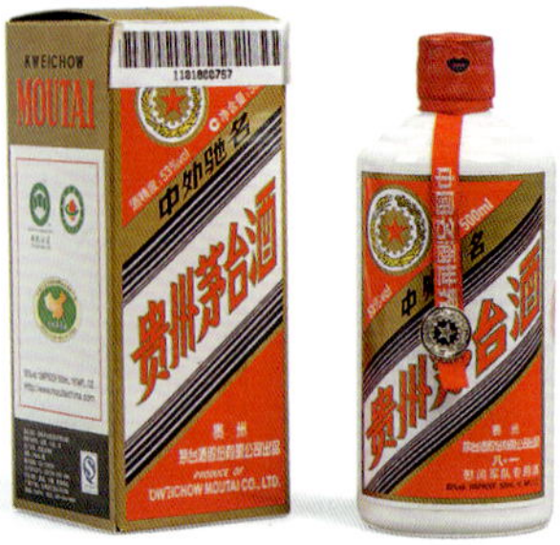

2012年产原全国人大会议中心陈酿贵州茅台酒

53%vol 1瓶/500ml
永乐拍卖（北京） 03/12 lot 7028
估价：15,000—20,000
成交价：32,200

2012年产国宴专用贵州茅台酒

53%vol 6瓶/500ml
西泠印社 23/07 lot 0787
估价：80,000—120,000
成交价：92,000

2012年产全国政协宴会原箱贵州茅台酒

53%vol　6瓶/500ml
华艺国际（北京）　03/06　lot 3312
估价：180,000—250,000
成交价：281,750

2012年产飞天牌中央军委办公厅专用原箱贵州茅台酒

53%vol　6瓶/500ml（原箱）
北京荣宝　19/06　lot 3083
估价：180,000—230,000
成交价：218,500

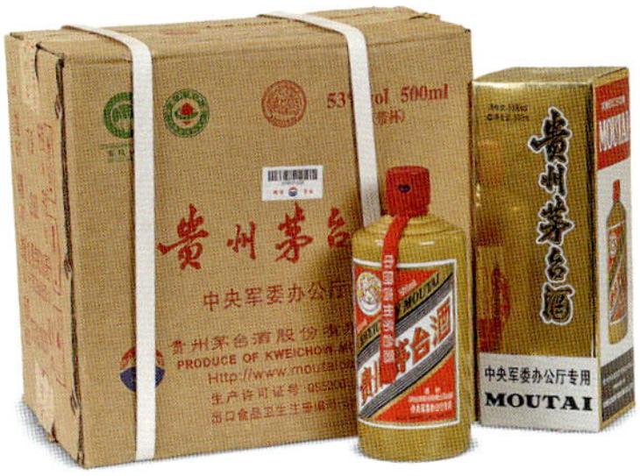

2012年产飞天牌专供广州军区贵州茅台酒

53%vol　12瓶/500ml（原箱）
北京荣宝　19/06　lot 3082
估价：130,000—180,000
成交价：149,500

2012年产飞天牌专供济南军区贵州茅台酒

53%vol　6瓶/500ml（原箱）
北京荣宝　19/06　lot 3081
估价：72,000—120,000
成交价：82,800

2012年产飞天牌专供广州军区贵州茅台酒

53%vol　12瓶/500ml（原箱）
北京荣宝　02/12　lot 2185
估价：120,000—130,000
成交价：138,000

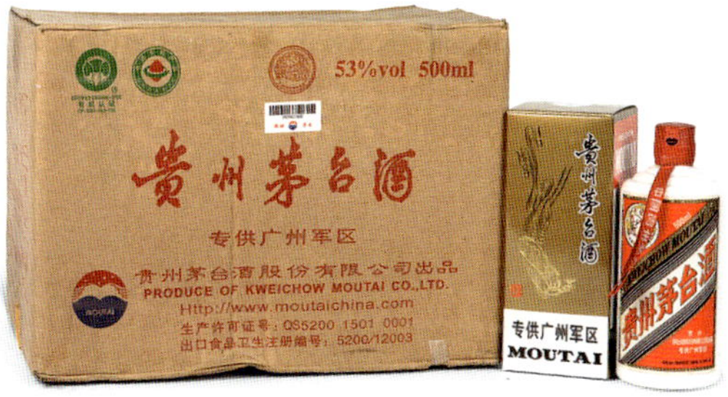

2012年产陈酿原箱贵州茅台酒

53%vol　12瓶/500ml（2箱×6瓶）
中国嘉德　18/05　lot 4053
估价：100,000—200,000
成交价：862,500

珍藏版贵州茅台酒

53%vol 9瓶/500ml

永乐拍卖（北京） 03/12 lot 7017

估价：155,000—180,000

成交价：178,250

2013年产贵州茅台酒

53%vol 12瓶/500ml

永乐拍卖（北京） 03/12 lot 7075

估价：62,000—78,000

成交价：70,150

2013年产贵州茅台酒

53%vol 12瓶/500ml

北京保利 05/12 lot 7068

估价：60,000—78,000

成交价：69,000

2013年产原箱贵州茅台酒

53%vol 24瓶/500ml

永乐拍卖（北京） 22/05 lot 3704

估价：132,000—144,000

成交价：151,800

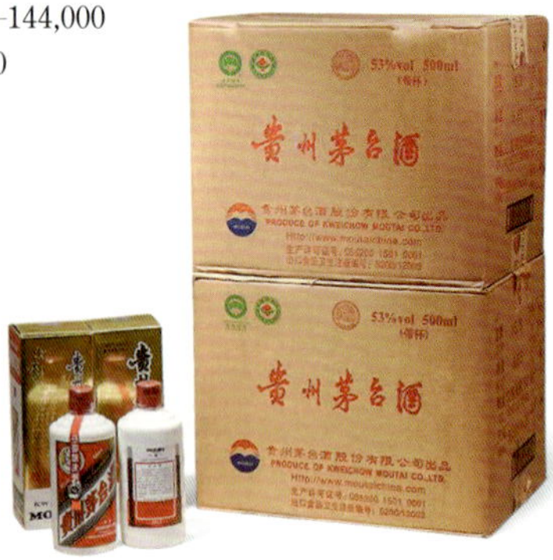

2013年产贵州茅台酒

53%vol 12瓶/500ml

永乐拍卖（北京） 22/05 lot 3673

估价：57,000—65,000

成交价：65,550

2013年产贵州茅台酒

53%vol 12瓶/500ml

北京保利 07/06 lot 15084

估价：67,000—78,000

成交价：77,050

2013年产原箱贵州茅台酒

53%vol　12瓶/500ml

永乐拍卖（北京）　03/12　lot 7092

估价：150,000—168,000

成交价：172,500

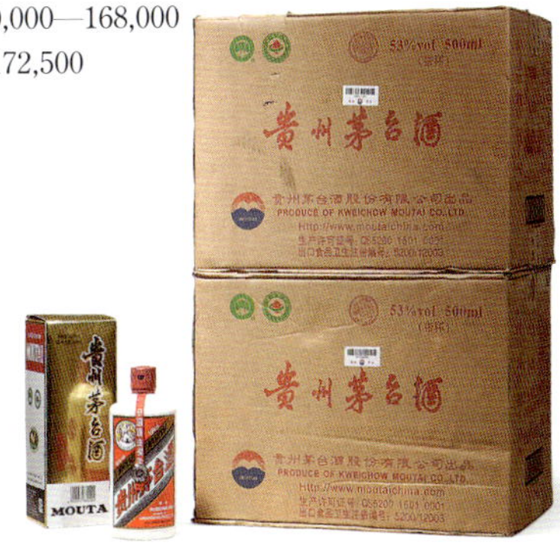

2013年产红贵宾贵州茅台酒

53%vol　12瓶/500ml

西泠印社　23/07　lot 0822

估价：150,000—200,000

成交价：172,500

2013年产红贵宾贵州茅台酒

53%vol　30瓶/500ml

西泠印社　23/07　lot 0823

估价：350,000—450,000

成交价：402,500

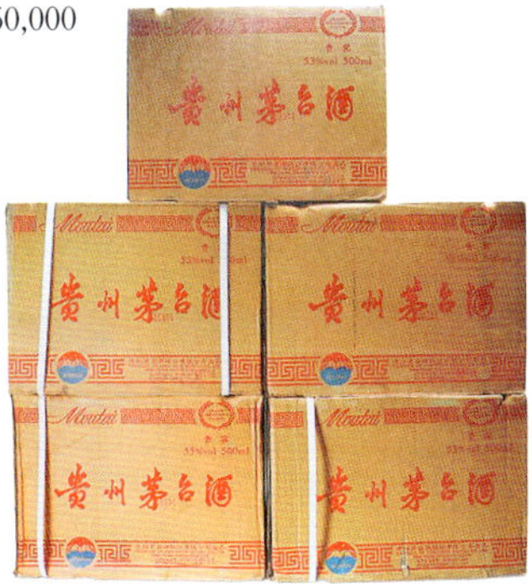

2013年产紫砂金龙珍品原箱贵州茅台酒

53%vol　6瓶/500ml

华艺国际（北京）　30/03　lot 3300

估价：55,000—80,000

成交价：63,250

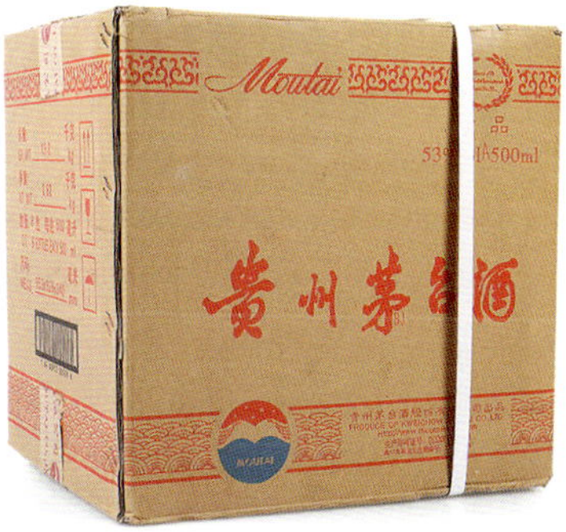

2013年产金奖百年原箱贵州茅台酒

53%vol　4瓶/500ml

华艺国际（北京）　30/03　lot 3301

估价：70,000—90,000

成交价：80,500

2013年产金奖百年原箱贵州茅台酒

53%vol　4瓶/500ml

华艺国际（北京）　03/06　lot 3302

估价：60,000—100,000

成交价：80,500

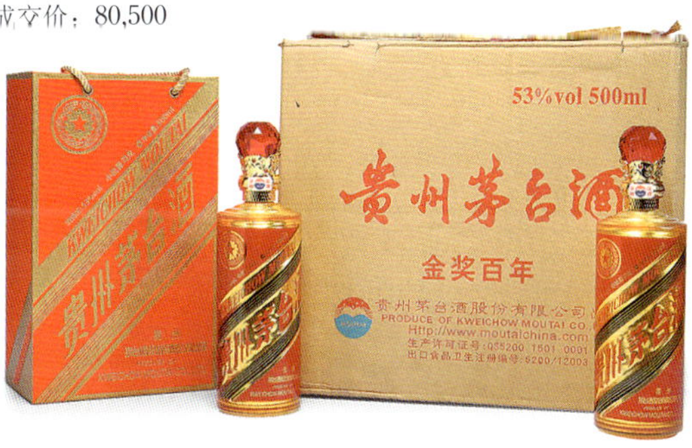

2013年产纪念人民领袖毛泽东诞辰120周年贵州茅台酒

53%vol　1瓶/500ml

北京保利　07/06　lot 15021

估价：30,000—36,000

成交价：34,500

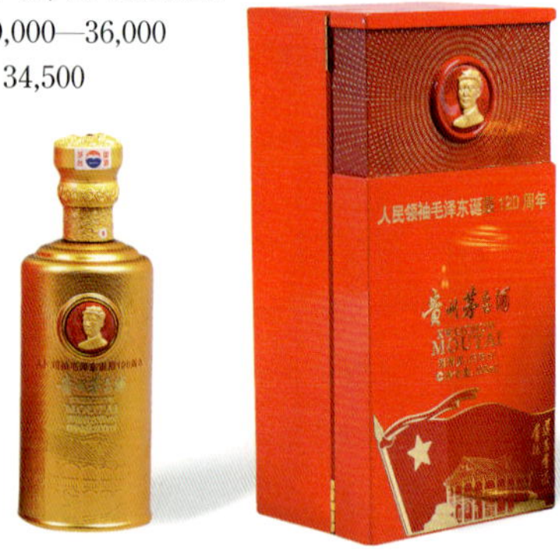

2013年产纪念人民领袖毛泽东诞辰120周年贵州茅台酒

53%vol　1瓶/500ml

北京保利　07/06　lot 15022

估价：30,000—36,000

成交价：43,700

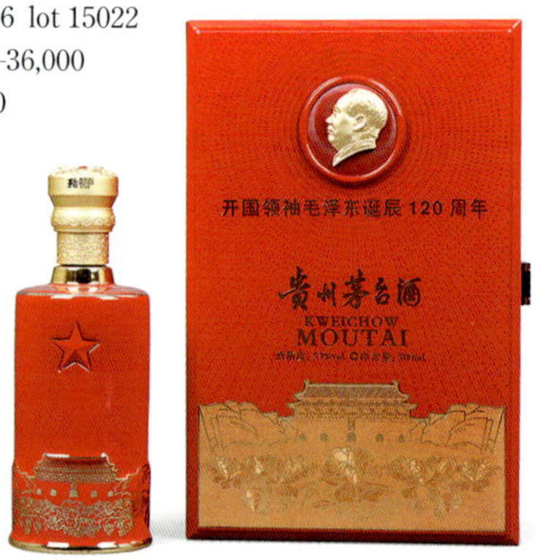

2013年产陈年80年贵州茅台酒

53%vol　1瓶/500ml

西泠印社　23/07　lot 0812

估价：220,000—300,000

成交价：322,000

2013年产南京总统府贵州茅台酒

53%vol　1瓶/2500ml

中国嘉德　10/12　lot 4117

估价：50,000—100,000

成交价：149,500

2013年产红贵宾原箱贵州茅台酒

53%vol　6瓶/500ml

西泠印社　14/01　lot 0095

估价：50,000—80,000

成交价：57,500

2013年产陈年15年原箱贵州茅台酒

53%vol　6瓶/500ml

华艺国际（北京）　11/12　lot 3507

估价：40,000—60,000

成交价：66,700

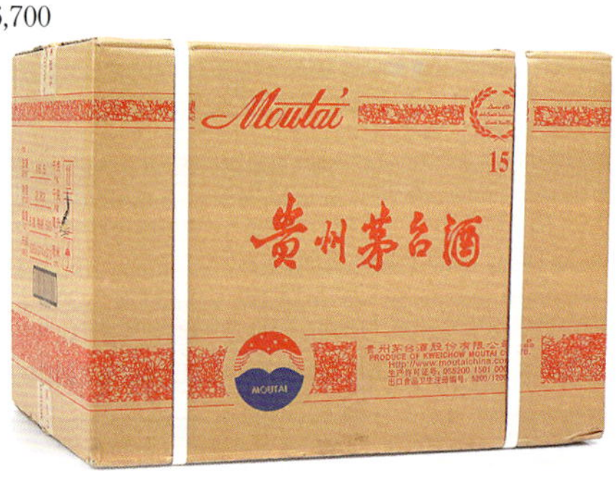

2013年产精品原箱贵州茅台酒

53%vol　120瓶/500ml（20箱×6瓶）
中国嘉德　10/12　lot 4091
估价：600,000—1,500,000
成交价：1,667,500

2013年产中国国画大家珍藏版原箱贵州茅台酒

53%vol　36瓶/500ml（一套）
中国嘉德　18/05　lot 4113
估价：100,000—200,000
成交价：402,500

2013年产飞天牌贵州茅台酒

53%vol　60瓶/500ml（10箱×6瓶）
中国嘉德　10/12　lot 4107
估价：200,000—360,000
成交价：943,000

2013年产飞天牌国宴原箱贵州茅台酒

53%vol　12瓶/500ml
中贸圣佳　21/05　lot 9075
估价：200,000—250,000
成交价：276,000

2013年产特殊陈酿原箱贵州茅台酒

53%vol　12瓶/500ml（2箱×6瓶）
中国嘉德　10/12　lot 4079
估价：150,000—350,000
成交价：368,000

2013年产飞天牌国宴原箱贵州茅台酒

53%vol　8瓶/500ml
中贸圣佳　21/05　lot 9059
估价：100,000—150,000
成交价：178,250

2013年产飞天牌国宴原箱贵州茅台酒

53%vol　12瓶/500ml

北京保利　07/06　lot 15031

估价：175,000—192,000

成交价：235,750

2013年产精品原箱贵州茅台酒

53%vol　12瓶/500ml

北京保利　07/06　lot 15030

估价：135,000—144,000

成交价：166,750

2013年产特殊陈酿原箱贵州茅台酒

53%vol　12瓶/500ml（2箱×6瓶）

中国嘉德　10/12　lot 4102

估价：100,000—300,000

成交价：264,500

2013年产人民大会堂陈酿原箱贵州茅台酒

53%vol　24瓶/500ml

中贸圣佳　21/05　lot 9078

估价：500,000—550,000

成交价：862,500

2013年产飞天牌国宴原箱贵州茅台酒

53%vol　12瓶/500ml
永乐拍卖（北京）　22/05　lot 3687
估价：150,000—168,000
成交价：201,250

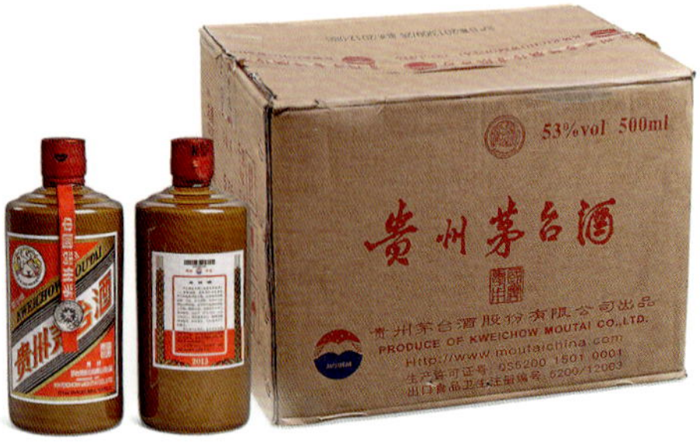

2013年产飞天牌沈阳军区贵州茅台酒

53%vol　6瓶/500ml（原箱）
北京荣宝　02/12　lot 2184
估价：66,000—78,000
成交价：75,900

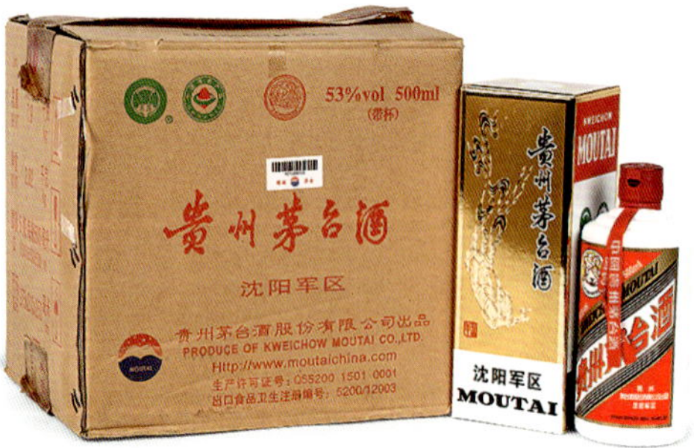

2013年产精品原箱贵州茅台酒

53%vol　12瓶/500ml
北京保利　05/12　lot 7089
估价：129,000—144,000
成交价：148,350

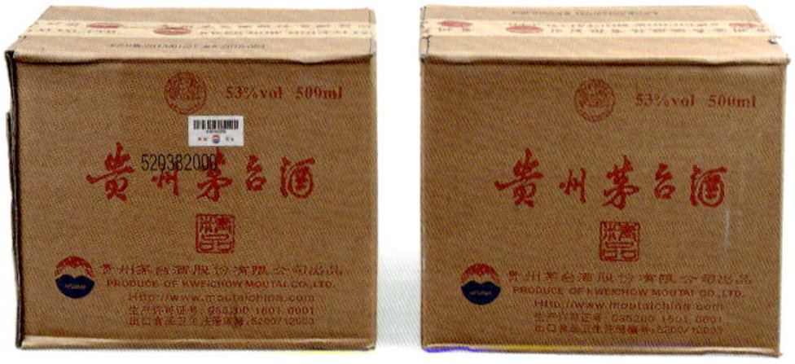

2013年产精品原箱贵州茅台酒

53%vol　12瓶/500ml
华艺国际（北京）　03/06　lot 3303
估价：120,000—150,000
成交价：166,750

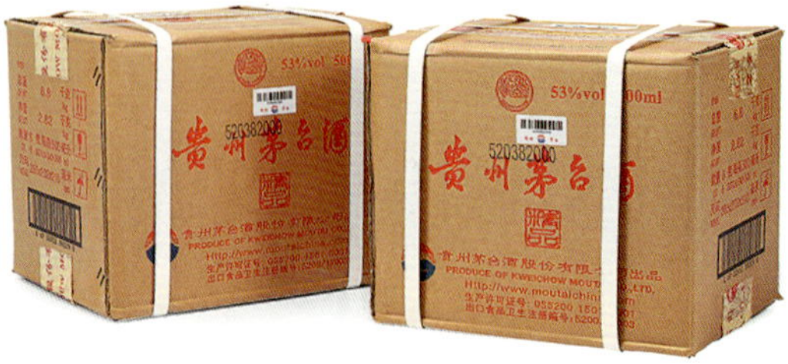

2013年产飞天牌国宴原箱贵州茅台酒

53%vol　6瓶/500ml
北京荣宝　02/12　lot 2201
估价：98,000—110,000
成交价：112,700

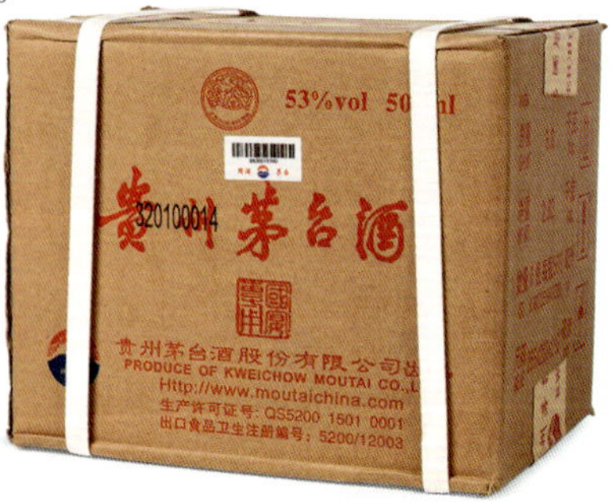

2013年产五星牌八一特供陈酿原箱贵州茅台酒

53%vol　24瓶/500ml
北京荣宝　02/12　lot 2182
估价：460,000—475,000
成交价：540,500

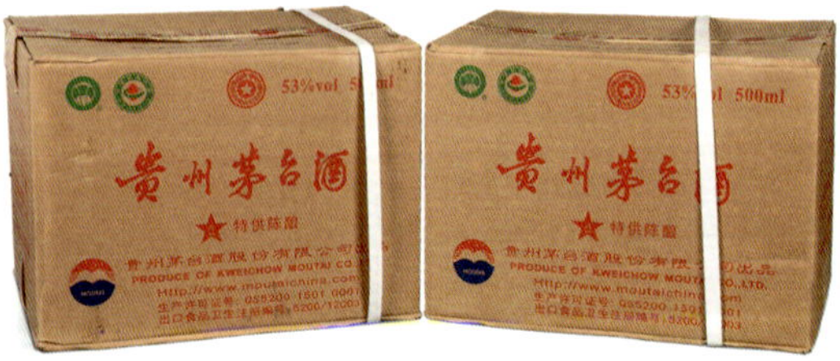

2013年产酱瓶原箱贵州茅台酒

53%vol　12瓶/500ml

永乐拍卖（北京）　03/12　lot 7104

估价：186,000—216,000

成交价：213,900

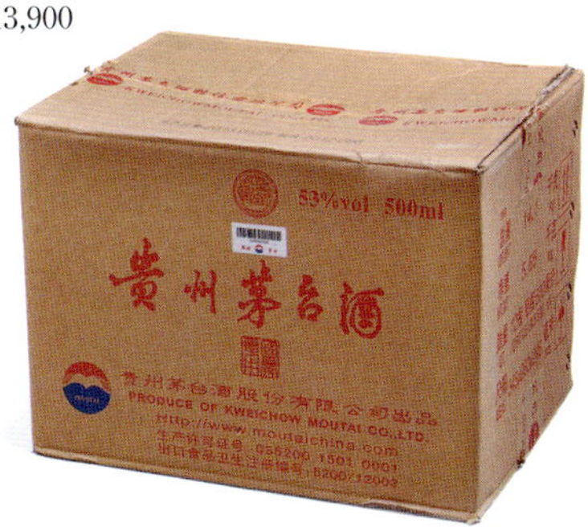

2013年产酱瓶原箱贵州茅台酒

53%vol　12瓶/500ml

北京保利　05/12　lot 7090

估价：192,000—198,000

成交价：223,100

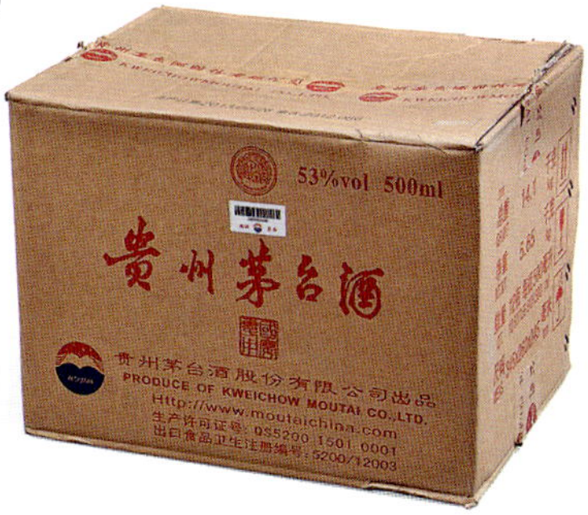

2013年产五星牌八一特供陈酿原箱贵州茅台酒

53%vol　12瓶/500ml

华艺国际（北京）　03/06　lot 3311

估价：250,000—300,000

成交价：368,000

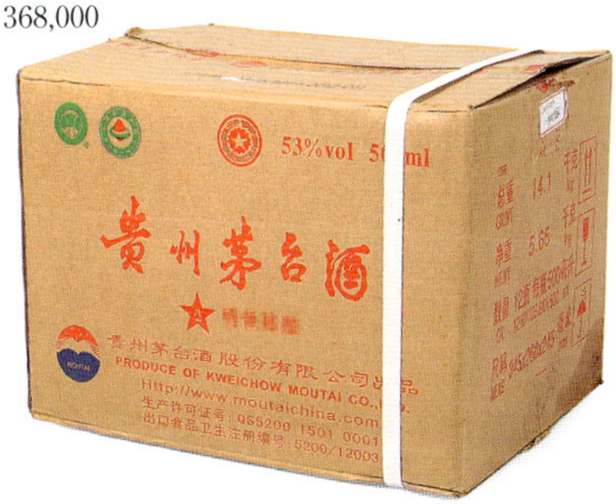

2013年产飞天牌国宴原箱贵州茅台酒

53%vol　12瓶/500ml

华艺国际（北京）　03/06　lot 3306

估价：180,000—220,000

成交价：253,000

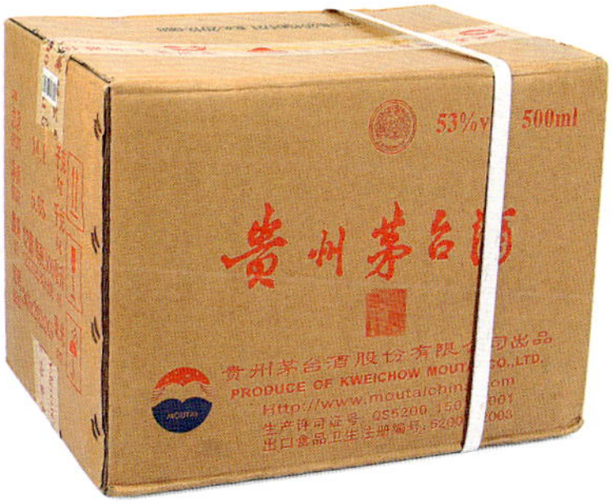

2013年产飞天牌国宴原箱贵州茅台酒

53%vol　18瓶/500ml

北京荣宝　02/12　lot 2202

估价：280,000—300,000

成交价：339,250

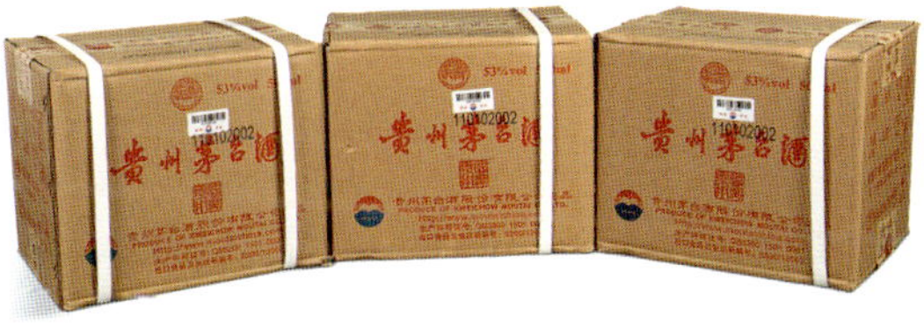

2013年产精品原箱贵州茅台酒

53%vol　120瓶/500ml

永乐拍卖（北京）　03/12　lot 7040

估价：1,250,000—1,440,000

成交价：1,437,500

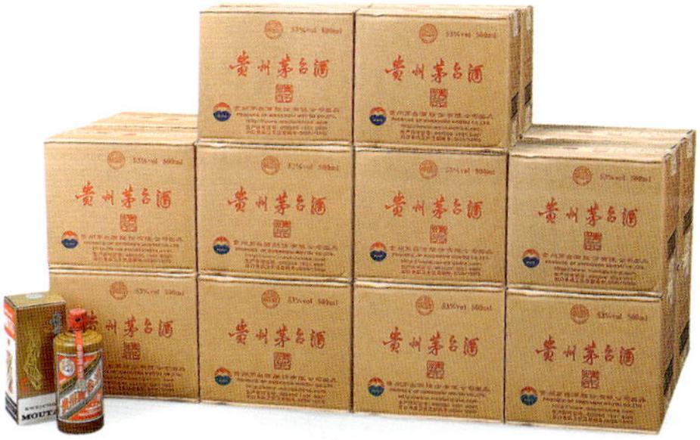

2013年产1680原箱贵州茅台酒

53%vol　6瓶/1680ml（2箱×3瓶）

中国嘉德　18/05　lot 4104

估价：100,000—200,000

成交价：161,000

2013年产飞天牌贵州茅台酒

53%vol　12瓶/500ml（原箱）

北京荣宝　19/06　lot 3123

估价：180,000—250,000

成交价：230,000

2013年产特别原箱贵州茅台酒

53%vol　48瓶/500ml（4箱×12瓶）

中国嘉德　18/05　lot 4063

估价：300,000—800,000

成交价：1,955,000

2013年产陈酿原箱贵州茅台酒

53%vol　12瓶/500ml（2箱×6瓶）

中国嘉德　18/05　lot 4054

估价：100,000—200,000

成交价：805,000

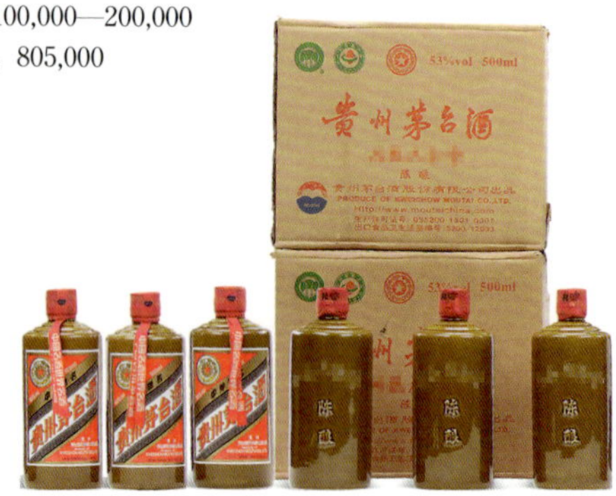

2013年产飞天牌贵州茅台酒

53%vol　6瓶/500ml（原箱）

北京荣宝　19/06　lot 3080

估价：75,000—100,000

成交价：86,250

2013年产特殊原箱贵州茅台酒

53%vol　6瓶/500ml

西泠印社　23/07　lot 0791

估价：100,000—150,000

成交价：115,000

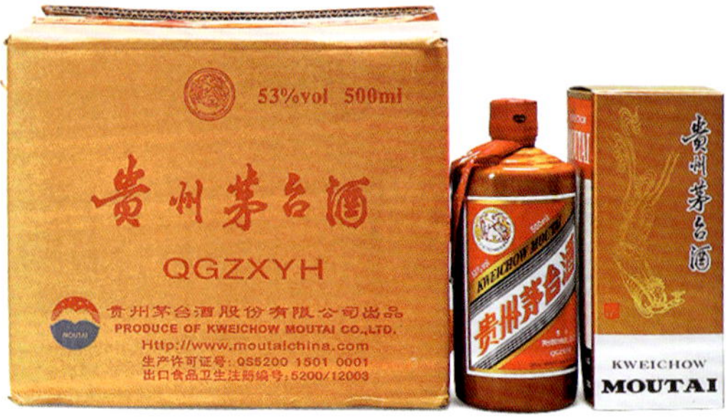

2013年产特殊原箱贵州茅台酒

53%vol 12瓶/500ml
西泠印社 23/07 lot 0792
估价：200,000—250,000
成交价：287,500

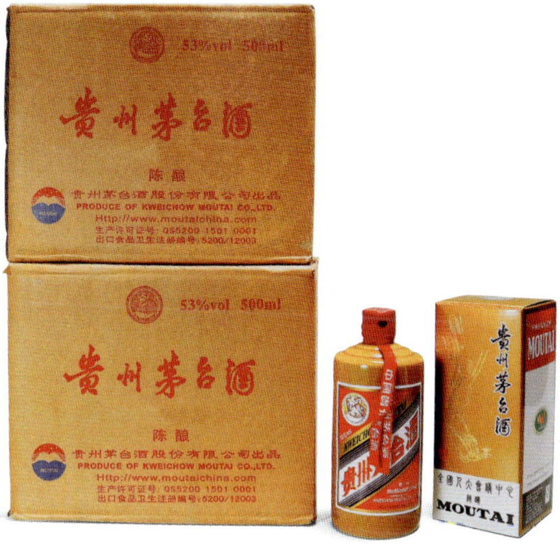

2013年产特殊原箱贵州茅台酒

53%vol 24瓶/500ml
西泠印社 23/07 lot 0793
估价：200,000—250,000
成交价：575,000

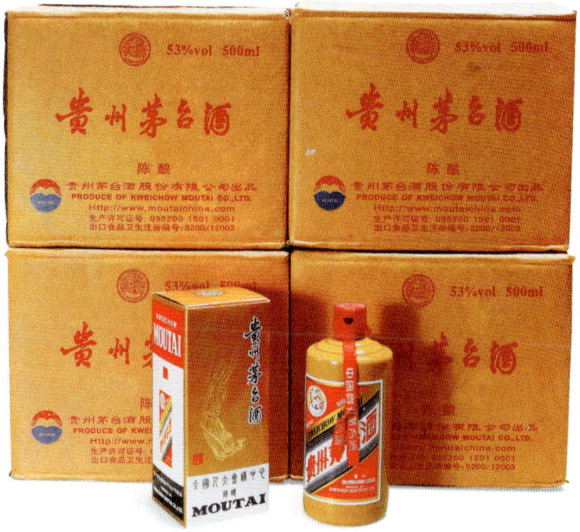

2013年产飞天牌国宴贵州茅台酒

53%vol 30瓶/500ml
北京荣宝 02/12 lot 2203
估价：470,000—490,000
成交价：552,000

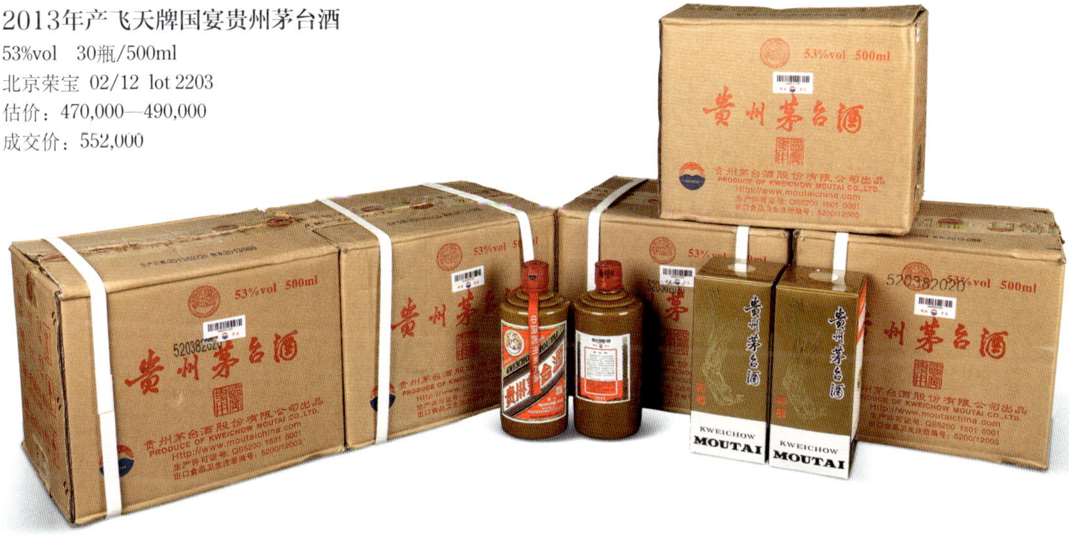

2013年产国宴原箱贵州茅台酒

53%vol 10箱/500ml

中贸圣佳 21/05 lot 9045

估价：800,000—1,200,000

成交价：1,345,500

2013年产国宴贵州茅台酒

53%vol 12瓶/500ml

中贸圣佳 21/05 lot 9060

估价：150,000—200,000

成交价：270,250

2009—2013年产三军珍藏
贵州茅台酒

53%vol 18瓶/500ml
西泠印社 14/01 lot 0061
估价：180,000—250,000
成交价：207,000

2013年产特殊原箱
贵州茅台酒

53%vol 24瓶/500ml
（2箱×12瓶）
中国嘉德 10/12 lot 4089
估价：200,000—500,000
成交价：368,000

2013年产特别原箱贵州茅台酒

53%vol 120瓶/500ml
（20箱×6瓶）
中国嘉德 18/05 lot 4064
估价：1,000,000—2,000,000
成交价：7,130,000

2013年产精品原箱贵州茅台酒

53%vol　600瓶/500ml

永乐拍卖（北京）　22/05 lot 3633

估价：6,220,000—7,200,000

成交价：7,153,000

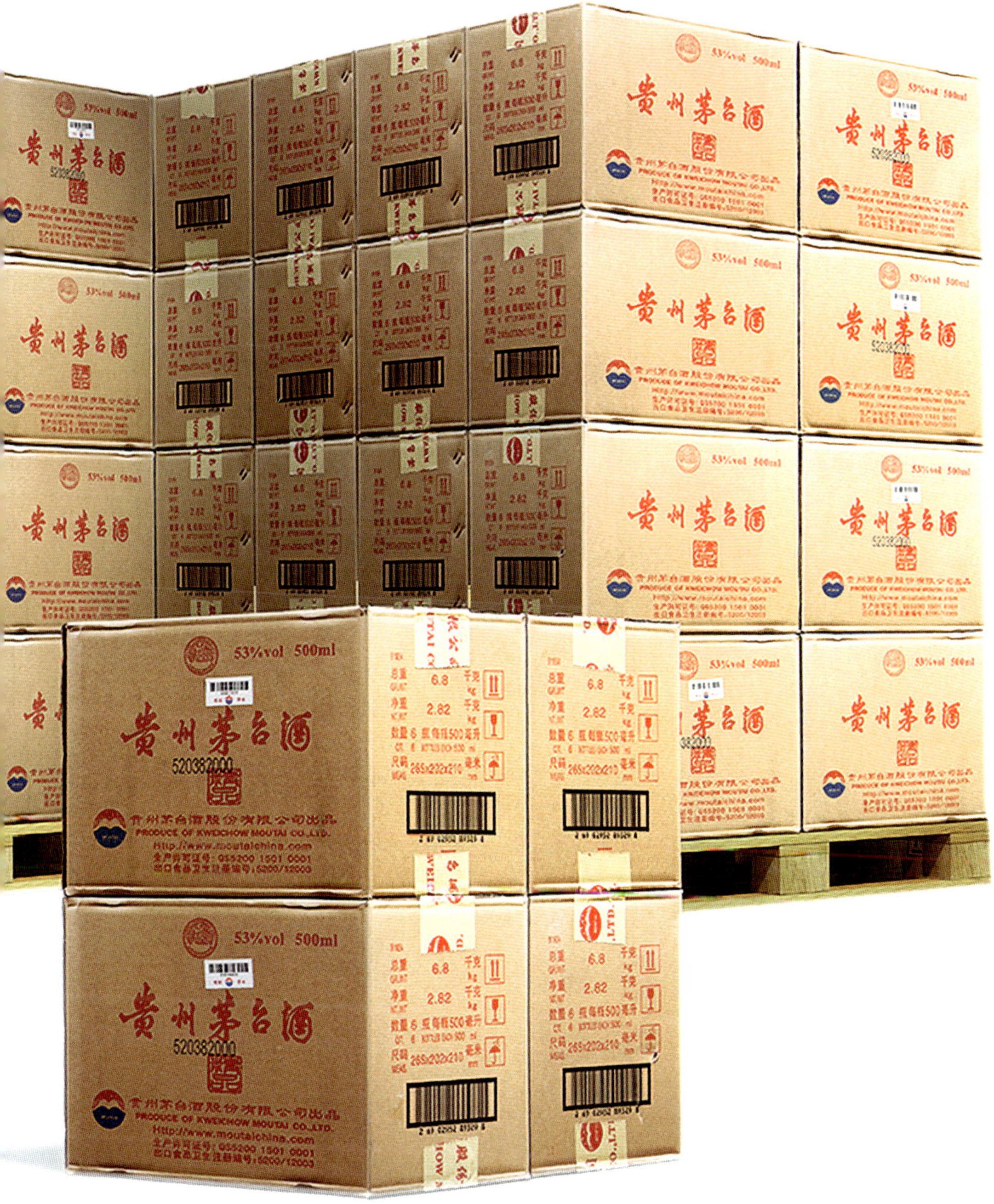
53%vol 500ml
贵州茅台酒
520382000
贵州茅台酒股份有限公司出品
PRODUCE OF KWEICHOW MOUTAI CO.,LTD.
http://www.moutaichina.com
总重 6.8 千克
净重 2.82 千克

2014年产贵州茅台酒

53%vol　12瓶/500ml
永乐拍卖（北京）
22/05 lot 3674
估价：54,000—60,000
成交价：66,700

2014年产贵州茅台酒

53%vol　12瓶/500ml
永乐拍卖（北京）
03/12 lot 7076
估价：59,000—72,000
成交价：66,700

2014年产贵州茅台酒

53%vol　12瓶/500ml
北京保利 05/12 lot 7069
估价：57,000—72,000
成交价：65,550

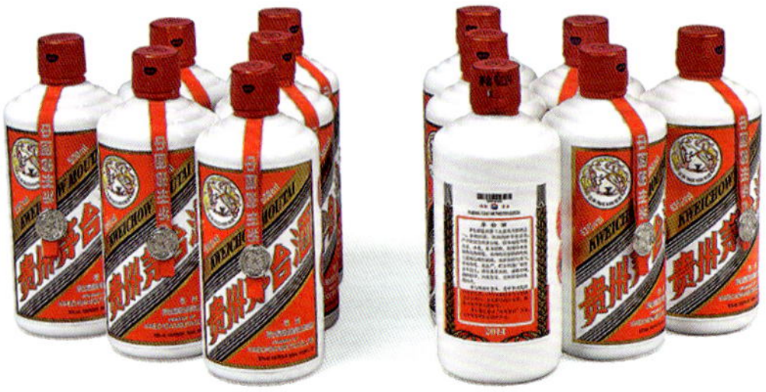

2014年产珍藏版圆梦中国贵州茅台酒

53%vol　2瓶/999ml（原箱）
北京荣宝 19/06 lot 3098
估价：68,000—80,000
成交价：78,200

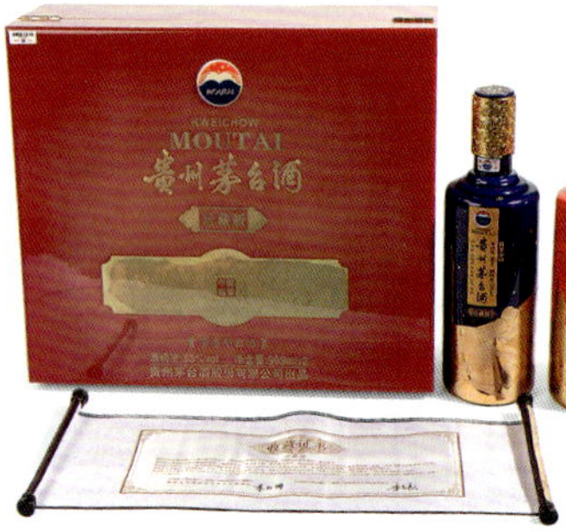

2014年产原箱贵州茅台酒

53%vol　30瓶/500ml
北京保利　07/06　lot 15086
估价：185,000—195,000
成交价：212,750

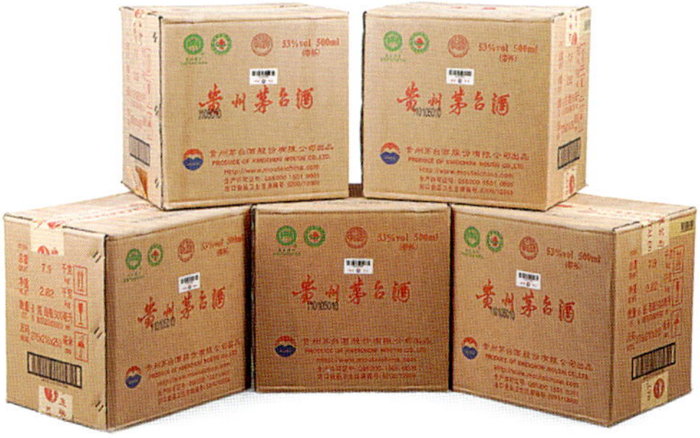

2014年产原箱贵州茅台酒

53%vol　30瓶/500ml
永乐拍卖（北京）　22/05　lot 3705
估价：152,000—165,000
成交价：174,800

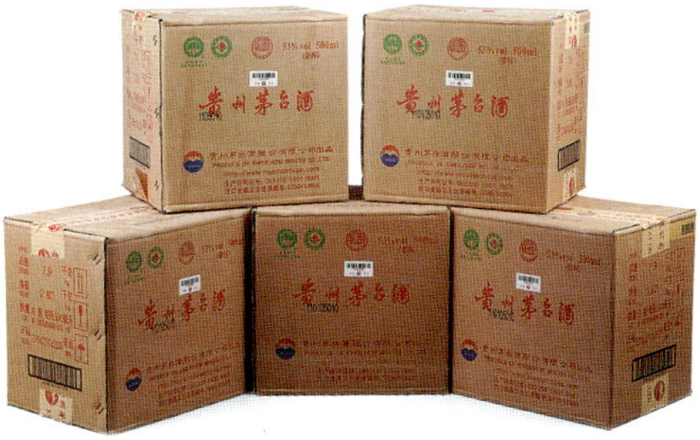

2014年产原箱贵州茅台酒

53%vol　30瓶/500ml
永乐拍卖（北京）　03/12　lot 7093
估价：137,000—156,000
成交价：155,250

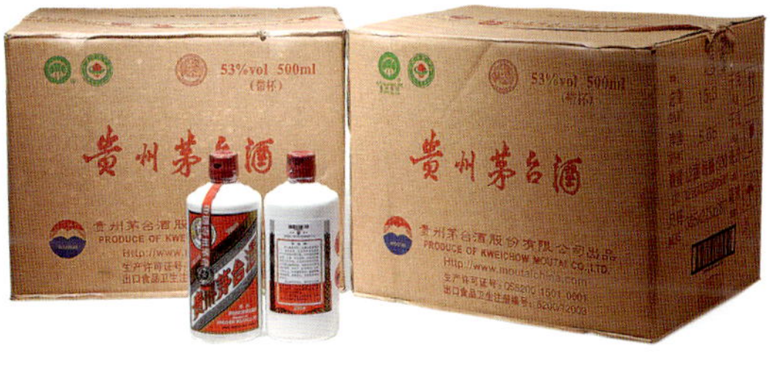

2014年产甲午马年原箱贵州茅台酒

53%vol　6瓶/500ml
永乐拍卖（北京）　22/05　lot 3688
估价：75,000—101,000
成交价：97,750

2014年产甲午马年原箱贵州茅台酒

53%vol　6瓶/500ml
北京保利　07/06　lot 15010
估价：80,000—120,000
成交价：115,000

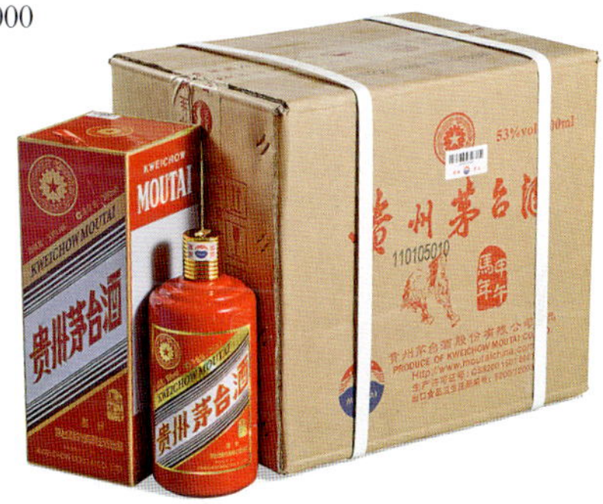

2014年产甲午马年原箱贵州茅台酒

53%vol　6瓶/500ml
永乐拍卖（北京）　03/12　lot 7108
估价：130,000—168,000
成交价：149,500

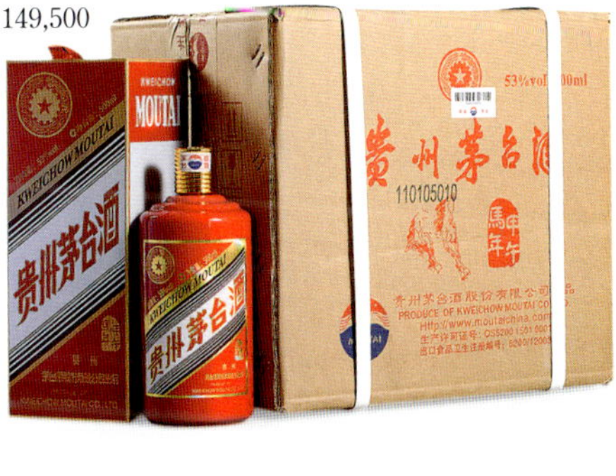

2014年产开国领袖毛泽东诞辰120周年原箱贵州茅台酒

53%vol 1瓶/500ml

北京保利 07/06 lot 15023

估价：15,000—20,000

成交价：20,700

2014年产陈年50年贵州茅台酒

53%vol 4瓶/500ml

西泠印社 23/07 lot 0814

估价：110,000—160,000

成交价：126,500

2014年产贵州茅台酒

53%vol 2瓶/500ml（原盒）

北京荣宝 19/06 lot 3075

估价：80,000—110,000

成交价：92,000

2014年产陈年15年原箱贵州茅台酒

53%vol 12瓶/500ml

华艺国际（北京） 11/12 lot 3508

估价：80,000—120,000

成交价：126,500

2014年产开国领袖毛泽东诞辰120周年原箱贵州茅台酒

53%vol 4瓶/500ml（原箱）

北京荣宝 19/06 lot 3076

估价：160,000—220,000

成交价：207,000

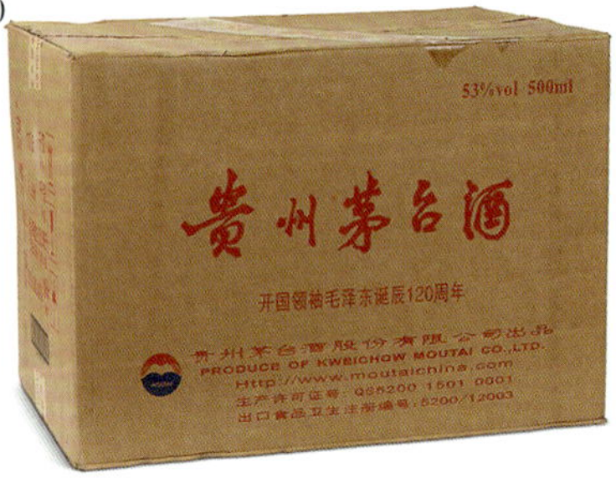

2014年产飞天牌外交使团特供原箱贵州茅台酒（同日期、同批次）

53%vol 12瓶/500ml

北京荣宝 02/12 lot 2207

估价：88,000—100,000

成交价：101,200

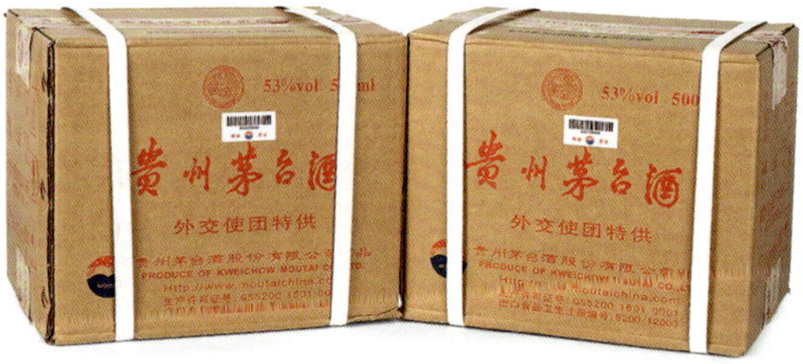

2014年产陈酿原箱贵州茅台酒

53%vol　12瓶/500ml
中国嘉德　18/05　lot 4055
估价：100,000—200,000
成交价：747,500

2014年产特殊原箱贵州茅台酒

53%vol　12瓶/500ml
西泠印社　23/07　lot 0794
估价：100,000—150,000
成交价：115,000

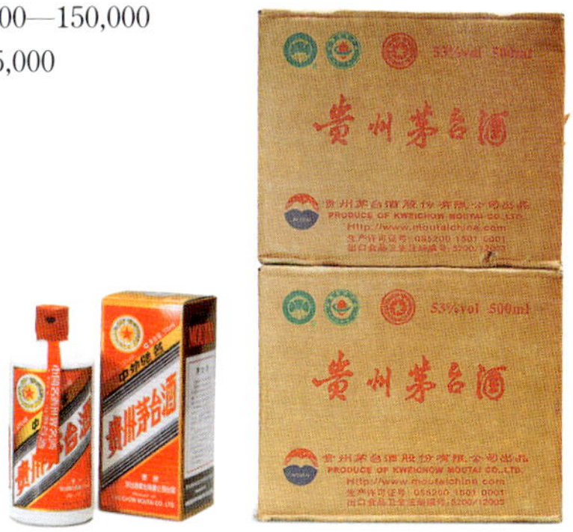

2014年产国宴原箱贵州茅台酒

53%vol　12瓶/500ml
华艺国际（北京）　11/12　lot 3557
估价：150,000—200,000
成交价：253,000

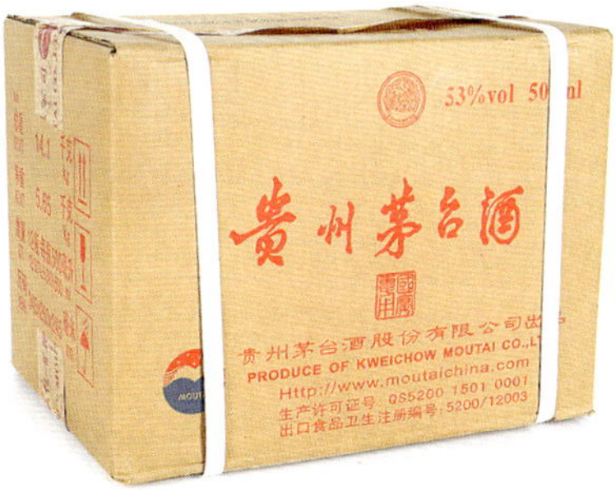

2014年产国宴原箱贵州茅台酒

53%vol　12瓶/500ml
华艺国际（北京）　03/06　lot 3307
估价：180,000—220,000
成交价：241,500

2014年产国宴原箱贵州茅台酒

53%vol　12瓶/500ml
华艺国际（北京）　11/12　lot 3558
估价：150,000—200,000
成交价：253,000

2015年产贵州茅台酒
53%vol　12瓶/500ml
永乐拍卖（北京）
22/05 lot 3675
估价：52,000—58,000
成交价：66,700

2015年产贵州茅台酒
53%vol　12瓶/500ml
永乐拍卖（北京）
03/12 lot 7077
估价：56,000—66,000
成交价：63,250

2015年产新铁盖原箱贵州茅台酒
53%vol　12瓶/500ml（1箱×12瓶）
中国嘉德 10/12 lot 4060
估价：600,000—750,000
成交价：747,500

2015年产纪念一代伟人周恩来贵州茅台酒

53%vol　1瓶/500ml

北京保利　07/06　lot 15024

估价：10,000—18,000

成交价：13,800

2015年产飞天牌荣获巴拿马国际金奖100周年纪念贵州茅台酒

53%vol　1瓶/5000ml

北京荣宝　19/06　lot 3129

估价：70,000—100,000

成交价：80,500

2015年产五星牌纪念中国人民抗日战争暨世界反法西斯战争胜利70周年原箱贵州茅台酒

53%vol　6瓶/500ml

北京荣宝　19/06　lot 3079

估价：50,000—80,000

成交价：57,500

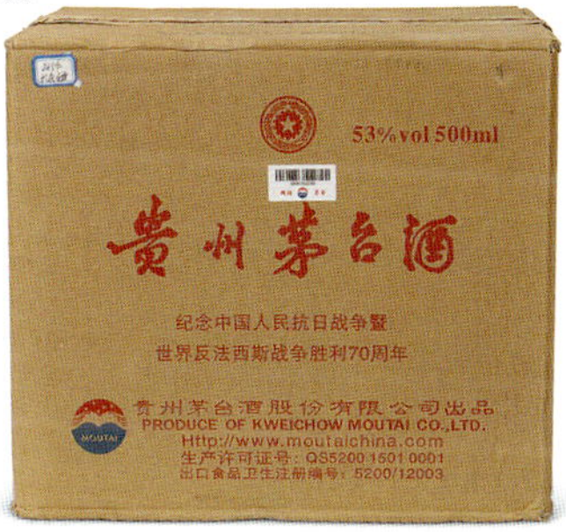

2015年产纪念一代伟人周恩来原箱贵州茅台酒

53%vol　12瓶/500ml

西泠印社　23/07　lot 0796

估价：180,000—250,000

成交价：207,000

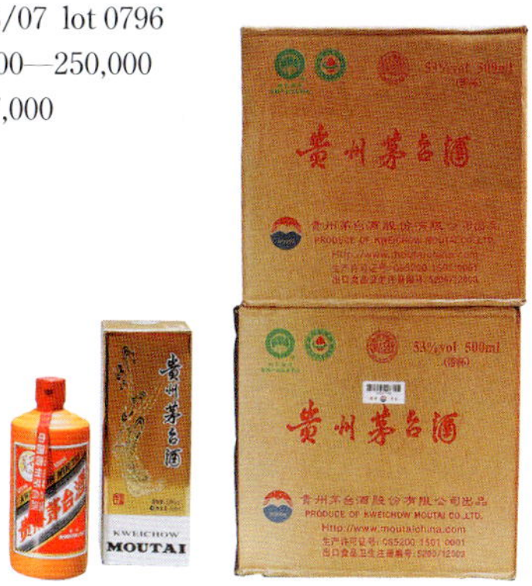

2015年产周年纪念贵州茅台酒

53%vol　1瓶/500ml

永乐拍卖（北京）　03/12　lot 7030

估价：8,000—15,000

成交价：9,200

2015年产五星牌纪念中国人民抗日战争暨世界反法西斯战争胜利70周年原箱贵州茅台酒

53%vol　6瓶/500ml（1箱×6瓶）

中国嘉德　18/05　lot 4100

估价：30,000—60,000

成交价：69,000

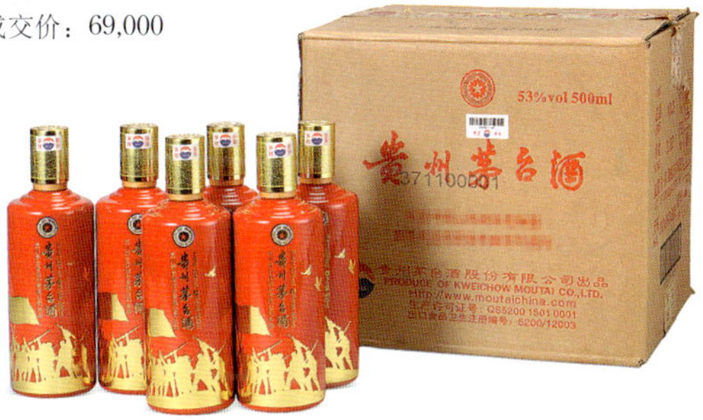

2015年产原人民大会堂特供陈酿贵州茅台酒

53%vol　1瓶/500ml

永乐拍卖（北京）　22/05　lot 3618

估价：15,000—18,000

成交价：17,250

2015年产五星牌人民大会堂陈酿贵州茅台酒

53%vol　2瓶/2500ml

中贸圣佳　21/05　lot 9047

估价：500,000—550,000

成交价：644,000

2015年产特殊陈酿原箱贵州茅台酒

53%vol　2瓶/2500ml（1箱×2瓶）

中国嘉德　18/05　lot 4057

估价：200,000—400,000

成交价：575,000

2015年产人民大会堂特供陈酿原箱贵州茅台酒

53%vol　12瓶/500ml

中贸圣佳　21/05　lot 9076

估价：300,000—350,000

成交价：471,500

2015年产人民大会堂特供陈酿原箱贵州茅台酒

53%vol　24瓶/500ml

中贸圣佳　21/05　lot 9002

估价：600,000—800,000

成交价：931,500

2014年、2015年产生肖贵州茅台酒

53%vol　2瓶/2500ml
中国嘉德　18/05　lot 4105
估价：100,000—280,000
成交价：253,000

2015年产特殊原箱贵州茅台酒

53%vol　30瓶/500ml（5箱×6瓶）
中国嘉德　10/12　lot 4115
估价：100,000—300,000
成交价：207,000

2015年产特殊陈酿原箱贵州茅台酒

53%vol　30瓶/500ml（5箱×6瓶）
中国嘉德　10/12　lot 4081
估价：400,000—900,000
成交价：805,000

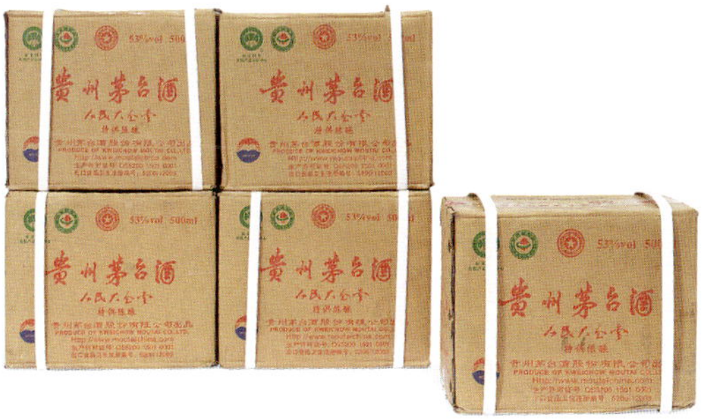

2015年产五星牌人民大会堂陈酿贵州茅台酒

53%vol　2瓶/2500ml
北京荣宝　02/12　lot 2195
估价：200,000—220,000
成交价：437,000

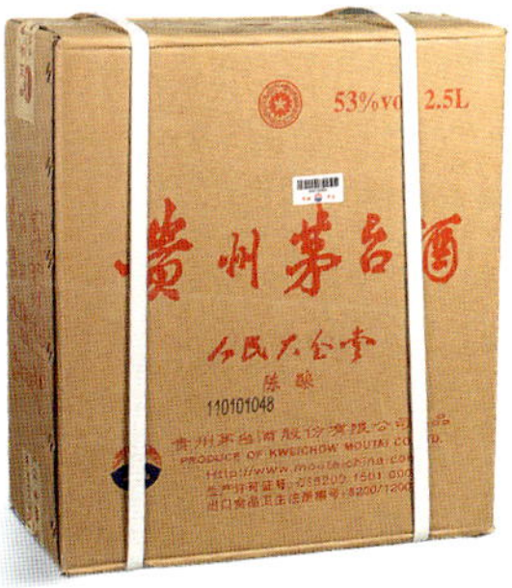

2015年产特殊陈酿原箱贵州茅台酒

53%vol　2瓶/2500ml（1箱×2瓶）
中国嘉德　10/12　lot 4080
估价：200,000—650,000
成交价：552,000

2015年产五星牌人民大会堂陈酿贵州茅台酒

53%vol　2瓶/2500ml
北京荣宝　19/06　lot 3119
估价：520,000—600,000
成交价：598,000

2015年产为纪念百年庆典特制贵州茅台酒

53%vol　2瓶/25000ml
中国嘉德 10/12 lot 4070
估价：800,000—1,600,000
成交价：1,610,000

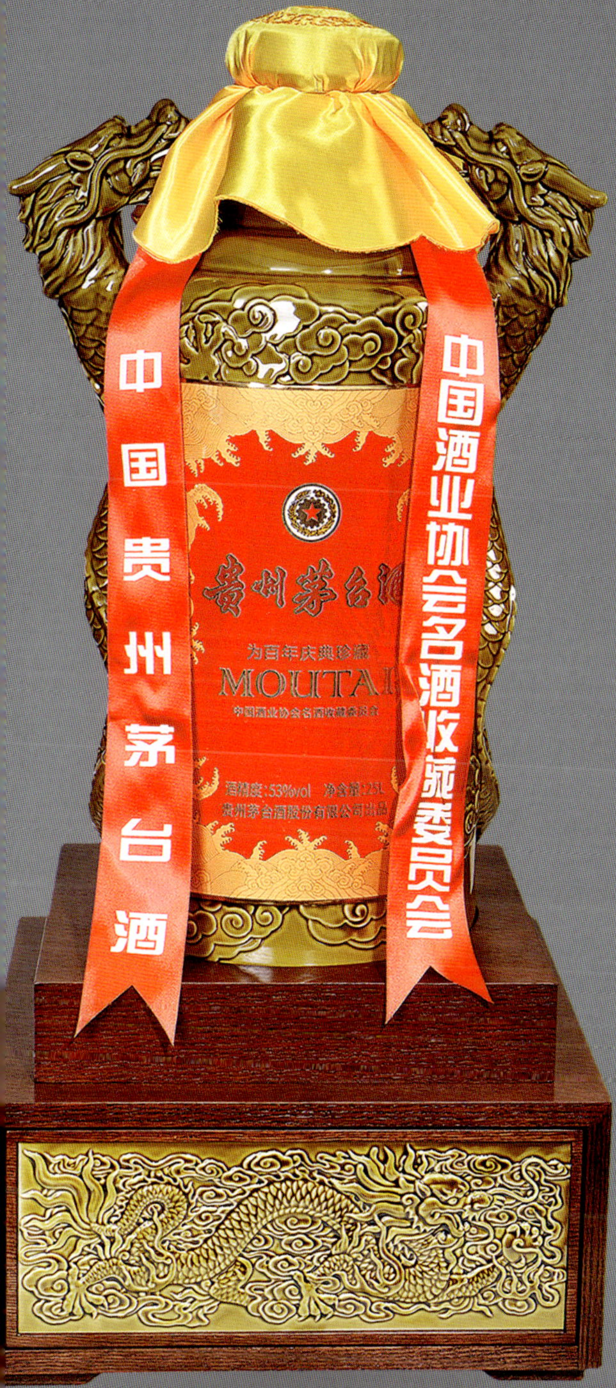
中国贵州茅台酒
中国酒业协会名酒收藏委员会
为百年庆典珍藏
MOUTAI
中国酒业协会名酒收藏委员会
酒精度:53%vol 净含量:2.5L
贵州茅台酒股份有限公司出品

2015年产陈酿原箱贵州茅台酒

53%vol　60瓶/500ml（10箱×6瓶）

中国嘉德　18/05 lot 4056

估价：500,000—1,000,000

成交价：4,830,000

53%vol 500ml
贵州茅台酒
人民大会堂
特供陈酿
贵州茅台酒股份有限公司出品
PRODUCE OF KWEICHOW MOUTAI CO.,LTD.
Http://www.moutaichina.com
生产许可证号：QS5200 1501 0001
出口食品卫生注册编号：5200/12003
中国名酒世界名酒

2016年产金桂叶贵州茅台酒

53%vol　1瓶/2500ml

北京保利　07/06　lot 15026

估价：30,000—40,000

成交价：40,250

2016年产原箱贵州茅台酒

53%vol　30瓶/500ml

永乐拍卖（北京）　03/12　lot 7094

估价：155,000—174,000

成交价：184,000

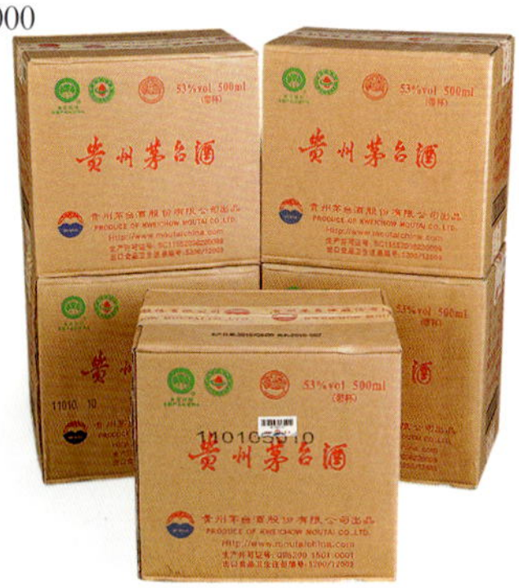

2016年产陈酿原箱贵州茅台酒

53%vol　12瓶/500ml（2箱×6瓶）

中国嘉德　18/05　lot 4059

估价：120,000—240,000

成交价：747,500

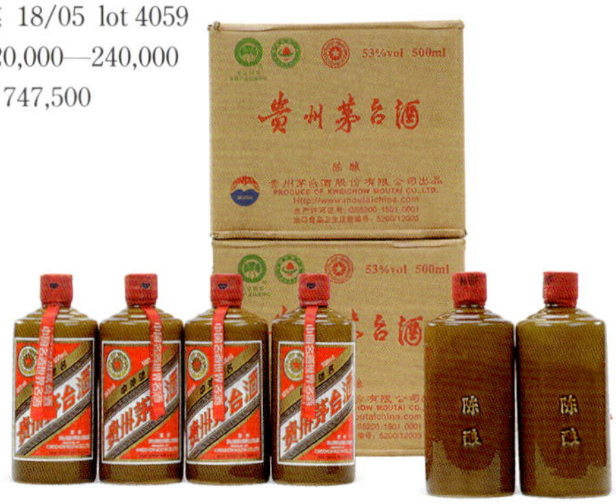

2016年产飞天牌贵州特需商品原箱贵州茅台酒

53%vol　30瓶/500ml

北京荣宝　02/12　lot 2229

估价：260,000—280,000

成交价：310,500

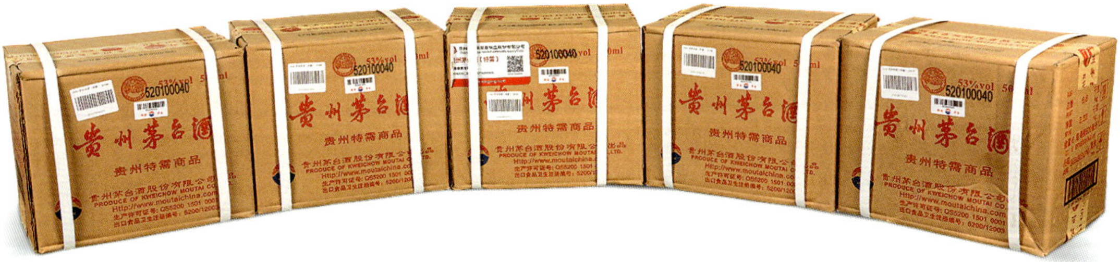

2016年、2017年产彩色贵州茅台酒

53%vol　7瓶/500ml
华艺国际（北京）
30/03　lot 3271
估价：50,000—80,000
成交价：57,500

2016年产贵州茅台酒

53%vol　12瓶/500ml
永乐拍卖（北京）
22/05　lot 3676
估价：50,000—54,000
成交价：58,650

2016年产贵州茅台酒

53%vol　180瓶/500ml
永乐拍卖（北京）　03/12　lot 7041
估价：800,000—900,000
成交价：879,750

2016年产丙申猴年原箱茅台纪念酒

53%vol　60瓶/500ml（10箱×6瓶）
中国嘉德　10/12 lot 4125
估价：150,000—300,000
成交价：552,000

2016年产中国酒类流通协会成立20周年定制国之大器金爵贵州茅台酒

53%vol　1瓶/5000ml
北京荣宝　02/12 lot 2220
估价：80,000—100,000
成交价：126,500

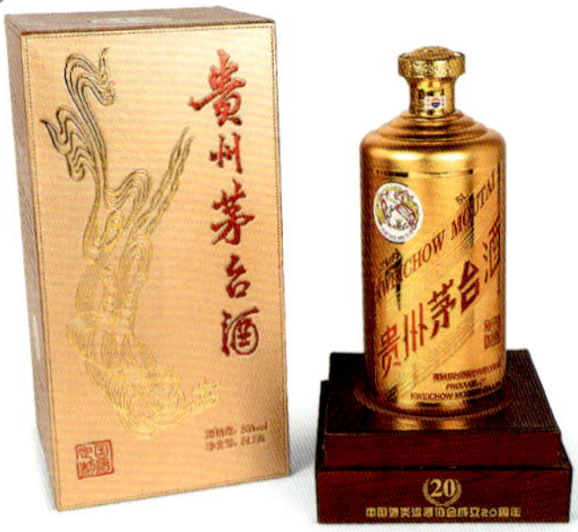

2016年产纪念一代伟人贵州茅台酒

53%vol　10瓶/500ml
西泠印社　23/07 lot 0798
估价：110,000—160,000
成交价：126,500

2016年产纪念FAST[1]落成启用原箱贵州茅台酒

53%vol　6瓶/500ml（1箱×6瓶）
中国嘉德　18/05 lot 4107
估价：30,000—60,000
成交价：109,250

2016年产丙申猴年原箱茅台纪念酒

53%vol　12瓶/500ml
（2箱×6瓶）
中国嘉德
18/05 lot 4106
估价：10,000—18,000
成交价：172,500

1 指500米口径球面射电天文望远镜，俗称“天眼”。英文全称Five-hundred-meter Aperture Spherical radio Telescope，英文简称FAST。

2016年产丙申猴年原箱茅台纪念酒

53%vol　10瓶/2500ml

中国嘉德　10/12　lot 4126

估价：450,000—600,000

成交价：632,500

2016年产丙申猴年原箱茅台纪念酒

53%vol　1瓶/1500ml

北京保利　05/12　lot 7017

估价：26,000—30,000

成交价：29,900

2016年产纪念巴拿马金奖百年贵州茅台酒

53%vol　1瓶/5000ml

中国嘉德　10/12　lot 4124

估价：10,000—60,000

成交价：57,500

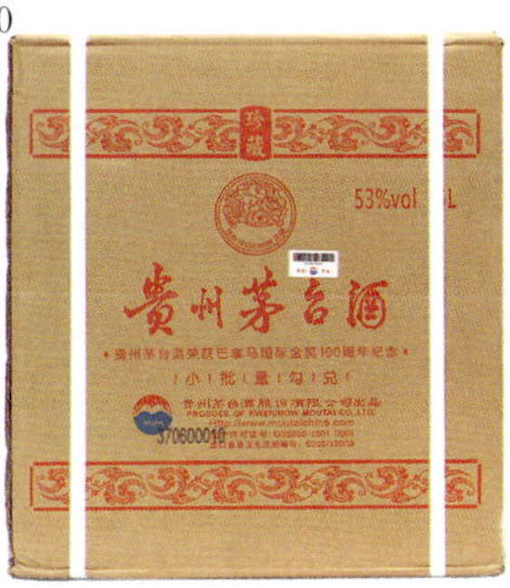

2016年产丙申猴年原箱茅台纪念酒

53%vol　6瓶/500ml

北京保利　07/06　lot 15011

估价：35,000—37,500

成交价：43,700

2016年产飞天牌纪念FAST落成启用原箱贵州茅台酒

53%vol　6瓶/500ml

北京荣宝　19/06　lot 3147

估价：75,000—100,000

成交价：86,250

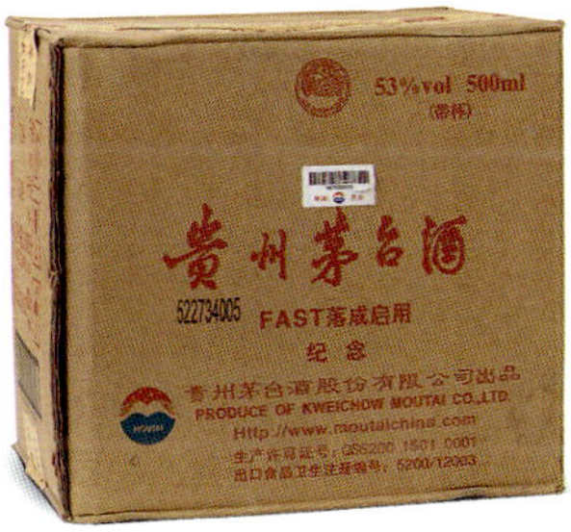

2016年产飞天牌国酒之父贵州茅台酒、2015年产飞天牌一代伟人周恩来贵州茅台酒

53%vol　12瓶/500ml

北京荣宝　02/12　lot 2181

估价：100,000—120,000

成交价：155,250

2016年产政协会议专用原箱贵州茅台酒

53%vol　12瓶/500ml
中贸圣佳 21/05 lot 9046
估价：100,000—150,000
成交价：241,500

2016年产特殊陈酿原箱贵州茅台酒

53%vol　30瓶/500ml（5箱×6瓶）
中国嘉德 10/12 lot 4082
估价：300,000—750,000
成交价：805,000

2016年产飞天牌贵州特需商品贵州茅台酒

53%vol　6瓶/500ml（原箱）
北京荣宝 19/06 lot 3148
估价：65,000—88,000
成交价：74,750

2016年产飞天牌一代伟人周恩来贵州茅台酒

53%vol　6瓶/500ml（原箱）
北京荣宝 19/06 lot 3077
估价：90,000—128,000
成交价：103,500

2016年产飞天牌京西宾馆贵州茅台酒

53%vol　12瓶/500ml（原箱）
北京荣宝 19/06 lot 3122
估价：120,000—160,000
成交价：138,000

2016年产飞天牌京西宾馆原箱贵州茅台酒

53%vol　12瓶/500ml
北京保利 05/12 lot 7091
估价：180,000—192,000
成交价：209,300

2016年产飞天牌京西宾馆原箱贵州茅台酒

53%vol　12瓶/500ml

永乐拍卖（北京）　22/05　lot 3684

估价：136,000—156,000

成交价：201,250

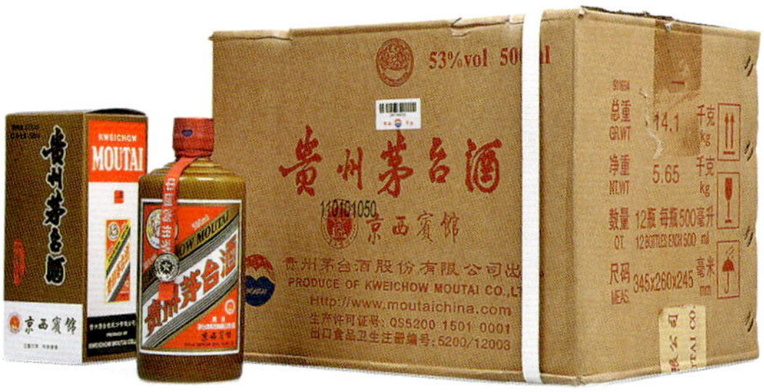

2016年产飞天牌百年金奖辉煌贵州茅台酒

53%vol　6瓶/500ml（原箱）

北京荣宝　19/06　lot 3131

估价：66,000—90,000

成交价：75,900

2016年产飞天牌金桂叶贵州茅台酒

53%vol　2瓶/2500ml（原箱）

北京荣宝　02/12　lot 2221

估价：78,000—90,000

成交价：89,700

2016年产飞天牌金桂叶贵州茅台酒

53%vol　2瓶/2500ml（1箱×2瓶）

中国嘉德　18/05　lot 4111

估价：50,000—100,000

成交价：109,250

2016年产飞天牌京西宾馆原箱贵州茅台酒

53%vol　12瓶/500ml

北京保利　07/06　lot 15032

估价：160,000　168,000

成交价：264,500

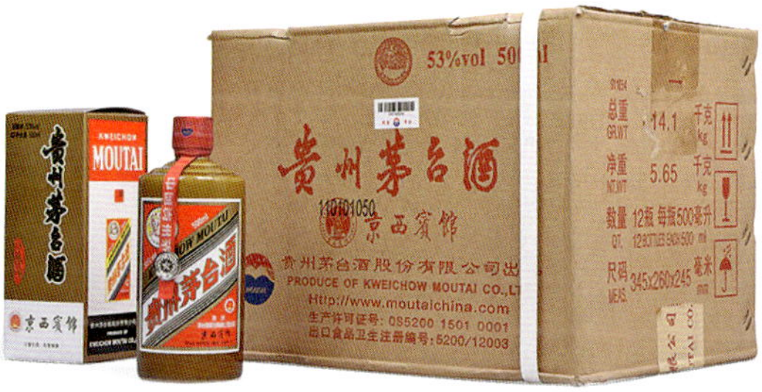

2016年产飞天牌京西宾馆原箱贵州茅台酒

53%vol　12瓶/500ml

永乐拍卖（北京）　03/12　lot 7105

估价：174,000—192,000

成交价：201,250

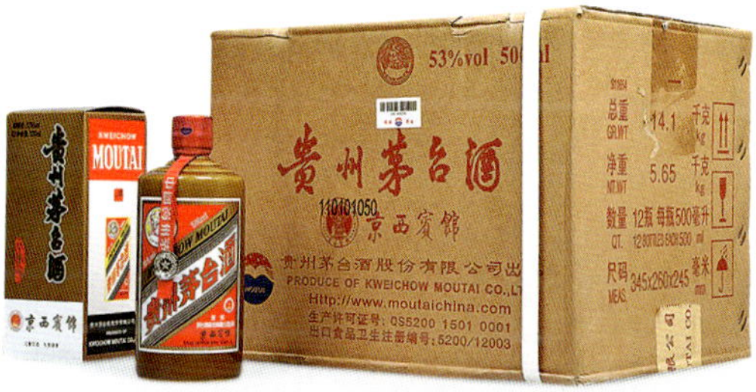

2017年产世博纪念贵州茅台酒

53%vol　1瓶/500ml

永乐拍卖（北京）　03/12　lot 7019

估价：10,000—18,000

成交价：20,700

2017年产贵州茅台酒

53%vol　12瓶/500ml

北京保利　07/06　lot 15090

估价：55,000—56,000

成交价：63,250

2017年产中国酒韵十大花鸟贵州茅台酒

53%vol　10瓶/500ml

北京保利　07/06　lot 15003

估价：120,000—130,000

成交价：149,500

2017年产梅兰竹菊贵州茅台酒

53%vol　4瓶/500ml

西泠印社　14/01　lot 0068

估价：32,000—50,000

成交价：36,800

2017年产外交人员免税店贵州茅台酒

53%vol　10瓶/500ml

西泠印社　23/07　lot 0786

估价：40,000—60,000

成交价：46,000

2017年产中国酒韵十大花鸟贵州茅台酒

53%vol　10瓶/500ml

北京保利　05/12　lot 7014

估价：120,000—140,000

成交价：138,000

雕刻版八仙过海贵州茅台酒

53%vol　8瓶/500ml
中国嘉德　18/05 lot 4110
估价：50,000—80,000
成交价：253,000

2017年产纪念茅台日贵州茅台酒

53%vol 1瓶/700ml

永乐拍卖（北京） 03/12 lot 7022

估价：18,000—20,000

成交价：20,700

2017年产圆梦中国贵州茅台酒

53%vol　4瓶/999ml

西泠印社　23/07　lot 0775

估价：80,000—120,000

成交价：92,000

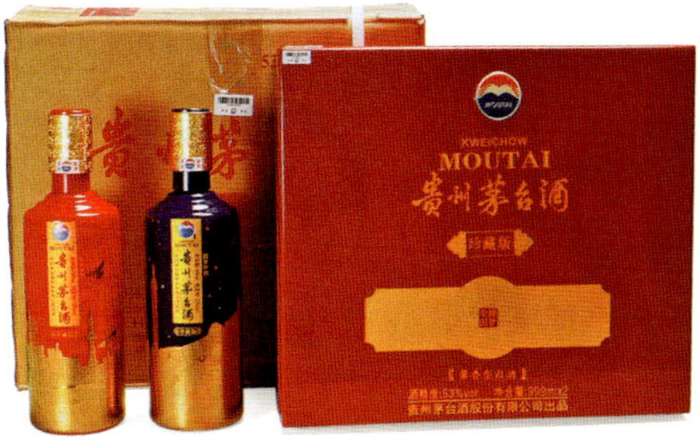

2017年产纪念国酒之父贵州茅台酒

53%vol　12瓶/500ml

西泠印社　14/01　lot 0078

估价：85,000—120,000

成交价：97,750

2017年产遵义茅台机场纪念贵州茅台酒

53%vol　6瓶/500ml

西泠印社　14/01　lot 0079

估价：22,000—30,000

成交价：25,300

2017年产圆梦中国贵州茅台酒

53%vol　2瓶/999ml

西泠印社　14/01　lot 0067

估价：35,000—50,000

成交价：40,250

2017年产国之四礼红鼎金爵贵州茅台酒

53%vol　8瓶/500ml

西泠印社　23/07　lot 0818

估价：95,000—120,000

成交价：109,250

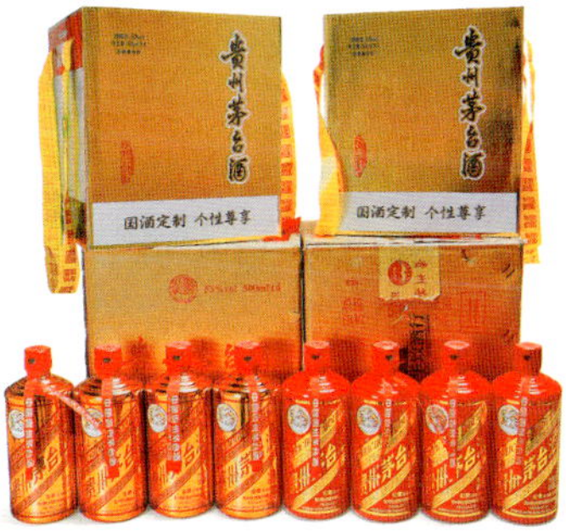

2017年产国之四礼红鼎贵州茅台酒

53%vol　8瓶/500ml

西泠印社　14/01　lot 0072

估价：75,000—120,000

成交价：86,250

2017年产纪念范曾大师八十寿辰贵州茅台酒

53%vol　2瓶/500ml
西泠印社　14/01　lot 0076
估价：32,000—50,000
成交价：36,800

2017年产木漆装珍品原箱贵州茅台酒

53%vol　6瓶/500ml
永乐拍卖（北京）　03/12　lot 7106
估价：56,000—60,000
成交价：64,400

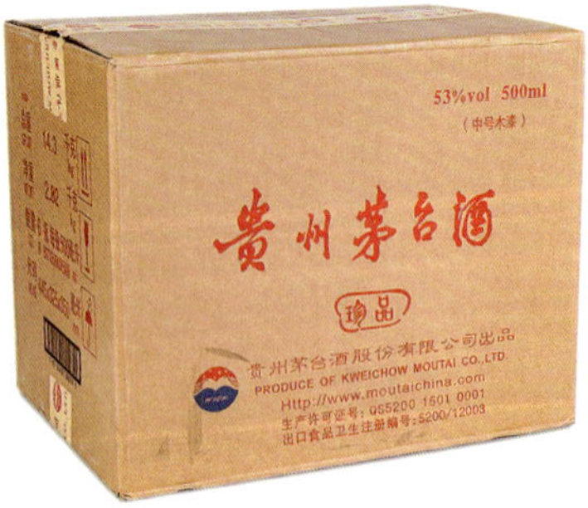

2017年产纪念范曾大师八十寿辰贵州茅台酒

53%vol　6瓶/500ml（原箱）
北京荣宝　19/06　lot 3115
估价：220,000—280,000
成交价：253,000

2017年产纪念范曾大师八十寿辰贵州茅台酒

52%vol　1瓶/500ml
中国嘉德　10/12　lot 4072
估价：400,000—700,000
成交价：460,000

2017年产原箱贵州茅台酒

53%vol　12瓶/500ml
北京保利　07/06　lot 15091
估价：67,000—68,000
成交价：69,000

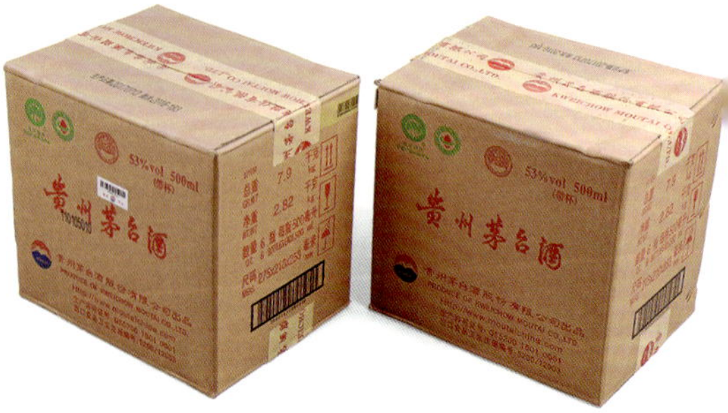

2017年产飞天牌纪念孔子贵州茅台酒

53%vol　6瓶/500ml（原箱）
北京荣宝　19/06　lot 3149
估价：50,000—85,000
成交价：57,500

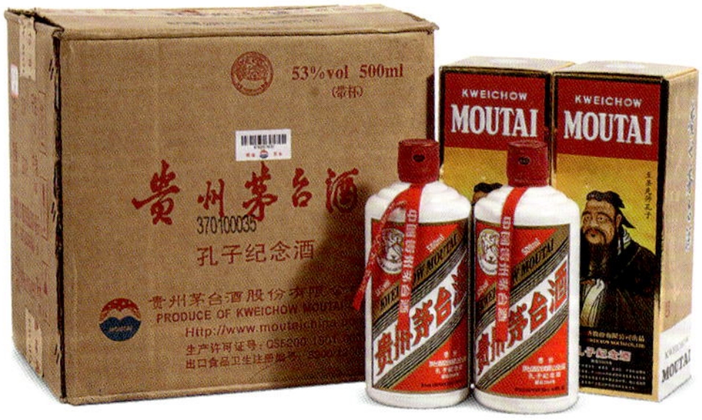

2017年产香港茅台之友协会尊享原箱贵州茅台酒

53%vol　6瓶/500ml（1箱×6瓶）
中国嘉德　18/05　lot 4108
估价：30,000—100,000
成交价：149,500

2017年产原箱贵州茅台酒

53%vol　30瓶/500ml
永乐拍卖（北京）　03/12　lot 7095
估价：140,000—159,000
成交价：166,750

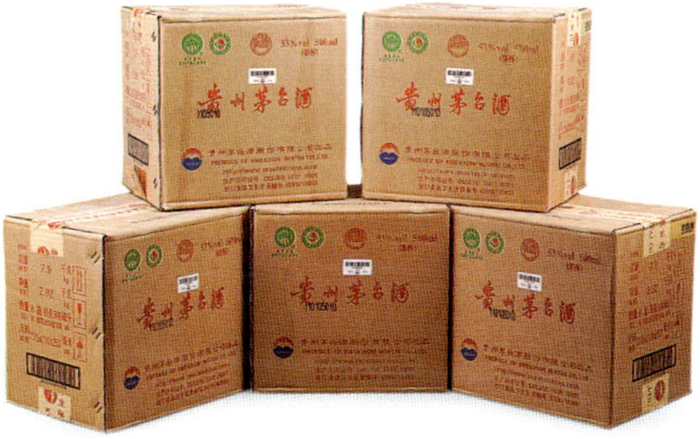

2017年产原箱贵州茅台酒

53%vol　30瓶/500ml
永乐拍卖（北京）　22/05　lot 3706
估价：131,000—135,000
成交价：150,650

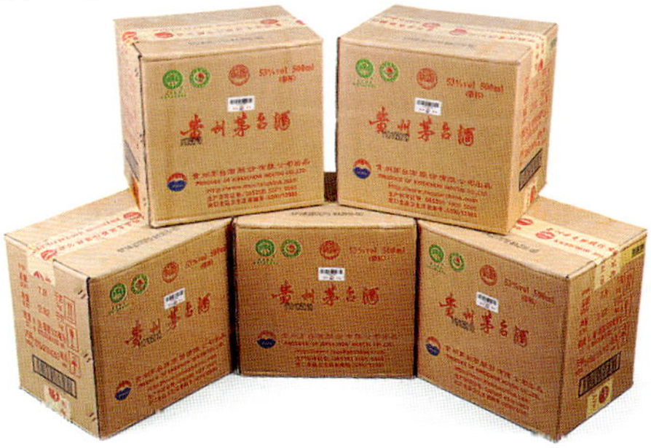

2017年产红星闪烁原箱贵州茅台酒

53%vol　12瓶/500ml
华艺国际（北京）　03/06　lot 3309
估价：80,000—100,000
成交价：109,250

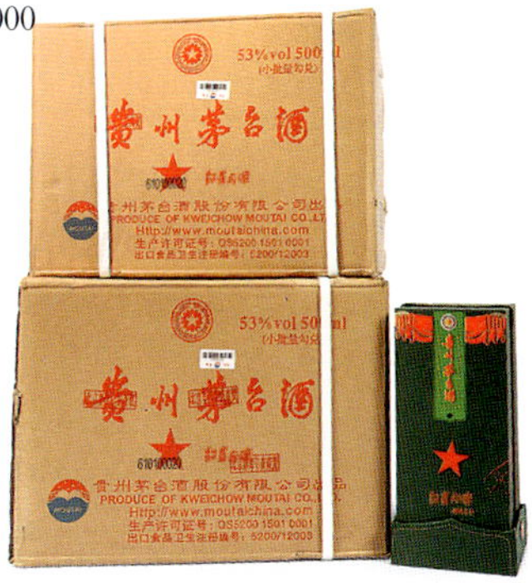

2017年产红星闪烁原箱贵州茅台酒

53%vol　12瓶/500ml
华艺国际（北京）　11/12　lot 3564
估价：80,000—100,000
成交价：109,250

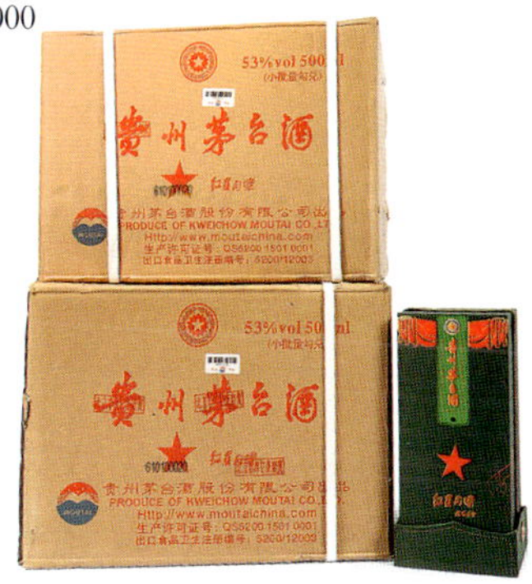

2017年产庆祝香港回归祖国20周年香港茅友协会尊享陈年50年贵州茅台酒

53%vol　6瓶/500ml（原箱）
北京荣宝　19/06　lot 3106
估价：200,000—250,000
成交价：322,000

2017年产陈酿贵州茅台酒

53%vol　1瓶/500ml
永乐拍卖（北京）　22/05　lot 3619
估价：10,000—14,000
成交价：13,800

2017年产人民大会堂金字陈酿贵州茅台酒

53%vol　10箱/500ml
中贸圣佳 21/05　lot 9001
估价：1,000,000—1,200,000
成交价：1,368,500

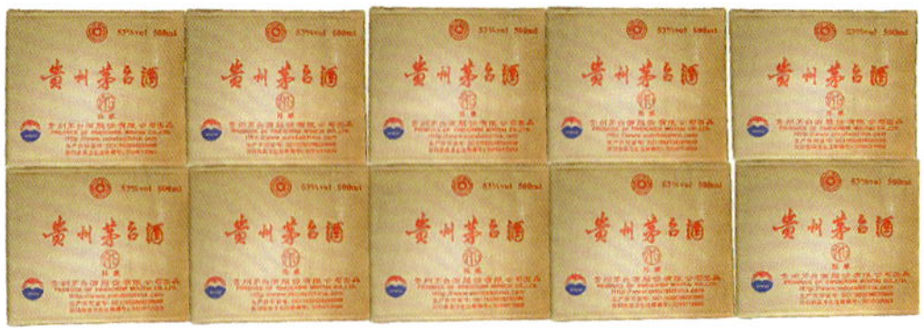

2017年产庆祝香港回归祖国20周年香港茅友协会尊享陈年50年贵州茅台酒

53%vol　2瓶/500ml（原盒）
北京荣宝 19/06　lot 3105
估价：120,000—160,000
成交价：138,000

2017年产陈酿贵州茅台酒

53%vol　1瓶/500ml
永乐拍卖（北京）　03/12　lot 7031
估价：10,000—15,000
成交价：18,400

2017年产暑期原箱贵州茅台酒

53%vol　60瓶/500ml（10箱×6瓶）
中国嘉德　18/05　lot 4071
估价：300,000—600,000
成交价：747,500

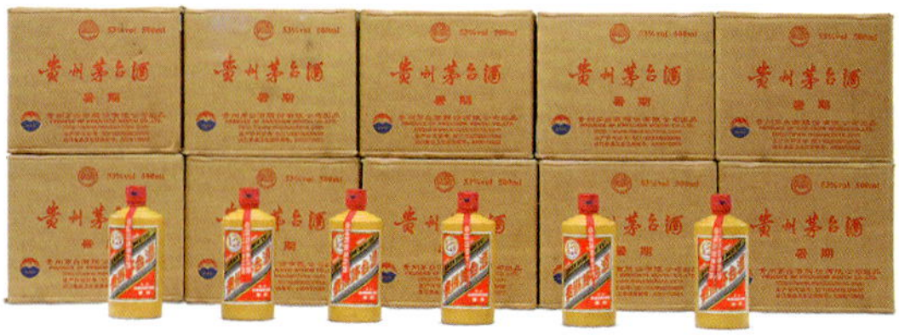

2017年产京西宾馆原箱贵州茅台酒

53%vol　6瓶/500ml
华艺国际（北京）　11/12　lot 3560
估价：80,000—120,000
成交价：138,000

2017年产金字陈酿原箱贵州茅台酒

53%vol　60瓶/500ml（10箱 × 6瓶）
中国嘉德　10/12　lot 4083
估价：400,000—900,000
成交价：862,500

2017年产金字陈酿原箱贵州茅台酒

53%vol　6瓶/500ml（原箱）
北京荣宝　19/06　lot 3153
估价：50,000—70,000
成交价：57,500

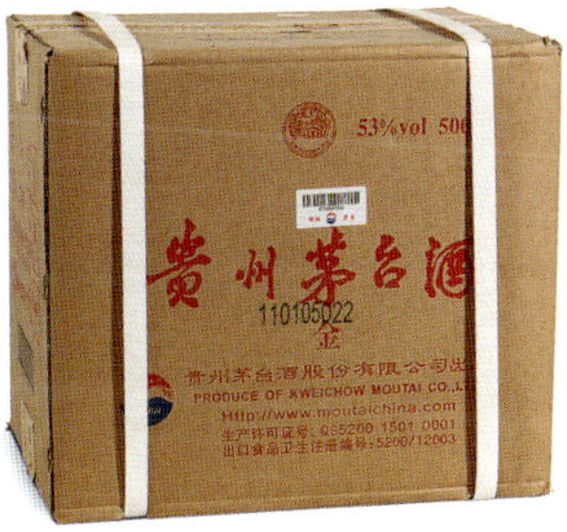

2017年产茅台陈酿原箱贵州茅台酒

53%vol　30瓶/500ml（5箱 × 6瓶）
中国嘉德　18/05　lot 4061
估价：200,000—300,000
成交价：747,500

2017年产匠心原箱贵州茅台酒

53%vol　30瓶/500ml（5箱 × 6瓶）
中国嘉德　10/12　lot 4090
估价：150,000—300,000
成交价：437,000

2017年产金字陈酿原箱贵州茅台酒

53%vol　30瓶/500ml（5箱 × 6瓶）
中国嘉德　18/05　lot 4060
估价：200,000—300,000
成交价：747,500

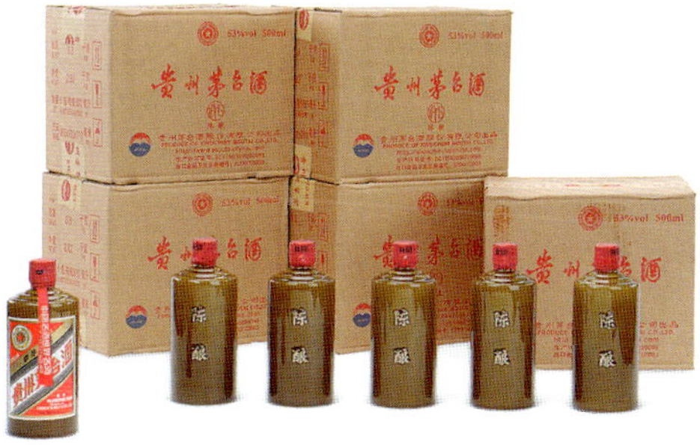

2017年产金字陈酿原箱贵州茅台酒

53%vol　12瓶/500ml
华艺国际（北京）　11/12　lot 3561
估价：120,000—150,000
成交价：218,500

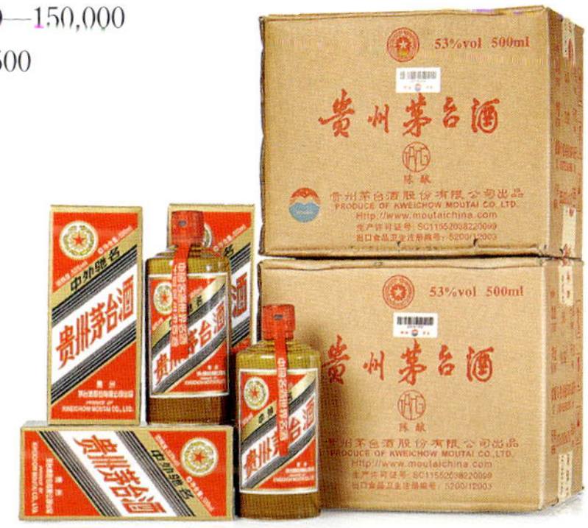

2017年产茅台陈酿原箱贵州茅台酒

53%vol　1瓶/500ml
永乐拍卖（北京）　03/12　lot 7032
估价：12,000—15,000
成交价：17,250

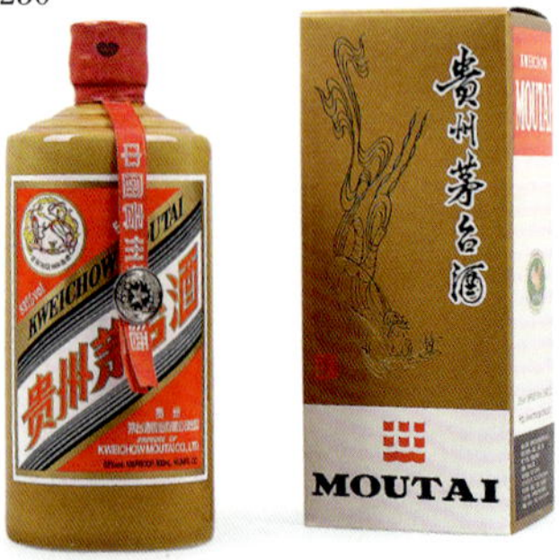

2017年产匠心原箱贵州茅台酒

53%vol　12瓶/500ml
华艺国际（北京）　11/12　lot 3559
估价：160,000—200,000
成交价：218,500

2017年产茅台陈酿原箱贵州茅台酒

53%vol　1瓶/500ml
永乐拍卖（北京）　22/05　lot 3622
估价：15,000—16,000
成交价：17,250

2017年产茅台陈酿原箱贵州茅台酒

53%vol　60瓶/500ml（10箱 × 6瓶）
中国嘉德　10/12　lot 4103
估价：450,000—900,000
成交价：897,000

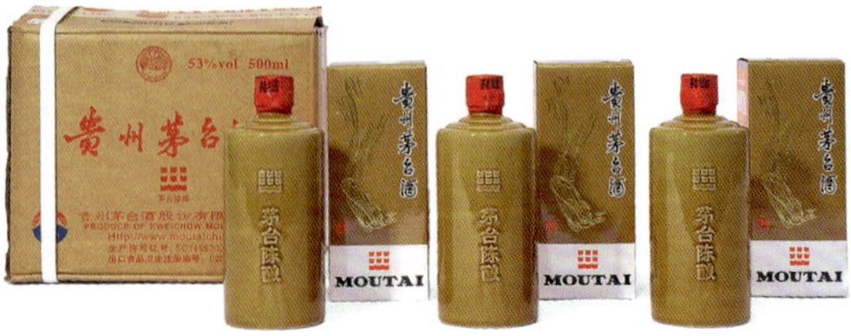

2017年产精品原箱贵州茅台酒

53%vol　60瓶/500ml（10箱 × 6瓶）
中国嘉德　10/12　lot 4092
估价：200,000—420,000
成交价：437,000

2017年产丁酉鸡年原箱贵州茅台酒

53%vol　60瓶/500ml（10箱×6瓶）
中国嘉德　10/12 lot 4127
估价：150,000—300,000
成交价：299,000

2017年产丁酉鸡年原箱贵州茅台酒

53%vol　6瓶/500ml
永乐拍卖（北京）　03/12 lot 7110
估价：32,000—35,400
成交价：36,800

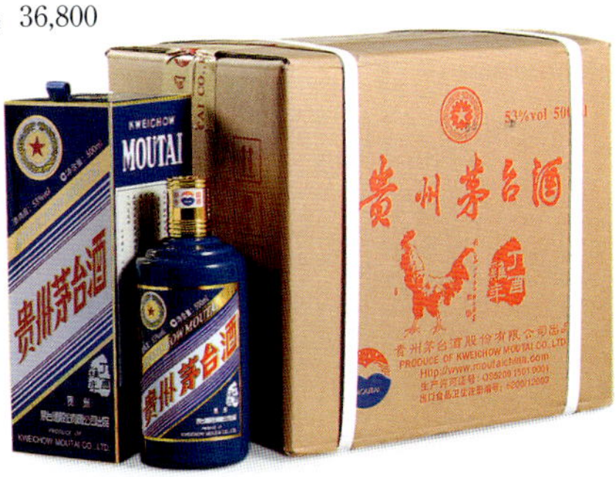

2017年产丁酉鸡年原箱贵州茅台酒

53%vol　6瓶/500ml
北京保利　07/06 lot 15012
估价：30,000—32,800
成交价：40,250

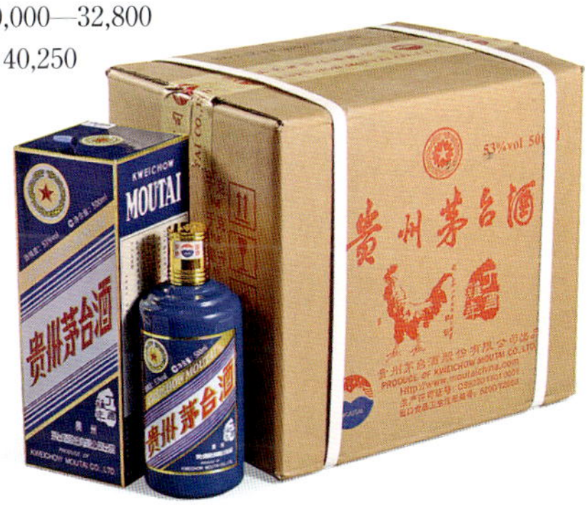

2017年产丁酉鸡年原箱贵州茅台酒

53%vol　6瓶/500ml
永乐拍卖（北京）　22/05 lot 3690
估价：25,000—30,000
成交价：33,350

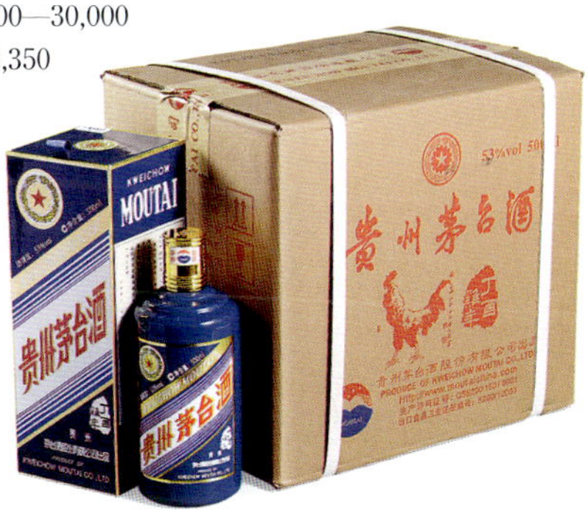

2014年产飞天牌纪念毛泽东贵州茅台酒　2015年产飞天牌一代伟人周恩来贵州茅台酒
2017年产飞天牌国酒之父贵州茅台酒

53%vol　6瓶/500ml（原箱）
北京荣宝　19/06 lot 3074
估价：220,000—360,000
成交价：253,000

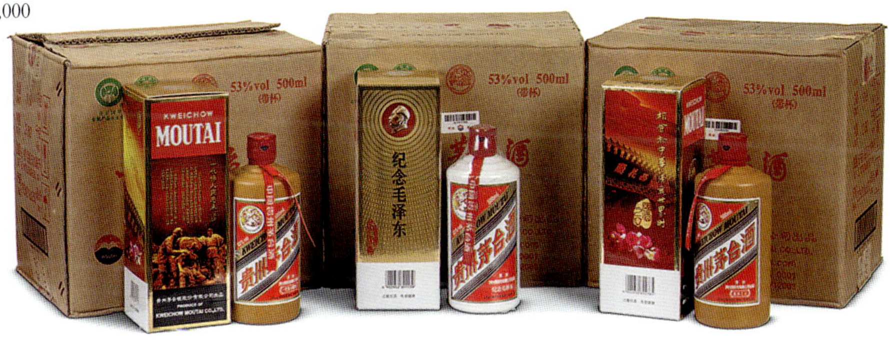

2018年产走进澳洲原箱贵州茅台酒

53%vol　30瓶/375ml

西泠印社　23/07　lot 0830

估价：160,000—200,000

成交价：184,000

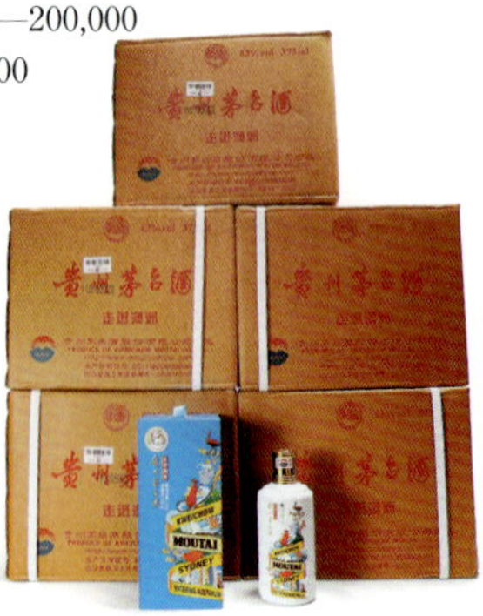

2018年产五星牌国酒茅台文化研究会庆功贵州茅台酒

53%vol　30瓶/500ml（原箱）

北京荣宝　02/12　lot 2219

估价：100,000—150,000

成交价：218,500

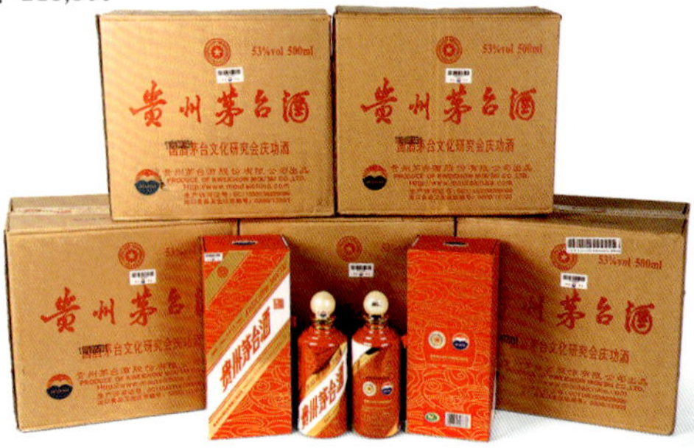

2018年产百年金奖辉煌原箱贵州茅台酒

53%vol　12瓶/500ml

华艺国际（北京）　03/06　lot 3300

估价：80,000—120,000

成交价：120,750

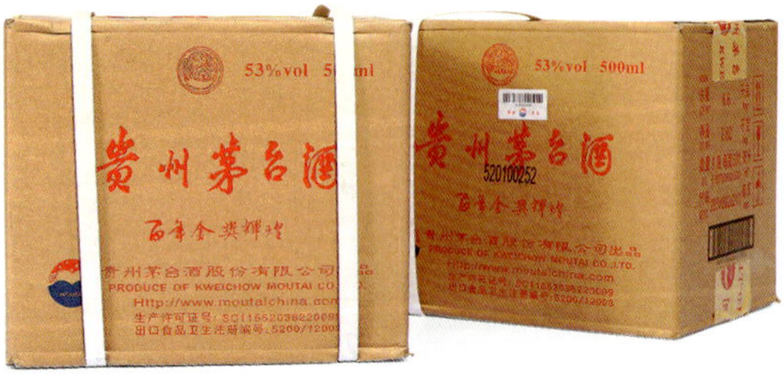

2018年产飞天牌鼎原箱贵州茅台酒

53%vol　6瓶/500ml（原箱）

北京荣宝　19/06　lot 3151

估价：50,000—80,000

成交价：57,500

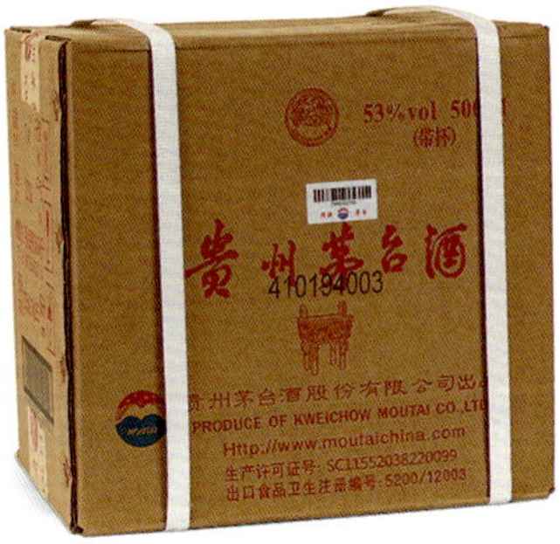

2018年产纪念遵义茅台机场原箱贵州茅台酒

53%vol　6瓶/500ml

永乐拍卖（北京）　03/12　lot 7107

估价：35,000—40,000

成交价：43,700

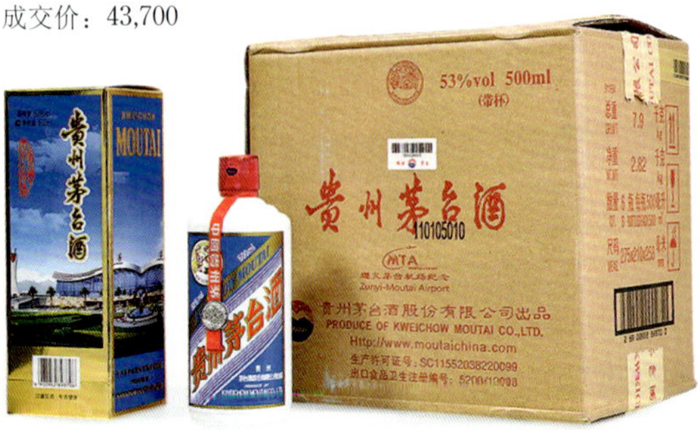

2018年产典藏贵州茅台酒

53%vol　30瓶/500ml

西泠印社　23/07　lot 0826

估价：200,000—250,000

成交价：230,000

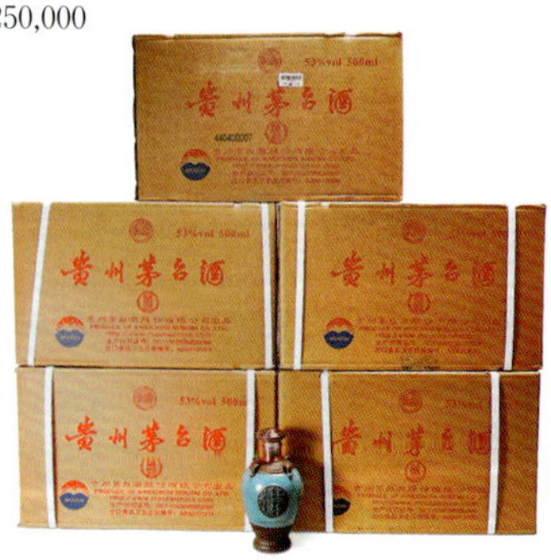

2018年产原箱贵州茅台酒

53%vol　30瓶/500ml
永乐拍卖（北京）　03/12　lot 7096
估价：130,000—135,000
成交价：149,500

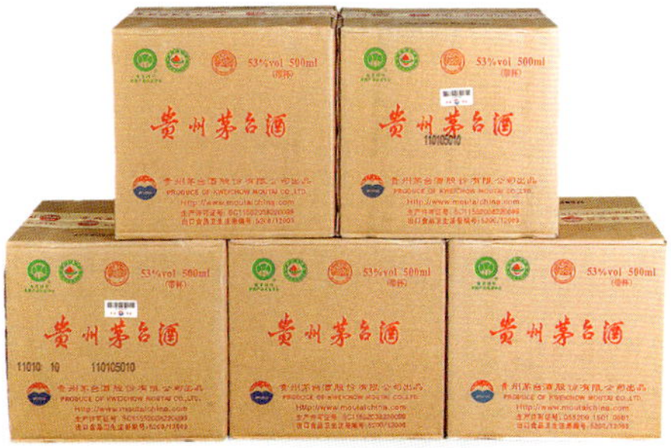

2018年产红星闪烁原箱贵州茅台酒

53%vol　6瓶/500ml
西泠印社　14/01　lot 0091
估价：25,000—40,000
成交价：32,200

2018年产百年金奖辉煌原箱贵州茅台酒

53%vol　12瓶/500ml
华艺国际（北京）　30/03　lot 3302
估价：90,000—120,000
成交价：109,250

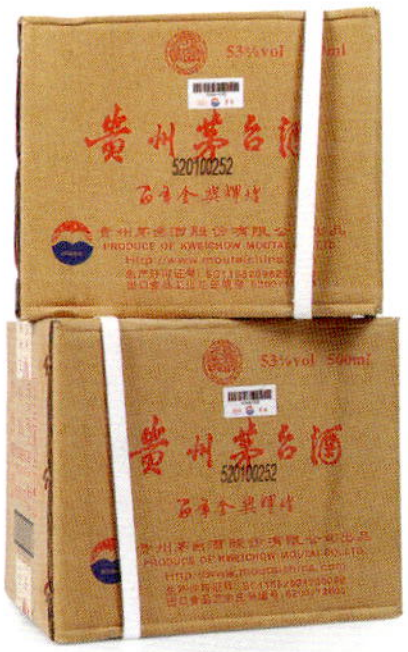

2018年产红星闪耀原箱贵州茅台酒

53%vol　12瓶/500ml
华艺国际（北京）　30/03　lot 3297
估价：70,000—110,000
成交价：86,250

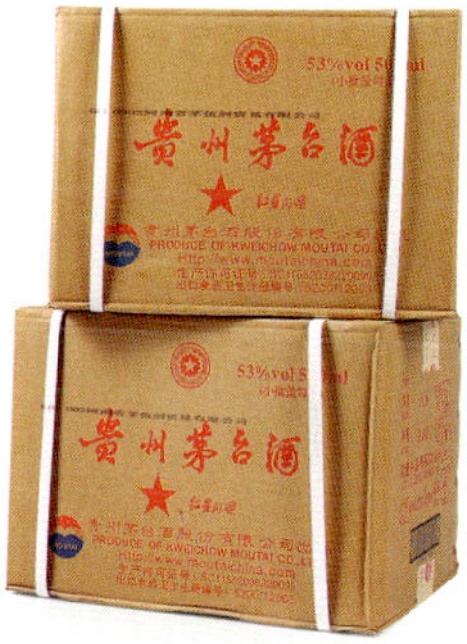

2018年产飞天牌粤原箱贵州茅台酒、2018年产飞天牌豫原箱贵州茅台酒

53%vol　12瓶/500ml
北京荣宝　02/12　lot 2226
估价：80,000—98,000
成交价：97,750

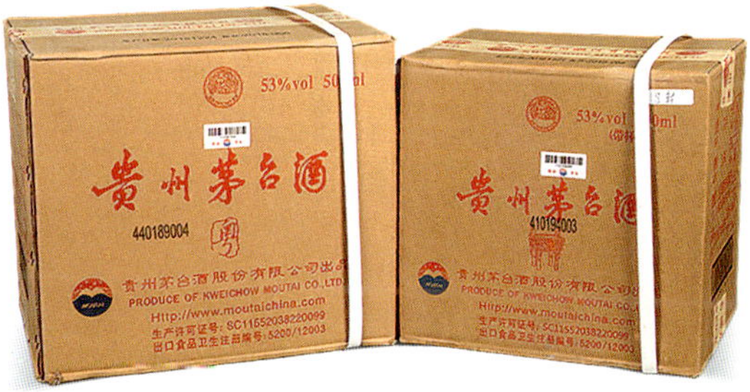

2018年产飞天牌金字陈酿原箱贵州茅台酒

53%vol　12瓶/500ml
北京荣宝　02/12　lot 2193
估价：170,000—190,000
成交价：207,000

2018年产国之大器墨玺贵州茅台酒

53%vol 2瓶/5000ml
西泠印社 23/07 lot 0817
估价：250,000—300,000
成交价：287,500

2018年产纪念第八届酒类博览会贵州茅台酒

53%vol 12瓶/500ml
西泠印社 14/01 lot 0081
估价：35,000—50,000
成交价：43,700

2018年产贵州茅台酒

53%vol　6瓶/200ml

永乐拍卖（北京）　22/05　lot 3602

估价：9,000—10,000

成交价：10,350

2018年产澳门茅台文化协会尊享贵州茅台酒

53%vol　6瓶/500ml

西泠印社　23/07　lot 0802

估价：80,000—120,000

成交价：92,000

2018年产澳门巴黎人贵州茅台酒

53%vol　3瓶/500ml

西泠印社　14/01　lot 0066

估价：65,000—90,000

成交价：74,750

2018年产国家博物馆原箱贵州茅台酒

53%vol　12瓶/500ml

西泠印社　14/01　lot 0094

估价：50,000—80,000

成交价：57,500

2018年产港区省级政协委员联谊会尊享贵州茅台酒

53%vol　6瓶/500ml

西泠印社　14/01　lot 0080

估价：100,000—150,000

成交价：115,000

2018年产纪念荣获巴拿马国际金奖
100周年贵州茅台酒

53%vol 2坛/30000ml
中国嘉德 18/05 lot 4092
估价：500,000—1,200,000
成交价：805,000

2018年产纪念荣获巴拿马国际金奖100周年贵州茅台酒

53%vol　1瓶/30000ml
西泠印社 23/07 lot 0769
估价：420,000—500,000
成交价：517,500

2018年产中国名山泰山贵州茅台酒

53%vol　1坛/15000ml
西泠印社 14/01 lot 0053
估价：200,000—280,000
成交价：230,000

2018年产纪念侯德昌从艺60周年贵州茅台酒

53%vol　1瓶/5000ml
西泠印社 14/01 lot 0060
估价：100,000—150,000
成交价：115,000

2018年产茅台文化研究会会员贵州茅台酒

53%vol　10瓶/500ml
西泠印社 23/07 lot 0828
估价：70,000—100,000
成交价：80,500

2018年产中国酒韵十大山水贵州茅台酒

53%vol　10瓶/500ml
北京保利 07/06 lot 15004
估价：130,000 140,000
成交价：149,500

2018年产中信金陵贵州茅台酒

53%vol　4瓶/500ml
西泠印社 14/01 lot 0069
估价：15,000—25,000
成交价：17,250

2018年产陈酿贵州茅台酒

53%vol　1瓶/500ml

永乐拍卖（北京）　03/12　lot 7033

估价：12,000—15,000

成交价：17,250

2018年产暑期原箱贵州茅台酒

53%vol　120瓶/500ml（20箱 × 6瓶）

中国嘉德　10/12　lot 4096

估价：600,000—1,000,000

成交价：1,092,500

2018年产陈酿贵州茅台酒

53%vol　1瓶/500ml

永乐拍卖（北京）　22/05　lot 3623

估价：15,000—16,000

成交价：20,700

2018年产港区省级联谊会尊享贵州茅台酒

53%vol　12瓶/500ml

西泠印社　23/07　lot 0801

估价：100,000—150,000

成交价：115,000

2018年产暑期原箱贵州茅台酒

53%vol　180瓶/500ml（30箱 × 6瓶）

中国嘉德　18/05　lot 4072

估价：900,000—1,800,000

成交价：2,760,000

2018年产戊戌狗年原箱茅台酒

53%vol　60瓶/500ml（10箱×6瓶）
中国嘉德　10/12　lot 4128
估价：150,000—300,000
成交价：287,500

2018年产戊戌狗年原箱茅台酒

53%vol　6瓶/500ml
永乐拍卖（北京）　03/12　lot 7111
估价：31,000—33,600
成交价：35,650

2018年产戊戌狗年原箱茅台酒

53%vol　6瓶/500ml
北京保利　07/06　lot 15013
估价：28,000—30,000
成交价：34,500

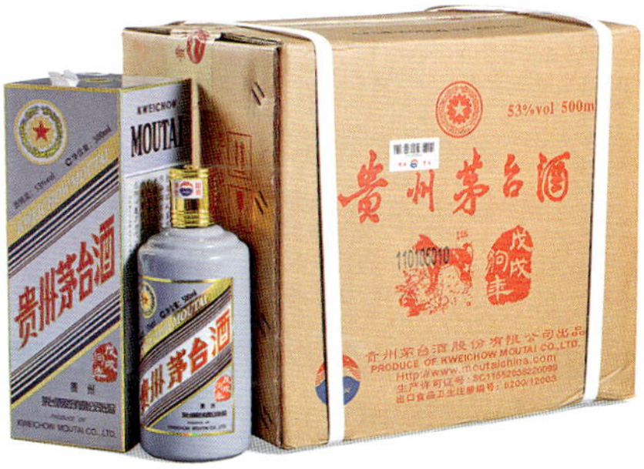

2018年产戊戌狗年原箱茅台酒

53%vol　6瓶/500ml
永乐拍卖（北京）　22/05　lot 3691
估价：22,000—27,000
成交价：31,050

2018年产金字陈酿原箱贵州茅台酒

53%vol　120瓶/500ml（20箱×6瓶）
中国嘉德　10/12　lot 4084
估价：700,000—1,800,000
成交价：1,840,000

2019年产原箱贵州茅台酒

53%vol　12瓶/500ml
北京保利　07/06　lot 15095
估价：56,000—58,000
成交价：64,400

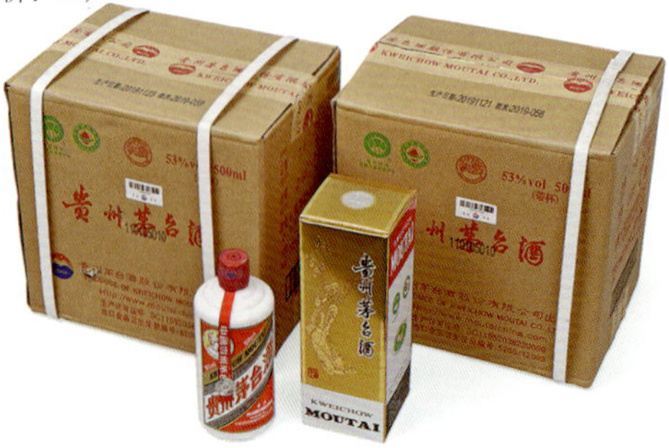

2019年产飞天牌贵州茅台酒

53%vol　2瓶/6000ml
西泠印社　23/07　lot 0816
估价：110,000—160,000
成交价：184,000

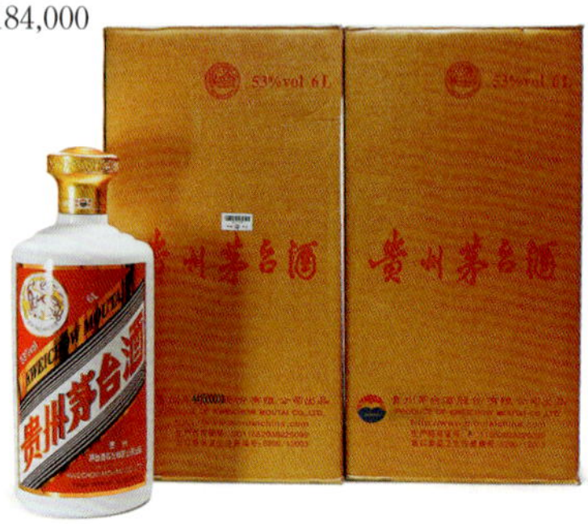

2019年产70周年大庆典贵州茅台酒

53%vol　1瓶/700ml
西泠印社　23/07　lot 0810
估价：140,000—180,000
成交价：172,500

2019年产原箱贵州茅台酒

53%vol　30瓶/500ml
永乐拍卖（北京）　03/12　lot 7097
估价：118,000—129,000
成交价：138,000

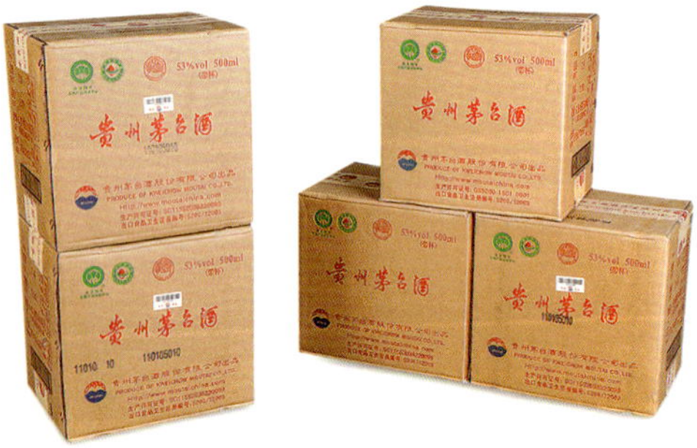

2019年产飞天牌茅台陈酿、五星牌金字陈酿原箱贵州茅台酒

53%vol　24瓶/500ml
北京荣宝　02/12　lot 2194
估价：280,000—300,000
成交价：339,250

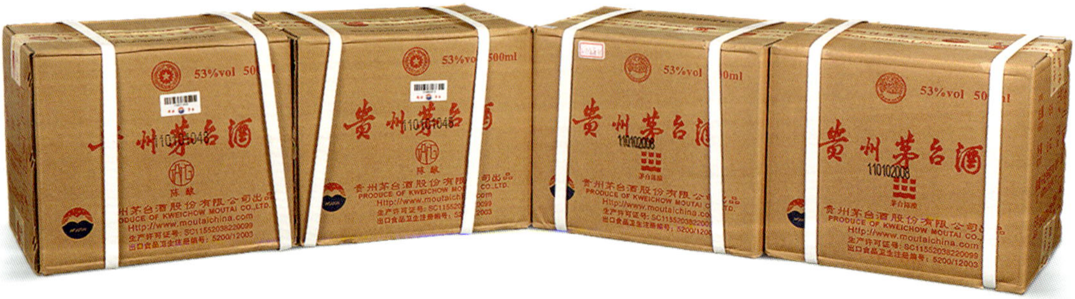

2019年产己亥猪年原箱贵州茅台酒

53%vol　6瓶/500ml
永乐拍卖（北京）　22/05　lot 3692
估价：21,000—26,000
成交价：31,050

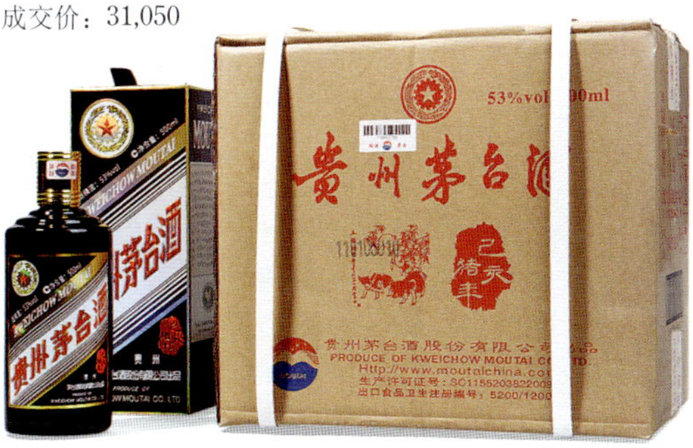

2019年产己亥猪年原箱贵州茅台酒

53%vol　6瓶/500ml
北京保利　07/06　lot 15014
估价：25,000—28,000
成交价：28,750

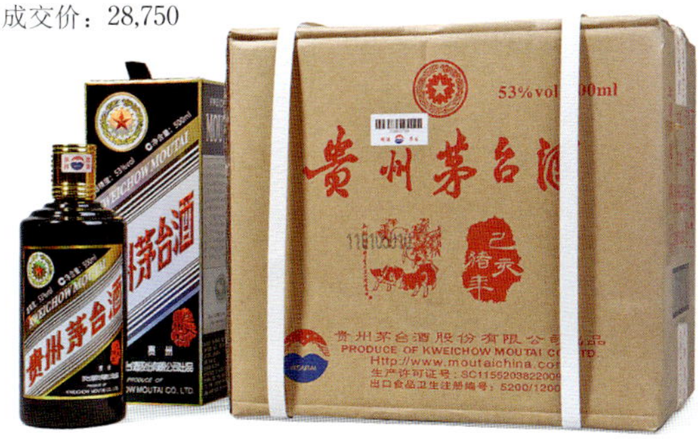

2019年产己亥猪年原箱贵州茅台酒

53%vol　30瓶/500ml
西泠印社　23/07　lot 0835
估价：120,000—160,000
成交价：138,000

2019年产北京外交人员免税商店原箱贵州茅台酒

53%vol　60瓶/500ml（10箱×6瓶）
中国嘉德　18/05　lot 4114
估价：100,000—200,000
成交价：368,000

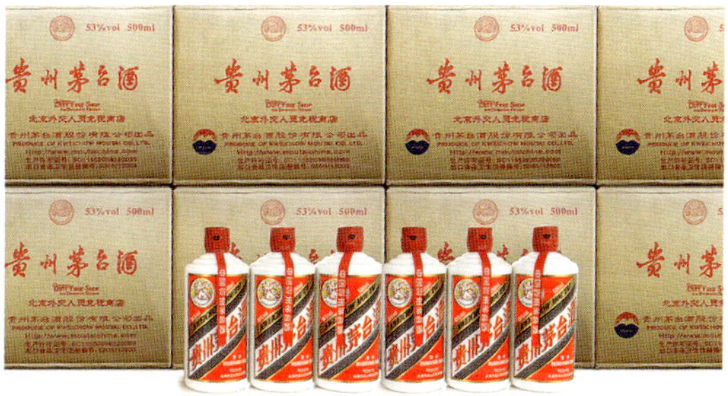

2019年产飞天牌免税特供法国卡慕独家经销贵州茅台酒

53%vol　12瓶/375ml（原箱）
北京荣宝　19/06　lot 3145
估价：50,000—85,000
成交价：57,500

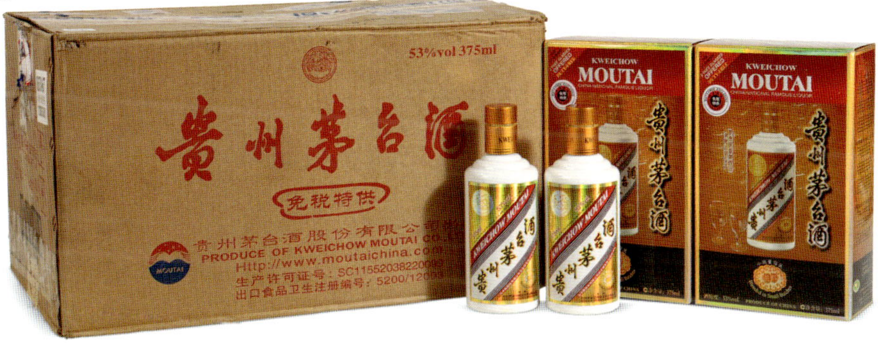

2019年产贵州茅台酒

53%vol　3瓶/1680ml
西泠印社　14/01　lot 0082
估价：45,000—70,000
成交价：51,750

2019年产己亥猪年原箱贵州茅台酒

53%vol　60瓶/500ml（10箱×6瓶）
中国嘉德　10/12　lot 4129
估价：150,000—300,000
成交价：322,000

2019年产建国70周年纪念贵州茅台酒

53%vol　4瓶/700ml
西泠印社　23/07　lot 0809
估价：120,000—180,000
成交价：149,500

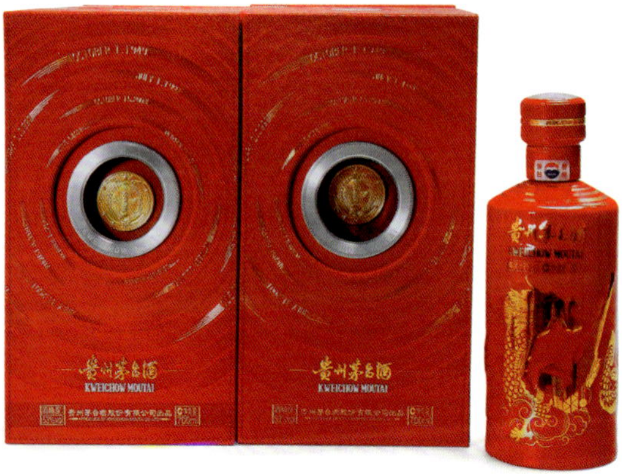

雕刻版十二生肖贵州贵州茅台酒

53%vol　12瓶/500ml
中国嘉德　18/05　lot 4109
估价：60,000—120,000
成交价：253,000

2018年、2019年产走进系列贵州茅台酒

53%vol　6瓶/375ml
北京保利　07/06　lot 15007
估价：32,500—35,000
成交价：37,375

2019年产走进系列贵州茅台酒

53%vol　4瓶/750ml
永乐拍卖（北京）　03/12　lot 7018
估价：41,000—42,000
成交价：47,150

2019年产贵州茅台酒

53%vol　12瓶/500ml
北京保利　07/06　lot 15094
估价：46,000—48,000
成交价：52,900

2019年产百年金奖辉煌贵州茅台酒

53%vol　6瓶/500ml
西泠印社　14/01　lot 0077
估价：32,000—50,000
成交价：36,800

2019年、2020年产飞天牌金贵州茅台酒

53%vol　12瓶/500ml（原盒）
北京荣宝　19/06　lot 3154
估价：75,000—90,000
成交价：92,000

2020年产飞天牌贵州茅台酒

53%vol 1瓶/1000ml、1瓶/500ml

北京保利 07/06 lot 15001

估价：7,000—10,000

成交价：10,350

2020年产飞天牌金条贵州茅台酒

53%vol 10瓶/50ml

永乐拍卖（北京） 22/05 lot 3601

估价：4,000—5,000

成交价：5,750

2020年产原箱贵州茅台酒

53%vol 12瓶/500ml

北京保利 07/06 lot 15099

估价：52,000—54,000

成交价：52,900

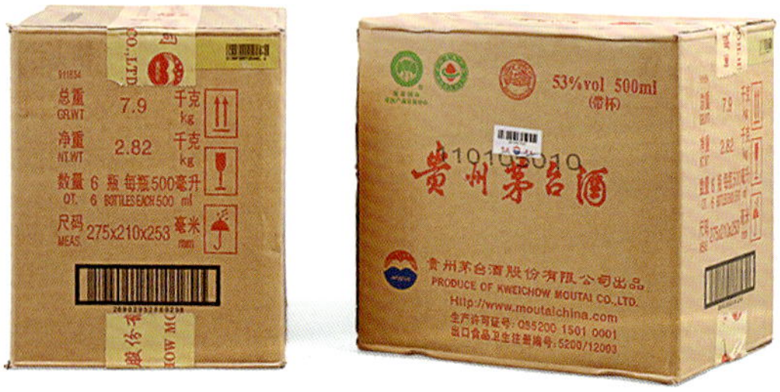

2020年产飞天牌贵州茅台酒

53%vol 1瓶/3000ml

永乐拍卖（北京） 22/05 lot 3605

估价：20,000—22,000

成交价：23,000

2020年产原箱贵州茅台酒

53%vol 30瓶/500ml

永乐拍卖（北京） 03/12 lot 7098

估价：118,000—120,000

成交价：135,700

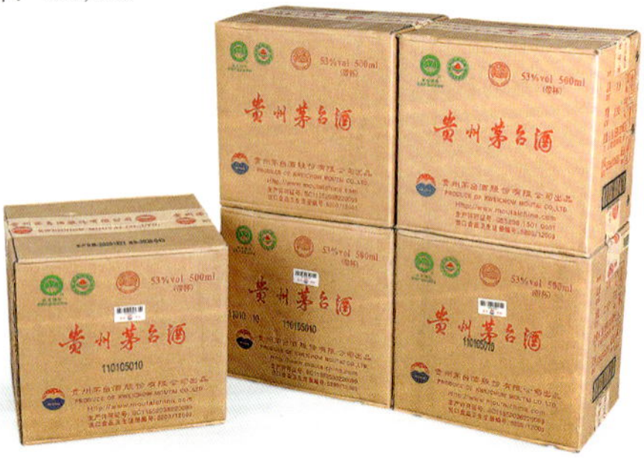

2020年产飞天牌贵州茅台酒

53%vol 6瓶/1000ml

永乐拍卖（北京） 22/05 lot 3604

估价：36,000—37,000

成交价：43,700

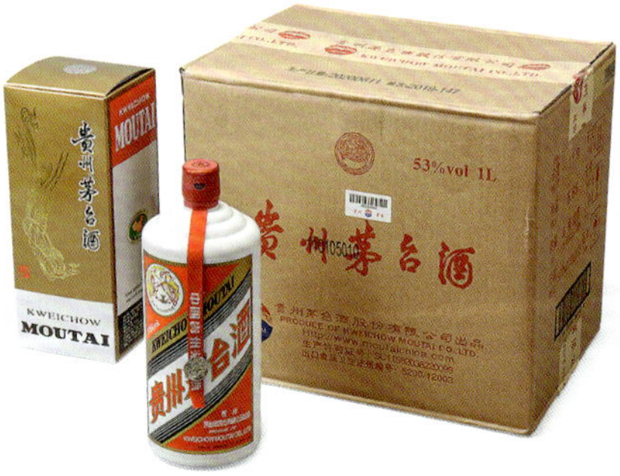

2020年产飞天牌贵州茅台酒

53%vol　1瓶/3000ml
北京保利　07/06　lot 15002
估价：31,000—35,000
成交价：35,650

2020年产贵州茅台酒

53%vol　12瓶/500ml
永乐拍卖（北京）　03/12　lot 7006
估价：30,000—50,000
成交价：51,750

2020年产玫瑰金原箱贵州茅台酒

53%vol　6瓶/500ml
西泠印社　23/07　lot 0820
估价：30,000—50,000
成交价：34,500

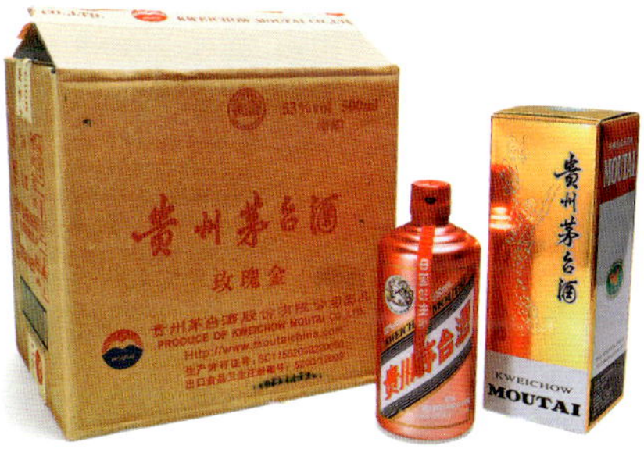

2020年产十大爱情贵州茅台酒

53%vol　10瓶/500ml
西泠印社　23/07　lot 0773
估价：100,000—150,000
成交价：115,000

2020年产十大爱情贵州茅台酒

53%vol　10瓶/500ml
北京保利　07/06　lot 15005
估价：100,000—110,000
成交价：138,000

2020年产五星牌红星闪烁原箱贵州茅台酒

53%vol　6瓶/500ml（原箱）
北京荣宝　19/06　lot 3078
估价：54,000—78,000
成交价：62,100

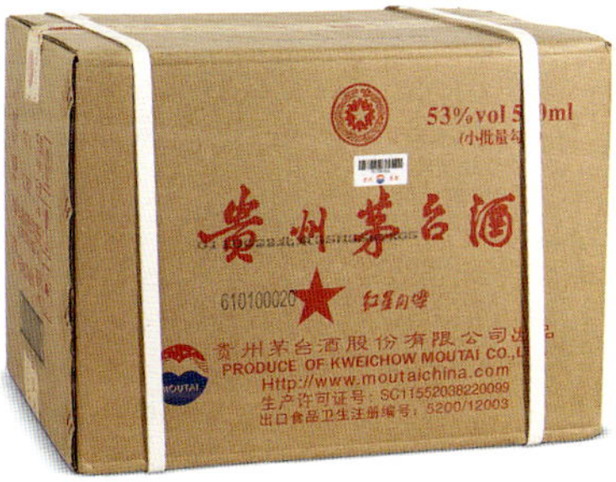

2020年产庚子鼠年原箱贵州茅台酒

53%vol　60瓶/500ml（10箱×6瓶）

中国嘉德 10/12 lot 4130

估价：120,000—240,000

成交价：322,000

2020年产庚子鼠年原箱贵州茅台酒

53%vol　6瓶/500ml

永乐拍卖（北京） 03/12 lot 7113

估价：28,000—31,200

成交价：32,200

2020年产庚子鼠年原箱贵州茅台酒

53%vol　6瓶/500ml

北京保利 05/12 lot 7097

估价：30,000—31,200

成交价：36,800

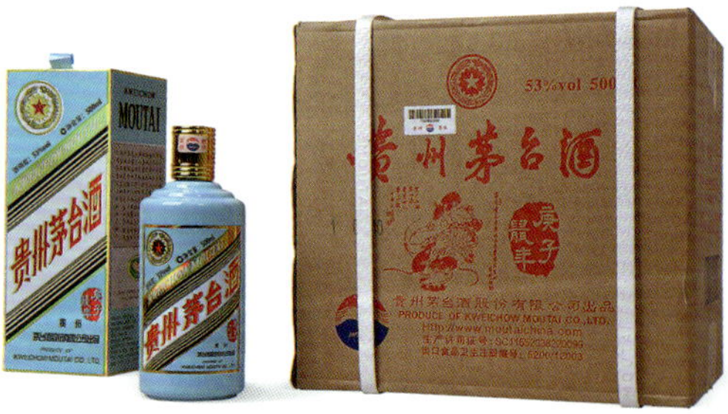

2020年产茅台陈酿原箱贵州茅台酒

53%vol 30瓶/500ml（5箱×6瓶）

中国嘉德 10/12 lot 4104

估价：200,000—500,000

成交价：299,000

2020年产庚子鼠年原箱贵州茅台酒

53%vol 6瓶/500ml

北京保利 07/06 lot 15015

估价：20,000—25,000

成交价：34,500

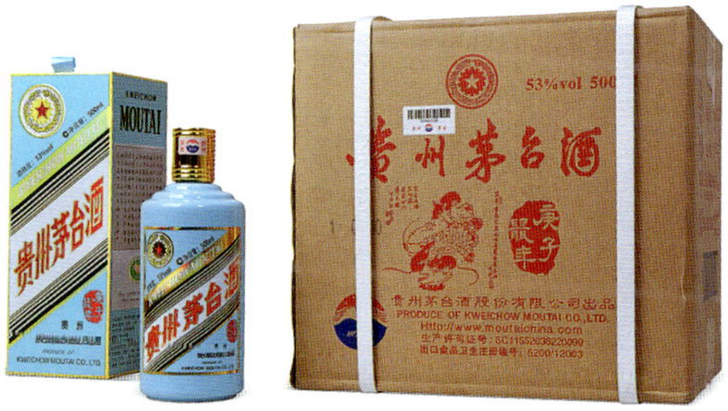

2020年产原封箱飞天牌金字陈酿贵州茅台酒

53%vol 12瓶/500ml

北京荣宝 02/12 lot 2192

估价：160,000—178,000

成交价：189,750

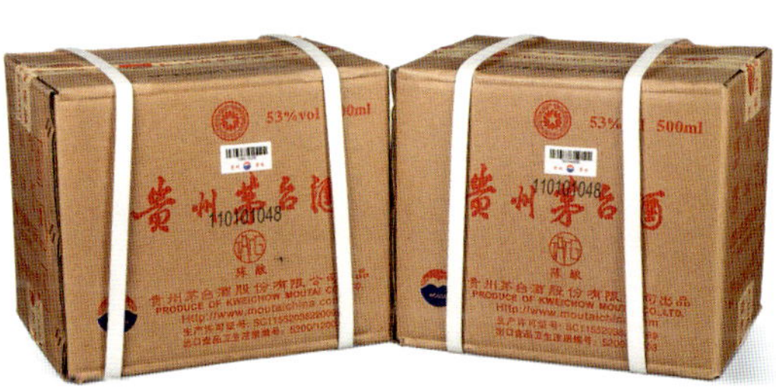

2020年产元青花贵州茅台酒

53%vol 1瓶/7500ml

中国嘉德 10/12 lot 4069

估价：600,000—1,200,000

成交价：1,897,500

2020年产元青花贵州茅台酒

53%vol　1瓶/7500ml
中国嘉德　18/05　lot 4091
估价：600,000—1,000,000
成交价：1,495,000

艮嶽移來石岌峩千
秋遺蹟感懷多倚
巖松翠龍鱗蔚入
牖篁新鳳尾娑樂
志詎因逢勝賞悅
心端為得嘉禾當
春最是耕犁急每較
陰晴發浩歌
右瓊島春陰

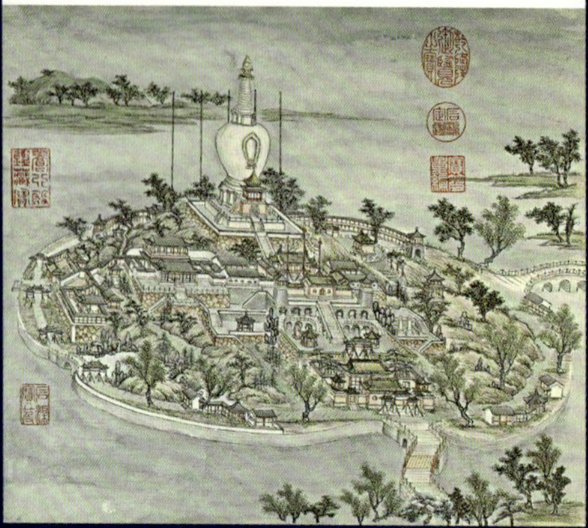

澂見商飈蘋末生鏡
瀾玉練影中横非
閣細雨頻傳響何事
平流無有聲爽入
金行閶闔表波連
瑤渚耀臺瀛高秋
文宴傳嘉話已覺
犁然今昔情
右太液秋風

玉泉芳自此垂虹史
筆誰真感慨中不
改千秋翻趵突幾
曾百丈落雲空廊
池迤自溶溶白倒壓
飛花淡淡紅嘆我
亦當傳耳食未能
免俗且雷同
右玉泉趵突

久曾勝蹟紀春明疊
嶂嵯峨信莫京剛
是應時霑快雪便
教佳景入新晴寒
村烟動依林裊古
寺鐘清隔院鳴新
傍香山構精舍好收
積玉煮三清
右西山晴雪

茅店寒鷄咿喔鳴
曙光斜漢欲參橫
半鈎留照三秋淡一
蝀分波夾鏡明入定
衲僧心共印懷程
客子影猶驚迹來
安踪溝西邑觸景
那忘黯尔情

右蘆溝曉月

十里輕楊烟霧浮薊
门指點認荒邱青
帘貰酒於何少黄
土埋人那漸稠牽
客未能留遠景聽鷄
誰解作清遊梵鐘
欲醒紅塵夢斷續
常飄雲外樓

右薊门煙樹

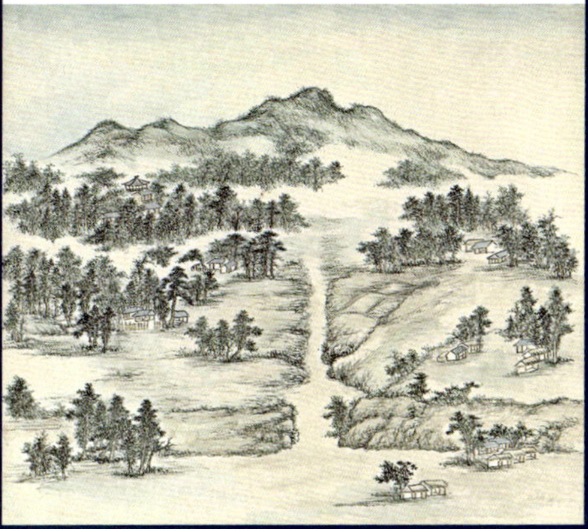

列戍頹垣動接連
當時徒說固防邊
洗兵玉壘豈無務守
德金城信不穿泉
出石鳴常帶冷白
含峰暖欲生烟鳴鞭
阿那羊腸道可稼
前茂穫有田

右居庸疊翠

九龍妙筆寫空濛
物似荒基而東要
在好賢傳以久何妨
存古托其中豪辭
賦鷲誰過客博辯
才孟任小童遺蹟明
昌重按捻畢然高
望想流風 右金臺夕照

燕山八景詩疊舊作韻
乾隆壬申長夏御筆

2020年产飞天牌燕京八景贵州茅台酒
53%vol 8瓶/500ml
西泠印社 23/07 lot 0776
估价：70,000—100,000
成交价：80,500

净含量:500ml
KWEICHOW MOUTAI
酒精度:53%vol
贵州茅台酒
陈酿
贵州
茅台酒股份有限公司出品
PRODUCE OF
KWEICHOW MOUTAI CO.,LTD.
—燕京八景—

2020年产飞天牌燕京八景贵州茅台酒
53%vol　8瓶/500ml（原箱）
北京荣宝　02/12 lot 2227
估价：78,000—90,000
成交价：92,000

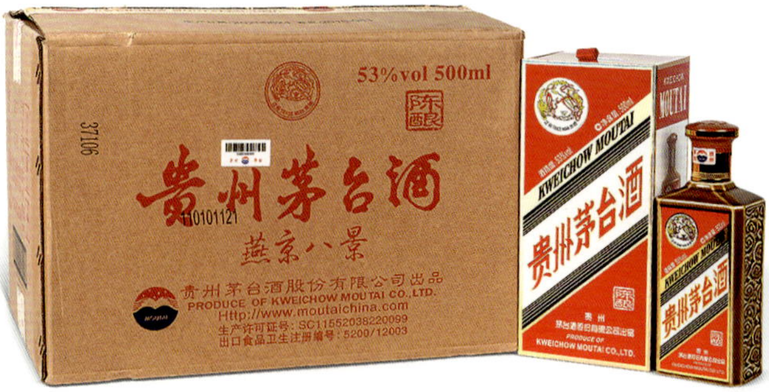

2020年产飞天牌燕京八景贵州茅台酒
53%vol　8瓶/500ml
北京保利　07/06 lot 15006
估价：75,000—89,000
成交价：86,250

2021年产飞天牌燕京八景贵州茅台酒
53%vol　8瓶/500ml
北京保利　05/12 lot 7026
估价：76,000—89,000
成交价：87,400

2020年产飞天牌燕京八景贵州茅台酒

53%vol　8瓶/500ml
西泠印社
14/01 lot 0059
估价：55,000—80,000
成交价：63,250

2020年产飞天牌燕京八景贵州茅台酒

53%vol　8瓶/500ml
永乐拍卖（北京）　22/05 lot 3610
估价：60,000—89,000
成交价：80,500

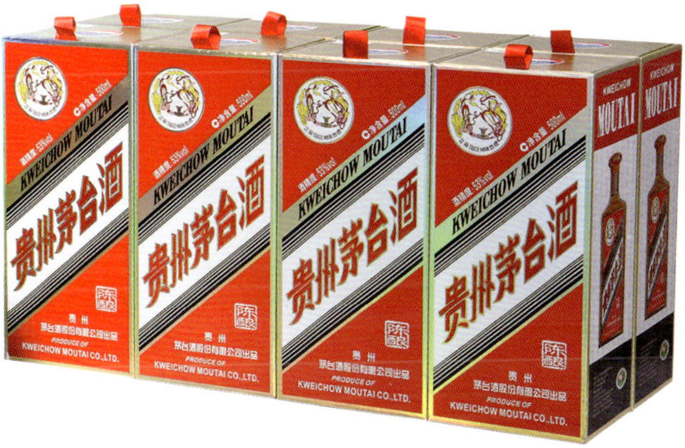

2021年产飞天牌燕京八景贵州茅台酒

53%vol　8瓶/500ml
永乐拍卖（北京）　03/12 lot 7015
估价：78,000—89,000
成交价：87,400

2021年产贵州茅台酒

53%vol　1瓶/3000ml

永乐拍卖（北京）　03/12　lot 7003

估价：无底价

成交价：34,500

2021年产贵州茅台酒

53%vol　1瓶/1500ml

北京保利　05/12　lot 7004

估价：16,000—18,000

成交价：18,400

2021年产贵州茅台酒

53%vol　1瓶/3000ml

北京保利　05/12　lot 7003

估价：29,000—29,999

成交价：33,350

2021年产贵州茅台酒

53%vol　1瓶/200ml、1瓶/500ml

永乐拍卖（北京）　03/12　lot 7005

估价：无底价

成交价：4,600

2021年产陈年15年原箱贵州茅台酒

53%vol　6瓶/500ml

北京保利　07/06　lot 15097

估价：32,000—33,000

成交价：41,400

2021年产贵州茅台酒

53%vol　1瓶/6000ml

永乐拍卖（北京）　03/12　lot 7004

估价：无底价

成交价：74,750

2021年产精品原箱贵州茅台酒

53%vol 6瓶/500ml
北京保利 07/06 lot 15100
估价：21,000—27,000
成交价：31,050

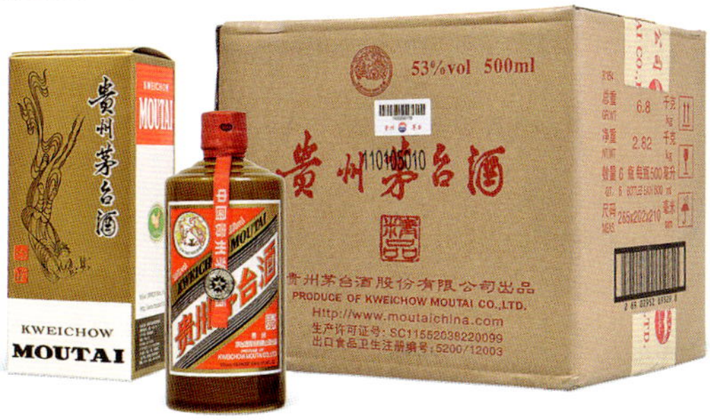

2021年产精品原箱贵州茅台酒

53%vol 6瓶/500ml
北京保利 05/12 lot 7001
估价：20,000—30,000
成交价：23,000

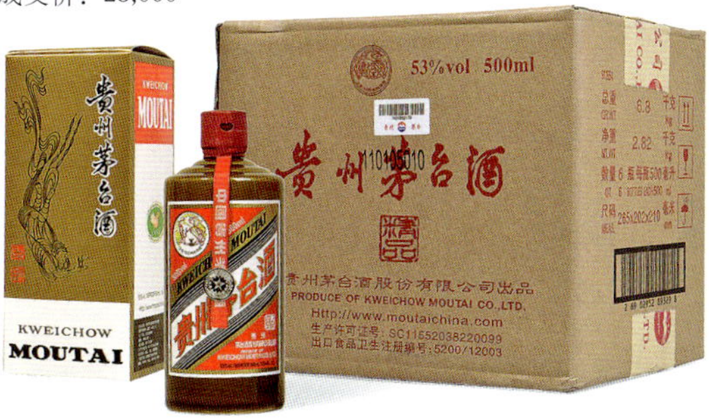

2021年产辛丑牛年原箱贵州茅台酒

53%vol 6瓶/500ml
北京保利 07/06 lot 15016
估价：15,000—30,000
成交价：36,800

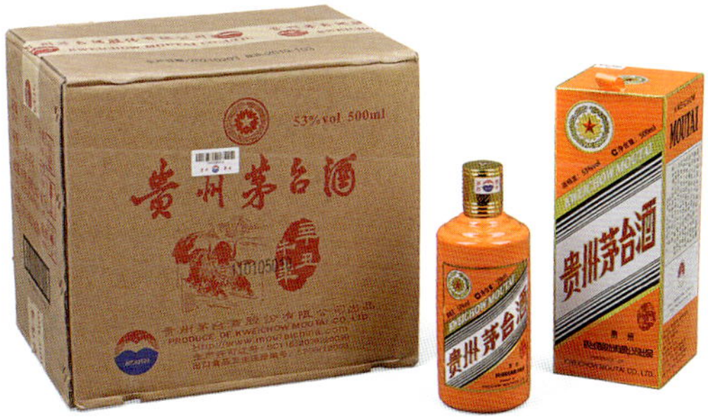

2021年产精品原箱贵州茅台酒

53%vol 30瓶/500ml
西泠印社 23/07 lot 0803
估价：150,000—200,000
成交价：172,500

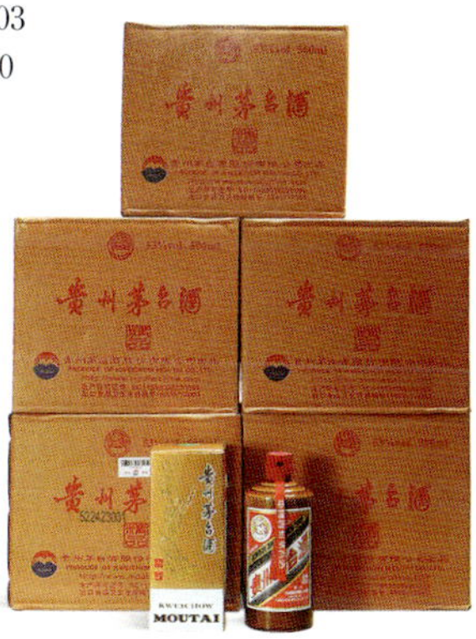

2021年产赤龙焕彩原箱贵州茅台酒

53%vol 6瓶/500ml
永乐拍卖（北京） 03/12 lot 7007
估价：无底价
成交价：69,000

2021年产金昭玉粹原箱贵州茅台酒

53%vol 6瓶/500ml
永乐拍卖（北京） 03/12 lot 7008
估价：无底价
成交价：69,000

2021年产辛丑牛年原箱贵州茅台酒

53%vol　60瓶/500ml（10箱×6瓶）
中国嘉德　10/12　lot 4131
估价：150,000—300,000
成交价：253,000

2021年产辛丑牛年原箱贵州茅台酒

53%vol　1瓶/1500ml
北京保利　05/12　lot 7019
估价：25,000—25,999
成交价：28,750

2010—2021年产贵州茅台酒

53%vol　12瓶/500ml
北京保利　05/12　lot 7072
估价：55,000—56,600
成交价：63,250

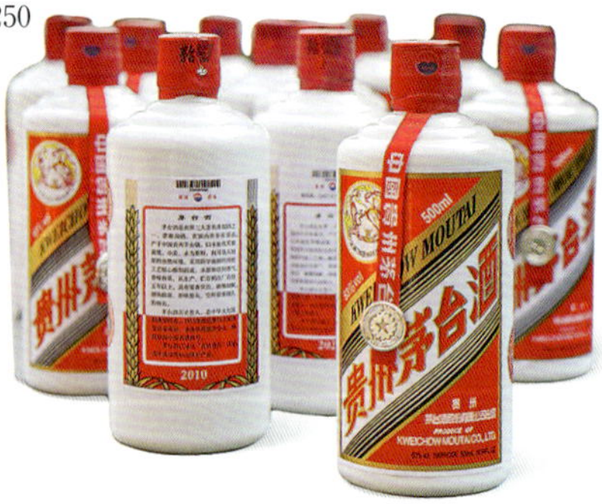

2010—2021年产贵州茅台酒

53%vol　12瓶/500ml
北京保利　07/06　lot 15056
估价：60,000—64,000
成交价：74,750

生肖纪念贵州茅台酒

53%vol　8瓶/500ml
永乐拍卖（北京）　22/05　lot 3611
估价：60,000—87,000
成交价：78,200

2021年产贵州茅台酒（“乐”礼盒）

53%vol　2瓶/500ml

永乐拍卖（北京）　03/12　lot 7002

估价：无底价

成交价：6,900

生肖纪念贵州茅台酒

53%vol　8瓶/500ml

永乐拍卖（北京）　03/12　lot 7016

估价：85,000—90,000

成交价：98,900

2014—2021年产马、羊、猴、鸡、狗、猪、鼠、牛生肖纪念贵州茅台酒

53%vol　8瓶/500ml

西泠印社　23/07　lot 0832

估价：80,000—120,000

成交价：92,000

2014　2021年产生肖纪念贵州茅台酒

53%vol　8瓶/500ml

华艺国际（北京）　03/06　lot 3320

估价：80,000—100,000

成交价：103,500

2014—2021年产生肖贵州茅台酒

53%vol　8瓶/500ml

华艺国际（北京）　11/12　lot 3568

估价：60,000—90,000

成交价：115,000

2021年产辛丑牛年原箱贵州茅台酒

53%vol　6瓶/500ml

永乐拍卖（北京）03/12 lot 7114

估价：15,000—30,000

成交价：32,200

2021年产辛丑牛年原箱贵州茅台酒

53%vol　6瓶/500ml

北京保利 05/12 lot 7098

估价：15,000—30,000

成交价：32,200

2014—2021年产马、羊、猴、鸡、狗、猪、鼠、牛生肖贵州茅台酒

53%vol　8瓶/2500ml

中国嘉德 10/12 lot 4132

估价：350,000—500,000

成交价：506,000

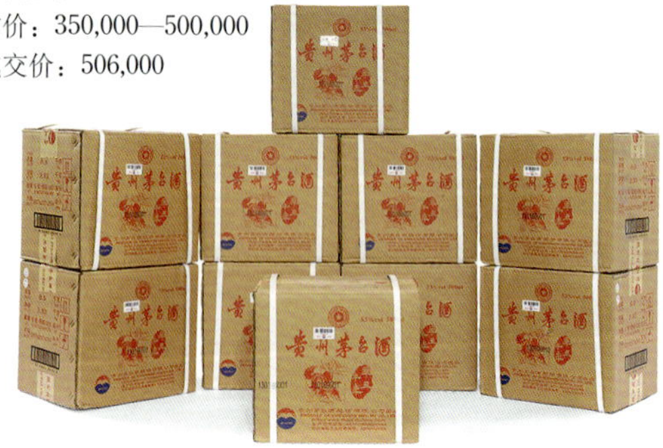

2021年产礼宾原箱贵州茅台酒

53%vol　30瓶/500ml

西泠印社 23/07 lot 0804

估价：150,000—200,000

成交价：172,500

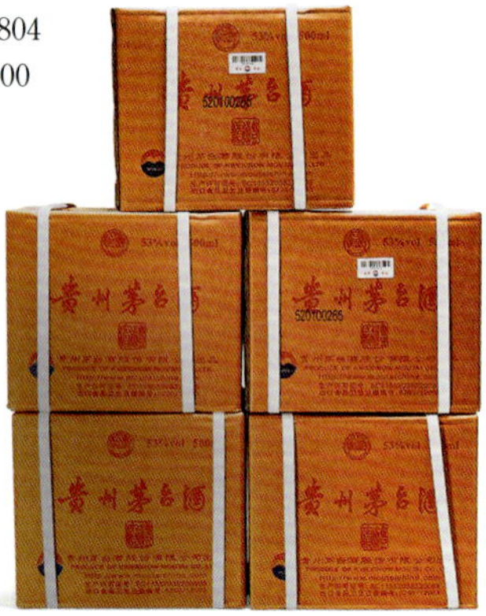

2014—2020年产五星牌马、羊、猴、鸡、狗、猪、鼠生肖贵州茅台酒

53%vol　6瓶/500ml（原箱）

北京荣宝 19/06 lot 3024

估价：45,000—65,000

成交价：575,000

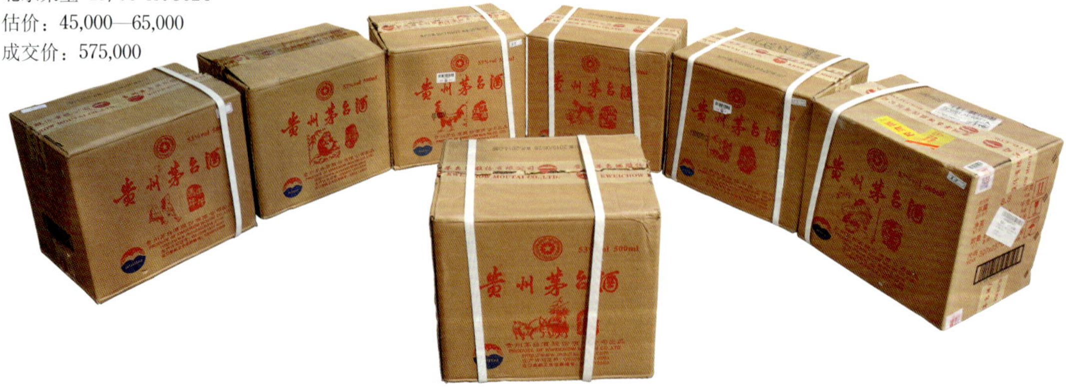

2014—2021年产马、羊、猴、鸡、狗、猪、鼠、牛生肖贵州茅台酒

53%vol　8瓶/1500ml

中国嘉德　10/12　lot 4133

估价：250,000—320,000

成交价：322,000

生肖纪念贵州茅台酒

53%vol　8瓶/500ml

北京保利　05/12　lot 7020

估价：87,000—90,000

成交价：100,050

2011年产人民大会堂国宴专用五粮液

53%vol 36瓶/500ml（原箱）
北京荣宝 02/12 lot 2231
估价：66,000—80,000
成交价：75,900

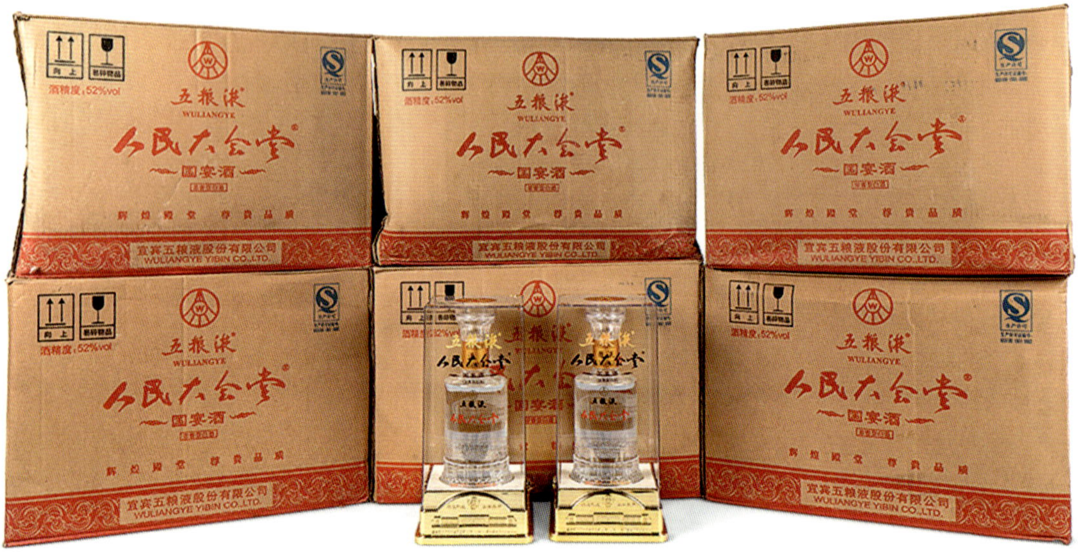

1997年产长城塑盖五粮液

53%vol 10瓶/500ml
西泠印社 14/01 lot 0102
估价：25,000—40,000
成交价：34,500

五粮液（20世纪80年代—90年代、1991、1997、2007、2011）

1997年产长城塑盖原箱五粮液

53%vol　12瓶/500ml

西泠印社　23/07　lot 0844

估价：35,000—50,000

成交价：40,250

2007年产68度原箱五粮液

6瓶/500ml

华艺国际（北京）　11/12　lot 3598

估价：15,000—20,000

成交价：17,250

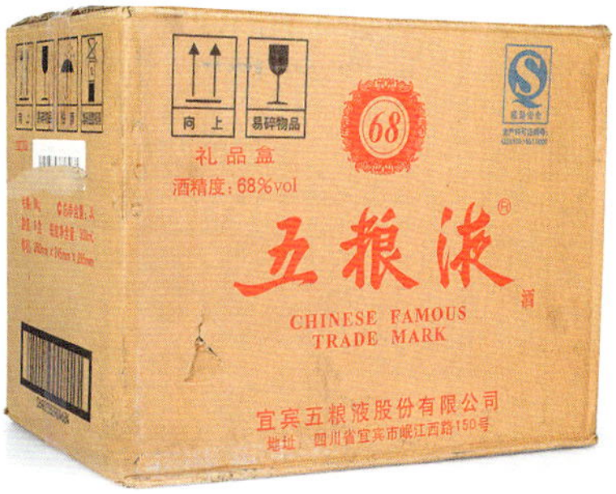

五粮液艺术珍品

53%vol　1瓶/3000ml

西泠印社

23/07　lot 0837

估价：85,000—120,000

成交价：97,750

1991年产萝卜瓶五粮液

53%vol　10瓶/500ml

西泠印社　14/01　lot 0103

估价：50,000—80,000

成交价：63,250

20世纪80年代产胶盖五粮液

53%vol　6瓶/500ml

华艺国际（北京）　11/12　lot 3597

估价：50,000—60,000

成交价：63,250

20世纪90年代产铁盖五粮液

53%vol　6瓶/500ml

华艺国际（北京）　11/12　lot 3596

估价：45,000—55,000

成交价：51,750

1993年、1994年产汾酒

53%vol 24瓶/500ml
华艺国际（北京） 11/12 lot 3602
估价：58,000—70,000
成交价：66,700

1991—1993年产礼盒装汾酒、竹叶青

53%vol 20瓶/500ml
西泠印社 23/07 lot 0848
估价：18,000—25,000
成交价：23,000

1987—1989年产竹叶青

53%vol 10瓶/500ml
华艺国际（北京） 11/12 lot 3605
估价：12,000—20,000
成交价：13,800

20世纪80年代产汾酒

53%vol 12瓶/500ml
华艺国际（北京） 11/12 lot 3603
估价：46,000—56,000
成交价：52,900

1985—1987年产汾酒

53%vol 10瓶/500ml
西泠印社 14/01 lot 0110
估价：18,000—30,000
成交价：25,300

1987—1989年产竹叶青

53%vol 10瓶/500ml
华艺国际（北京） 30/03 lot 3318
估价：12,000—20,000
成交价：13,800

1985—1987年产小盖汾酒

53%vol　30瓶/500ml
西泠印社　23/07　lot 0846
估价：55,000—80,000
成交价：74,750

1988年、1989年产大盖汾酒

53%vol　30瓶/500ml
西泠印社　23/07　lot 0847
估价：50,000—80,000
成交价：63,250

1991—1994年产竹叶青

53%vol　20瓶/500ml
华艺国际（北京）
11/12　lot 3604
估价：18,000—25,000
成交价：23,000

1994年产瓷瓶装竹叶青酒

53%vol　24瓶/500ml
华艺国际（北京）　03/06　lot 3363
估价：20,000—30,000
成交价：23,000

1994年产玻璃瓶原箱竹叶青酒

53%vol　48瓶/300ml
华艺国际（北京）　03/06　lot 3364
估价：24,000—35,000
成交价：27,600

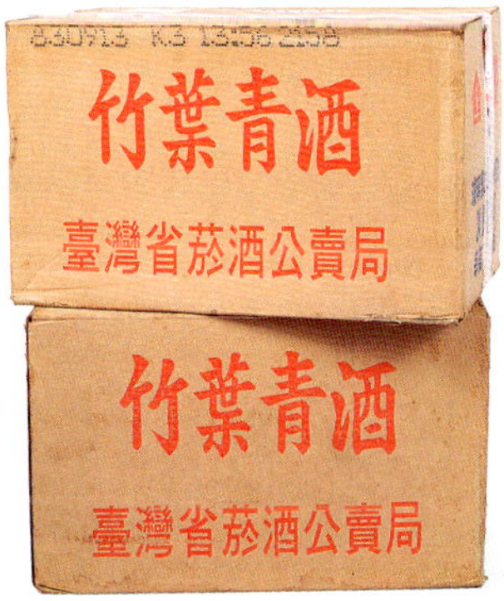

1983年产大字郎郎酒

53%vol　2瓶/540ml

西泠印社　23/07　lot 0850

估价：20,000—30,000

成交价：23,000

20世纪90年代产郎酒

53%vol　10瓶/500ml

西泠印社　23/07　lot 0851

估价：35,000—50,000

成交价：40,250

1995—1998年产郎酒

53%vol　12瓶/500ml

华艺国际（北京）　11/12　lot 3609

估价：50,000—60,000

成交价：74,750

1993—1998年产郎酒

53%vol　20瓶/500ml

华艺国际（北京）　30/03　lot 3313

估价：50,000—80,000

成交价：80,500

1997年、1998年产郎酒

53%vol　20瓶/500ml

华艺国际（北京）

03/06　lot 3346

估价：60,000—80,000

成交价：80,500

20世纪80年代产白标董酒

53%vol　12瓶/500ml

华艺国际（北京）　30/03　lot 3314

估价：60,000—80,000

成交价：80,500

20世纪80年代产白标董酒

53%vol　12瓶/500ml

华艺国际（北京）　11/12　lot 3606

估价：110,000—130,000

成交价：132,250

20世纪90年代产红标董酒

53%vol　12瓶/500ml

华艺国际（北京）　30/03　lot 3315

估价：45,000—60,000

成交价：63,250

1993年、1994年产红标董酒

53%vol　6瓶/500ml

华艺国际（北京）　11/12　lot 3607

估价：30,000—40,000

成交价：36,800

1987—1990年产白标铁盖董酒

53%vol　10瓶/500ml

西泠印社　23/07　lot 0849

估价：130,000—180,000

成交价：149,500

20世纪90年代产红标董酒

53%vol　12瓶/500ml

华艺国际（北京）　11/12　lot 3608

估价：60,000—70,000

成交价：82,800

1994年产西凤酒

53%vol　12瓶/500ml
华艺国际（北京） 11/12 lot 3601
估价：15,000—20,000
成交价：17,250

1994年产西凤酒

53%vol　12瓶/500ml
华艺国际（北京） 30/03 lot 3319
估价：15,000—20,000
成交价：18,400

1991—1995年产西凤酒

53%vol　30瓶/500ml
西泠印社 23/07 lot 0858
估价：38,000—50,000
成交价：46,000

1991—1995年产西凤酒

53%vol　20瓶/500ml
西泠印社
14/01 lot 0112
估价：25,000—40,000
成交价：32,200

1991—1993年产剑南春

53%vol　12瓶/500ml
西泠印社　23/07　lot 0854
估价：32,000—50,000
成交价：36,800

1994年产剑南春

53%vol　12瓶/500ml
西泠印社　23/07　lot 0853
估价：30,000—50,000
成交价：34,500

2000年产原箱剑南春

53%vol　12瓶/500ml
华艺国际（北京）　11/12　lot 3599
估价：35,000—45,000
成交价：40,250

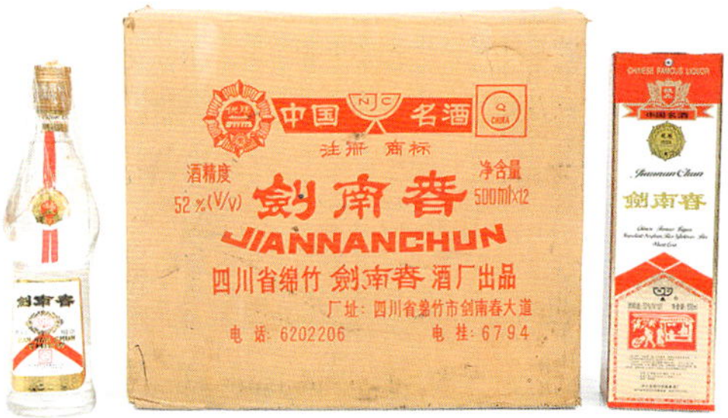

2012年产典藏珍品原箱习酒

53%vol　4坛/3000ml
华艺国际（北京）　11/12　lot 3612
估价：55,000—65,000
成交价：63,250

2012年产国营60周年原箱习酒

53%vol　12瓶/500ml
华艺国际（北京）　11/12　lot 3615
估价：27,000—35,000
成交价：31,050

2013年产君品原箱习酒

53%vol　8瓶/1000ml
华艺国际（北京）　11/12　lot 3616
估价：32,000—40,000
成交价：36,800

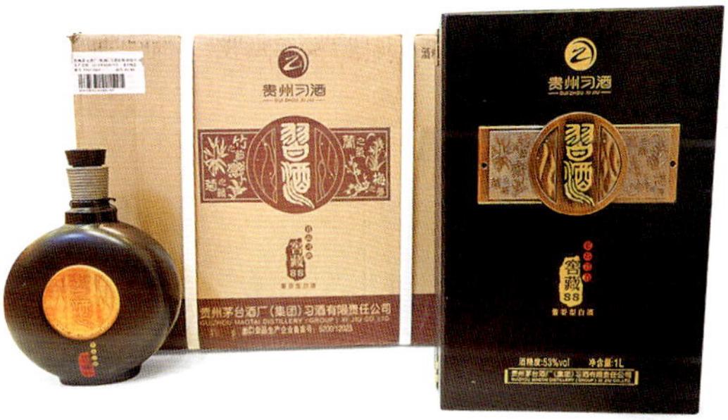

金门高粱节日酒（春节）
53%vol 6瓶/600ml
华艺国际（北京）
03/06 lot 3347
估价：18,000—25,000
成交价：20,700

金门高粱节日酒（中秋节）
53%vol 6瓶/600ml
华艺国际（北京）
03/06 lot 3348
估价：18,000—25,000
成交价：20,700

金门高粱节日酒（端午节）
53%vol 6瓶/600ml
华艺国际（北京） 03/06 lot 3349
估价：18,000—25,000
成交价：20,700

1982年产金门高粱山水寿酒

53%vol　6瓶/600ml

华艺国际（北京）　03/06　lot 3356

估价：21,600—30,000

成交价：24,840

1995年产金门高粱（老白干）

53%vol　12瓶/600ml

华艺国际（北京）　03/06　lot 3352

估价：16,000—25,000

成交价：18,400

1992年产金膜白金龙金门特级高粱酒

53%vol　6瓶/750ml

华艺国际（北京）　03/06　lot 3353

估价：21,000—30,000

成交价：24,150

20世纪70年代产铝盖白金龙金门特级高粱酒

53%vol　6瓶/600ml

华艺国际（北京）　03/06　lot 3355

估价：42,000—55,000

成交价：48,300

1984年产白金龙金门特级高粱酒

53%vol　12瓶/600ml

华艺国际（北京）　03/06　lot 3354

估价：48,000—60,000

成交价：55,200

1996年产金盖全兴大曲

53%vol　12瓶/500ml

西泠印社　23/07　lot 0860

估价：22,000—30,000

成交价：25,300

1992年产原箱习水大曲

53%vol　12瓶/500ml

华艺国际（北京）　30/03　lot 3320

估价：30,000—50,000

成交价：51,750

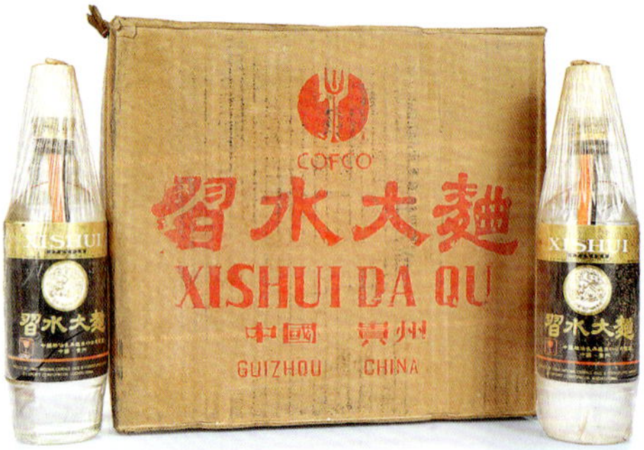

1993年产原箱湄窖

53%vol　12瓶/500ml

华艺国际（北京）　30/03　lot 3321

估价：30,000—50,000

成交价：34,500

2009年产十七大名酒礼盒

53%vol　17瓶/500ml

西泠印社　23/07　lot 0839

估价：70,000—100,000

成交价：97,750

1992年产原箱习水大曲

53%vol　12瓶/500ml

华艺国际（北京）　03/06　lot 3345

估价：45,000—55,000

成交价：51,750

1988年产原箱泸州老窖特曲

53%vol　20瓶/500ml

华艺国际（北京）　11/12　lot 3600

估价：78,000—85,000

成交价：89,700

1995年产玻璃瓶福建龙岩沉缸酒

53%vol　12瓶/600ml
华艺国际（北京）　03/06　lot 3370
估价：15,000—25,000
成交价：17,250

1995年产原箱绍兴烧酒

53%vol　48瓶/300ml
华艺国际（北京）　03/06　lot 3362
估价：24,000—30,000
成交价：27,600

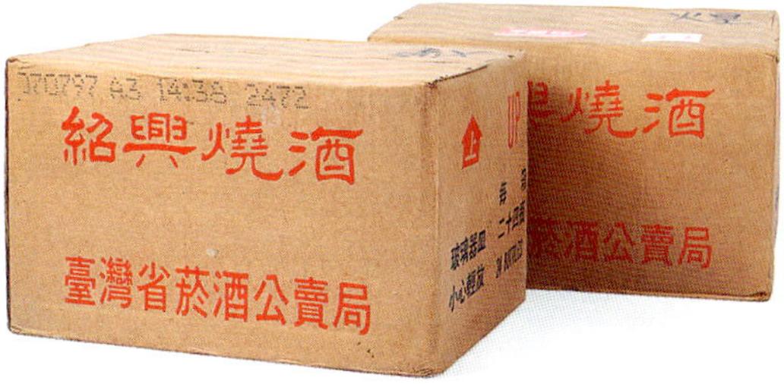

20世纪90年代产原箱鸭溪窖酒

53%vol　12瓶/500ml
华艺国际（北京）　30/03　lot 3322
估价：30,000—50,000
成交价：51,750

1992年产飞天牌原箱鸭溪窖酒

53%vol　12瓶/500ml
华艺国际（北京）　03/06　lot 3343
估价：45,000—55,000
成交价：51,750

1995年产原箱玫瑰露酒

48瓶/300ml
华艺国际（北京）　03/06　lot 3367
估价：24,000—35,000
成交价：27,600

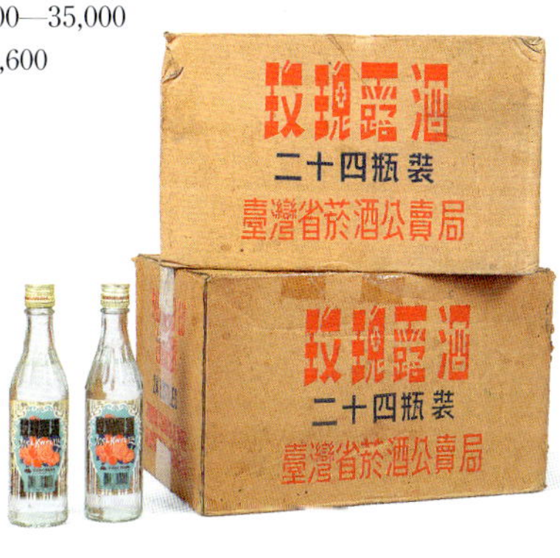

1990年产原箱梅鹿液

53%vol　24瓶/500ml
华艺国际（北京）　11/12　lot 3610
估价：90,000—110,000
成交价：115,000

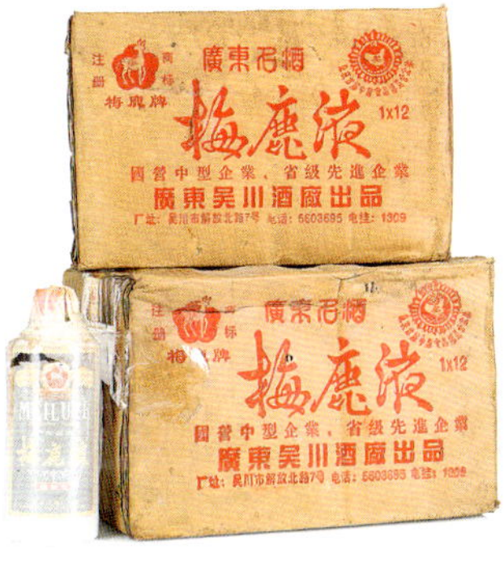

国窖·1573典藏纪念酒

53%vol　1瓶/3000g

北京保利 07/06 lot 15102

估价：28,000

成交价：32,200

国窖·1573典藏纪念酒

53%vol　1瓶/3000g

北京保利 05/12 lot 7100

估价：28,000

成交价：32,200

红星牌二锅头典藏纪念酒

53%vol　1瓶/3000g

北京保利 07/06 lot 15104

估价：15,000

成交价：17,250

口子窖典藏纪念酒

53%vol　1瓶/3000g

北京保利 07/06 lot 15103

估价：15,000

成交价：17,250

口子窖典藏纪念酒

53%vol　1瓶/3000g

北京保利 05/12 lot 7101

估价：15,000

成交价：17,250

红星牌二锅头典藏纪念酒

53%vol　1瓶/3000g

北京保利 05/12 lot 7102

估价：15,000

成交价：17,250

仿官窑藏品系列

53%vol　8瓶/600ml

华艺国际（北京）

03/06 lot 3360

估价：16,000—30,000

成交价：18,400

1983年产双鹿牌五加皮酒

53%vol　9瓶/600ml

华艺国际（北京）　03/06　lot 3366

估价：21,000—30,000

成交价：24,150

约20世纪80年代末产瓷瓶福建龙岩沉缸酒

53%vol　12瓶/600ml

华艺国际（北京）　03/06　lot 3369

估价：18,000—30,000

成交价：20,700

中国名酒纪念珍藏酒

53%vol　17瓶分别为贵州茅台酒、杏花村汾酒、五粮液、洋河大曲、剑南春、古井贡酒、董酒、西凤酒、泸州老窖特曲、全兴大曲、双沟大曲、黄鹤楼、郎酒、武陵酒、宝丰、宋河粮液、沱牌曲酒等17家在第五届全国评酒会荣获“中国名酒”称号的企业，按照1989年全国评酒会时期的样式精心生产了6217套珍藏纪念酒，数字寓意为庆祝建国60周年、第五届评酒会20周年和17种白酒荣获“中国名酒”殊荣。

北京保利　07/06　lot 15101

估价：25,000—35,000

成交价：43,700

仿故宫藏品系列

53%vol　16瓶/600ml

华艺国际（北京）　03/06　lot 3359

估价：28,000—40,000

成交价：32,200

罗曼尼·康帝酒庄（Domaine de la Romanee-Conti）依瑟索（Echezeaux）特级园干红2002年份
（罗伯特·帕克团队评分：89分）
法国勃艮第夜丘沃恩·罗曼尼法定产区
适饮期：已适宜饮用
1支/750ml
中国嘉德 18/05 lot 3947
估价：25,000—27,000
成交价：33,350

罗曼尼·康帝酒庄依瑟索特级园干红2011年份
（罗伯特·帕克团队评分：90分）
法国勃艮第夜丘沃恩·罗曼尼法定产区
适饮期：已适宜饮用，也可继续窖藏陈年至2027年
1支/750ml
中国嘉德 11/12 lot 4217
估价：15,000—25,000
成交价：26,450

罗曼尼·康帝2008年份
法国勃艮第夜丘沃恩·罗曼尼法定产区
1支/750ml
永乐拍卖（北京） 03/12 lot 7539
估价：139,000—149,000
成交价：172,500

罗曼尼·康帝2014年份
法国勃艮第夜丘沃恩·罗曼尼法定产区
1支/750ml
永乐拍卖（北京） 03/12 lot 7538
估价：125,000—145,000
成交价：143,750

罗曼尼·康帝酒庄大依瑟索特级园干红2001年份

（罗伯特·帕克团队评分：89—90分）
法国勃艮第夜丘沃恩·罗曼尼法定产区
适饮期：已适宜饮用
1支/750ml
中国嘉德 11/12 lot 4220
估价：30,000—35,000
成交价：34,500

罗曼尼·康帝酒庄大依瑟索特级园干红2011年份

（罗伯特·帕克团队评分：93分）
法国勃艮第夜丘沃恩·罗曼尼法定产区
适饮期：已适宜饮用，也可继续窖藏陈年至2030年
2支/750ml
中国嘉德 11/12 lot 4219
估价：30,000—50,000
成交价：64,400

罗曼尼·康帝酒庄大依瑟索特级园干红2011年份

（罗伯特·帕克团队评分：93分）
法国勃艮第夜丘沃恩·罗曼尼法定产区
适饮期：已适宜饮用，也可继续窖藏陈年至2030年
5支/750ml
中国嘉德 18/05 lot 3948
估价：10,000—20,000
成交价：115,000

罗曼尼·康帝酒庄大依瑟索特级园干红2014年份

（罗伯特·帕克团队评分：94分）
法国勃艮第夜丘沃恩·罗曼尼法定产区
适饮期：已适宜饮用，也可继续窖藏陈年至2039年
1支/750ml
中国嘉德 11/12 lot 4218
估价：27,000—30,000
成交价：32,200

罗曼尼·康帝酒庄拉塔希（La Tache）特级园干红2007年份

（罗伯特·帕克团队评分：96分）
适饮期：已适宜饮用，也可继续窖藏陈年至2030年
1支/750ml
中国嘉德 11/12 lot 4228
估价：35,000—48,000
成交价：59,800

罗曼尼·康帝酒庄拉塔希特级园干红2017年份

（罗伯特·帕克团队评分：96分+）
法国勃艮第夜丘沃恩·罗曼尼法定产区
适饮期：2030—2070年
6支/750ml
中国嘉德 11/12 lot 4227
估价：280,000—300,000
成交价：322,000

罗曼尼·康帝酒庄李奇堡（Richebourg）特级园干红2007年份

（罗伯特·帕克团队评分：94分）
法国勃艮第夜丘沃恩·罗曼尼法定产区
适饮期：2025—2040年
1支/750ml
中国嘉德 11/12 lot 4223
估价：25,000—35,000
成交价：34,500

罗曼尼·康帝酒庄李奇堡特级园干红2017年份

（罗伯特·帕克团队评分：95分）
法国勃艮第夜丘沃恩·罗曼尼法定产区
适饮期：2027—2060年
6支/750ml
中国嘉德 11/12 lot 4221
估价：190,000—230,000
成交价：230,000

罗曼尼·康帝酒庄李奇堡特级园干红2016年份
（罗伯特·帕克团队评分：97分）
法国勃艮第夜丘沃恩·罗曼尼法定产区
适饮期：2026—2060年
1支/750ml
中国嘉德 11/12 lot 4222
估价：25,000—35,000
成交价：29,900

罗曼尼·康帝酒庄李奇堡特级园干红2011年份
（罗伯特·帕克团队评分：94分）
法国勃艮第夜丘沃恩·罗曼尼法定产区
适饮期：已适宜饮用，也可继续窖藏陈年至2035年
2支/750ml
中国嘉德 18/05 lot 3951
估价：10,000—30,000
成交价：92,000

罗曼尼·康帝酒庄李奇堡特级园干红2016年份
（罗伯特·帕克团队评分：97分）
法国勃艮第夜丘沃恩·罗曼尼法定产区
适饮期：2026—2060年
2支/750ml
中国嘉德 18/05 lot 3950
估价：78,000—80,000
成交价：89,700

罗曼尼·康帝酒庄圣维旺（Saint Vivant）特级园干红2011年份
（罗伯特·帕克团队评分：94分）
法国勃艮第夜丘沃恩·罗曼尼法定产区
适饮期：已适宜饮用，也可继续窖藏陈年至2035年
1支/750ml
中国嘉德 11/12 lot 4226
估价：25,000—30,000
成交价：28,750

SOCIÉTÉ CIVILE DU DOMAINE
DE LA
ROMANÉE-CONTI
VOSNE-ROMANÉE, CÔTE D'OR
MONOPOLE
1997
ROMANÉE-S^T-VIVANT
MAREY-MONGE
APPELLATION ROMANÉE-ST-VIVANT CONTROLÉE
ANNÉE 1997
RICHEBOURG
APPELLATION RICHEBOURG CONTROLÉE
ANNÉE 1997

罗曼尼·康帝酒庄套装1997年份

1. 罗曼尼·康帝酒庄罗曼尼·康帝特级园干红1997年份 1支（罗伯特·帕克团队评分：95分）　适饮期：已适宜饮用
2. 罗曼尼·康帝酒庄拉塔希特级园干红1997年份 3支（罗伯特·帕克团队评分：93分）　适饮期：已适宜饮用
3. 罗曼尼·康帝酒庄圣维旺特级园干红1997年份 2支
4. 罗曼尼·康帝酒庄李奇堡特级园干红1997年 2支（罗伯特·帕克团队评分：93分）　适饮期：已适宜饮用
5. 罗曼尼·康帝酒庄大依瑟索特级园干红1997年 1支（罗伯特·帕克团队评分：91分）　适饮期：已适宜饮用
6. 罗曼尼·康帝酒庄依瑟索特级园干红1997年份 3支

法国勃艮第夜丘沃恩·罗曼尼法定产区　适饮期：已适宜饮用

12支/750ml

中国嘉德 11/12 lot 4229

估价：450,000—650,000

成交价：517,500

罗曼尼·康帝酒庄套装2011年份

1. 罗曼尼·康帝酒庄罗曼尼·康帝特级园干红2011年份 1支（罗伯特·帕克团队评分：96分）

适饮期：已适宜饮用，也可继续窖藏陈年至2035年

2. 罗曼尼·康帝酒庄拉塔希特级园干红2011年份 1支（罗伯特·帕克团队评分：95分）

适饮期：已适宜饮用，也可继续窖藏陈年至2040年

3. 罗曼尼·康帝酒庄圣维旺特级园干红2011年份 1支（罗伯特·帕克团队评分：94分）

适饮期：已适宜饮用，也可继续窖藏陈年至2035年

4. 罗曼尼·康帝酒庄李奇堡特级园干红2011年1支（罗伯特·帕克团队评分：94分）

适饮期：已适宜饮用，也可继续窖藏陈年至2035年

5. 罗曼尼·康帝酒庄大依瑟索特级园干红2011年1支（罗伯特·帕克团队评分：93分）

适饮期：已适宜饮用，也可继续窖藏陈年至2030年

6. 罗曼尼·康帝酒庄依瑟索特级园干红2011年份 1支（罗伯特·帕克团队评分：90分）

适饮期：已适宜饮用，也可继续窖藏陈年至2027年

法国勃艮第夜丘沃恩·罗曼尼法定产区

6支/750ml

中国嘉德　18/05 lot 3952

估价：100,000—200,000

成交价：402,500

罗曼尼·康帝酒庄圣维旺特级园干红2014年份

（罗伯特·帕克团队评分：95分）
法国勃艮第夜丘沃恩·罗曼尼法定产区
适饮期：已适宜饮用，也可继续窖藏陈年至2035年
1支/750ml
中国嘉德 11/12 lot 4225
估价：20,000—30,000
成交价：27,600

罗曼尼·康帝酒庄圣维旺特级园干红2012年份

（罗伯特·帕克团队评分：96分）
法国勃艮第夜丘沃恩·罗曼尼法定产区
适饮期：已适宜饮用，也可继续窖藏陈年至2045年
1支/750ml
中国嘉德 18/05 lot 3949
估价：26,000—28,000
成交价：29,900

罗曼尼·康帝酒庄圣维旺特级园干红2017年份

（罗伯特·帕克团队评分：95分）
法国勃艮第夜丘沃恩·罗曼尼法定产区
适饮期：2023—2055年
2支/750ml
中国嘉德 11/12 lot 4224
估价：50,000—60,000
成交价：66,700

勒桦（Leroy）伯恩西子一级园红葡萄酒1983年份

法国勃艮第伯恩丘法定产区
适饮期：已适宜饮用
4支/750ml
中国嘉德 11/12 lot 4320
估价：29,000—40,000
成交价：44,850

勒桦尼伊圣乔治（Nuits St-Georges）村红葡萄酒1983年份

法国勃艮第夜丘圣乔治法定产区
适饮期：已适宜饮用
6支/750ml
中国嘉德 11/12 lot 4321
估价：49,000—60,000
成交价：56,350

勒桦沃内村一级园红葡萄酒1984年份

法国勃艮第伯恩丘法定产区
适饮期：已适宜饮用
6支/750ml
中国嘉德 11/12 lot 4319
估价：40,000—56,000
成交价：47,150

勒桦酒庄石头园特级园1997年份

法国勃艮第伯恩丘法定产区
1支/750ml
永乐拍卖（北京） 03/12 lot 7541
估价：40,000—50,000
成交价：103,500

勒桦20世纪80年代精选套装（各6支）

1. 勒桦萨维尼-伯恩村红葡萄酒1983年份 6支
2. 勒桦尼伊圣乔治村红葡萄酒1983年份 6支
3. 勒桦伯恩一级园西子红葡萄酒1983年份 6支
4. 勒桦沃内村红葡萄酒1984年份 6支
5. 勒桦莫雷圣丹尼红葡萄酒1984年份 6支

法国勃艮第萨维尼-伯恩丘法定产区
30支/750ml
中国嘉德 18/05 lot 3946
估价：210,000—230,000
成交价：379,500

勒桦村庄级2003年份精选套装（各3支）

1. 勒桦绍黑伯恩村红葡萄酒3支

适饮期：已适宜饮用

2. 勒桦马朗日红葡萄酒3支

适饮期：已适宜饮用

3. 法国勃艮第萨维尼-伯恩丘法定产区

6支/750ml
中国嘉德 18/05 lot 3945
估价：25,000—28,000
成交价：46,000

阿曼·卢梭父子酒园热夫雷香贝丹红葡萄酒2005年份

法国勃艮第夜丘热夫雷香贝丹法定产区
6支/750ml
中国嘉德 11/12 lot 4325
估价：27,000—32,000
成交价：31,050

勒桦波玛一级酒园红葡萄酒2008年份

法国勃艮第伯恩丘法定产区
2支/750ml
中国嘉德 18/05 lot 3944
估价：8,000—9,000
成交价：17,250

阿曼·卢梭父子酒园圣雅克一级园红葡萄酒2011年份

（罗伯特·帕克团队评分：94分）
法国勃艮第夜丘热夫雷香贝丹法定产区
适饮期：已适宜饮用，也可继续窖藏陈年至2035年
6支/750ml
中国嘉德 11/12 lot 4323
估价：63,000—80,000
成交价：82,800

阿曼·卢梭父子酒园香贝丹贝兹特级园红葡萄酒2008年份

（罗伯特·帕克团队评分：96分+）
法国勃艮第夜丘热夫雷香贝丹法定产区
适饮期：已适宜饮用，也可继续窖藏陈年至2038年
6支/750ml
中国嘉德 11/12 lot 4324
估价：148,000—160,000
成交价：184,000

阿曼·卢梭父子酒园香贝丹特级园红葡萄酒2003年份

（罗伯特·帕克团队评分：92分）
法国勃艮第夜丘热夫雷香贝丹法定产区
适饮期：已适宜饮用
6支/750ml
中国嘉德 11/12 lot 4326
估价：200,000—240,000
成交价：253,000

阿曼-杰夫酒庄博西哲维瑞香贝丹一级园红葡萄酒2017年份

（罗伯特·帕克团队评分：91分）
法国勃艮第夜丘法定产区　适饮期：2022—2037年
12支/750ml
中国嘉德 18/05 lot 3943
估价：8,000—9,000
成交价：23,000

阿曼-杰夫酒庄玛兹香贝丹特级园红葡萄酒2018年份
（罗伯特·帕克团队评分：94—96分）
法国勃艮第夜丘热夫雷香贝丹法定产区
12支/750ml
中国嘉德 11/12 lot 4318
估价：19,000—22,000
成交价：24,150

贝塔娜酒庄（Domaine Bertagna）伏旧一级酒园皮尔勒独占园红葡萄酒2016年份
法国勃艮第夜丘武若法定产区
12支/750ml
中国嘉德 11/12 lot 4333
估价：10,000—13,000
成交价：11,500

阿曼·卢梭香牡香贝丹红葡萄酒2016年份
（罗伯特·帕克团队评分：92分）
法国勃艮第夜丘法定产区
适饮期：2025—2045年
6支/750ml
中国嘉德 18/05 lot 3938
估价：31,000—33,000
成交价：37,950

贝塔娜酒庄圣丹尼斯特级园红葡萄酒2016年份
法国勃艮第夜丘圣丹尼斯法定产区
12支/750ml
中国嘉德 11/12 lot 4334
估价：17,000—22,000
成交价：20,700

贝塔娜酒庄武若一级园皮尔勒独占园干红2016年份
法国勃艮第夜丘武若法定产区
6支/750ml
中国嘉德　18/05　lot 3940
估价：无底价
成交价：23,000

卢米酒庄（Domaine　G. Roumier）波内玛尔特级园红葡萄酒2002年份
（罗伯特・帕克团队评分：94—97分）
法国勃艮第夜丘波内玛尔法定产区
适饮期：已适宜饮用
6支/750ml
中国嘉德　11/12　lot 4328
估价：220,000—240,000
成交价：253,000

贝塔娜酒庄夜圣乔治一级酒园穆尔格园红葡萄酒2016年份
法国勃艮第夜丘圣乔治法定产区
12支/750ml
中国嘉德　11/12　lot 4332
估价：10,000—12,000
成交价：11,500

路易亚都（Maison　Louis　Jadot）波内玛尔特级园红葡萄酒2017年份
（罗伯特・帕克团队评分：92—94分+）
法国勃艮第夜丘法定产区
12支/750ml
中国嘉德　11/12　lot 4309
估价：25,000—28,000
成交价：33,350

路易亚都波内玛尔特级园红葡萄酒小垂直套装2015—2018年份（各3支）

1. 路易亚都波内玛尔特级园红葡萄酒2015年份 3支 （罗伯特·帕克团队评分：95分+） 适饮期：2025—2070年
2. 路易亚都波内玛尔特级园红葡萄酒2016年份 3支 （罗伯特·帕克团队评分：90—92分） 适饮期：已适宜饮用，也可继续窖藏陈年至2035年
3. 路易亚都波内玛尔特级园红葡萄酒2017年份 3支 （罗伯特·帕克团队评分：92—94分+） 适饮期：2022—2042年
4. 路易亚都波内玛尔特级园红葡萄酒2018年份 3支 （罗伯特·帕克团队评分：93—95分） 适饮期：2024—2045年

法国勃艮第夜丘法定产区 12支/750ml
中国嘉德 18/05 lot 3935
估价：24,000—28,000
成交价：27,600

米歇尔·诺伊拉酒庄沃恩-罗曼尼苏秀一级园红葡萄酒2019年份

法国勃艮第夜丘沃恩-罗曼尼法定产区
12支/750ml
中国嘉德 11/12 lot 4317
估价：11,000—13,000
成交价：12,650

米歇尔·诺伊拉酒庄（Domaine Michel Noellat）沃恩-罗曼尼（Vosne-Romanee）美丽丘（Les Beaux-Monts）一级园红葡萄酒2019年份

法国勃艮第夜丘沃恩-罗曼尼法定产区
12支/750ml
中国嘉德 11/12 lot 4316
估价：11,000—13,000
成交价：14,950

路易亚都武若特级园红葡萄酒2017年份

（罗伯特·帕克团队评分：92分）
法国勃艮第夜丘武若法定产区
适饮期：2022—2045年
12支/750ml
中国嘉德 11/12 lot 4311
估价：12,000—14,000
成交价：16,100

伊曼纽尔·鲁热酒庄（Domaine Emmanuel Rouget）巴郎图沃恩-罗曼尼一级园红葡萄酒2009年份

（罗伯特·帕克团队评分：94—97分）
法国勃艮第夜丘沃恩-罗曼尼法定产区
适饮期：已适宜饮用，也可继续窖藏陈年至2039年
6支/750ml
中国嘉德 11/12 lot 4327
估价：185,000—220,000
成交价：212,750

米歇尔·诺伊拉酒庄依瑟索特级园红葡萄酒2019年份

法国勃艮第夜丘依瑟索法定产区
12支/750ml
中国嘉德 11/12 lot 4315
估价：29,000—32,000
成交价：33,350

皮耶侯奇酒庄（Domaine Prieure Roch）圣乔治一级园老藤红葡萄酒2018年份

法国勃艮第夜丘圣乔治法定产区
适饮期：已适宜饮用
6支/750ml
中国嘉德 11/12 lot 4322
估价：10,000—13,000
成交价：29,900

鹧鸪酒庄（Domaine des Perdrix）大依瑟索特级园红葡萄酒2018年份

法国勃艮第夜丘依瑟索法定产区
6支/750ml
中国嘉德 11/12 lot 4335
估价：13,000—15,000
成交价：24,150

鹧鸪酒庄圣乔治一级园鹧鸪八号杰作红葡萄酒2017年份

法国勃艮第夜丘圣乔治一级园

12支/750ml

中国嘉德 18/05 lot 3941

估价：10,000—12,000

成交价：23,000

AF格罗酒庄（Domaine A. F. Gros）李奇堡特级园干红2018年份

法国勃艮第沃恩-罗曼尼法定产区

6支/750ml

中国嘉德 18/05 lot 3939

估价：30,000—35,000

成交价：34,500

鹧鸪酒庄依瑟索特级园红葡萄酒2017年份

法国勃艮第夜丘依瑟索特级园

6支/750ml

中国嘉德 18/05 lot 3942

估价：9,000—11,000

成交价：18,400

AF格罗酒庄李奇堡特级园红葡萄酒2019年份

法国勃艮第沃恩-罗曼尼法定产区

6支/750ml

中国嘉德 11/12 lot 4330

估价：44,000—50,000

成交价：51,750

AF格罗酒庄沃恩-罗曼尼村枫丹尼园红葡萄酒2018年份

法国勃艮第伯恩丘法定产区
12支/750ml
中国嘉德 11/12 lot 4331
估价：1,000—2,000
成交价：9,775

葛罗兄妹酒庄（Domaine Gros Frere et Soeur）李奇堡特级园红葡萄酒2008年份

（罗伯特・帕克团队评分：95分）
法国勃艮第沃恩-罗曼尼法定产区
适饮期：已适宜饮用，也可继续窖藏陈年至2033年
6支/750ml
中国嘉德 11/12 lot 4329
估价：18,000—28,000
成交价：48,300

布瓦洛酒庄（Domaine Henri Boillot）沃尔奈村凯乐瑞一级园红葡萄酒2019年份

（罗伯特・帕克团队评分：94分）
法国勃艮第沃尔奈法定产区
适饮期：2025—2050年
12支/750ml
中国嘉德 11/12 lot 4336
估价：10,000—12,000
成交价：12,650

格鲁酒庄（Domaine Jean-Michel Gaunoux）默尔索佩利埃一级园白葡萄酒2009年份

法国勃艮第伯恩丘默尔索法定产区
12支/750ml
中国嘉德 11/12 lot 4337
估价：10,000—12,000
成交价：28,750

布瓦洛酒庄沃尔奈榭弗里一级园干红2018年份

（罗伯特·帕克团队评分：92分）

法国勃艮第伯恩丘沃尔奈法定产区　适饮期：2025—2045年

12支/750ml

中国嘉德　18/05 lot 3937

估价：7,500—8,500

成交价：27,600

佳维列酒庄（Patrick Javillier）默尔索村卡曼白葡萄酒2018年份

法国勃艮第伯恩丘默尔索法定产区

12支/750ml

中国嘉德　11/12 lot 4338

估价：1,000—2,000

成交价：17,250

亨利·贾伊酒庄（Henri Jayer）克罗·帕宏图（Cros Parantoux）1999年份

法国勃艮第产区

1支/750ml

永乐拍卖（北京）　03/12 lot 7540

估价：185,000—215,000

成交价：299,000

路易亚都科尔登-查理曼（Corton-Charlemagne）特级园白葡萄酒2018年份

（罗伯特·帕克团队评分：94分）

法国勃艮第科尔登-查理曼特级园

适饮期：2022—2050年

12支/750ml

中国嘉德　11/12 lot 4314

估价：15,000—18,000

成交价：23,000

路易亚都骑士-蒙哈榭（Chevalier-Montrachet）特级园白葡萄酒2018年份

（罗伯特・帕克团队评分：93—95分）
法国勃艮第伯恩丘法定产区
12支/750ml
中国嘉德　18/05 lot 3934
估价：40,000—50,000
成交价：46,000

路易亚都圣德尼园特级园红葡萄酒2017年份

（罗伯特・帕克团队评分：88—90分）
法国勃艮第伯恩丘法定产区
12支/750ml
中国嘉德　11/12 lot 4310
估价：27,000—30,000
成交价：31,050

路易亚都普里尼-蒙哈榭一级酒园普赛乐葡萄园白葡萄酒2018年份

（罗伯特・帕克团队评分：91—93分）
法国勃艮第伯恩丘法定产区　适饮期：已适宜饮用
12支/750ml
中国嘉德　18/05 lot 3932
估价：无底价
成交价：29,900

路易亚都圣德尼园特级园红葡萄酒2017年份

（罗伯特・帕克团队评分：88—90分）
法国勃艮第伯恩丘法定产区
适饮期：2022—2042年
12支/750ml
中国嘉德　18/05 lot 3936
估价：18,000—25,000
成交价：27,600

路易亚都骑士-蒙哈榭特级园贵妇园干白葡萄酒精选套装2011年份、2017年份（各6支）

1. 路易亚都骑士-蒙哈榭特级园贵妇园干白葡萄酒2011年份
6支（罗伯特·帕克团队评分：93分）
适饮期：已适宜饮用，也可继续窖藏陈年至2036年
2. 路易亚都骑士-蒙哈榭特级园贵妇园干白葡萄酒2017年份
6支（罗伯特·帕克团队评分：94—97分）
法国勃艮第伯恩丘法定产区
适饮期：2022—2042年
12支（6支/375ml、6支/750ml）
中国嘉德 18/05 lot 3933
估价：20,000—28,000
成交价：34,500

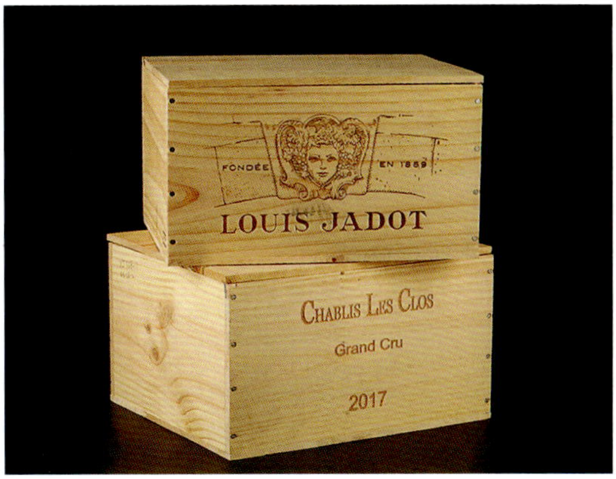

路易亚都夏布利克洛特级园白葡萄酒2017年份

法国勃艮第夏布利产区
12支/750ml
中国嘉德 11/12 lot 4313
估价：6,000—7,000
成交价：18,400

路易亚都香贝丹贝兹特级园红葡萄酒2018年份

法国勃艮第香贝丹贝兹特级园法定产区
6支/750ml
中国嘉德 11/12 lot 4312
估价：12,000—14,000
成交价：16,100

波尔多1855列级酒庄61支大套装2013年份（各1支）

法国波尔多法定产区
61支/750ml
永乐拍卖（北京） 03/12 lot 7420
估价：80,000—100,000
成交价：92,000

法国波尔多1855列级庄全套装2008年份

法国波尔多法定产区
61支/750ml
中国嘉德 18/05 lot 3801
估价：无底价
成交价：172,500

波尔多五大名庄2011年份套装

法国波尔多法定产区
33支/750ml
永乐拍卖（北京） 20/05 lot 3860
估价：260,000—300,000
成交价：310,500

法国波尔多1855列级庄全套装2008年份

法国波尔多法定产区
适饮期：已适宜饮用
61支/750ml
中国嘉德 11/12 lot 4160
估价：无底价
成交价：161,000

拉菲古堡（Chateau Lafite Rothschild）1983年份

（罗伯特·帕克团队评分：93分）
法国波尔多波亚克法定产区
1支/750ml
永乐拍卖（北京） 03/12 lot 7524
估价：6,000—8,000
成交价：6,900

拉菲古堡1982年份

（罗伯特·帕克评分：100分）
法国波尔多波亚克法定产区，1855波尔多列级一级酒庄
适饮期：已适宜饮用，也可继续窖藏陈年至2070年
6支/750ml
中国嘉德 18/05 lot 3852
估价：150,000—250,000
成交价：598,000

拉菲古堡1968年份

法国波尔多波亚克法定产区，1855梅多克列级一级酒庄
6支/750ml
中国嘉德 11/12 lot 4265
估价：50,000—66,000
成交价：78,200

拉菲古堡1982年份

（罗伯特·帕克评分：100分）
法国波尔多波亚克法定产区，1855梅多克列级一级酒庄
适饮期：已适宜饮用，也可继续窖藏陈年至2070年
6支/750ml
中国嘉德 11/12 lot 4264
估价：280,000—320,000
成交价：345,000

拉菲古堡1982年份

（罗伯特 · 帕克评分：100分）
法国波尔多波亚克法定产区，1855波尔多列级一级酒庄
适饮期：已适宜饮用，可继续窖藏陈年至2070年
2支/750ml
中国嘉德 11/12 lot 4207
估价：80,000—130,000
成交价：218,500

拉菲古堡1985年份

（罗伯特 · 帕克评分：87分）
法国波尔多波亚克法定产区，1855梅多克列级一级酒庄
适饮期：已适宜饮用，也可继续窖藏陈年至2030年
6支/750ml
中国嘉德 18/05 lot 3851
估价：58,000—60,000
成交价：82,800

拉菲古堡1986年份

（罗伯特 · 帕克评分：100分）
法国波尔多波亚克法定产区，1855梅多克列级一级酒庄
适饮期：已适宜饮用，也可继续窖藏陈年至2030年
12支/750ml
中国嘉德 11/12 lot 4263
估价：170,000—220,000
成交价：195,500

拉菲古堡1989年份

（罗伯特 · 帕克评分：90分）
法国波尔多波亚克法定产区，1855波尔多列级一级酒庄
适饮期：已适宜饮用，也可继续窖藏陈年至2025年
12支/750ml
中国嘉德 18/05 lot 3850
估价：110,000—120,000
成交价：149,500

拉菲古堡1992年份

（罗伯特·帕克团队评分：89分）
法国波尔多波亚克法定产区,1855波尔多列级一级酒庄
适饮期：已适宜饮用
6支/750ml
中国嘉德 18/05 lot 3849
估价：46,000—48,000
成交价：57,500

拉菲古堡1993年份

（罗伯特·帕克评分：90—93分）
法国波尔多波亚克法定产区，1855波尔多列级一级酒庄
适饮期：已适宜饮用
24支/750ml
中国嘉德 18/05 lot 3848
估价：80,000—180,000
成交价：161,000

拉菲古堡1996年份

（罗伯特·帕克评分：100分）
法国波尔多波亚克法定产区，1855波尔多列级一级酒庄
适饮期：已适宜饮用，也可继续窖藏陈年至2050年
12支/750ml
中国嘉德 11/12 lot 4262
估价：130,000—150,000
成交价：195,500

拉菲古堡1998年份

（罗伯特·帕克评分：98分）
法国波尔多波亚克法定产区，1855波尔多列级一级酒庄
适饮期：已适宜饮用，也可继续窖藏陈年至2035年
3支/750ml
中国嘉德 11/12 lot 4204
估价：18,000—28,000
成交价：34,500

拉菲古堡1999年份

（罗伯特·帕克评分：95分）
法国波尔多波亚克法定产区，1855波尔多列级一级酒庄
适饮期：已适宜饮用，也可继续窖藏陈年至2030年
30支/750ml
中国嘉德　18/05 lot 3847
估价：100,000—250,000
成交价：287,500

拉菲古堡2002年份

（罗伯特·帕克评分：94分）
法国波尔多波亚克法定产区，1855波尔多列级一级酒庄
适饮期：已适宜饮用，也可继续窖藏陈年至2025年
12支/750ml
中国嘉德　18/05 lot 3845
估价：110,000—120,000
成交价：138,000

拉菲古堡2000年份

（罗伯特·帕克评分：100分）
法国波尔多波亚克法定产区，1855波尔多列级一级酒庄
适饮期：已适宜饮用，也可继续窖藏陈年至2050年
6支/750ml
中国嘉德　18/05 lot 3846
估价：20,000—60,000
成交价：172,500

拉菲古堡2003年份

（罗伯特·帕克评分：100分）
法国波尔多波亚克法定产区，1855波尔多列级一级酒庄
适饮期：已适宜饮用，也可继续窖藏陈年至2039年
12支/750ml
中国嘉德　18/05 lot 3844
估价：140,000—150,000
成交价：287,500

拉菲古堡2003年份

（罗伯特·帕克评分：100分）
法国波尔多波亚克法定产区，1855梅多克列级一级酒庄
适饮期：已适宜饮用，也可继续窖藏陈年至2039年
12支/750ml
中国嘉德 11/12 lot 4261
估价：120,000—150,000
成交价：172,500

拉菲古堡2005年份

（罗伯特·帕克评分：95分）
法国波尔多波亚克法定产区，1855梅多克列级一级酒庄
适饮期：已适宜饮用，也可继续窖藏陈年至2045年
18支/750ml
中国嘉德 11/12 lot 4260
估价：100,000—160,000
成交价：138,000

拉菲古堡2005年份

（罗伯特·帕克评分：95分）
法国波尔多波亚克法定产区，1855波尔多列级一级酒庄
适饮期：已适宜饮用，也可继续窖藏陈年至2045年
12支/750ml
中国嘉德 18/05 lot 3843
估价：50,000—100,000
成交价：207,000

拉菲古堡2008年份

（罗伯特·帕克评分：98分）
法国波尔多波亚克法定产区，1855波尔多列级一级酒庄
适饮期：已适宜饮用，也可继续窖藏陈年至2052年
24支/750ml
中国嘉德 18/05 lot 3842
估价：150,000—160,000
成交价：345,000

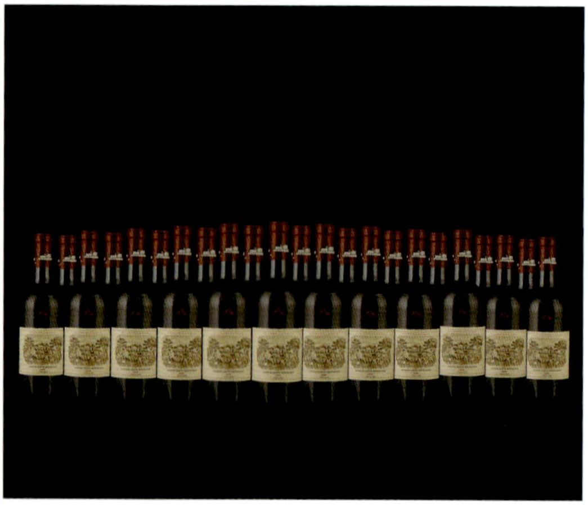

拉菲古堡2008年份

（罗伯特·帕克评分：98分）
法国波尔多波亚克法定产区，1855波尔多列级一级酒庄
适饮期：已适宜饮用，也可继续窖藏陈年至2052年
24支/750ml
中国嘉德 11/12 lot 4258
估价：190,000—240,000
成交价：218,500

拉菲古堡2009年份

（罗伯特·帕克评分：99分+）
法国波尔多波亚克法定产区，1855波尔多列级一级酒庄
适饮期：2022—2072年
24支/750ml
中国嘉德 18/05 lot 3841
估价：150,000—170,000
成交价：356,500

拉菲古堡2009年份

（罗伯特·帕克团队评分：99分+）
法国波尔多波亚克法定产区，1855梅多克列级一级酒庄
适饮期：2022—2072年
12支/750ml
中国嘉德 11/12 lot 4257
估价：100,000—120,000
成交价：161,000

拉菲古堡2012年份

（罗伯特·帕克团队评分：91分 ）
法国波尔多波亚克法定产区
6支/750ml
永乐拍卖（北京） 03/12 lot 7459
估价：34,200—36,200
成交价：39,330

拉菲古堡2016年份

（罗伯特·帕克团队评分：99分）
法国波尔多波亚克法定产区，1855波尔多列级一级酒庄
适饮期：2022—2066年
60支/750ml
中国嘉德　18/05 lot 3840
估价：180,000—360,000
成交价：506,000

拉菲古堡2018年份

（罗伯特·帕克团队评分：100分）
法国波尔多波亚克法定产区，1855波尔多列级一级酒庄
适饮期：2028—2068年
30支/750ml
中国嘉德　18/05 lot 3839
估价：无底价
成交价：368,000

拉菲古堡2016年份

（罗伯特·帕克团队评分：99分）
法国波尔多波亚克法定产区，1855波尔多列级一级酒庄
适饮期：2022—2066年
12支/750ml
中国嘉德 11/12 lot 4198
估价：70,000—86,000
成交价：110,400

拉菲古堡2018年份

（罗伯特·帕克团队评分：100分）
法国波尔多波亚克法定产区，1855梅多克列级一级酒庄
适饮期：2028—2068年
24支/750ml
中国嘉德 11/12 lot 4254
估价：120,000—160,000
成交价：184,000

拉菲古堡2018年份

（罗伯特·帕克团队评分：100分）
法国波尔多波亚克法定产区，1855波尔多列级一级酒庄
适饮期：2028—2068年
12支/750ml
中国嘉德 11/12 lot 4197
估价：70,000—80,000
成交价：98,900

拉菲古堡20世纪80年代垂直年份套装

法国波尔多波亚克法定产区
10支/750ml
永乐拍卖（北京） 03/12 lot 7463
估价：145,000—165,000
成交价：184,000

拉菲古堡大瓶装1985年份

(拉菲酒庄直出主理人让-塞巴斯蒂安 ·菲利普（Jean—Sébastien Philippe）先生监制并亲笔签名封箱)（罗伯特 ·帕克评分：90分）
法国波尔多波亚克法定产区，1855波尔多列级一级酒庄
适饮期：已适宜饮用 1支/1500ml
中国嘉德 18/05 lot 3858
估价：无底价
成交价：25,300

拉菲古堡大瓶装1989年份

（罗伯特 ·帕克评分：90分）
法国波尔多波亚克法定产区，1855波尔多列级一级酒庄
适饮期：已适宜饮用，可继续窖藏陈年至2025年
2支/1500ml
中国嘉德 11/12 lot 4206
估价：25,000—40,000
成交价：35,650

拉菲古堡大瓶装1999年份

（罗伯特·帕克评分：95分）
法国波尔多波亚克法定产区，1855波尔多列级一级酒庄
适饮期：已适宜饮用，可继续窖藏陈年至2030年
2支/1500ml
中国嘉德 11/12 lot 4203
估价：25,000—38,000
成交价：44,850

拉菲古堡大瓶装2005年份

（罗伯特·帕克评分：96分+）
法国波尔多波亚克法定产区，1855波尔多列级一级酒庄
适饮期：已适宜饮用，可继续窖藏陈年至2050年
3支/1500ml
中国嘉德 11/12 lot 4201
估价：30,000—50,000
成交价：80,500

拉菲古堡大瓶装2003年份

（罗伯特·帕克团队评分：100分）
法国波尔多波亚克法定产区
1支/1500ml
永乐拍卖（北京） 03/12 lot 7461
估价：29,000—31,000
成交价：33,350

拉菲古堡大瓶装2008年份

（罗伯特·帕克评分：98分）
法国波尔多波亚克法定产区，1855波尔多列级一级酒庄
适饮期：已适宜饮用，也可继续窖藏陈年至2052年
6支/1500ml
中国嘉德 11/12 lot 4259
估价：100,000—120,000
成交价：172,500

拉菲古堡大瓶装2016年份

（罗伯特·帕克团队评分：99分）
法国波尔多波亚克法定产区，1855波尔多列级一级酒庄
适饮期：2022—2066年
2支/1500ml
中国嘉德 11/12 lot 4199
估价：30,000—38,000
成交价：43,700

拉菲古堡大瓶装1989年份

(拉菲酒庄主理人让-塞巴斯蒂安·菲利普先生监制并亲笔签名封箱)（罗伯特·帕克评分：90分）
法国波尔多波亚克法定产区，1855波尔多列级一级酒庄
适饮期：已适宜饮用，也可继续窖藏陈年至2025年
1支/3000ml
中国嘉德 18/05 lot 3856
估价：10,000—40,000
成交价：57,500

拉菲古堡大瓶装2018年份

（罗伯特·帕克团队评分：100分）
法国波尔多波亚克法定产区，1855梅多克列级一级酒庄
适饮期：2028—2068年
6支/1500ml
中国嘉德 11/12 lot 4255
估价：70,000—85,000
成交价：82,800

拉菲古堡大瓶装1993年份

（罗伯特·帕克评分：88分）
法国波尔多波亚克法定产区，1855梅多克列级一级酒庄
适饮期：已适宜饮用
1支/3000ml
中国嘉德 18/05 lot 3855
估价：40,000—42,000
成交价：51,750

拉菲古堡大瓶装1994年份

（罗伯特·帕克评分：90分）
法国波尔多波亚克法定产区，1855波尔多列级一级酒庄
适饮期：已适宜饮用，可继续窖藏陈年至2030年
1支/3000ml
中国嘉德 11/12 lot 4205
估价：20,000—30,000
成交价：33,350

拉菲古堡大瓶装2004年份

（罗伯特·帕克评分：95分）
法国波尔多波亚克法定产区，1855波尔多列级一级酒庄
适饮期：已适宜饮用，可继续窖藏陈年至2039年
1支/3000ml
中国嘉德 11/12 lot 4202
估价：30,000—38,000
成交价：51,750

拉菲古堡大瓶装2015年份

（罗伯特·帕克团队评分：96分+）
法国波尔多波亚克法定产区，1855波尔多列级一级酒庄
适饮期：2024—2045年
1支/3000ml
中国嘉德 11/12 lot 4200
估价：无底价
成交价：33,350

拉菲古堡大瓶装2017年份

（罗伯特·帕克团队评分：97分+）
法国波尔多波亚克法定产区，1855梅多克列级一级酒庄
适饮期：2024—2057年 1支/3000ml
中国嘉德 18/05 lot 3854
估价：21,000—25,000
成交价：41,400

拉菲古堡大瓶装2017年份

（罗伯特・帕克团队评分：97+分）
法国波尔多波亚克法定产区
1支/3000ml
永乐拍卖（北京） 03/12 lot 7523
估价：20,000—30,000
成交价：23,000

拉菲古堡大瓶装2018年份

（罗伯特・帕克团队评分：100分）
法国波尔多波亚克法定产区，1855梅多克列级一级酒庄
适饮期：2028—2068年
1支/3000ml
中国嘉德 11/12 lot 4256
估价：30,000—42,000
成交价：66,700

拉菲古堡大瓶装1985年份

(拉菲酒庄直出主理人让-塞巴斯蒂安・菲利普先生监制并亲笔签名封箱)（罗伯特・帕克评分：90分）
法国波尔多波亚克法定产区，1855波尔多列级一级酒庄
适饮期：已适宜饮用 1支/5000ml
中国嘉德 18/05 lot 3859
估价：20,000—50,000
成交价：115,000

拉菲古堡大瓶装1989年份

(拉菲酒庄直出主理人让-塞巴斯蒂安・菲利普先生监制并亲笔签名封箱)（罗伯特・帕克评分：90分）
法国波尔多波亚克法定产区，1855波尔多列级一级酒庄
适饮期：已适宜饮用，也可继续窖藏陈年至2025年 1支/5000ml
中国嘉德 18/05 lot 3857
估价：20,000—50,000
成交价：86,250

拉菲古堡精选年份套装

1968年、1978年、1988年、1998年、2008年、2018年份（各1支）

1. 拉菲古堡1968年份 1支
适饮期：已适宜饮用
2. 拉菲古堡1978年份 1支（罗伯特·帕克团队评分：87分）
适饮期：已适宜饮用
3. 拉菲古堡1988年份 1支（罗伯特·帕克团队评分：94分）
适饮期：已适宜饮用，也可继续窖藏陈年至2035年
4. 拉菲古堡1998年份 1支（罗伯特·帕克评分：98分）
适饮期：已适宜饮用，也可继续窖藏陈年至2035年
5. 拉菲古堡2008年份 1支（罗伯特·帕克评分：98分）
适饮期：已适宜饮用，也可继续窖藏陈年至2052年
6. 拉菲古堡2018年份 1支（罗伯特·帕克团队评分：100分）
适饮期：2028—2068年

法国波尔多波亚克法定产区，1855梅多克列级一级酒庄
6支/750ml
中国嘉德　18/05　lot 3853
估价：50,000—60,000
成交价：89,700

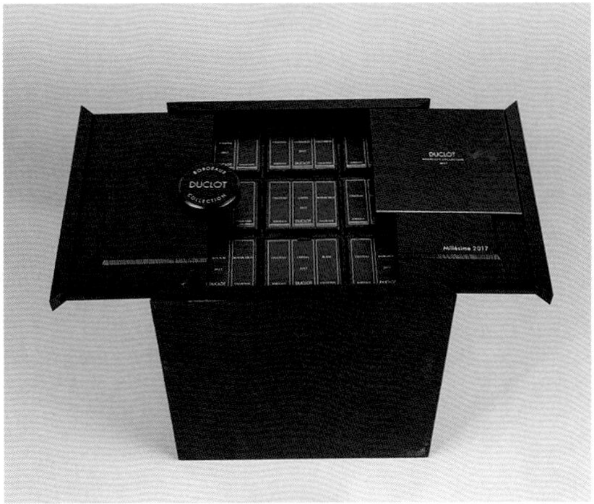

杜克洛波尔多精选套装2017年份

1. 拉菲古堡2017年份 1支（罗伯特·帕克团队评分：99分）
适饮期：2024—2057年
2. 木桐古堡2017年份 1支（罗伯特·帕克团队评分：96分+）
适饮期：2022—2067年
3. 玛歌古堡2017年份 1支（罗伯特·帕克团队评分：98分）
适饮期：2024—2060年
4. 侯伯王古堡2017年份 1支（罗伯特·帕克团队评分：97分）
适饮期：2023—2057年
5. 欧颂古堡2017年份 1支（罗伯特·帕克团队评分：98分）
适饮期：2024—2057年
6. 美讯古堡2017年份 1支（罗伯特·帕克团队评分：96分+）
适饮期：2023—2057年
7. 白马古堡2017年份 1支（罗伯特·帕克团队评分：96分+）
适饮期：2023—2055年
8. 柏翠古堡2017年份 1支（罗伯特·帕克团队评分：98分+）
适饮期：2023—2063年
9. 滴金古堡2017年份 1支（罗伯特·帕克团队评分：97—99分）
适饮期：2025—2065年

法国波尔多法定产区名庄
9支/750ml
中国嘉德　18/05　lot 3802
估价：无底价
成交价：57,500

拉菲珍宝（小拉菲）2000年份

（罗伯特·帕克评分：90—93分）
法国波尔多波亚克法定产区，1855梅多克列级一级酒庄副牌
适饮期：已适宜饮用
24支/750ml
中国嘉德 11/12 lot 4253
估价：88,000—110,000
成交价：112,700

拉菲珍宝（小拉菲）2003年份

（罗伯特·帕克评分：93分）
法国波尔多波亚克法定产区，1855梅多克列级一级酒庄副牌
适饮期：已适宜饮用
24支/750ml
中国嘉德 11/12 lot 4252
估价：88,000—100,000
成交价：101,200

拉菲珍宝（小拉菲）2018年份

（罗伯特·帕克团队评分：94分）
法国波尔多波亚克法定产区
12支/750ml
永乐拍卖（北京） 03/12 lot 7454
估价：40,000—50,000
成交价：46,000

拉菲珍宝（小拉菲）2016年份

（罗伯特·帕克团队评分：92分）
法国波尔多波亚克法定产区，1855梅多克列级一级酒庄副牌
适饮期：已适宜饮用，也可继续窖藏陈年至2034年
24支/750ml
中国嘉德 11/12 lot 4250
估价：75,000—95,000
成交价：97,750

拉菲珍宝（小拉菲）2019年份

（罗伯特·帕克团队评分：92—94分）
法国波尔多波亚克法定产区，1855梅多克列级一级酒庄副牌
36支/750ml
中国嘉德 11/12 lot 4247
估价：80,000—100,000
成交价：149,500

拉菲珍宝（小拉菲）大瓶装2018年份

（罗伯特·帕克团队评分：94分）
法国波尔多波亚克法定产区，1855梅多克列级一级酒庄副牌
适饮期：2023—2039年
6支/1500ml
中国嘉德 11/12 lot 4249
估价：1,000—2,000
成交价：33,350

拉菲珍宝（小拉菲）2018年份全家福

1. 拉菲珍宝（小拉菲）2018年份 60支/750ml （罗伯特·帕克团队评分：94分） 适饮期：2023—2039年
2. 拉菲珍宝（小拉菲）大瓶装 2018年份 12支/1500ml（罗伯特·帕克团队评分：94分） 适饮期：2023—2039年
3. 拉菲珍宝（小拉菲）大瓶装 2018年份 3支/3000ml（罗伯特·帕克团队评分：94分）

适饮期：2023—2039年
法国波尔多普伊勒法定产区
中国嘉德 18/05 lot 3837
估价：100,000—250,000
成交价：310,500

拉菲珍宝（小拉菲）2011年份

（罗伯特·帕克评分：87—89分）
法国波尔多波亚克法定产区
适饮期：已适宜饮用，也可继续窖藏陈年至2027年
12支/750ml
中国嘉德 18/05 lot 3838
估价：无底价
成交价：55,200

拉菲珍宝（小拉菲）大瓶装2019年份

（罗伯特·帕克团队评分：92—94分）
法国波尔多波亚克法定产区，1855梅多克列级一级酒庄副牌
1支/3000ml
中国嘉德 11/12 lot 4248
估价：10,000—18,000
成交价：17,250

拉图古堡（Chateau Latour）1997年份

（罗伯特·帕克评分：90—91分）
法国波尔多波亚克法定产区，1855波尔多列级一级酒庄
适饮期：已适宜饮用
12支/750ml
中国嘉德 11/12 lot 4246
估价：67,000—72,000
成交价：80,500

拉图古堡1982年份

（罗伯特·帕克评分：100分）
法国波尔多波亚克法定产区，1855梅多克列级一级酒庄
适饮期：已适宜饮用，也可继续窖藏陈年至2059年
6支/750ml
中国嘉德 18/05 lot 3869
估价：120,000—130,000
成交价：287,500

拉图古堡2003年份

（罗伯特·帕克评分：100分）
法国波尔多波亚克法定产区，1855梅多克列级一级酒庄
适饮期：已适宜饮用，也可继续窖藏陈年至2034年
6支/750ml
中国嘉德 11/12 lot 4244
估价：52,000—62,000
成交价：71,300

拉图古堡2003年份

（罗伯特·帕克评分：100分）
法国波尔多波亚克法定产区，1855波尔多列级一级酒庄
适饮期：已适宜饮用，也可继续窖藏陈年至2034年
12支/750ml
中国嘉德 18/05 lot 3867
估价：110,000—120,000
成交价：195,500

拉图古堡2005年份

（罗伯特·帕克评分：98分）
法国波尔多波亚克法定产区，1855波尔多列级一级酒庄
适饮期：已适宜饮用，也可继续窖藏陈年至2065年
12支/750ml
中国嘉德 18/05 lot 3866
估价：40,000—90,000
成交价：138,000

拉图古堡1998年份

（罗伯特·帕克评分：90分）
法国波尔多波亚克法定产区，1855波尔多列级一级酒庄
适饮期：已适宜饮用，也可继续窖藏陈年至2030年
24支/750ml
中国嘉德 18/05 lot 3868
估价：60,000—120,000
成交价：207,000

拉图古堡2006年份

（罗伯特·帕克评分：95分）
法国波尔多波亚克法定产区，1855梅多克列级一级酒庄
适饮期：已适宜饮用，也可继续窖藏陈年至2030年
24支/750ml
中国嘉德 11/12 lot 4242
估价：85,000—140,000
成交价：149,500

拉图古堡2009年份

（罗伯特·帕克团队评分：100分）
法国波尔多波亚克法定产区，1855波尔多列级一级酒庄
适饮期：2022—2080年
12支/750ml
中国嘉德　18/05 lot 3865
估价：60,000—100,000
成交价：195,500

拉图古堡2011年份

（罗伯特·帕克评分：93—95分）
法国波尔多波亚克法定产区，1855波尔多列级一级酒庄
适饮期：已适宜饮用，也可继续窖藏陈年至2036年
12支/750ml
中国嘉德　18/05 lot 3864
估价：30,000—46,000
成交价：73,600

拉图古堡2009年份

（罗伯特·帕克团队评分：100分）
法国波尔多波亚克法定产区，1855梅多克列级一级酒庄
适饮期：2022—2080年
6支/750ml
中国嘉德　11/12　lot 4241
估价：40,000—60,000
成交价：73,600

拉图古堡2012年份

（罗伯特·帕克评分：94分+）
法国波尔多波亚克法定产区，1855波尔多列级一级酒庄
适饮期：已适宜饮用，也可继续窖藏陈年至2045年
24支/750ml
中国嘉德　18/05 lot 3863
估价：50,000—80,000
成交价：161,000

拉图古堡2012年份

（罗伯特·帕克评分：94分+）
法国波尔多波亚克法定产区，1855梅多克列级一级酒庄
适饮期：已适宜饮用，也可继续窖藏陈年至2045年
24支/750ml
中国嘉德 11/12 lot 4240
估价：80,000—120,000
成交价：149,500

拉图古堡大瓶装2001年份

（罗伯特·帕克评分：95分）
法国波尔多波亚克法定产区，1855梅多克列级一级酒庄
适饮期：已适宜饮用，也可继续窖藏陈年至2025年
3支/1500ml
中国嘉德 11/12 lot 4245
估价：20,000—30,000
成交价：57,500

拉图古堡大瓶装2000年份

（罗伯特·帕克评分：98分）
法国波尔多波亚克法定产区，1855梅多克列级一级酒庄
适饮期：已适宜饮用，也可继续窖藏陈年至2060年
2支/1500ml
中国嘉德 18/05 lot 3871
估价：42,000—45,000
成交价：71,300

拉图古堡大瓶装2005年份

（罗伯特·帕克评分：98分）
法国波尔多波亚克法定产区，1855梅多克列级一级酒庄
适饮期：已适宜饮用，也可继续窖藏陈年至2065年
3支/1500ml
中国嘉德 11/12 lot 4243
估价：30,000—50,000
成交价：66,700

拉图古堡2004年份
法国波尔多梅多克产区
12支/750ml
永乐拍卖（北京） 20/05 lot 3842
估价：75,000—90,000
成交价：80,500

拉图古堡大瓶装1993年份
（罗伯特·帕克评分：90分）
法国波尔多波亚克法定产区，1855梅多克列级一级酒庄
适饮期：已适宜饮用，也可继续窖藏陈年至2025年
1支/3000ml
中国嘉德 18/05 lot 3872
估价：22,000—25,000
成交价：55,200

拉图古堡大瓶装2011年份
法国波尔多波亚克法定产区
6支/1500ml
永乐拍卖（北京） 03/12 lot 7476
估价：84,000—88,000
成交价：96,600

拉图古堡大瓶装2007年份
（罗伯特·帕克评分：92分+）
法国波尔多波亚克法定产区，1855梅多克列级一级酒庄
适饮期：已适宜饮用，也可继续窖藏陈年至2030年
6支/1500ml
中国嘉德 18/05 lot 3870
估价：58,000—60,000
成交价：94,300

拉图古堡2003年份

法国波尔多梅多克产区
12支/750ml
永乐拍卖（北京） 20/05 lot 3841
估价：130,000—150,000
成交价：138,000

拉图古堡2006年份

法国波尔多梅多克产区
6支/750ml
永乐拍卖（北京） 20/05 lot 3843
估价：38,000—48,000
成交价：41,400

拉图古堡大瓶装2007年份

法国波尔多波亚克法定产区
6支/1500ml
永乐拍卖（北京） 03/12 lot 7477
估价：57,000—60,000
成交价：65,550

拉图堡垒2007年份

（罗伯特·帕克评分：90分）
法国波尔多波亚克法定产区，1855梅多克列级一级酒庄副牌
适饮期：已适宜饮用，也可继续窖藏陈年至2022年
12支/750ml
中国嘉德 11/12 lot 4238
估价：26,000—30,000
成交价：29,900

拉图堡垒2013年份

（罗伯特・帕克评分：87—88分）
法国波尔多波亚克法定产区，1855梅多克列级一级酒庄副牌
适饮期：已适宜饮用 12支/750ml
中国嘉德 18/05 lot 3861
估价：22,000—24,000
成交价：39,100

拉图堡垒2015年份

（罗伯特・帕克团队评分：94分+）
法国波尔多波亚克法定产区，1855梅多克列级一级酒庄副牌
适饮期：已适宜饮用，也可继续窖藏陈年至2041年
30支/750ml
中国嘉德 11/12 lot 4237
估价：32,000—48,000
成交价：48,300

拉图堡垒大瓶装2011年份

（罗伯特・帕克团队评分：91分 ）
法国波尔多波亚克法定产区
6支/1500ml
永乐拍卖（北京） 03/12 lot 7475
估价：23,000—26,000
成交价：26,450

拉图堡垒大瓶装2006年份

（罗伯特・帕克评分：92分）
法国波尔多波亚克法定产区，1855梅多克列级一级酒庄副牌
适饮期：已适宜饮用，也可继续窖藏陈年至2024年
6支/1500ml
中国嘉德 11/12 lot 4239
估价：23,000—27,000
成交价：26,450

拉图堡垒大瓶装2008年份

（罗伯特·帕克评分：91—93分） 法国波尔多波亚克法定产区，1855梅多克列级一级酒庄副牌

适饮期：已适宜饮用，也可继续窖藏陈年至2029年 6支/1500ml

中国嘉德 18/05 lot 3862

估价：22,000—24,000

成交价：43,700

拉图波亚克红葡萄酒2015年份

（罗伯特·帕克团队评分：91分） 法国波尔多波亚克法定产区

适饮期：已适宜饮用，也可继续窖藏陈年至2034年

60支/750ml

中国嘉德 18/05 lot 3860

估价：10,000—20,000

成交价：71,300

玛歌古堡（Chateau Margaux）2001年份
（罗伯特·帕克团队评分：94分 ）
法国波尔多玛歌法定产区
6支/750ml
永乐拍卖（北京） 03/12 lot 7488
估价：36,000—38,000
成交价：41,400

玛歌古堡1998年份
（罗伯特·帕克评分：91分）
法国波尔多玛歌法定产区，1855波尔多列级一级酒庄
适饮期：已适宜饮用，也可继续窖藏陈年至2030年
24支/750ml
中国嘉德 11/12 lot 4213
估价：80,000—110,000
成交价：110,400

玛歌古堡1996年份
（罗伯特·帕克评分：99分）
法国波尔多玛歌法定产区
适饮期：已适宜饮用，也可继续窖藏陈年至2040年
12支/750ml
中国嘉德 18/05 lot 3902
估价：92,000—95,000
成交价：149,500

玛歌古堡1998年份
（罗伯特·帕克评分：91分）
法国波尔多玛歌法定产区，1855梅多克列级一级酒庄
适饮期：已适宜饮用，也可继续窖藏陈年至2030年
12支/750ml
中国嘉德 18/05 lot 3901
估价：68,000—70,000
成交价：82,800

玛歌古堡1998年份

法国波尔多玛歌法定产区
6支/750ml
永乐拍卖（北京） 03/12 lot 7487
估价：37,000—40,000
成交价：42,550

玛歌古堡2003年份

（罗伯特·帕克评分：98分）
法国波尔多玛歌法定产区
12支/750ml
永乐拍卖（北京） 03/12 lot 7486
估价：96,000—100,000
成交价：110,400

玛歌古堡1993年份

（罗伯特·帕克评分：88分）
法国波尔多玛歌法定产区，1855波尔多列级一级酒庄
适饮期：已适宜饮用
24支/750ml
中国嘉德 18/05 lot 3903
估价：60,000—100,000
成交价：105,800

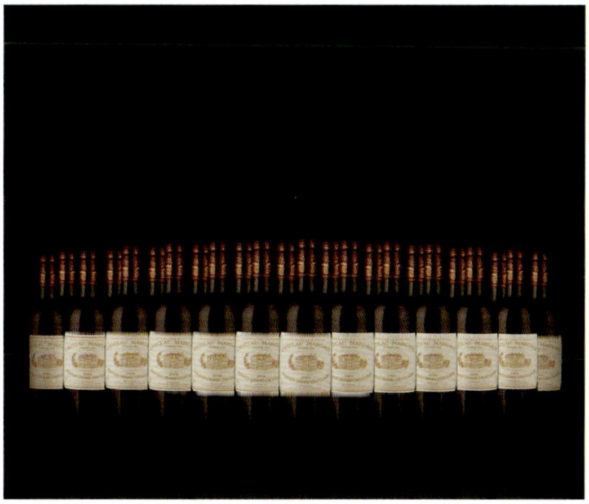

玛歌古堡2004年份

（罗伯特·帕克评分：93分）
法国波尔多玛歌法定产区，1855梅多克列级一级酒庄
适饮期：已适宜饮用，也可继续窖藏陈年至2027年
24支/750ml
中国嘉德 11/12 lot 4234
估价：110,000—140,000
成交价：126,500

玛歌古堡2006年份
（罗伯特·帕克团队评分：94分）
法国波尔多玛歌法定产区，1855波尔多列级一级酒庄
适饮期：已适宜饮用，也可继续窖藏陈年至2030年
6支/750ml
中国嘉德 11/12 lot 4212
估价：18,000—30,000
成交价：36,800

玛歌古堡2010年份
（罗伯特·帕克评分：99分）
法国波尔多玛歌法定产区，1855波尔多列级一级酒庄
适饮期：已适宜饮用，也可继续窖藏陈年至2053年
6支/750ml
中国嘉德 11/12 lot 4211
估价：30,000—50,000
成交价：43,700

玛歌古堡2005年份
（罗伯特·帕克评分：98分+）
法国波尔多玛歌法定产区，1855波尔多列级一级酒庄
适饮期：已适宜饮用，也可继续窖藏陈年至2050年
30支/750ml
中国嘉德 18/05 lot 3900
估价：100,000—150,000
成交价：310,500

玛歌古堡2008年份
（罗伯特·帕克评分：94分）
法国波尔多玛歌法定产区
适饮期：已适宜饮用，也可继续窖藏陈年至2041年
12支/750ml
中国嘉德 18/05 lot 3899
估价：68,000—70,000
成交价：101,200

玛歌古堡2011年份

（罗伯特·帕克评分：94分）
法国波尔多玛歌法定产区，1855波尔多列级一级酒庄
适饮期：已适宜饮用，也可继续窖藏陈年至2034年
24支/750ml
中国嘉德 11/12 lot 4210
估价：65,000—100,000
成交价：92,000

玛歌古堡2012年份

（罗伯特·帕克评分：95分）
法国波尔多玛歌法定产区，1855波尔多列级一级酒庄
适饮期：已适宜饮用，也可继续窖藏陈年至2040年
24支/750ml
中国嘉德 11/12 lot 4209
估价：65,000—100,000
成交价：95,450

玛歌古堡2011年份

（罗伯特·帕克评分：93分）
法国波尔多玛歌法定产区，1855波尔多列级一级酒庄
适饮期：已适宜饮用，也可继续窖藏陈年至2034年
30支/750ml
中国嘉德 18/05 lot 3898
估价：60,000—150,000
成交价：149,500

玛歌古堡2013年份

法国波尔多玛歌法定产区
6支/750ml
永乐拍卖（北京） 03/12 lot 7482
估价：27,000—30,000
成交价：31,050

玛歌古堡大瓶装2015年份

（罗伯特·帕克团队评分：99分）
法国波尔多玛歌法定产区，1855梅多克列级一级酒庄
适饮期：2023—2050年
1支/3000ml
中国嘉德 18/05 lot 3897
估价：40,000—45,000
成交价：71,300

玛歌古堡2016年份

（罗伯特·帕克评分：99分）
法国波尔多玛歌法定产区，1855波尔多列级一级酒庄
适饮期：2024—2063年
6支/750ml
中国嘉德 18/05 lot 3895
估价：12,000—25,000
成交价：69,000

玛歌古堡2015年份

（罗伯特·帕克团队评分：98—100分）
法国波尔多玛歌法定产区，1855梅多克列级一级酒庄
适饮期：2028—2070年
6支/750ml
中国嘉德 11/12 lot 4232
估价：40,000—90,000
成交价：80,500

玛歌古堡大瓶装1992年份

（罗伯特·帕克评分：97分）
法国波尔多玛歌法定产区，1855波尔多列级一级酒庄
适饮期：已适宜饮用 1支/1500ml
中国嘉德 18/05 lot 3904
估价：无底价
成交价：23,000

玛歌古堡大瓶装2011年份

（罗伯特·帕克评分：94—96分）

法国波尔多玛歌法定产区

6支/1500ml

永乐拍卖（北京） 03/12 lot 7483

估价：66,000—68,000

成交价：75,900

玛歌古堡大瓶装2009年份

（罗伯特·帕克评分：99分）

法国波尔多玛歌法定产区，1855梅多克列级一级酒庄

适饮期：已适宜饮用，也可继续窖藏陈年至2047年

1支/3000ml

中国嘉德 11/12 lot 4235

估价：28,000—36,000

成交价：48,300

玛歌古堡大瓶装2015年份

（罗伯特·帕克团队评分：98—100分）

法国波尔多玛歌法定产区，1855梅多克列级一级酒庄

适饮期：2028—2070年

3支/1500ml

中国嘉德 11/12 lot 4233

估价：40,000—90,000

成交价：82,800

玛歌古堡2015年份

（罗伯特·帕克团队评分：99分）

法国波尔多玛歌法定产区，1855梅多克列级一级酒庄

适饮期：2023—2050年

12支/750ml

中国嘉德 18/05 lot 3896

估价：80,000—100,000

成交价：218,500

玛歌白亭2017年份

（罗伯特·帕克团队评分：96分）
法国波尔多玛歌法定产区，1855梅多克列级一级酒庄副牌
适饮期：2022—2032年
12支/750ml
中国嘉德 18/05 lot 3892
估价：23,000—25,000
成交价：74,750

玛歌红亭2006年份

（罗伯特·帕克评分：86分）
法国波尔多玛歌法定产区，1855波尔多列级一级酒庄副牌
适饮期：已适宜饮用
42支/750ml
中国嘉德 18/05 lot 3894
估价：50,000—80,000
成交价：98,900

玛歌白亭2018年份

法国波尔多玛歌法定产区，1855梅多克列级一级酒庄副牌
12支/750ml
中国嘉德 11/12 lot 4231
估价：24,000—30,000
成交价：36,800

玛歌红亭2009年份

（罗伯特·帕克评分：93分）
法国波尔多玛歌法定产区，1855梅多克列级一级酒庄副牌
适饮期：已适宜饮用，也可继续窖藏陈年至2032年
24支/750ml
中国嘉德 18/05 lot 3893
估价：50,000—58,000
成交价：57,500

玛歌红亭2007年份

（罗伯特·帕克评分：88分）
法国波尔多玛歌法定产区，1855波尔多列级一级酒庄副牌
适饮期：已适宜饮用
30支/750ml
中国嘉德 11/12 lot 4208
估价：35,000—55,000
成交价：49,450

玛歌红亭2018年份

（罗伯特·帕克团队评分：93分）
法国波尔多玛歌法定产区，1855梅多克列级一级酒庄副牌
适饮期：2023—2039年
24支/750ml
中国嘉德 11/12 lot 4230
估价：38,000—45,000
成交价：43,700

玛歌酒庄大瓶装2017年份

（罗伯特·帕克团队评分：98分）
法国波尔多玛歌法定产区
2支/3000ml
永乐拍卖（北京） 03/12 lot 7528
估价：25,000—28,000
成交价：28,750

玛歌酒庄大瓶装2018年份

（罗伯特·帕克团队评分：100分）
法国波尔多玛歌法定产区
1支/3000ml
永乐拍卖（北京） 03/12 lot 7527
估价：18,000—20,000
成交价：20,700

玛歌庄园1998年份

法国波尔多玛歌法定产区
6支/750ml
永乐拍卖（北京） 20/05 lot 3846
估价：43,000—48,000
成交价：49,450

玛歌庄园2006年份

法国波尔多玛歌法定产区
12支/750ml
永乐拍卖（北京） 20/05 lot 3850
估价：75,000—85,000
成交价：82,800

玛歌庄园2003年份

法国波尔多玛歌法定产区
12支/750ml
永乐拍卖（北京） 20/05 lot 3848
估价：110,000—130,000
成交价：126,500

木桐古堡（Chateau Mouton Rothschild）1981年份

（罗伯特·帕克评分：79分）
法国波尔多波亚克法定产区，1855波尔多列级一级酒庄
适饮期：已适宜饮用
24支/750ml
中国嘉德 18/05 lot 3888
估价：50,000—90,000
成交价：74,750

木桐古堡1982年份

（罗伯特·帕克评分：100分）
法国波尔多波亚克法定产区，1855波尔多列级一级酒庄
适饮期：已适宜饮用，也可继续窖藏陈年至2050年
6支/750ml
中国嘉德　18/05　lot 3887
估价：30,000—60,000
成交价：172,500

木桐古堡1993年份

（罗伯特·帕克评分：90分）
法国波尔多波亚克法定产区，1855波尔多列级一级酒庄
适饮期：已适宜饮用
30支/750ml
中国嘉德　18/05　lot 3885
估价：60,000—120,000
成交价：207,000

木桐古堡1985年份

（罗伯特·帕克评分：90分）
法国波尔多波亚克法定产区，1855波尔多列级一级酒庄
适饮期：已适宜饮用
3支/750ml
中国嘉德　18/05　lot 3886
估价：16,000—18,000
成交价：24,150

木桐古堡1995年份

（罗伯特·帕克评分：95分）
法国波尔多波亚克法定产区，1855波尔多列级一级酒庄
适饮期：已适宜饮用，也可继续陈年至2030年
12支/750ml
中国嘉德　18/05　lot 3884
估价：72,000—78,000
成交价：94,300

木桐古堡1995年份

（罗伯特·帕克评分：95分）
法国波尔多波亚克法定产区，1855梅多克列级一级酒庄
适饮期：已适宜饮用，也可继续窖藏陈年至2030年
12支/750ml
中国嘉德 11/12 lot 4277
估价：45,000—70,000
成交价：73,600

木桐古堡1996年份

（罗伯特·帕克评分：94分）
法国波尔多波亚克法定产区，1855梅多克列级一级酒庄
适饮期：已适宜饮用，也可继续窖藏陈年至2030年
24支/750ml
中国嘉德 11/12 lot 4275
估价：160,000—190,000
成交价：207,000

木桐古堡2000年份

（罗伯特·帕克评分：97分）
法国波尔多波亚克法定产区，1855波尔多列级一级酒庄
适饮期：已适宜饮用，也可继续窖藏陈年至2050年
12支/750ml
中国嘉德 11/12 lot 4274
估价：270,000—320,000
成交价：310,500

木桐古堡2000年份

（罗伯特·帕克评分：96分+）
法国波尔多波亚克法定产区，1855波尔多列级一级酒庄
适饮期：已适宜饮用，也可继续窖藏陈年至2050年
12支/750ml
中国嘉德 18/05 lot 3883
估价：180,000—200,000
成交价：299,000

木桐古堡2003年份

（罗伯特·帕克评分：91分）
法国波尔多波亚克法定产区，1855波尔多列级一级酒庄
适饮期：已适宜饮用，也可继续窖藏陈年至2029年
12支/750ml
中国嘉德 18/05 lot 3882
估价：30,000—50,000
成交价：92,000

木桐古堡2007年份

（罗伯特·帕克评分：88分）
法国波尔多波亚克法定产区，1855波尔多列级一级酒庄
适饮期：已适宜饮用，也可继续窖藏陈年至2029年
36支/750ml
中国嘉德 18/05 lot 3881
估价：80,000—120,000
成交价：276,000

木桐古堡2008年份

（罗伯特·帕克评分：94分）
法国波尔多波亚克法定产区，1855梅多克列级一级酒庄
适饮期：已适宜饮用，也可继续窖藏陈年至2040年
24支/750ml
中国嘉德 11/12 lot 4272
估价：130,000—150,000
成交价：149,500

木桐古堡2011年份

（罗伯特·帕克评分：92分）
法国波尔多波亚克法定产区，1855波尔多列级一级酒庄
适饮期：已适宜饮用，也可继续窖藏陈年至2030年
24支/750ml
中国嘉德 18/05 lot 3880
估价：60,000—100,000
成交价：172,500

木桐古堡2011年份

2011年份酒标艺术家：盖伊・鲁热蒙（Guy Rougemont）

（罗伯特・帕克团队评分：92分）

12支/750ml

永乐拍卖（北京） 03/12 lot 7467

估价：60,000—70,000

成交价：69,000

木桐古堡2012年份

2012年份酒标艺术家：米克尔・巴尔塞洛 （Miquel Barcelo）

（罗伯特・帕克团队评分：96分）

6支/750ml

永乐拍卖（北京） 03/12 lot 7469

估价：22,800—26,800

成交价：27,600

木桐古堡2013年份

2013年份酒标艺术家：李禹焕 （Lee Ufan）

法国波尔多波亚克法定产区

6支/750ml

永乐拍卖（北京） 03/12 lot 7468

估价：22,200—26,000

成交价：25,530

木桐古堡2014年份

2014年份酒标艺术家：大卫・霍克尼 （David Hockney）

（罗伯特・帕克团队评分：95分）

法国波尔多波亚克法定产区

6支/750ml

永乐拍卖（北京） 03/12 lot 7466

估价：27,000—30,000

成交价：32,200

木桐古堡2014年份

（罗伯特・帕克团队评分：95分）
法国波尔多波亚克法定产区，1855梅多克列级一级酒庄
适饮期：2022—2060年
24支/750ml
中国嘉德 11/12 lot 4271
估价：75,000—120,000
成交价：87,400

木桐古堡2015年份

（罗伯特・帕克团队评分：98分）
法国波尔多波亚克法定产区，1855梅多克列级一级酒庄
适饮期：2025—2055年
6支/750ml
中国嘉德 11/12 lot 4269
估价：20,000—30,000
成交价：42,550

木桐古堡2015年份

（罗伯特・帕克团队评分：98分）
法国波尔多波亚克法定产区，1855梅多克列级一级酒庄
适饮期：2025—2055年
24支/750ml
中国嘉德 11/12 lot 4270
估价：120,000—150,000
成交价：161,000

木桐古堡2016年份

（罗伯特・帕克团队评分：100分）
法国波尔多波亚克法定产区，1855波尔多列级一级酒庄
适饮期：2022—2085年
24支/750ml
中国嘉德 18/05 lot 3879
估价：60,000—120,000
成交价：368,000

木桐古堡2018年份

（罗伯特·帕克团队评分：99分）
法国波尔多波亚克法定产区，1855梅多克列级一级酒庄
适饮期：2027—2067年
18支/750ml
中国嘉德 11/12 lot 4268
估价：80,000—120,000
成交价：112,700

木桐古堡2018年份

（罗伯特·帕克团队评分：99分）
法国波尔多波亚克法定产区，1856波尔多列级一级酒庄
适饮期：2027—2067年 30支/750ml
中国嘉德 18/05 lot 3878
估价：60,000—100,000
成交价：414,000

木桐古堡2018年份

2010年份酒标艺术家：徐冰（Xu Bing）
（罗伯特·帕克团队评分：99分）
永乐拍卖（北京） 03/12 lot 7465
估价：39,000—41,000
成交价：44,850

法国波尔多精选套装大瓶装2012年份

1. 木桐古堡大瓶装 2012年份 1支
（罗伯特·帕克评分：94分） 适饮期：2025—2050年
2. 拉图古堡大瓶装 2012年份 1支
（罗伯特·帕克评分：94分+） 适饮期：已适宜饮用，也可继续窖藏陈年至2045年
3. 玛歌古堡大瓶装 2012年份 1支
（罗伯特·帕克评分：95分） 适饮期：2023—2040年
4. 拉菲古堡大瓶装 2012年份 1支
（罗伯特·帕克评分：91分） 适饮期：已适宜饮用，也可继续窖藏陈年至2035年
5. 侯伯王古堡大瓶装 2012年份 1支
（罗伯特·帕克评分：98分） 适饮期：已适宜饮用，也可继续窖藏陈年至2055年

法国波尔多法定产区 5支/1500ml
中国嘉德 11/12 lot 4161
估价：10,000—62,000
成交价：78,200

木桐古堡1980—2015年垂直年份套装

1. 木桐古堡1980年份 1支（罗伯特 · 帕克评分：79分）
2. 木桐古堡1981年份 1支（罗伯特 · 帕克评分：79分）
3. 木桐古堡1982年份 1支（罗伯特 · 帕克评分：100分）
4. 木桐古堡1983年份 1支（罗伯特 · 帕克评分：90分）
5. 木桐古堡1984年份 1支（罗伯特 · 帕克评分：80分）
6. 木桐古堡1985年份 1支（罗伯特 · 帕克评分：90分）
7. 木桐古堡1986年份 1支（罗伯特 · 帕克评分：100分）
8. 木桐古堡1987年份 1支（罗伯特 · 帕克评分：88分）
9. 木桐古堡1988年份 1支（罗伯特 · 帕克评分：89分）
10. 木桐古堡1989年份 1支（罗伯特 · 帕克团队评分：93分）
11. 木桐古堡1990年份 1支（罗伯特 · 帕克评分：84分）
12. 木桐古堡1991年份 1支（罗伯特 · 帕克评分：86分）
13. 木桐古堡1992年份 1支（罗伯特 · 帕克评分：88分）
14. 木桐古堡1993年份 1支（罗伯特 · 帕克评分：90分）
15. 木桐古堡1994年份 1支（罗伯特 · 帕克评分：91分）
16. 木桐古堡1995年份 1支（罗伯特 · 帕克评分：95分）
17. 木桐古堡1996年份 1支（罗伯特 · 帕克团队评分：94分）
18. 木桐古堡1997年份 1支（罗伯特 · 帕克评分：90分）
19. 木桐古堡1998年份 1支（罗伯特 · 帕克团队评分：97分）
20. 木桐古堡1999年份 1支（罗伯特 · 帕克团队评分：92分）
21. 木桐古堡2000年份 1支（罗伯特 · 帕克团队评分：97分+）
22. 木桐古堡2001年份 1支（罗伯特 · 帕克团队评分：96分+）
23. 木桐古堡2002年份 1支（罗伯特 · 帕克团队评分：91分）
24. 木桐古堡2003年份 1支（罗伯特 · 帕克团队评分：91分）
25. 木桐古堡2004年份 1支（罗伯特 · 帕克团队评分：92分）
26. 木桐古堡2005年份 1支（罗伯特 · 帕克团队评分：98分）
27. 木桐古堡2006年份 1支（罗伯特 · 帕克团队评分：96分）
28. 木桐古堡2007年份 1支（罗伯特 · 帕克团队评分：92分）
29. 木桐古堡2008年份 1支（罗伯特 · 帕克团队评分：95分）
30. 木桐古堡2009年份 1支（罗伯特 · 帕克团队评分：97分）
31. 木桐古堡2010年份 1支（罗伯特 · 帕克团队评分：99分）
32. 木桐古堡2011年份 1支（罗伯特 · 帕克团队评分：92分）
33. 木桐古堡2012年份 1支（罗伯特 · 帕克团队评分：96分）
34. 木桐古堡2013年份 1支（罗伯特 · 帕克团队评分：92分）
35. 木桐古堡2014年份 1支（罗伯特 · 帕克团队评分：95分）
36. 木桐古堡2015年份 1支（罗伯特 · 帕克团队评分：98分）

法国波尔多波亚克法定产区，1855波尔多列级一级酒庄

36支/750ml

中国嘉德　18/05 lot 3891

估价：无底价

成交价：299,000

木桐古堡大瓶装1994年份

（罗伯特·帕克评分：91分）
法国波尔多波亚克法定产区，1855波尔多列级一级酒庄
适饮期：已适宜饮用，也可继续窖藏陈年至2025年
2支/1500ml
中国嘉德 18/05 lot 3890
估价：20,000—23,000
成交价：36,800

木桐古堡大瓶装1996年份

（罗伯特·帕克评分：94分）
法国波尔多波亚克法定产区，1855梅多克列级一级酒庄
适饮期：已适宜饮用，也可继续窖藏陈年至2030年
2支/1500ml
中国嘉德 11/12 lot 4276
估价：20,000—26,000
成交价：37,950

木桐古堡大瓶装1995年份

（罗伯特·帕克评分：95—97分）
法国波尔多波亚克法定产区，1855梅多克列级一级酒庄
适饮期：已适宜饮用，也可继续窖藏陈年至2030年
3支/1500ml
中国嘉德 11/12 lot 4278
估价：44,000—50,000
成交价：50,600

木桐古堡大瓶装1998年份

（罗伯特·帕克团队评分：97分）
法国波尔多波亚克法定产区
2支/1500ml
永乐拍卖（北京） 03/12 lot 7473
估价：28,000—30,000
成交价：32,200

木桐古堡大瓶装2000年份

（罗伯特·帕克团队评分：97+分）
法国波尔多波亚克法定产区
1支/1500ml
永乐拍卖（北京） 03/12 lot 7472
估价：38,000—40,000
成交价：43,700

木桐古堡大瓶装2006年份

（罗伯特·帕克评分：98分+）
法国波尔多波亚克法定产区，1855梅多克列级一级酒庄
适饮期：已适宜饮用，也可继续窖藏陈年至2060年
3支/1500ml
中国嘉德 11/12 lot 4273
估价：35,000—40,000
成交价：46,000

木桐古堡大瓶装2012年份

2012年份酒标艺术家：米克尔·巴尔塞洛
（罗伯特·帕克团队评分：96分）
法国波尔多波亚克法定产区
6支/1500ml
永乐拍卖（北京） 03/12 lot 7470
估价：42,000—46,000
成交价：49,450

木桐古堡大瓶装2015年份

（罗伯特·帕克团队评分：98分）
法国波尔多波亚克法定产区，1855波尔多列级一级酒庄
适饮期：2025—2055年
2支/1500ml
中国嘉德 18/05 lot 3889
估价：20,000—23,000
成交价：46,000

木桐古堡大瓶装

1988—2005年份

1. 木桐古堡1988年份 1支
（罗伯特·帕克评分：89分）
2. 木桐古堡1989年份 1支
（罗伯特·帕克团队评分：93分）
3. 木桐古堡1990年份 1支
（罗伯特·帕克评分：84分）
4. 木桐古堡1991年份 1支
（罗伯特·帕克评分：86分）
5. 木桐古堡1992年份1支
（罗伯特·帕克评分：88分）
6. 木桐古堡1993年份1支
（罗伯特·帕克评分：90分）
7. 木桐古堡1994年份1支
（罗伯特·帕克评分：91分）
8. 木桐古堡1995年份1支
（罗伯特·帕克评分：95分）
9. 木桐古堡1996年份1支
（罗伯特·帕克团队评分：94分）
10. 木桐古堡1997年份1支
（罗伯特·帕克评分：90分）
11. 木桐古堡1998年份1支
（罗伯特·帕克团队评分：97分）
12. 木桐古堡1999年份1支
（罗伯特·帕克团队评分：92分）
13. 木桐古堡2000年份1支
（罗伯特·帕克团队评分：97+）
14. 木桐古堡2001年份1支
（罗伯特·帕克团队评分：96+）
15. 木桐古堡2002年份1支
（罗伯特·帕克团队评分：91分）
16. 木桐古堡2003年份1支
（罗伯特·帕克团队评分：91分）
17. 木桐古堡2004年份1支
（罗伯特·帕克团队评分：92分）
18. 木桐古堡2005年份1支
（罗伯特·帕克团队评分：98分）

法国波尔多波亚克法定产区，1855波尔多列级一级酒庄

18支/6000ml

中国嘉德 11/12 lot 4214

估价：1,000,000—1,500,000

成交价：1,150,000

1988
1992
Chateau
Mouton Rothschild
2000
PAUILLAC
1853 - 2003
2003
Château
Mouton Rothschild
PAUILLAC

木桐古堡大瓶装1979年份

法国波尔多波亚克法定产区，1855梅多克列级一级酒庄

适饮期：已适宜饮用

1支/5000ml

中国嘉德 11/12 lot 4279

估价：46,000—52,000

成交价：52,900

木桐古堡大瓶装2017年份

（罗伯特·帕克团队评分：96+分）
法国波尔多波亚克法定产区
1支/6000ml
永乐拍卖（北京） 20/05 lot 3856
估价：26,500—28,500
成交价：31,050

木桐古堡大瓶装2017年份

（罗伯特·帕克团队评分：96+分）
法国波尔多波亚克法定产区
1支/3000ml
永乐拍卖（北京） 03/12 lot 7525
估价：13,000—15,000
成交价：14,950

木桐古堡2000年份

法国波尔多梅多克产区
1支/1500ml
永乐拍卖（北京） 20/05 lot 3856
估价：40,000—45,000
成交价：46,000

木桐古堡系列2011年份

法国波尔多梅多克产区
12支/750ml
永乐拍卖（北京） 20/05 lot 3852
估价：70,000—80,000
成交价：80,500

木桐古堡2012年份

法国波尔多梅多克产区
12支/750ml
永乐拍卖（北京） 20/05 lot 3853
估价：50,000—60,000
成交价：57,500

木桐古堡2013年份

法国波尔多梅多克产区
12支/750ml
永乐拍卖（北京） 20/05 lot 3855
估价：48,000—58,000
成交价：55,200

小木桐（木桐古堡副牌）干红2010年份

（罗伯特·帕克团队评分：93分）
法国波尔多波亚克法定产区
6支/750ml
永乐拍卖（北京） 03/12 lot 7464
估价：16,500—18,500
成交价：18,975

小木桐干红2005年份

（罗伯特·帕克评分：90分）
法国波尔多波亚克法定产区，1855梅多克列级一级酒庄副牌
适饮期：已适宜饮用，也可继续窖藏陈年至2030年
48支/750ml
中国嘉德 18/05 lot 3876
估价：48,000—98,000
成交价：126,500

小木桐干红2007年份

（罗伯特·帕克团队评分：88分）
法国波尔多波亚克法定产区，1855梅多克列级一级酒庄副牌
适饮期：已适宜饮用，也可继续窖藏陈年至2027年
60支/750ml
中国嘉德　18/05　lot 3875
估价：60,000—120,000
成交价：149,500

小木桐干红2017年份

（罗伯特·帕克团队评分：91分）
法国波尔多波亚克法定产区，1855梅多克列级一级酒庄副牌
适饮期：已适宜饮用，也可继续窖藏陈年至2032年
36支/750ml
中国嘉德　18/05　lot 3873
估价：36,000—70,000
成交价：97,750

小木桐干红2016年份

（罗伯特·帕克团队评分：93分）
法国波尔多波亚克法定产区，1855梅多克列级一级酒庄副牌
适饮期：已适宜饮用，也可继续窖藏陈年至2041年
12支/750ml
中国嘉德　11/12　lot 4266
估价：30,000—38,000
成交价：35,650

小木桐干红大瓶装2004年份

法国波尔多波亚克法定产区，1855梅多克列级一级酒庄副牌
适饮期：已适宜饮用
12支/1500ml
中国嘉德　18/05　lot 3877
估价：无底价
成交价：66,700

小木桐干红大瓶装2010年份

（罗伯特·帕克评分：91分）

法国波尔多波亚克法定产区，1855波尔多列级一级酒庄副牌

适饮期：已适宜饮用，也可继续窖藏陈年至2026年

3支/1500ml

中国嘉德　18/05　lot 3874

估价：15,000—16,000

成交价：18,400

奥比昂使命庄园2012年份

法国波尔多格拉夫佩萨克 · 雷奥良法定产区

6支/750ml

永乐拍卖（北京）　20/05　lot 3871

估价：16,000—20,000

成交价：18,400

侯伯王古堡（Chateau Haut-Brion）2009年份

法国波尔多格拉夫佩萨克 · 雷奥良法定产区

1支/750ml

永乐拍卖（北京）　20/05　lot 3858

估价：13,000—18,000

成交价：14,950

侯伯王古堡2011年份

法国波尔多格拉夫佩萨克 · 雷奥良法定产区

12支/750ml

永乐拍卖（北京）　20/05　lot 3859

估价：68,000—78,000

成交价：74,750

侯伯王古堡2005年份

（罗伯特・帕克评分：100分）
法国波尔多佩萨克・雷奥良法定产区，1855梅多克列级一级酒庄
适饮期：已适宜饮用，也可继续窖藏陈年至2045年
12支/750ml
中国嘉德　18/05　lot 3909
估价：35,000—60,000
成交价：253,000

侯伯王古堡2009年份

（罗伯特・帕克评分：100分）
法国波尔多佩萨克・雷奥良法定产区，1855梅多克列级一级酒庄
适饮期：已适宜饮用，也可继续窖藏陈年至2054年
12支/750ml
中国嘉德　18/05　lot 3908
估价：35,000—60,000
成交价：184,000

侯伯王古堡2007年份

（罗伯特・帕克团队评分：94分）
法国波尔多佩萨克・雷奥良法定产区，1855梅多克列级一级酒庄
适饮期：已适宜饮用，也可继续窖藏陈年至2040年
24支/750ml
中国嘉德　11/12　lot 4288
估价：65,000—95,000
成交价：96,600

侯伯王古堡2009年份

（罗伯特・帕克团队评分：100分）
法国波尔多佩萨克・雷奥良法定产区，1855梅多克列级一级酒庄
适饮期：已适宜饮用，也可继续窖藏陈年至2054年
6支/750ml
中国嘉德　11/12　lot 4287
估价：25,000—42,000
成交价：50,600

侯伯王古堡2011年份

（罗伯特·帕克评分：95分）
法国波尔多佩萨克·雷奥良法定产区，1855梅多克列级一级酒庄
适饮期：已适宜饮用，也可继续窖藏陈年至2046年
30支/750ml
中国嘉德 18/05 lot 3907
估价：60,000—100,000
成交价：230,000

侯伯王古堡2012年份

（罗伯特·帕克评分：98分）
法国波尔多佩萨克·雷奥良法定产区，1855梅多克列级一级酒庄
适饮期：已适宜饮用，也可继续窖藏陈年至2055年
6支/750ml
中国嘉德 11/12 lot 4284
估价：15,000—24,000
成交价：35,650

侯伯王古堡2011年份

（罗伯特·帕克评分：95分）
法国波尔多佩萨克·雷奥良法定产区，1855梅多克列级一级酒庄
适饮期：已适宜饮用，也可继续窖藏陈年至2046年
24支/750ml
中国嘉德 11/12 lot 4285
估价：65,000—95,000
成交价：112,700

侯伯王古堡2015年份

（罗伯特·帕克团队评分：100分）
法国波尔多佩萨克·雷奥良法定产区，1855梅多克列级一级酒庄
适饮期：2024—2064年
18支/750ml
中国嘉德 11/12 lot 4283
估价：65,000—95,000
成交价：149,500

侯伯王古堡2016年份

（罗伯特·帕克团队评分：100分）
法国波尔多佩萨克·雷奥良法定产区，1855梅多克列级一级酒庄
适饮期：2025—2070年
30支/750ml
中国嘉德　18/05　lot 3906
估价：60,000—120,000
成交价：345,000

侯伯王古堡大瓶装1996年份

（罗伯特·帕克团队评分：95分）
法国波尔多佩萨克·雷奥良法定产区
1支/1500ml
永乐拍卖（北京）　03/12　lot 7491
估价：12,000—14,000
成交价：13,800

侯伯王古堡2016年份

（罗伯特·帕克团队评分：100分）
法国波尔多佩萨克·雷奥良法定产区，1855梅多克列级一级酒庄
适饮期：2025—2070年
18支/750ml
中国嘉德　11/12　lot 4282
估价：65,000—95,000
成交价：115,000

侯伯王古堡大瓶装2005年份

（罗伯特·帕克评分：100分）
法国波尔多佩萨克·雷奥良法定产区，1855梅多克列级一级酒庄
适饮期：已适宜饮用，也可继续窖藏陈年至2045年
6支/1500ml
中国嘉德　11/12　lot 4289
估价：60,000—100,000
成交价：80,500

侯伯王古堡双姝顶级干白系列套装2012年份（各2支）

1. 侯伯王干白2012年份 2支（罗伯特·帕克评分：98分） 适饮期：已适宜饮用，也可继续窖藏陈年至2065年
2. 美迅干白2012年份 2支（罗伯特·帕克评分：96—98分） 适饮期：已适宜饮用，也可继续窖藏陈年至2053年 法国波尔多佩萨克·雷奥良法定产区 4支/750ml

中国嘉德 18/05 lot 3905
估价：25,000—28,000
成交价：46,000

侯伯王酒庄2014年份

（罗伯特·帕克团队评分：96分）
法国波尔多佩萨克·雷奥良法定产区
6支/750ml
永乐拍卖（北京） 03/12 lot 7489
估价：22,000—24,000
成交价：25,300

小侯伯王红葡萄酒2016年份

（罗伯特·帕克团队评分：93分）
法国波尔多佩萨克·雷奥良产区，1855梅多克列级一级酒庄
适饮期：已适宜饮用，也可继续窖藏陈年至2034年
30支/750ml
中国嘉德 11/12 lot 4281
估价：25,000—40,000
成交价：35,650

小侯伯王红葡萄酒2018年份

（罗伯特·帕克团队评分：92分+）
法国波尔多佩萨克·雷奥良产区，1855梅多克列级一级酒庄副牌
适饮期：2023—2040年
18支/750ml
中国嘉德 11/12 lot 4280
估价：22,000—28,000
成交价：27,600

碧尚巴雄庄园（Chateau Pichon-Longueville Baron）1996年份

法国波尔多波亚克法定产区

12支/750ml

永乐拍卖（北京） 20/05 lot 3813

估价：30,000—35,000

成交价：32,200

碧尚巴雄庄园2007年份

法国波尔多波亚克法定产区

12支/750ml

永乐拍卖（北京） 20/05 lot 3816

估价：18,000—23,000

成交价：21,850

碧尚巴雄庄园2006年份

法国波尔多波亚克法定产区

12支/750ml

永乐拍卖（北京） 20/05 lot 3815

估价：18,000—23,000

成交价：18,400

碧尚巴雄庄园2008年份

法国波尔多波亚克法定产区

12支/750ml

永乐拍卖（北京） 20/05 lot 3817

估价：18,000—23,000

成交价：19,550

碧尚巴雄庄园2010年份

法国波尔多波亚克法定产区

12支/750ml

永乐拍卖（北京） 20/05 lot 3818

估价：33,000—43,000

成交价：37,950

碧尚拉隆庄园2006年份

法国波尔多波亚克法定产区

12支/750ml

永乐拍卖（北京） 20/05 lot 3819

估价：23,000—28,000

成交价：26,450

碧尚男爵古堡2007年份

（罗伯特·帕克团队评分：92分）

法国波尔多波亚克法定产区

12支/750ml

永乐拍卖（北京） 03/12 lot 7438

估价：13,200—15,200

成交价：15,180

碧尚男爵古堡2010年份

（罗伯特·帕克评分：93分）

法国波尔多波亚克法定产区

6支/750ml

永乐拍卖（北京） 03/12 lot 7436

估价：15,000—20,000

成交价：17,250

碧尚男爵古堡2012年份

（罗伯特·帕克团队评分：94分）
法国波尔多波亚克法定产区
6支/750ml
永乐拍卖（北京） 03/12 lot 7435
估价：6,600—8,600
成交价：7,590

碧尚男爵古堡2014年份

（罗伯特·帕克团队评分：94分）
法国波尔多波亚克法定产区，1855梅多克列级二级酒庄
适饮期：2022—2050年
6支/750ml
中国嘉德 11/12 lot 4178
估价：6,000—8,000
成交价：9,200

碧尚男爵古堡2014年份

（罗伯特·帕克团队评分：94分）
法国波尔多波亚克法定产区
12支/750ml
永乐拍卖（北京） 03/12 lot 7433
估价：12,000—16,000
成交价：13,800

碧尚男爵古堡大瓶装2014年份

（罗伯特·帕克团队评分：94分）
法国波尔多波亚克法定产区
6支/1500ml
永乐拍卖（北京） 03/12 lot 7434
估价：17,000—20,000
成交价：19,550

碧尚男爵古堡大瓶装2015年份

（罗伯特·帕克评分：97分）
法国波尔多波亚克法定产区
1855梅多克列级二级酒庄
适饮期：2025—2045年 6支/1500ml
中国嘉德 18/05 lot 3809
估价：20,000—25,000
成交价：26,450

碧尚女爵古堡2007年份

法国波尔多波亚克法定产区
12支/750ml
永乐拍卖（北京） 03/12 lot 7442
估价：12,000—16,000
成交价：13,800

碧尚女爵古堡1989年份

（罗伯特·帕克团队评分：93分）
法国波尔多波亚克法定产区，1855梅多克列级二级酒庄
适饮期：已适宜饮用
12支/750ml
中国嘉德 18/05 lot 3810
估价：33,000—35,000
成交价：48,300

碧尚女爵古堡2014年份

（罗伯特·帕克团队评分：93分）
法国波尔多波亚克法定产区，1855梅多克列级二级酒庄
适饮期：已适宜饮用，也可继续窖藏陈年至2050年
12支/750ml
中国嘉德 11/12 lot 4174
估价：10,000—18,000
成交价：13,800

碧尚女爵古堡大瓶装1996年份

（罗伯特·帕克评分：96分）
法国波尔多波亚克法定产区，1855梅多克列级二级酒庄
适饮期：已适宜饮用，也可继续窖藏陈年至2025年
3支/1500ml
中国嘉德 11/12 lot 4175
估价：15,000—20,000
成交价：21,850

碧尚女爵古堡大瓶装1996年份

（罗伯特·帕克评分：96分）
法国波尔多波亚克法定产区，1855梅多克列级二级酒庄
适饮期：已适宜饮用，也可继续窖藏陈年至2025年
12支/1500ml
中国嘉德 18/05 lot 3811
估价：62,000—65,000
成交价：78,200

碧尚女爵古堡大瓶装1996年份

（罗伯特·帕克评分：96分）
法国波尔多波亚克法定产区，1855梅多克列级二级酒庄
适饮期：已适宜饮用，也可继续窖藏陈年至2025年
3支/1500ml
中国嘉德 11/12 lot 4176
估价：16,000—18,000
成交价：21,850

达玛雅克庄园（Chateau d'Armailhac）单人舞2018年份

（罗伯特·帕克团队评分：93分+）
法国波尔多波亚克法定产区，1855梅多克列级五级酒庄
适饮期：2022—2039年
24支/750ml
中国嘉德 11/12 lot 4191
估价：11,000—15,000
成交价：18,400

达玛雅克庄园2003年份

法国波尔多波亚克法定产区

6支/1500ml

永乐拍卖（北京） 20/05 lot 3801

估价：13,000—18,000

成交价：14,950

达玛雅克庄园2009年份

（罗伯特·帕克团队评分：90分）

法国波尔多波亚克法定产区

12支/750ml

永乐拍卖（北京） 03/12 lot 7427

估价：无底价

成交价：9,200

杜哈米隆古堡（Chateau Duhart-Milon）2008年份

（罗伯特·帕克评分：94分）

法国波尔多波亚克法定产区，1855梅多克列级四级酒庄

适饮期：已适宜饮用，也可继续窖藏陈年至2036年 24支/750ml

中国嘉德 18/05 lot 3819

估价：23,000—25,000

成交价：36,800

庞特卡内庄园（Chateau Pontet-Canet）
2009年份
法国波尔多波亚克法定产区
12支/750ml
永乐拍卖（北京） 20/05 lot 3806
估价：40,000—45,000
成交价：43,700

克拉米伦庄园（Chateau Clerc Milon）
2006年份
法国波尔多波亚克法定产区
6支/1500ml
永乐拍卖（北京） 20/05 lot 3802
估价：20,000—25,000
成交价：20,700

克拉米伦庄园双人舞2010年份
（罗伯特·帕克团队评分：94分）
法国波尔多波亚克法定产区，1855波尔多列级五级酒庄
适饮期：已适宜饮用，也可继续窖藏陈年至2047年
12支/750ml
中国嘉德 11/12 lot 4190
估价：10,000—12,000
成交价：23,000

庞特卡内庄园2006年份
法国波尔多波亚克法定产区
12支/750ml
永乐拍卖（北京） 20/05 lot 3804
估价：20,000—25,000
成交价：23,000

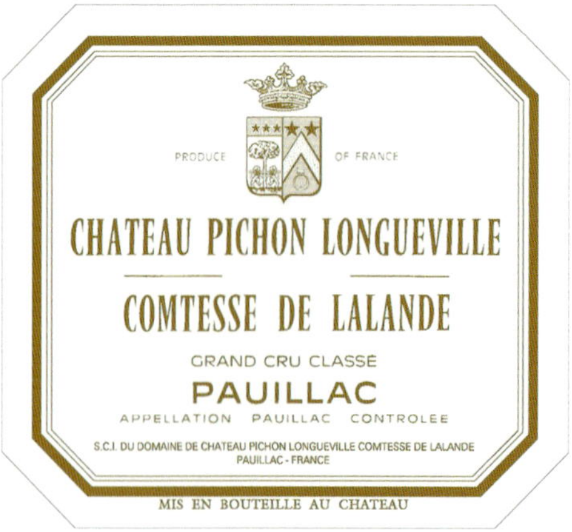

雄狮古堡（Chateau Leoville Las Cases）2018年份

（罗伯特·帕克团队评分：99分）
法国波尔多圣朱利安法定产区，1855梅多克列级二级酒庄
适饮期：2026—2066年
24支/750ml
中国嘉德 11/12 lot 4169
估价：49,000—58,000
成交价：56,350

雄狮古堡1994年份

（罗伯特·帕克评分：93分）
法国波尔多圣朱利安法定产区
12支/750ml
永乐拍卖（北京） 03/12 lot 7448
估价：26,400—28,400
成交价：30,360

雄狮古堡1996年份

（罗伯特·帕克团队评分：98分）
法国波尔多圣朱利安法定产区
12支/750ml
永乐拍卖（北京） 03/12 lot 7446
估价：45,600—47,600
成交价：52,440

雄狮古堡1997年份

（罗伯特·帕克团队评分：90分）
法国波尔多圣朱利安法定产区
12支/750ml
永乐拍卖（北京） 03/12 lot 7445
估价：20,400—22,400
成交价：23,460

雄狮古堡“888”珍藏套装大瓶装1988年、1998年、2008年份（各1支）

1. 雄狮古堡“888”1988年份 1支（罗伯特·帕克评分：92分）
适饮期：已适宜饮用；
2. 雄狮古堡“888”1998年份 1支（罗伯特·帕克评分：93分）
适饮期：已适宜饮用，也可继续窖藏陈年至2025年
3. 雄狮古堡“888”2008年份 1支（罗伯特·帕克评分：93分+）
适饮期：已适宜饮用，也可继续窖藏陈年至2038年
法国波尔多圣朱利安法定产区，1855梅多克列级二级酒庄
1套/3支/1500ml
中国嘉德 18/05 lot 3807
估价：16,000—18,000
成交价：19,550

雄狮古堡2010年份

（罗伯特·帕克评分：96分+）
法国波尔多圣朱利安法定产区，1855梅多克列级二级酒庄
适饮期：已适宜饮用，也可继续窖藏陈年至2050年
6支/750ml
中国嘉德 11/12 lot 4170
估价：10,000—16,000
成交价：19,550

雄狮古堡“888”套装大瓶装1988年、1998年、2008年份（各1支）

1. 雄狮古堡1988年份 1支 （罗伯特·帕克评分：92分）
适饮期：已适宜饮用
2. 雄狮古堡1998年份 1支（罗伯特·帕克评分：93分）
适饮期：已适宜饮用，也可继续窖藏陈年至2025年
3. 雄狮古堡2008年份 1支 （罗伯特·帕克团队评分：93分）
适饮期：已适宜饮用，也可继续窖藏陈年至2038年）
法国波尔多圣朱利安法定产区，1855梅多克列级二级酒庄
3支/1500ml
中国嘉德 11/12 lot 4172
估价：16,000—20,000
成交价：21,850

雄狮古堡1989年份

（罗伯特·帕克评分：90分）
法国波尔多圣朱利安法定产区，1855梅多克列级二级酒庄
适饮期：已适宜饮用
12支/750ml
中国嘉德 11/12 lot 4171
估价：20,000—30,000
成交价：28,750

雄狮古堡1998年份

法国波尔多圣朱利安法定产区
12支/750ml
永乐拍卖（北京） 20/05 lot 3832
估价：32,000—38,000
成交价：36,800

雄狮古堡2012年份

法国波尔多圣朱利安法定产区
6支/1500ml
永乐拍卖（北京） 20/05 lot 3834
估价：20,000—25,000
成交价：21,850

雄狮古堡2013年份

法国波尔多圣朱利安法定产区
12支/750ml
永乐拍卖（北京） 20/05 lot 3836
估价：20,000—25,000
成交价：20,700

雄狮古堡大瓶装2015年份

（罗伯特·帕克团队评分：98+分）
法国波尔多圣朱利安法定产区
1支/6000ml
永乐拍卖（北京） 03/12 lot 7532
估价：13,000—15,000
成交价：14,950

宝嘉龙古堡（Chateau Ducru-Beaucaillou）1990年份

（罗伯特・帕克团队评分：91分）
法国波尔多圣朱利安法定产区，1855梅多克列级二级酒庄
适饮期：已适宜饮用，也可继续窖藏陈年至2028年
12支/750ml
中国嘉德 11/12 lot 4166
估价：26,000—32,000
成交价：33,350

宝嘉龙古堡2017年份

（罗伯特・帕克团队评分：96分+）
法国波尔多圣朱利安法定产区，1855梅多克列级二级酒庄
适饮期：2022—2048年
12支/750ml
中国嘉德 11/12 lot 4165
估价：10,000—18,000
成交价：23,000

宝嘉龙古堡1985年份

（罗伯特・帕克团队评分：92分）
法国波尔多圣朱利安法定产区
12支/750ml
永乐拍卖（北京） 03/12 lot 7452
估价：24,000—26,000
成交价：27,600

宝嘉龙古堡1999年份

（罗伯特・帕克团队评分：93+分）
法国波尔多圣朱利安法定产区
12支/750ml
永乐拍卖（北京） 03/12 lot 7449
估价：22,800—25,800
成交价：26,220

宝嘉龙古堡2009年份

（罗伯特·帕克评分：100分）
法国波尔多圣朱利安法定产区
适饮期：已适宜饮用，也可以继续窖藏陈年至2069年
24支/750ml
中国嘉德　18/05 lot 3817
估价：75,000—78,000
成交价：86,250

宝嘉龙古堡大瓶装2012年份

（罗伯特·帕克评分：90—92分）
法国波尔多圣朱利安法定产区，1855 波尔多列级二级酒庄
适饮期：已适宜饮用，也可以继续窖藏陈年至2037年
6支/1500ml
中国嘉德　18/05 lot 3818
估价：12,000—15,000
成交价：23,000

宝嘉龙古堡1996年份

法国波尔多圣朱利安法定产区
12支/750ml
永乐拍卖（北京）　20/05 lot 3827
估价：48,000—55,000
成交价：52,900

宝嘉龙古堡2000年份

法国波尔多圣朱利安法定产区
12支/750ml
永乐拍卖（北京）　20/05 lot 3829
估价：38,000—42,000
成交价：41,400

宝嘉龙古堡2013年份

法国波尔多圣朱利安法定产区
12支/750ml
永乐拍卖（北京） 20/05 lot 3830
估价：15,000—20,000
成交价：17,250

乐夫波菲庄园（Chateau Leoville Poyferre）2009年份

（罗伯特·帕克评分：100分）
法国波尔多圣朱利安法定产区，1855波尔多列级二级酒庄
适饮期：已适宜饮用，也可继续窖藏陈年至2040年
24支/750ml
中国嘉德 18/05 lot 3808
估价：50,000—60,000
成交价：85,100

乐夫波菲庄园大瓶装1989年份

（罗伯特·帕克评分：89分）
法国波尔多圣朱利安法定产区，1855梅多克列级二级酒庄
适饮期：已适宜饮用
12支/1500ml
中国嘉德 11/12 lot 4173
估价：36,000—46,000
成交价：42,550

大宝古堡（Chateau Talbot）大瓶装2000年份

（罗伯特·帕克评分：93分）
法国波尔多圣朱利安法定产区，1855梅多克列级四级酒庄
适饮期：已适宜饮用，也可继续窖藏陈年至2025年
3支/1500ml
中国嘉德 18/05 lot 3824
估价：无底价
成交价：10,350

金玫瑰古堡（Chateau Gruaud Larose）1995年份

法国波尔多圣朱利安法定产区

12支/750ml

永乐拍卖（北京） 03/12 lot 7423

估价：12,000—15,000

成交价：17,250

金玫瑰古堡1985年份

法国波尔多圣朱利安法定产区

12支/750ml

永乐拍卖（北京） 20/05 lot 3811

估价：25,000—30,000

成交价：28,750

金玫瑰古堡胡桃木限量礼盒套装
1995年份、2000年份、2005年份、2010年份、2015年份

法国波尔多圣朱利安法定产区

1. 金玫瑰古堡1995年份1支
2. 金玫瑰古堡2000年份1支
3. 金玫瑰古堡2005年份1支
4. 金玫瑰古堡2010年份1支
5. 金玫瑰古堡2015年份1支

5支/750ml

永乐拍卖（北京） 03/12 lot 7421

估价：8,000—10,000

成交价：9,200

金玫瑰古堡大瓶装2015年份

（罗伯特·帕克团队评分：93+分）

法国波尔多圣朱利安法定产区

1支/6000ml

永乐拍卖（北京） 03/12 lot 7531

估价：4,000—6,000

成交价：5,750

金玫瑰古堡2008年份
法国波尔多圣朱利安法定产区
12支/750ml
永乐拍卖（北京） 20/05 lot 3812
估价：12,000—15,000
成交价：12,650

鲁臣世家古堡（Chateau Rauzan-Segla）2006年份
（罗伯特·帕克团队评分：92分）
法国波尔多玛歌法定产区
12支/750ml
永乐拍卖（北京） 03/12 lot 7429
估价：无底价
成交价：13,800

鲁臣世家古堡2009年份
（罗伯特·帕克评分：93分+）
法国波尔多玛歌法定产区
适饮期：已适宜饮用，也可继续窖藏陈年至2042年
36支/750ml
中国嘉德 18/05 lot 3822
估价：66,000—68,000
成交价：80,500

鲁臣世家古堡大瓶装2012年份
（罗伯特·帕克团队评分：94分）
法国波尔多玛歌法定产区
3支/1500ml
永乐拍卖（北京） 03/12 lot 7428
估价：无底价
成交价：6,900

鲁臣世家古堡大瓶装2015年份

（罗伯特·帕克团队评分：97分）

法国波尔多玛歌法定产区，1855梅多克列级二级酒庄

适饮期：2022—2047年

6支/1500ml

中国嘉德 18/05 lot 3823

估价：无底价

成交价：21,850

宝玛古堡精选套装

法国波尔多玛歌法定产区

1998年份1支/750ml；2000年份1支/750ml

2011年份1支/1500ml；2014年份1支/1500ml 共4支

永乐拍卖（北京） 03/12 lot 7453

估价：18,200—22,200

成交价：20,930

宝玛古堡（Chateau Palmer）2009年份

（罗伯特·帕克评分：97分）

法国波尔多玛歌法定产区，1855梅多克列级三级酒庄

适饮期：已适宜饮用，也可继续窖藏陈年至2062年

6支/750ml

中国嘉德 11/12 lot 4181

估价：15,000—20,000

成交价：24,150

宝玛古堡2011年份

法国波尔多玛歌法定产区

6支/1500ml

永乐拍卖（北京） 20/05 lot 3821

估价：28,000—33,000

成交价：32,200

宝玛古堡大瓶装2017年份

（罗伯特·帕克团队评分：97分+）
法国波尔多玛歌法定产区，1855梅多克列级三级酒庄
适饮期：2025—2065年
12支/1500ml
中国嘉德 11/12 lot 4180
估价：47,000—56,000
成交价：55,200

鲁臣世家古堡大瓶装1988年份

（罗伯特·帕克评分：91分）
法国波尔多玛歌法定产区，1855梅多克列级二级酒庄
适饮期：已适宜饮用
6支/1500ml
中国嘉德 11/12 lot 4168
估价：18,000—20,000
成交价：20,700

鲁臣世家古堡2009年份

（罗伯特·帕克团队评分：94分）
法国波尔多玛歌法定产区，1855梅多克列级二级酒庄
适饮期：已适宜饮用，也可继续窖藏陈年至2035年
24支/750ml
中国嘉德 11/12 lot 4167
估价：42,000—48,000
成交价：48,300

宝玛古堡1978年份

（罗伯特·帕克评分：90分）
法国波尔多玛歌法定产区
适饮期：已适宜饮用
3支/750ml
中国嘉德 18/05 lot 3828
估价：8,000—10,000
成交价：10,925

高柏丽古堡（Chateau Haut-Bailly）2000年份

法国波尔多左岸格拉夫产区
12支/750ml
永乐拍卖（北京） 03/12 lot 7492
估价：14,400—16,400
成交价：16,560

克莱蒙教皇古堡（Chateau Pape Clement）白葡萄酒2017年份

（罗伯特·帕克团队评分：94分）
法国波尔多佩萨克·雷奥良产区，格拉夫列级酒庄
适饮期：已适宜饮用，也可继续窖藏陈年至2033年
12支/750ml
中国嘉德 18/05 lot 3833
估价：14,000—16,000
成交价：27,600

克莱蒙教皇古堡1970年份

（罗伯特·帕克团队评分：93分）
法国波尔多佩萨克·雷奥良产区
适饮期：已适宜饮用，也可继续窖藏陈年至2030年
6支/750ml
中国嘉德 18/05 lot 3831
估价：12,000—15,000
成交价：13,800

克莱蒙教皇古堡大瓶装2009年份

（罗伯特·帕克评分：95分）
法国波尔多佩萨克·雷奥良产区，格拉夫列级酒庄
适饮期：已适宜饮用，也可继续窖藏陈年至2047年
12支/1500ml
中国嘉德 18/05 lot 3832
估价：40,000—46,000
成交价：59,800

克莱蒙教皇古堡1988年份

法国波尔多佩萨克·雷奥良产区
6支/750ml
永乐拍卖（北京） 03/12 lot 7495
估价：13,000—15,000
成交价：14,950

凯隆世家酒庄（Chateau Calon Segur）1995年份

（罗伯特·帕克团队评分：94分）
法国波尔多圣爱斯特菲法定产区，1855梅多克列级三级酒庄
适饮期：已适宜饮用，也可继续窖藏陈年至2045年
30支/750ml
中国嘉德 11/12 lot 4182
估价：43,000—50,000
成交价：49,450

克莱蒙教皇古堡2013年份

法国波尔多佩萨克·雷奥良产区
12支/750ml
永乐拍卖（北京） 03/12 lot 7494
估价：10,200—12,200
成交价：11,730

凯隆世家酒庄2000年份

（罗伯特·帕克评分：91分+）
法国波尔多圣爱斯特菲法定产区，1855梅多克列级三级酒庄
适饮期：已适宜饮用，也可继续窖藏陈年至2043年
36支/750ml
中国嘉德 18/05 lot 3812
估价：56,000—58,000
成交价：64,400

凯隆世家酒庄大瓶装2003年份

（罗伯特・帕克评分：93分）

法国波尔多圣爱斯特菲法定产区，1855波尔多列级三级酒庄

适饮期：已适宜饮用，也可继续窖藏陈年至2029年

3支/1500ml

中国嘉德　18/05 lot 3813

估价：6,000—7,000

成交价：13,800

凯隆世家酒庄大瓶装2016年份

（罗伯特・帕克团队评分：96分）

法国波尔多圣爱斯特菲法定产区，1855梅多克列级三级酒庄

适饮期：已适宜饮用，也可继续窖藏陈年至2045年

5支/1500ml

中国嘉德　11/12 lot 4184

估价：1,000—2,000

成交价：12,650

凯隆世家酒庄大瓶装1995年份

（罗伯特・帕克评分：92分）

法国波尔多圣爱斯特菲法定产区，1855梅多克列级三级酒庄

适饮期：已适宜饮用，也可继续窖藏陈年至2035年

3支/3000ml

中国嘉德　11/12 lot 4183

估价：12,000—18,000

成交价：16,100

凯隆世家酒庄大瓶装2016年份

（罗伯特・帕克团队评分：96分）

法国波尔多圣爱斯特菲法定产区，1856梅多克列级三级酒庄

适饮期：已适宜饮用，也可继续窖藏陈年至2045年

1支/3000ml

中国嘉德　18/05 lot 3814

估价：无底价

成交价：7,475

爱诗图尔酒庄（Chateau Cos d'Estournel）大瓶装2016年份

（罗伯特·帕克团队评分：100分）
法国波尔多圣爱斯特菲法定产区
1支/3000ml
永乐拍卖（北京） 03/12 lot 7530
估价：6,000—8,000
成交价：6,900

爱诗图尔酒庄大瓶装2015年份

（罗伯特·帕克团队评分：95+分）
法国波尔多圣爱斯特菲法定产区
1支/6000ml
永乐拍卖（北京） 03/12 lot 7529
估价：10,000—15,000
成交价：11,500

爱诗图尔酒庄1989年份

（罗伯特·帕克评分：89分）
法国波尔多圣爱斯特菲法定产区，1855梅多克列级二级酒庄
适饮期：已适宜饮用
6支/750ml
中国嘉德 11/12 lot 4164
估价：15,000—18,000
成交价：19,550

爱诗图尔酒庄1995年份

（罗伯特·帕克评分：95分）
法国波尔多圣爱斯特菲法定产区，1855梅多克列级二级酒庄
适饮期：已适宜饮用，也可继续窖藏陈年至2025年
12支/750ml
中国嘉德 11/12 lot 4163
估价：24,000—28,000
成交价：29,900

爱诗图尔酒庄2009年份

（罗伯特·帕克评分：100分）
法国波尔多圣爱斯特菲法定产区
1855波尔多列级二级酒庄 适饮期：2022—2072年
24支/750ml
中国嘉德 18/05 lot 3815
估价：76,000—80,000
成交价：103,500

玫瑰山古堡（Chateau Montrose）2010年份

（罗伯特·帕克评分：99分）
法国波尔多圣爱斯特菲法定产区
适饮期：已适宜饮用，也可继续窖藏陈年至2038年
24支/750ml
中国嘉德 18/05 lot 3827
估价：55,000—57,000
成交价：69,000

爱诗图尔酒庄2014年份

（罗伯特·帕克团队评分：94分）
法国波尔多圣爱斯特菲法定产区，1855梅多克列级二级酒庄
适饮期：2022—2047年
12支/750ml
中国嘉德 11/12 lot 4162
估价：8,000—16,000
成交价：19,550

爱诗图尔酒庄大瓶装2012年份

（罗伯特·帕克评分：93分+）
法国波尔多圣爱斯特菲法定产区，1855梅多克列级二级酒庄
适饮期：已适宜饮用，也可以继续窖藏陈年至2041年
6支/1500ml
中国嘉德 18/05 lot 3816
估价：13,000—15,000
成交价：19,550

玫瑰山古堡2014年份

（罗伯特·帕克团队评分：96分）
法国波尔多圣爱斯特菲法定产区
12支/750ml
永乐拍卖（北京） 03/12 lot 7430
估价：无底价
成交价：16,100

龙船古堡（Chateau Beychevelle）2010年份

（罗伯特·帕克评分：94分）
法国波尔多圣朱利安法定产区
适饮期：已适宜饮用，也可继续窖藏陈年至2045年
30支/750ml
中国嘉德 18/05 lot 3806
估价：38,000—40,000
成交价：44,850

龙船古堡2010年份

（罗伯特·帕克团队评分：93分）
法国波尔多圣朱利安法定产区，1855梅多克列级四级酒庄
适饮期：已适宜饮用，也可继续窖藏陈年至2045年
24支/750ml
中国嘉德 11/12 lot 4185
估价：35,000—40,000
成交价：46,000

龙船古堡2017年份

（罗伯特·帕克团队评分：94+分）
法国波尔多圣朱利安法定产区
12支/750ml
永乐拍卖（北京） 03/12 lot 7426
估价：无底价
成交价：14,950

龙船古堡2018年份

（罗伯特·帕克团队评分：95分）
法国波尔多圣朱利安法定产区
适饮期：2026—2046年
60支/750ml
中国嘉德　18/05　lot 3803
估价：无底价
成交价：75,900

龙船古堡大瓶装2017年份

（罗伯特·帕克团队评分：94分+）
法国波尔多圣朱利安法定产区，1855梅多克列级四级酒庄
适饮期：2022—2042年
5支/1500ml
中国嘉德　11/12　lot 4186
估价：1,000—2,000
成交价：11,500

龙船古堡大瓶装套装2017年份（各1支）

1. 龙船古堡大瓶装 2017年份 1支 （罗伯特·帕克团队评分：94分）　适饮期：2022—2042年
2. 龙船古堡大瓶装 2017年份 1支 （罗伯特·帕克团队评分：94分）　适饮期：2022—2042年
3. 龙船古堡大瓶装 2017年份 1支 （罗伯特·帕克团队评分：94分）　适饮期：2022—2042年

法国波尔多圣朱利安法定产区
1支/1500ml、1支/ 3000ml、1支/6000ml
中国嘉德　18/05　lot 3804
估价：8,000—10,000
成交价：24,150

龙船古堡2018年份

（罗伯特·帕克团队评分：95分）
法国波尔多圣朱利安法定产区
12支/750ml
永乐拍卖（北京）　03/12　lot 7425
估价：8,000—10,000
成交价：16,100

龙船古堡龙年“金龙雕刻”限量版2012年份

（罗伯特·帕克评分：92分+）
法国波尔多圣朱利安法定产区，1855梅多克列级四级酒庄
适饮期：已适宜饮用，也可继续窖藏陈年至2051年
6支/750ml
中国嘉德　18/05 lot 3805
估价：10,000—12,000
成交价：23,000

美人鱼庄园（Chateau Giscours）2002年份

法国波尔多梅多克产区
12支/1500ml
永乐拍卖（北京）　20/05 lot 3807
估价：28,000—32,000
成交价：28,750

马乐古堡（Chateau de Malle）贵腐甜白葡萄酒套装1996—2005年份

1. 马乐古堡贵腐甜白葡萄酒1996年份 6支（罗伯特·帕克评分：87分）
适饮期：已适宜饮用
2. 马乐古堡贵腐甜白葡萄酒1997年份 6支（罗伯特·帕克评分：89分）
适饮期：已适宜饮用
3. 马乐古堡贵腐甜白葡萄酒1998年份 6支（罗伯特·帕克评分：90—92分）
适饮期：已适宜饮用
4. 马乐古堡贵腐甜白葡萄酒1999年份 6支
5. 乐古堡贵腐甜白葡萄酒2000年份 6支（罗伯特·帕克评分：89分）
适饮期：已适宜饮用
6. 马乐古堡贵腐甜白葡萄酒2001年份 6支（罗伯特·帕克评分：93分）
适饮期：已适宜饮用，也可继续窖藏陈年至2026年
7. 马乐古堡贵腐甜白葡萄酒2002年份 6支（罗伯特·帕克评分：89分）
8. 马乐古堡贵腐甜白葡萄酒2003年份 6支（罗伯特·帕克评分：92—94分）
9. 马乐古堡贵腐甜白葡萄酒2004年份 6支（罗伯特·帕克团队评分：82分）
适饮期：已适宜饮用
10. 马乐古堡贵腐甜白葡萄酒2005年份 6支（罗伯特·帕克团队评分：92分）
适饮期：已适宜饮用，也可继续窖藏陈年至2035年
法国波尔多苏玳产区
60支/750ml
中国嘉德　11/12 lot 4196
估价：无底价
成交价：27,600

滴金酒庄（Chateau d'Yquem）2009年份

（罗伯特·帕克团队评分：100分）
法国波尔多苏玳产区
适饮期：2022—2069年
12支/750ml
中国嘉德　18/05　lot 3835
估价：48,000—50,000
成交价：75,900

莱斯古堡（Chateau Rieussec）甜白葡萄酒2010年份

（罗伯特·帕克团队评分：91分）
法国波尔多苏玳产区
适饮期：已适宜饮用，也可继续窖藏陈年至2035年
24支/750ml
中国嘉德　18/05　lot 3836
估价：13,000—15,000
成交价：24,150

滴金酒庄2009年份

法国波尔多苏玳产区
适饮期：2022—2069年
12支/750ml
中国嘉德　11/12　lot 4195
估价：50,000—70,000
成交价：57,500

骑士酒庄（Domaine de Chevalier）红白葡萄酒套装2018年份（各6支）

1. 骑士酒庄白2017年份 6支（罗伯特·帕克团队评分：94分） 适饮期：已适宜饮用，也可继续窖藏陈年至2033年
2. 骑士酒庄红2017年份 6支（罗伯特·帕克团队评分：94分） 适饮期：2022—2039年　法国波尔多佩萨克·雷奥良产区，格拉夫列级酒庄 12支/750ml

中国嘉德　18/05　lot 3834
估价：8,000—9,000
成交价：12,650

史密斯拉菲特酒庄（Chateau Smith Haut Lafitte）大瓶装1999年份

（罗伯特·帕克评分：90分）
法国波尔多佩萨克·雷奥良产区，格拉夫列级酒庄
适饮期：已适宜饮用
1支/6000ml
中国嘉德 11/12 lot 4194
估价：11,000—15,000
成交价：12,650

美讯堡酒庄（Chateau La Mission Haut-Brion）白葡萄酒2014年份

（罗伯特·帕克团队评分：93分）
法国波尔多佩萨克·雷奥良产区，格拉夫列级酒庄
适饮期：已适宜饮用，也可继续窖藏陈年至2040年
6支/750ml
中国嘉德 11/12 lot 4290
估价：38,000—48,000
成交价：46,000

美讯堡酒庄2010年份

（罗伯特·帕克评分：98—100分）
法国波尔多佩萨克·雷奥良产区，格拉夫列级酒庄
适饮期：已适宜饮用，也可继续窖藏陈年至2071年
12支/750ml
中国嘉德 11/12 lot 4291
估价：60,000—80,000
成交价：73,600

柏翠古堡（Chateau Petrus）1973年份

（罗伯特·帕克评分：87分）
法国波尔多波美侯法定产区
适饮期：已适宜饮用
3支/750ml
中国嘉德 11/12 lot 4308
估价：40,000—70,000
成交价：62,100

柏翠古堡1986年份

（罗伯特·帕克评分：86分）
法国波尔多波美侯法定产区
适饮期：已适宜饮用
3支/750ml
中国嘉德 11/12 lot 4307
估价：50,000—80,000
成交价：71,300

柏翠古堡2006年份

（罗伯特·帕克评分：93分+）
法国波尔多波美侯法定产区
适饮期：已适宜饮用，也可继续窖藏陈年至2047年
12支/750ml
中国嘉德 18/05 lot 3931
估价：100,000—200,000
成交价：287,500

柏翠古堡2004年份

（罗伯特·帕克评分：93分）
法国波尔多波美侯法定产区
适饮期：已适宜饮用，也可继续窖藏陈年至2035年
12支/750ml
中国嘉德 18/05 lot 3930
估价：100,000—200,000
成交价：264,500

柏翠古堡2017年份

（罗伯特·帕克团队评分：98分+）
法国波尔多波美侯法定产区
适饮期：2023—2063年
2支/750ml
中国嘉德 11/12 lot 4305
估价：40,000—50,000
成交价：52,900

柏翠古堡大瓶装2017年份

（罗伯特·帕克团队评分：98分+）
法国波尔多波美侯法定产区
适饮期：2023—2063年
1支/3000ml
中国嘉德　18/05 lot 3929
估价：80,000—86,000
成交价：108,100

柏翠古堡大瓶装小垂直套装2014—2017年（各1支）

1. 柏翠古堡大瓶装 2014年份 1支（罗伯特·帕克团队评分：93分） 适饮期：已适宜饮用，也可继续窖藏陈年至2035年
2. 柏翠古堡大瓶装 2015年份 1支（罗伯特·帕克团队评分：100分） 适饮期：2024—2058年
3. 柏翠古堡大瓶装 2016年份 1支（罗伯特·帕克团队评分：100分） 适饮期：2024—2074年
4. 柏翠古堡大瓶装 2017年份 1支（罗伯特·帕克团队评分：98分+） 适饮期：2023—2063年　法国波尔多波美侯法定产区　4支/1500ml

中国嘉德　18/05 lot 3928
估价：100,000—200,000
成交价：287,500

波尔多波美侯臻选套装

法国波尔多波美侯法定产区
1. 柏翠之花古堡（Chateau La Fleur-Petrus）2000年份3支
2. 花堡（Chateau Lafleur）1994年份1支
3. 乐王吉古堡（Chateau L' Evangile）1999年份2支

共6支/750ml
永乐拍卖（北京）　03/12 lot 7508
估价：17,000—18,000
成交价：19,550

柏翠古堡2018年份

（罗伯特·帕克团队评分：100分）
法国波尔多波美侯法定产区
适饮期：2029—2080年
6支/750ml
中国嘉德　11/12 lot 4304
估价：120,000—150,000
成交价：276,000

柏翠古堡大瓶装2014年份

（罗伯特·帕克团队评分：93—95分）
法国波尔多波美侯法定产区
适饮期：已适宜饮用，也可继续窖藏陈年至2040年
1支/3000ml
中国嘉德 11/12 lot 4306
估价：80,000—100,000
成交价：98,900

白马古堡（Chateau Cheval Blanc）1998年份

（罗伯特·帕克团队评分：100分）
法国波尔多圣爱美隆法定产区，列级一级特等A级酒庄
适饮期：已适宜饮用，也可继续窖藏陈年至2048年
12支/750ml
中国嘉德 18/05 lot 3919
估价：100,000—110,000
成交价：126,500

柏翠古堡满分套装2015年份、2016年份（各2支）

1. 柏翠古堡2015年份 2支（罗伯特·帕克团队评分：100分）
适饮期：2024—2058年
2. 柏翠古堡 2016年份 2支（罗伯特·帕克团队评分：100分）
适饮期：2024—2058年
法国波尔多波美侯法定产区 4支/750ml
中国嘉德 18/05 lot 3927
估价：70,000—80,000
成交价：172,500

白马古堡2010年份

（罗伯特·帕克评分：100分）
法国波尔多圣爱美隆法定产区，列级一级特等A级酒庄
适饮期：2023年
12支/750ml
中国嘉德 18/05 lot 3918
估价：30,000—60,000
成交价：108,100

白马古堡2012年份

（罗伯特·帕克评分：94—96分）
法国波尔多圣爱美隆法定产区，列级一级特等A级酒庄
适饮期：已适宜饮用，也可继续窖藏陈年至2033年
12支/750ml
中国嘉德 11/12 lot 4293
估价：46,000—60,000
成交价：59,800

白马古堡2013年份

（罗伯特·帕克团队评分：92分）
法国波尔多圣爱美隆法定产区，列级一级特等A级酒庄
适饮期：已适宜饮用，也可继续窖藏陈年至2031年
24支/750ml
中国嘉德 11/12 lot 4292
估价：60,000—98,000
成交价：98,900

白马古堡大瓶装2014年份

（罗伯特·帕克团队评分：95分）
法国波尔多圣爱美隆法定产区
3支/1500ml
永乐拍卖（北京） 03/12 lot 7505
估价：30,000—32,000
成交价：34,500

白马古堡2014年份

法国波尔多圣爱美隆法定产区
3支/1500ml
永乐拍卖（北京） 20/05 lot 3875
估价：36,000—41,000
成交价：41,400

奥松城堡（Chateau Ausone）2014年份

（罗伯特·帕克团队评分：95分）
法国波尔多圣爱美隆法定产区
6支/750ml
永乐拍卖（北京） 03/12 lot 7503
估价：35,400—36,400
成交价：40,710

奥松城堡2012年份

（罗伯特·帕克评分：96分+）
法国波尔多圣爱美隆法定产区，列级一级特等A级酒庄
适饮期：2022—2050年
24支/750ml
中国嘉德 18/05 lot 3916
估价：50,000—100,000
成交价：195,500

奥松城堡1990年份

（罗伯特·帕克评分：91分）
法国波尔多圣爱美隆法定产区，列级一级特等A级酒庄
适饮期：已适宜饮用，也可继续窖藏陈年至2024年
6支/750ml
中国嘉德 18/05 lot 3917
估价：36,000—38,000
成交价：43,700

卓龙梦特庄园（Chateau Troplong Mondot）1985年份

（罗伯特·帕克评分：87分）
法国波尔多圣爱美隆法定产区，列级一级特等B级酒庄
适饮期：已适宜饮用
12支/750ml
中国嘉德 18/05 lot 3912
估价：无底价
成交价：8,050

飞卓酒庄（Chateau Figeac）2003年份

法国波尔多圣爱美隆法定产区
12支/750ml
永乐拍卖（北京） 03/12 lot 7499
估价：12,000—14,000
成交价：13,800

飞卓酒庄2013年份

（罗伯特 · 帕克团队评分：91分）
法国波尔多圣爱美隆法定产区
12支/750ml
永乐拍卖（北京） 03/12 lot 7500
估价：9,600—10,000
成交价：11,040

金钟古堡（Chateau Angelus）2000年份

（罗伯特 · 帕克评分：99分）
法国波尔多圣爱美隆法定产区，列级一级特等A级酒庄
适饮期：已适宜饮用，也可继续窖藏陈年至2045年
6支/750ml
中国嘉德 18/05 lot 3915
估价：无底价
成交价：52,900

金钟古堡2005年份

（罗伯特 · 帕克评分：100分）
法国波尔多圣爱美隆法定产区，列级一级特等A级酒庄
适饮期：已适宜饮用，也可继续窖藏陈年至2050年
12支/750ml
中国嘉德 18/05 lot 3914
估价：68,000—70,000
成交价：92,000

金钟古堡2010年份

（罗伯特·帕克评分：99分+）
法国波尔多圣爱美隆法定产区，列级一级特等A级酒庄
适饮期：已适宜饮用，也可继续窖藏陈年至2065年
12支/750ml
中国嘉德 11/12 lot 4294
估价：48,000—52,000
成交价：57,500

金钟古堡大瓶装2015年份

（罗伯特·帕克团队评分：97分）
法国波尔多圣爱美隆法定产区
1支/6000ml
永乐拍卖（北京） 03/12 lot 7533
估价：19,000—20,000
成交价：21,850

金钟古堡2016年份

（罗伯特·帕克团队评分：98分+）
法国波尔多圣爱美隆法定产区，列级一级特等A级酒庄
适饮期：2024—2065
24支/750ml
中国嘉德 11/12 lot 4295
估价：50,000—76,000
成交价：78,200

卡农酒庄（Chateau Canon）2008年份

（罗伯特·帕克评分：90分）
法国波尔多圣爱美隆法定产区，列级一级特等B级酒庄
适饮期：已适宜饮用，也可继续窖藏陈年至2041年
24支/750ml
中国嘉德 11/12 lot 4298
估价：22,000—25,000
成交价：25,300

卡农酒庄红葡萄酒2010年份

（罗伯特·帕克评分：91分+）
法国波尔多圣爱美隆法定产区
适饮期：已适宜饮用，也可继续窖藏陈年至2050年
36支/750ml
中国嘉德　18/05　lot 3913
估价：无底价
成交价：46,000

柏菲古堡（Chateau Pavie）2009年份

（罗伯特·帕克评分：100分）
法国波尔多圣爱美隆法定产区，列级一级特等A级酒庄
适饮期：已适宜饮用，也可继续窖藏陈年至2075年
12支/750ml
中国嘉德　18/05　lot 3920
估价：52,000—56,000
成交价：78,200

柏菲古堡2005年份

（罗伯特·帕克评分：100分）
法国波尔多圣爱美隆法定产区，列级一级特等A级酒庄
适饮期：已适宜饮用，也可继续窖藏陈年至2065年
12支/750ml
中国嘉德　18/05　lot 3921
估价：55,000—58,000
成交价：89,700

柏菲古堡2015年份

（罗伯特·帕克团队评分：98分）
法国波尔多圣爱美隆法定产区，列级一级特等A级酒庄
适饮期：2024—2045年
6支/750ml
中国嘉德　11/12　lot 4296
估价：15,000—18,000
成交价：33,350

柏菲古堡大瓶装1999年份

（罗伯特 · 帕克评分：95分）
法国波尔多圣爱美隆法定产区，列级一级特等A级酒庄
适饮期：已适宜饮用，也可继续窖藏陈年至2027年
6支/1500ml
中国嘉德 11/12 lot 4297
估价：36,000—42,000
成交价：46,000

柏菲古堡大瓶装2015年份

（罗伯特 · 帕克团队评分：98分）
法国波尔多波美侯法定产区
1支/6000ml
永乐拍卖（北京） 03/12 lot 7534
估价：15,000—16,000
成交价：17,250

柏翠古堡2007年份

法国波尔多波美侯法定产区
6支/750ml
永乐拍卖（北京） 03/12 lot 7510
估价：160,000—190,000
成交价：184,000

柏翠古堡大瓶装2002年份

法国波尔多波美侯法定产区
1支/1500ml
永乐拍卖（北京） 03/12 lot 7511
估价：45,000—48,000
成交价：94,300

柏翠之花古堡1995年份

（罗伯特·帕克评分：93分）
法国波尔多波美侯法定产区
适饮期：已适宜饮用，也可继续窖藏陈年至2025年
12支/750ml
中国嘉德 11/12 lot 4303
估价：28,000—32,000
成交价：33,350

柏翠古堡2002年份

法国波尔多波美侯法定产区
1支/1500ml
永乐拍卖（北京） 20/05 lot 3863
估价：55,000—65,000
成交价：60,950

柏翠之花古堡2017年份

（罗伯特·帕克团队评分：94分）
法国波尔多波美侯产区
适饮期：2022—2049年
12支/750ml
中国嘉德 18/05 lot 3926
估价：20,000—24,000
成交价：34,500

柏翠古堡1987年份

法国波尔多波美侯产区
1支/750ml
永乐拍卖（北京） 03/12 lot 7535
估价：17,000—20,000
成交价：19,550

柏翠古堡1989年份

（罗伯特·帕克团队评分：100分）
法国波尔多波美侯产区
1支/750ml
永乐拍卖（北京） 03/12 lot 7536
估价：29,500—31,500
成交价：33,925

花堡红葡萄酒2017年份

（罗伯特·帕克团队评分：98分+）
法国波尔多波美侯法定产区
适饮期：2028—2065年
6支/750ml
中国嘉德 18/05 lot 3925
估价：32,000—35,000
成交价：51,750

柏翠古堡1990年份

（罗伯特·帕克团队评分：100分）
法国波尔多波美侯产区
1支/750ml
永乐拍卖（北京） 03/12 lot 7537
估价：32,000—36,000
成交价：36,800

克里奈古堡（Chateau Clinet）2009年份

（罗伯特·帕克评分：100分）
法国波尔多波美侯法定产区
适饮期：已适宜饮用，也可继续窖藏陈年至2045年
12支/750ml
中国嘉德 18/05 lot 3924
估价：33,000—36,000
成交价：44,850

克里奈古堡2014年份

法国波尔多波美侯法定产区
12支/1500ml
永乐拍卖（北京） 20/05 lot 3878
估价：17,000—22,000
成交价：19,550

乐王吉古堡2013年份

（罗伯特·帕克评分：88—89分）
法国波尔多波美侯法定产区
适饮期：已适宜饮用，也可继续窖藏陈年至2022年
30支/750ml
中国嘉德 11/12 lot 4301
估价：28,000—48,000
成交价：34,500

乐王吉古堡2009年份

（罗伯特·帕克评分：100分）
法国波尔多波美侯法定产区
适饮期：已适宜饮用，也可继续窖藏陈年至2056年
24支/750ml
中国嘉德 11/12 lot 4302
估价：80,000—98,000
成交价：92,000

乐王吉古堡大瓶装2018年份

（罗伯特·帕克团队评分：97分）
法国波尔多波美侯法定产区
适饮期：2025—2045年
12支/1500ml
中国嘉德 18/05 lot 3923
估价：50,000—60,000
成交价：57,500

里鹏酒庄（Le Pin）2016年份
法国波美侯产区
1支/750ml
永乐拍卖（北京） 03/12 lot 7512
估价：28,000—30,000
成交价：32,200

美讯堡1997年份
法国格拉夫佩萨克 · 雷奥良法定产区
12支/750ml
永乐拍卖（北京） 03/12 lot 7493
估价：15,600—16,600
成交价：17,940

里鹏酒庄2005年份
法国波美侯产区
1支/750ml
永乐拍卖（北京） 20/05 lot 3862
估价：35,000—38,000
成交价：40,250

罗兰百悦酒庄（Champagne Laurent-Perrier）特酿盛世香槟No. 17大瓶装
（罗伯特 · 帕克团队评分：96分）
法国香槟法定产区
适饮期：已适宜饮用，也可继续窖藏陈年至2035年 1支/3000ml
中国嘉德 18/05 lot 3953
估价：15,000—17,000
成交价：17,250

罗兰百悦酒庄特酿盛世香槟

（罗伯特·帕克团队评分：94分）
法国香槟法定产区
适饮期：已适宜饮用，也可继续窖藏陈年至2040年
12支/750ml
中国嘉德 11/12 lot 4339
估价：10,000—15,000
成交价：19,550

婷芭克世家（Maison Trimbach）圣桅楼葡萄园雷司令白葡萄酒精选套装1983年份、1988年份、1996年份（各2支）

1. 婷芭克世家圣桅楼葡萄园雷司令白葡萄1983年份 2支 （罗伯特·帕克评分：96分） 适饮期：已适宜饮用
2. 婷芭克世家圣桅楼葡萄园雷司令白葡萄1988年份 2支 （罗伯特·帕克团队评分：89分） 适饮期：已适宜饮用
3. 婷芭克世家圣桅楼葡萄园雷司令白葡萄1996年份 2支 （罗伯特·帕克团队评分：93分） 适饮期：已适宜饮用 法国阿尔萨斯法定产区 6支/750ml

中国嘉德 18/05 lot 3956
估价：12,000—16,000
成交价：24,150

沙龙香槟（Champagne Salon）2002年份

法国香槟法定产区
6支/750ml
中国嘉德 11/12 lot 4341
估价：49,000—55,000
成交价：66,700

库克香槟（Champagne Krug）1990年份

（罗伯特·帕克评分：95分）
法国香槟法定产区
6支/750ml
中国嘉德 11/12 lot 4340
估价：42,000—48,000
成交价：69,000

吉佳乐世家（E. Guigal）一门三杰满分套装2005年份（各4支）

1. 慕林园2005年份 4支（罗伯特·帕克评分：100分）
适饮期：已适宜饮用，也可继续窖藏陈年至2044年
2. 朗德园2005年份 4支（罗伯特·帕克评分：100分）
适饮期：已适宜饮用，也可继续窖藏陈年至2055年
3. 杜克园2005年份 4支（罗伯特·帕克评分：100分）
适饮期：已适宜饮用，也可继续窖藏陈年至2045年
法国罗纳谷法定产区 12支/750ml
中国嘉德 18/05 lot 3954
估价：70,000—72,000
成交价：80,500

吉佳乐世家多瑞安干白葡萄酒2018年份

法国罗纳谷法定产区
12支/750ml
中国嘉德 11/12 lot 4343
估价：8,000—9,000
成交价：19,550

吉佳乐世家艾科斯维托艾米塔吉红白套装2013年份、2015年份（各6支）

1. 吉佳乐世家艾科斯维托 艾米塔吉红2013年份 6支 （罗伯特·帕克团队评分：94分） 适饮期：已适宜饮用，也可继续窖藏陈年至2040年
2. 吉佳乐世家艾科斯维托 艾米塔吉白2015年份 6支 （罗伯特·帕克团队评分：95分） 适饮期：已适宜饮用，也可继续窖藏陈年至2035年 法国罗纳谷法定产区 12支/750ml
中国嘉德 18/05 lot 3955
估价：20,000—25,000
成交价：27,600

吉佳乐世家2016年份套装（各1支）

1. 穆林金色山丘干红2016年份 1支
2. 朗德葡萄园干红2016年份 1支
3. 土耳基褐色山丘干红2016年份 1支
法国罗纳谷法定产区
3支/750ml
中国嘉德 11/12 lot 4342
估价：7,000—9,000
成交价：9,775

嘉雅（Gaja）顶级特级园精选套装2016年份（各4支）

1. 嘉雅苏里蒂丁果园芭芭罗斯2016年份 4支（罗伯特·帕克团队评分：97分）适饮期：2024—2050 年
2. 嘉雅罗斯海岸朗格山尼比奥罗2016年份 4支（罗伯特·帕克团队评分：96分+）适饮期：2023—2045年
3. 嘉雅苏里圣劳伦朗格山尼比奥罗2016年份 4支 （罗伯特·帕克团队评分：98分）适饮期：2024—2050年

意大利皮埃蒙特法定产区　12支/750ml
中国嘉德　11/12　lot 4353
估价：40,000—50,000
成交价：62,100

嘉雅罗斯海岸尼比奥罗红葡萄酒大瓶装2004年份

（罗伯特·帕克团队评分：95分）
意大利皮埃蒙特法定产区
适饮期：已适宜饮用，也可继续窖藏陈年至2024年
2支/1500ml
中国嘉德　18/05　lot 3962
估价：20,000—22,000
成交价：25,300

嘉雅顶级特级园精选套装2016年份（各4支）

1. 嘉雅苏里蒂丁果园芭芭罗斯2016年份 4支 （罗伯特·帕克团队评分：97分） 适饮期：2024—2050年
2. 嘉雅罗斯海岸朗格山尼比奥罗2016年份 4支 （罗伯特·帕克团队评分：96分） 适饮期：2023—2045年
3. 嘉雅苏里圣劳伦朗格山尼比奥罗2016年份 4支 （罗伯特·帕克团队评分：98分） 适饮期：2024—2050年

意大利皮埃蒙特法定产区 12支/750ml
中国嘉德　18/05　lot 3961
估价：30,000—35,000
成交价：52,900

嘉雅思波斯果园干红2013年份、2014年份、2015年份（各4支）

1. 嘉雅思波斯果园干红2013年份 4支 （罗伯特·帕克团队评分：96分） 适饮期：已适宜饮用，也可继续陈年至2040年
2. 嘉雅思波斯果园干红2014年份 4支 （罗伯特·帕克团队评分：94分） 适饮期：2022—2045年
3. 嘉雅思波斯果园干红2015年份 4支 （罗伯特·帕克团队评分：97分+） 适饮期：2025—2050年

意大利皮埃蒙特法定产区 12支/750ml
中国嘉德　18/05　lot 3960
估价：16,000—20,000
成交价：36,800

嘉雅思波斯果园尼比奥朗格山芭罗洛法定产区红葡萄酒2014年份

（罗伯特·帕克团队评分：94分）
意大利皮埃蒙特法定产区
适饮期：2022—2045年
12支/750ml
中国嘉德 11/12 lot 4352
估价：20,000—30,000
成交价：35,650

碧昂仙蒂酒庄（Franco Biondi Santi）陈酿布鲁诺干红2004年份

（罗伯特·帕克团队评分：94分）
意大利托斯卡纳法定产区
适饮期：已适宜饮用，也可继续窖藏陈年至2034年
12支/750ml
中国嘉德 18/05 lot 3964
估价：50,000—58,000
成交价：57,500

GAJA

嘉雅苏里蒂丁巴巴罗斯红葡萄酒大瓶装2004年份

（罗伯特·帕克团队评分：97分）
意大利皮埃蒙特法定产区
适饮期：已适宜饮用，也可继续窖藏陈年至2024年 2支/1500ml
中国嘉德 18/05 lot 3963
估价：20,000—22,000
成交价：25,300

BIONDI SANTI
TENUTA GREPPO
FRANCO BIONDI SANTI

碧昂仙蒂陈酿布鲁诺干红2006年份

（罗伯特·帕克团队评分：98分）
意大利托斯卡纳法定产区
适饮期：已适宜饮用，也可继续窖藏陈年至2050年
12支/750ml
中国嘉德 18/05 lot 3965
估价：50,000—58,000
成交价：57,500

马赛多（Masseto）2007年份

（罗伯特·帕克团队评分：96分）
意大利托斯卡纳法定产区
适饮期：已适宜饮用，也可继续窖藏陈年至2027年
6支/750ml
中国嘉德 11/12 lot 4350
估价：43,000—48,000
成交价：49,450

马赛多2014年份

（罗伯特·帕克团队评分：94分）
意大利托斯卡纳法定产区
3支/750ml
永乐拍卖（北京） 03/12 lot 7517
估价：12,000—14,000
成交价：13,800

马赛多2009年份

（罗伯特·帕克团队评分：94分+）
意大利托斯卡纳法定产区
适饮期：已适宜饮用，也可继续陈年至2029年
6支/750ml
中国嘉德 18/05 lot 3957
估价：37,000—40,000
成交价：69,000

班菲酒庄（Castello Banfi）思慕干红大瓶装1998年份

意大利托斯卡纳法定产区
适饮期：已适宜饮用
1支/5000ml
中国嘉德 18/05 lot 3969
估价：2,000—3,000
成交价：21,850

安东尼世家（Marchesi Antinori）索拉雅红葡萄酒大瓶装（1500ml）2017年份

（罗伯特·帕克团队评分：95分）
意大利托斯卡纳法定产区
适饮期：已适宜饮用，也可继续窖藏陈年至2040年
3支/1500ml
中国嘉德 11/12 lot 4351
估价：15,000—18,000
成交价：23,000

玛希酒庄（Masi Agricola）精选年份套装1997年份（各2支）

意大利威尼托法定产区
1. 玛希庄园单一园卡罗格德特红葡萄酒(Campolongo di Torbe) 1997年份 2支　适饮期：已适宜饮用
2. 玛希庄园单一园马兹诺经典(Mazzano Amarone)1997年份 2支　适饮期：已适宜饮用
3. 玛希酒园典藏阿马罗尼但丁家族单一园(Vaio Amarone)1997年份 2支　适饮期：已适宜饮用
6支/750ml
中国嘉德 11/12 lot 4355
估价：10,000—15,000
成交价：14,950

安东尼世家索拉雅红葡萄酒2017年份

（罗伯特·帕克团队评分：95分）
意大利托斯卡纳法定产区
适饮期：已适宜饮用，也可继续陈年至2040年
12支/750ml
中国嘉德 18/05 lot 3958
估价：26,000—28,000
成交价：34,500

MASI®

玛希酒庄精选年份套装1997年份（各2支）

意大利威尼托法定产区
1. 玛希庄园单一园卡罗格德特红葡萄酒1997年份 2支
2. 玛希庄园单一园马兹诺经典1997年份 2支
3. 玛希酒园典藏阿马罗尼但丁家族单一园1997年份 2支
6支/750ml
中国嘉德 18/05 lot 3966
估价：8,000—10,000
成交价：10,925

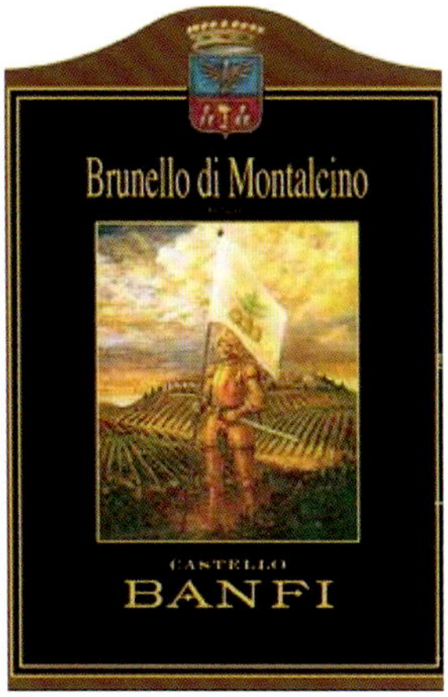

班菲酒庄布鲁诺干红大瓶装1999年份

意大利托斯卡纳法定产区
1支/5000ml
中国嘉德 18/05 lot 3968
估价：无底价
成交价：12,650

史蒂芬劳·尼治（Stefano Ricci）鹰翼红葡萄酒2018年份

意大利托斯卡纳法定产区
6支/750ml
中国嘉德 11/12 lot 4216
估价：6,000—8,000
成交价：6,900

玛希酒庄阿玛罗尼经典海岸区珍藏红葡萄酒大瓶装2012年份

（罗伯特·帕克团队评分：95分）
意大利威尼托法定产区
适饮期：已适宜饮用，也可继续窖藏陈年至2033年 2支/3000ml
中国嘉德 11/12 lot 4354
估价：4,000—5,000
成交价：8,625

奥纳亚酒庄（Tenuta dell'Ornellaia）红葡萄酒大瓶装2009年份

（罗伯特·帕克团队评分：97分）
意大利托斯卡纳法定产区
1支/1500ml
永乐拍卖（北京） 03/12 lot 7518
估价：2,500—5,000
成交价：2,875

奥纳亚红葡萄酒大瓶装2018年份

（罗伯特・帕克团队评分：95分）
意大利托斯卡纳法定产区
适饮期：2024—2045年
6支/1500ml
中国嘉德 11/12 lot 4349
估价：17,000—22,000
成交价：28,750

穆加托雷大瓶装干红2005年份

（罗伯特・帕克团队评分：94分）
西班牙里奥哈法定产区
适饮期：已适宜饮用，也可继续窖藏陈年至2030年
1支/5000ml
中国嘉德 18/05 lot 3984
估价：无底价
成交价：46,000

奥纳亚红葡萄酒大瓶装套装2016年份、2017年份（各2支）

1. 奥纳亚红葡萄酒大瓶装2016年份 2支 （罗伯特・帕克团队评分：98分） 适饮期：已适宜饮用，也可继续陈年至2045年
2. 奥纳亚红葡萄酒大瓶装2017年份 2支 （罗伯特・帕克团队评分：96分） 适饮期：2023—2045年

意大利托斯卡纳法定产区 4支/1500ml
中国嘉德 18/05 lot 3959
估价：12,000—13,000
成交价：16,100

普朗酒庄（Weingut Joh. Jos. Prum）仙境园精选莛丝琳甜白葡萄酒(金牌)2003年份

德国摩泽尔 ・ 萨尔 ・ 乌沃产区
12支/750ml
中国嘉德 11/12 lot 4357
估价：8,000—9,000
成交价：14,950

泰勒（Taylor's）史恩波特酒1855年份

葡萄牙杜罗河谷产区
适饮期：已适宜饮用，也可继续窖藏陈年至2050年
1支/750ml
中国嘉德　18/05　lot 3983
估价：35,000—70,000
成交价：44,850

泰勒单一老年份波特酒1970年份

葡萄牙杜罗河谷产区
适饮期：已适宜饮用，也可继续窖藏陈年至2060年
6支/750ml
中国嘉德　18/05　lot 3982
估价：8,000—10,000
成交价：46,000

泰勒年份波特酒2009年份

（罗伯特·帕克评分：97分）
葡萄牙杜罗河谷产区
适饮期：已适宜饮用，也可继续窖藏陈年至2040年
5支/750ml
中国嘉德　18/05　lot 3981
估价：无底价
成交价：7,475

活灵魂酒庄（Almaviva Winery）红葡萄酒2018年份

（罗伯特·帕克团队评分：96分）
智利美宝谷法定产区
适饮期：已适宜饮用，也可继续窖藏陈年至2035年
36支/750ml
中国嘉德　18/05　lot 3978
估价：40,000—56,000
成交价：62,100

活灵魂2018年份

（罗伯特·帕克团队评分：96分）
智利美宝谷法定产区
适饮期：已适宜饮用，也可继续窖藏陈年至2035年
12支/750ml
中国嘉德 11/12 lot 4356
估价：15,000—18,000
成交价：23,000

桑雅(SEÑA)红葡萄酒2018年份

（罗伯特·帕克团队评分：98分）
智利中央山谷空加瓜谷产区
适饮期：已适宜饮用，也可继续窖藏陈年至2035年
12支/750ml
中国嘉德 18/05 lot 3979
估价：12,000—13,000
成交价：24,150

阿帕塔丘（clos apalta）红葡萄酒2016年份

（罗伯特·帕克团队评分：96分）
智利中央山谷空加瓜谷产区
适饮期：已适宜饮用，也可继续窖藏陈年至2030年
6支/750ml
中国嘉德 18/05 lot 3980
估价：5,000—8,000
成交价：6,900

啸鹰酒庄（Screaming Eagle Winery）大瓶装2004年份

（罗伯特·帕克团队评分：97+分）
美国加州纳帕谷产区
1支/1500ml
永乐拍卖（北京） 03/12 lot 7514
估价：56,000—57,000
成交价：71,300

普罗蒙特（Promontory）红葡萄酒2014年份

（罗伯特·帕克团队评分：99分）
美国加州纳帕谷产区
适饮期：已适宜饮用，也可继续窖藏陈年至2054年
6支/750ml
中国嘉德 18/05 lot 3976
估价：45,000—47,000
成交价：51,750

一号乐章酒庄（Opus One Winery）2010年份

（罗伯特·帕克评分：96分）
美国加州纳帕谷产区
适饮期：已适宜饮用，也可继续窖藏陈年至2033年
12支/750ml
中国嘉德 11/12 lot 4345
估价：40,000—50,000
成交价：51,750

思福酒园(Shafer Vineyards)山边精选赤霞珠红葡萄酒2016年份

（罗伯特·帕克团队评分：100分）
美国加州纳帕谷产区
适饮期：2022—2062年
6支/750ml
中国嘉德 11/12 lot 4348
估价：15,000—17,000
成交价：17,250

一号乐章2012年份

（罗伯特·帕克评分：96分）
美国加州纳帕谷产区
适饮期：已适宜饮用，也可继续窖藏陈年至2045年
30支/750ml
中国嘉德 18/05 lot 3971
估价：30,000—100,000
成交价：132,250

一号乐章2012年份

（罗伯特·帕克评分：96分）
美国加州纳帕谷产区
适饮期：已适宜饮用，也可继续窖藏陈年至2045年
30支/750ml
中国嘉德 11/12 lot 4344
估价：60,000—110,000
成交价：126,500

一号乐章大瓶装2014年份

（罗伯特·帕克团队评分：96分）
美国加州纳帕谷产区
适饮期：已适宜饮用，也可继续窖藏陈年至2047年
3支/1500ml
中国嘉德 18/05 lot 3972
估价：20,000—24,000
成交价：25,300

一号乐章小垂直套装 2014—2017年份（各3支）

1. 一号乐章2014年份 3支（罗伯特·帕克团队评分：96分） 适饮期：已适宜饮用，也可继续窖藏陈年至2047年
2. 一号乐章2015年份 3支（罗伯特·帕克团队评分：97分） 适饮期：已适宜饮用，也可继续窖藏陈年至2040年
3. 一号乐章2016年份 3支（罗伯特·帕克团队评分：98分） 适饮期：已适宜饮用，也可继续窖藏陈年至2055年
4. 一号乐章2017年份 3支（罗伯特·帕克团队评分：95分） 适饮期：已适宜饮用，也可继续窖藏陈年至2036年

美国加州纳帕谷产区 12支/750ml
中国嘉德 18/05 lot 3974
估价：40,000—46,000
成交价：47,150

一号乐章大瓶装2015年份

（罗伯特·帕克团队评分：97分）
美国加州纳帕谷产区
适饮期：已适宜饮用，也可继续窖藏陈年至2040年
3支/1500ml
中国嘉德 11/12 lot 4346
估价：25,000—28,000
成交价：31,050

一号乐章2013年份

（罗伯特·帕克评分：97分+）
美国加州纳帕谷产区
适饮期：已适宜饮用，也可继续窖藏陈年至2046年
30支/750ml
中国嘉德 18/05 lot 3970
估价：30,000—100,000
成交价：138,000

约瑟夫菲尔普斯酒园（Joseph Phelps Vineyards）经典套装2015年份（各6支）

1. 约瑟夫菲尔普斯酒园赤霞珠干红2015年份 6支（罗伯特·帕克评分：90—92分） 适饮期：已适宜饮用，也可继续窖藏陈年至2031年
2. 约瑟夫菲尔普斯酒园勋章干红2015年份 6支（罗伯特·帕克评分：96—100分） 适饮期：已适宜饮用，也可继续窖藏陈年至2051年 美国加州纳帕谷产区 12支/1500ml

中国嘉德 18/05 lot 3975
估价：26,000—32,000
成交价：49,450

约瑟夫菲尔普斯酒园勋章大瓶装2014年份

（罗伯特·帕克团队评分：97+分）
美国加州纳帕谷产区
6支/1500ml
永乐拍卖（北京） 03/12 lot 7515
估价：16,600—17,800
成交价：19,090

麦卡伦78年

入桶时间：1942年　装瓶时间：2020年

瓶编号：233

42.2%vol　1支/700ml

永乐拍卖（北京）　22/05 lot 4251

估价：1,000,000—1,300,000

成交价：977,500

麦卡伦1950年，67年单桶单一麦芽威士忌

入桶时间：1950年　装瓶时间：2018年

初填雪莉桶　装瓶数：336

53.4%vol　1支/700ml

中国嘉德　11/12　lot 4527

估价：500,000—600,000

成交价：575,000

麦卡伦72年

入桶时间：1940年
瓶编号：426/600
42%vol 1支/700ml
永乐拍卖（北京） 22/05 lot 4252
估价：300,000—400,000
成交价：1,150,000

麦卡伦1949—2000年
千禧50年单一麦芽威士忌

入桶时间：1949年　装瓶时间：1999年
43%vol　1支/700ml
中国嘉德 11/12 lot 4526
估价：430,000—550,000
成交价：575,000

麦卡伦珍稀1951年，50年单一麦芽威士忌

入桶时间：1951年　装瓶时间：2001年
雪莉桶
48.8%vol　1支/50ml　原盒
华艺国际（北京）03/06 lot 3214
估价：18,000—25,000
成交价：20,700

麦卡伦老版1968年，25年高地单一麦芽威士忌

入桶时间：1968年
43%vol　1支/700ml
中国嘉德 11/12 lot 4594
估价：50,000—80,000
成交价：69,000

麦卡伦25年周年纪念版，1971年单一麦芽威士忌

入桶时间：1971年　装瓶时间：1997年
雪莉桶
43%vol　1支/750ml
中贸圣佳 30/12 lot 5120
估价：40,000—50,000
成交价：49,450

麦卡伦25年周年纪念版，1957年单一麦芽威士忌

入桶时间：1957年　装瓶时间：1983年
雪莉桶
43%vol　1支/750ml
中贸圣佳 30/12 lot 5121
估价：80,000—100,000
成交价：109,250

麦卡伦1965年，17年单一麦芽威士忌

入桶时间：1965年　装瓶时间：1984年
雪莉桶
43%vol　1支/750ml　原盒
华艺国际（北京）　03/06　lot 3216
估价：40,000—50,000
成交价：46,000

麦卡伦1974年，18年单一麦芽威士忌（老版麦卡伦18年瓶）

入桶时间：1974年　装瓶时间：1992年
43%vol　1支/700ml
永乐拍卖（北京）　03/12　lot 7277
估价：25,000—40,000
成交价：28,750

麦卡伦1972年单一麦芽威士忌

入桶时间：1972年　装瓶时间：1990年
雪莉桶
43%vol　1支/750ml
中贸圣佳　30/12　lot 5113
估价：30,000—40,000
成交价：43,700

麦卡伦1976年单一麦芽威士忌

入桶时间：1976年　装桶时间：1995年
雪莉桶
43%vol　1支/750ml
中贸圣佳　30/12　lot 5111
估价：25,000—35,000
成交价：40,250

麦卡伦1974年单一麦芽威士忌

入桶时间：1974年　装瓶时间：1992年
雪莉桶
43%vol　1支/700ml
中贸圣佳 30/12 lot 5112
估价：30,000—40,000
成交价：44,850

麦卡伦1964年，17年单一麦芽威士忌

入桶时间：1964年　装瓶时间：1981年
雪莉桶
43%vol　1支/750ml　原盒
华艺国际（北京）　03/06 lot 3217
估价：42,000—50,000
成交价：48,300

麦卡伦典雅系列1990年、1991年、1992年，12年垂直年份高地单一麦芽威士忌

1. 入桶时间：1990年 装瓶时间：2002年
2. 入桶时间：1991年 装瓶时间：2003年
3. 入桶时间：1992年 装瓶时间：2004年

奥罗素与菲诺
40%vol　3支/1000ml
中国嘉德 21/05 lot 4196
估价：1,000—2,000
成交价：57,500

麦卡伦典雅1990年、1991年单一麦芽威士忌（各2支）

1. 入桶时间：1990年　装瓶时间：2002年
2. 入桶时间：1991年　装瓶时间：2003年

40%vol　4支/1000ml
中国嘉德 11/12 lot 4593
估价：36,000—50,000
成交价：69,000

麦卡伦法国大革命200周年纪念单一麦芽威士忌

入桶时间：20世纪70年代 装瓶时间：1989年

雪莉桶

43%vol　1支/750ml

华艺国际（北京）03/06 lot 3213

估计：22,000—30,000

成交价：25,300

麦卡伦12年单一麦芽威士忌

43%vol　2支/1000ml

中贸圣佳 30/12 lot 5107

估价：20,000—30,000

成交价：25,300

麦卡伦8年、麦卡伦7年桶匠单一麦芽威士忌（各1支）

43%vol、40%vol

1支/750ml、1支/700ml

中贸圣佳 30/12 lot 5103

估价：20,000—30,000

成交价：28,750

麦卡伦7年桶匠单一麦芽威士忌（附带酒杯2只）

40%vol　1支/700ml

中贸圣佳 30/12 lot 5100

估价：无底价

成交价：10,350

麦卡伦30年蓝标限量版单一麦芽威士忌

雪莉桶

43%vol　1支/700ml

永乐拍卖（北京）　03/12　lot 7274

估价：50,000—100,000

成交价：57,500

麦卡伦老版30年单一麦芽威士忌

雪莉桶

43%vol　1支/700ml

中国嘉德　11/12　lot 4591

估价：55,000—80,000

成交价：74,750

麦卡伦25年单一麦芽威士忌

43%vol　1支/750ml

中贸圣佳　30/12　lot 5114

估价：25,000—35,000

成交价：36,800

麦卡伦30年蓝标单一麦芽威士忌

43%vol　1支/700ml

中贸圣佳　30/12　lot 5119

估价：60,000—80,000

成交价：82,800

麦卡伦1988年，18年单一麦芽苏格兰威士忌

入桶时间：1988年

雪莉桶

43%vol　1支/700ml

中国嘉德 11/12 lot 4590

估价：20,000—30,000

成交价：23,000

麦卡伦40年2016年版

装瓶数：500

45%vol　1支/700ml

永乐拍卖（北京） 22/05 lot 4253

估价：50,000—70,000

成交价：345,000

麦卡伦25年红丝带单一麦芽威士忌

43%vol　1支/700ml

中贸圣佳 30/12 lot 5115

估价：25,000—35,000

成交价：34,500

麦卡伦1984年单一麦芽威士忌

入桶时间：1984年　装瓶时间：2002年

雪莉桶

43%vol　1支/700ml

中贸圣佳 30/12 lot 5110

估价：20,000—30,000

成交价：32,200

麦卡伦1989年单一麦芽威士忌

43%vol　1支/700ml

中贸圣佳 30/12 lot 5108

估价：15,000—25,000

成交价：27,600

麦卡伦18年老版1991—1997年单一麦芽苏格兰威士忌

43%vol　7支/700ml

中国嘉德 11/12 lot 4596

估价：50,000—80,000

成交价：94,300

麦卡伦18年高地单一麦芽威士忌

雪莉桶

43%vol　6支/700ml

中国嘉德 21/05 lot 4188

估价：1,000—2,000

成交价：25,300

1990—1997年、2016年、2017年麦卡伦老版18年高地单一麦芽苏格兰威士忌

雪莉桶

43%vol　10支/700ml

中国嘉德 11/12 lot 4598

估价：85,000—100,000

成交价：103,500

麦卡伦30年雪莉桶2020年版单一麦芽威士忌

43%vol　1支/700ml
中贸圣佳　30/12　lot 5116
估价：40,000—50,000
成交价：48,300

麦卡伦1990年、1991年、1992年单一麦芽苏格兰威士忌

雪莉桶
43%vol　3支/700ml
中国嘉德　11/12　lot 4589
估价：40,000—60,000
成交价：46,000

麦卡伦12年高地单一麦芽威士忌

雪莉桶
40%vol　12支/700ml
中国嘉德　11/12　lot 4433
估价：1,000—2,000
成交价：20,700

麦卡伦18年高地单一麦芽威士忌

43%vol　6支/700ml
中国嘉德　11/12　lot 4430
估价：1,000—2,000
成交价：32,200

麦卡伦老版黄金三桶25年高地单一麦芽威士忌

43%vol　2支/700ml

中国嘉德　11/12　lot 4599

估价：40,000—60,000

成交价：48,300

麦卡伦老版黄金三桶30年单一麦芽苏格兰威士忌

43%vol　1支/700ml

中国嘉德　11/12　lot 4592

估价：25,000—35,000

成交价：32,200

麦卡伦18年雪莉双桶高地单一麦芽威士忌

雪莉桶

43%vol　6支/700ml

中国嘉德　11/12　lot 4431

估价：1,000—2,000

成交价：32,200

麦卡伦15年黄金三桶高地单一麦芽威士忌

43%vol　6支/700ml

中国嘉德　21/05　lot 4192

估价：1,000—2,000

成交价：17,250

麦卡伦15年黄金三桶高地单一麦芽威士忌

43%vol 2支/700ml

中国嘉德 11/12 lot 4429

估价：1,000—2,000

成交价：13,800

麦卡伦25年黄金三桶单一麦芽威士忌

入桶时间：20世纪80年代

装瓶时间：2011年

43%vol 1支/700ml 原盒

华艺国际（北京） 03/06 lot 3212

估价：14,000—20,000

成交价：16,100

麦卡伦18年黄金三桶高地单一麦芽威士忌

43%vol 6支/700ml

中国嘉德 21/05 lot 4191

估价：1,000—2,000

成交价：23,000

麦卡伦18年雪莉双桶高地单一麦芽威士忌

43%vol 6支/700ml

中国嘉德 21/05 lot 4190

估价：1,000—2,000

成交价：23,000

麦卡伦红标桶强单一麦芽威士忌
（附带酒壶1支）

57.8%vol　1支/750ml
中贸圣佳 30/12 lot 5106
估价：25,000—35,000
成交价：40,250

麦卡伦书册第5版高地
单一麦芽苏格兰威士忌

装瓶数：3250
43%vol　1支/700ml
中国嘉德 11/12 lot 4588
估价：8,000—15,000
成交价：10,350

麦卡伦10年桶强单一麦芽威士忌

58.8%vol　1支/1000ml
中贸圣佳 30/12 lot 5105
估价：20,000—30,000
成交价：27,600

麦卡伦桶强单一麦芽威士忌

59%vol　2支/750ml
中贸圣佳 30/12 lot 5104
估价：20,000—30,000
成交价：32,200

麦卡伦1980年卓越单桶高地单一麦芽威士忌

入桶时间：1980年　装瓶时间：2002年
雪莉桶　桶编号：17937
51%vol　1支/500ml
中国嘉德 21/05 lot 4194
估价：1,000—2,000
成交价：43,700

麦卡伦12年双桶单一麦芽威士忌

40%vol　12支/700ml
中国嘉德 11/12 lot 4432
估价：1,000—2,000
成交价：20,700

麦卡伦小丑限量版1961年高地单一麦芽威士忌

入桶时间：1961年　装瓶时间：1996年
桶编号：1580　瓶编号：1128/5000
40.0%vol　1支/700ml
中国嘉德 21/05 lot 4198
估价：60,000—80,000
成交价：103,500

麦卡伦EDITION系列No. 1—No. 6高地单一麦芽威士忌

1. No.1：48%vol　2. No.2：48.2%vol
3. No.3：48.3%vol　4. No.4：48.4%vol
5. No.5：48.5%vol　6. No.6：48.6%vol　6支/700ml
中国嘉德 21/05 lot 4193
估价：1,000—2,000
成交价：36,800

麦卡伦EDITION系列No. 3
单一麦芽苏格兰威士忌
12支/700ml
中国嘉德 11/12 lot 4436
估价：1,000—2,000
成交价：34,500

麦卡伦EDITION系列No. 4
单一麦芽苏格兰威士忌
12支/700ml
中国嘉德 11/12 lot 4437
估价：1,000—2,000
成交价：34,500

麦卡伦女王加冕60周年单一麦芽威士忌
装瓶时间：2013年
雪莉桶 装瓶数：1953套
55.7%vol、58.1%vol 2支/350ml
中贸圣佳 30/12 lot 5117
估价：30,000—40,000
成交价：46,000

麦卡伦小丑限量版35年单一麦芽威士忌
入桶时间：1961年 装瓶时间：1996年
雪莉桶 装瓶数：5000
40%vol 1支/700ml
中贸圣佳 30/12 lot 5118
估价：45,000—60,000
成交价：67,850

麦卡伦EDITION系列No.5
单一麦芽苏格兰威士忌

12支/700ml
中国嘉德 11/12 lot 4438
估价：1,000—2,000
成交价：34,500

麦卡伦年度限量版No.1—No.6单一麦芽威士忌

1. No.1：48%vol 2. No.2：48.2%vol
3. No.3：48.3%vol 4. No.4：48.4%vol
5. No.5：48.5%vol 6. No.6：48.6%vol 6支/700ml
中贸圣佳 30/12 lot 5102
估价：15,000—25,000
成交价：34,500

麦卡伦EDITION系列No.1—No.5
单一麦芽苏格兰威士忌

5支/700ml
中国嘉德 11/12 lot 4597
估价：20,000—30,000
成交价：34,500

麦卡伦EDITION系列No.1—No.6高地单一麦芽威士忌

1. No.1：48%vol 2. No.2：48.2%vol
3. No.3：48.3%vol 4. No.4：48.4%vol
5. No.5：48.5%vol 6. No.6：48.6%vol 6支/700ml
永乐拍卖（北京） 22/05 lot 4264
估价：18,000—40,000
成交价：34,500

麦卡伦皓钻、晖钻、耀钻、璀璨M、璀璨黑M一组

5支/700ml
永乐拍卖（北京） 03/12 lot 7273
估价：130,000—180,000
成交价：149,500

麦卡伦EDITION系列No.6单一麦芽威士忌火箭车

48.6%vol 2支/700ml
永乐拍卖（北京） 03/12 lot 7286
估价：6,000—10,000
成交价：6,900

麦卡伦波普大师珍藏系列高地单一麦芽苏格兰威士忌

47.7%vol 1支/700ml
中国嘉德 11/12 lot 4601
估价：28,000—38,000
成交价：32,200

麦卡伦EDITION系列No.6单一麦芽苏格兰威士忌

12支/700ml
中国嘉德 11/12 lot 4439
估价：1,000—2,000
成交价：34,500

麦卡伦EDITION系列No. 4单一麦芽威士忌

48.4%vol 2支/750ml
永乐拍卖（北京） 03/12 lot 7287
估价：4,000—8,000
成交价：4,600

麦卡伦EDITION系列No. 4限量版火箭车单一麦芽威士忌

装瓶时间：2018年
48.4%vol 2支/750ml
中国嘉德 21/05 lot 4195
估价：1,000—2,000
成交价：48,300

麦卡伦精神庄园云石盒单一麦芽威士忌

43%vol 3支/700ml
永乐拍卖（北京） 03/12 lot 7280
估价：16,000—25,000
成交价：18,400

麦卡伦EDITION系列No. 4限量版火箭车单一麦芽威士忌

48.4%vol 2支/750ml
永乐拍卖（北京） 22/05 lot 4267
估价：15,000—30,000
成交价：34,500

麦卡伦2017年经典限量版单一麦芽威士忌

58.4%vol　3支/750ml

永乐拍卖（北京） 03/12 lot 7279

估价：18,000—25,000

成交价：20,700

麦卡伦2018年经典限量版单一麦芽威士忌

51.2%vol　3支/700ml

永乐拍卖（北京） 03/12 lot 7282

估价：16,000—25,000

成交价：18,400

麦卡伦2017年经典限量版高地单一麦芽威士忌

入桶时间：1989年　装瓶时间：2015年

装瓶数：414

58.4%vol　3支/750ml

永乐拍卖（北京） 22/05 lot 4269

估价：15,000—30,000

成交价：17,250

麦卡伦12年单一麦芽威士忌狗年限量礼盒　40%vol　12支 700ml

永乐拍卖（北京） 03/12 lot 7284　估价：10,000—15,000　成交价：35,650

麦卡伦御黑单一麦芽威士忌

橡木桶
40%vol 12支/700ml
中国嘉德 11/12 lot 4434
估价：1,000—2,000
成交价：28,750

麦卡伦皓钻高地单一麦芽苏格兰威士忌

43%vol 6支/700ml
中国嘉德 11/12 lot 4435
估价：1,000—2,000
成交价：13,800

麦卡伦旅行限定螺旋桨飞机版高地单一麦芽威士忌

42.8%vol 3支/700ml
中国嘉德 21/05 lot 4241
估价：1,000—2,000
成交价：9,200

麦卡伦1824年系列蓝标酒庄高地单一麦芽威士忌

装瓶时间：2013年 装瓶数：2944 陈年：35年
45.7%vol 3支/700ml
永乐拍卖（北京） 22/05 lot 4270
估价：25,000—40,000
成交价：17,250

麦卡伦1824系列蓝标酒庄高地
单一麦芽威士忌酒伴原箱

45.7%vol　120支/50ml
中国嘉德　21/05　lot 4197
估价：1,000—2,000
成交价：25,300

高登&麦克菲尔（Gordon & MacPhail）装瓶：斯佩默麦卡伦1938年、1940年、1950年、1968年、1971年、1988年单一麦芽威士忌（各1支）

1.入桶时间：1938年　41.4%vol　2.入桶时间：1940年　40%vol
3.入桶时间：1950年　43%vol　4.入桶时间：1968年　43%vol
5.入桶时间：1971年　43%vol　6.入桶时间：1988年　43%vol　6支/700ml
中国嘉德　21/05　lot 4247
估价：750,000—850,000
成交价：977,500

麦卡伦1966年，48年单一麦芽威士忌

入桶时间：1966年　装瓶时间：2014年
43%1vol　2支/700ml
永乐拍卖（北京）　22/05　lot 4261
估价：70,000—80,000
成交价：82,800

麦卡伦1973年，42年单一麦芽威士忌

入桶时间：1973年　装瓶时间：2015年
43%vol　2支/700ml
永乐拍卖（北京）　22/05　lot 4259
估价：60,000—70,000
成交价：69,000

麦卡伦1974年，42年单一麦芽威士忌

入桶时间：1974年　装瓶时间：2016年
43%vol　2支/700ml
永乐拍卖（北京）　22/05　lot 4260
估价：70,000—80,000
成交价：69,000

麦卡伦1981年，33年单一麦芽威士忌

入桶时间：1981年　装瓶时间：2014年
43%vol　2支/700ml
永乐拍卖（北京）　22/05　lot 4258
估价：60,000—70,000
成交价：32,200

高登&麦克菲尔装瓶：斯佩默系列麦卡伦1980年单一麦芽苏格兰威士忌

入桶时间：1980年　装瓶时间：2012年
43%vol　1支/700ml
中国嘉德　11/12　lot 4659
估价：10,000—20,000
成交价：17,250

高登&麦克菲尔装瓶：斯佩默麦卡伦1938年单一麦芽威士忌

入桶时间：1938年
41.40%vol　1支/700ml
中国嘉德　21/05　lot 4245
估价：150,000—180,000
成交价：287,500

高登&麦克菲尔装瓶：斯佩默麦卡伦1973年斯佩塞单一麦芽威士忌

入桶时间：1973年　装瓶时间：2005年

40%vol　1支/700ml

中国嘉德 21/05 lot 4259

估价：1,000—2,000

成交价：36,800

高登&麦克菲尔装瓶：斯佩默麦卡伦1985年斯佩塞单一麦芽威士忌

入桶时间：1985年　装瓶时间：2002年

40%vol　1支/700ml

中国嘉德 21/05 lot 4262

估价：1,000—2,000

成交价：17,250

高登&麦克菲尔装瓶：斯佩默麦卡伦2007年单一麦芽威士忌（共60支）

入桶时间：2007年　装瓶时间：2016年　雪莉桶　53%vol　中国嘉德 11/12 lot 4581

估价：60,000—80,000

成交价：126,500

高登&麦克菲尔装瓶：斯佩默麦卡伦2001年雪莉桶单桶单一麦芽威士忌原箱

入桶时间：2001年　装瓶时间：2020年
雪莉桶　55.5%vol　6支/700ml
中国嘉德　11/12　lot 4587　估价：38,000—50,000
成交价：63,250

麦卡伦蓝标庄园单一麦芽威士忌

45.7%vol　3支/700ml
永乐拍卖（北京）03/12　lot 7281
估价：16,000—25,000
成交价：18,400

高登&麦克菲尔装瓶：斯佩默麦卡伦1998年、2003年单一麦芽威士忌

1. 入桶时间：1998年　装瓶时间：2020年　57.7%vol
2. 入桶时间：2003年　装瓶时间：2020年　57.5%vol
3. 入桶时间：2003年　装瓶时间：2020年　58.5%vol

3支/700ml
中国嘉德　21/05　lot 4279
估价：15,000—25,000
成交价：17,250

高登&麦克菲尔装瓶：斯佩默麦卡伦1998年、2003年、2003年单一麦芽苏格兰威士忌

1. 入桶时间：1998年　装瓶时间：2020年　桶编号：636
装瓶数：475　57.5%vol　1支/700ml
2. 入桶时间：2003年　装瓶时间：2020年　桶编号：6711
装瓶数：264　58.5%vol　1支/700ml
3. 入桶时间：2003年　装瓶时间：2020年　桶编号：6719
装瓶数：273　57.5%vol　1支/700ml

3支/700ml
中国嘉德　11/12　lot 4595
估价：15,000—25,000
成交价：23,000

高登&麦克菲尔装瓶：斯佩默麦卡伦1988年斯佩塞单一麦芽威士忌

入桶时间：1988年 装瓶时间：2008年
43%vol 1支/700ml
中国嘉德 21/05 lot 4261
估价：1,000—2,000
成交价：10,350

高登&麦克菲尔装瓶：斯佩默麦卡伦1990年斯佩塞单一麦芽威士忌

入桶时间：1990年 装瓶时间：2010年
43%vol 1支/700ml
中国嘉德 21/05 lot 4260
估价：1,000—2,000
成交价：17,250

格兰阿尔巴麦卡伦1991年单桶

入桶时间：1991年 装瓶时间：2010年
桶编号：HNI447 陈年：19年
43%vol 1支/700ml
永乐拍卖（北京） 22/05 lot 4273
估价：7,000—15,000
成交价：9,200

圣弗力（Signatory VintageI）装瓶：麦卡伦1989年，27年斯佩塞单一麦芽威士忌

入桶时间：1989年1月29日 陈年：27年
装瓶时间：2016年2月3日 猪头桶
桶编号：1258 瓶编号：112/188
64.6%vol 1支/700ml
中国嘉德 21/05 lot 4289
估价：13,000—18,000
成交价：23,000

麦卡伦2000年诺特曼家族系列18年单一麦芽威士忌

52.6%vol 2支/700ml
永乐拍卖（北京） 22/05 lot 4257
估价：24,000—30,000
成交价：19,550

千禧桶麦卡伦1980年单桶麦芽威士忌

60.3%vol　1支/700ml
永乐拍卖（北京）　03/12　lot 7285
估价：10,000—15,000
成交价：11,500

"The Golden Cask"麦卡伦1990年单桶

入桶时间：1990年　装瓶时间：2003年
桶编号：21043　装瓶数：340
50%vol　1支/700ml
永乐拍卖（北京）　22/05　lot 4275
估价：7,000—15,000
成交价：6,900

"The Golden Cask"麦卡伦1991年单桶

50%vol　1支/700ml
永乐拍卖（北京）　22/05　lot 4276
估价：4,000—10,000
成交价：8,050

威尔森&摩根（Wilson & Morgan）装瓶：麦卡伦1990年，20年单一麦芽威士忌

入桶时间：1990年　装瓶时间：2010年
陈年：20年　欧罗索雪莉桶
桶编号：1753　装瓶数：304
46%vol　1支/700ml
中国嘉德　21/05　lot 4330
估价：9,000—12,000
成交价：13,800

MCC装瓶：麦卡伦1991年单桶单一麦芽威士忌

43%vol　1支/700ml
永乐拍卖（北京）　03/12　lot 7372
估价：8,000—15,000
成交价：9,200

穆雷·麦克戴维装瓶：麦卡伦1990年，21年单桶单一麦芽威士忌

入桶时间：1990年　陈年：21年
波本桶　装瓶数：724
50.7%vol　1支/700ml
中国嘉德　21/05　lot 4323
估价：12,000—20,000
成交价：13,800

麦卡伦1991年，18年
单桶单一麦芽威士忌

入桶时间：1991年　装瓶时间：2009年
桶编号：HN1423　雪莉桶　无盒
43%vol　1支/700ml
华艺国际（北京）　03/06　lot 3209
估价：11,000—18,000
成交价：13,800

私人窖藏装瓶：麦卡伦1974年
单一麦芽苏格兰威士忌

入桶时间：1974年
43%vol　1支/700ml
中国嘉德　11/12　lot 4542
估价：1,000—2,000
成交价：28,750

私人窖藏装瓶：麦卡伦1985年
单一麦芽威士忌

43%vol　1支/700ml
永乐拍卖（北京）　03/12　lot 7389
估价：10,000—15,000
成交价：11,500

私人窖藏装瓶：麦卡伦1985年
单一麦芽威士忌

入桶时间：1985年　装瓶时间：2004年
43%vol　1支/700ml
中国嘉德　21/05　lot 4227
估价：1,000—2,000
成交价：11,500

私人窖藏装瓶：麦卡伦1985年
单一麦芽苏格兰威士忌

入桶时间：1985年
43%vol　1支/700ml
中国嘉德　11/12　lot 4541
估价：1,000—2,000
成交价：25,300

私人窖藏装瓶：麦卡伦1985年
单一麦芽威士忌

43%vol　1支/750ml
永乐拍卖（北京）　03/12　lot 7390
估价：10,000—15,000
成交价：11,500

私人窖藏装瓶：麦卡伦1985年单一麦芽威士忌

入桶时间：1985年　装瓶时间：2004年
43%vol　2支/700ml
中国嘉德　11/12　lot 4693
估价：1,000—2,000
成交价：36,800

私人窖藏装瓶：麦卡伦1986年单一麦芽苏格兰威士忌

入桶时间：1986年　原盒
43%vol　1支/700ml
北京保利　05/12　lot 7224
估价：8,000—12,000
成交价：9,200

水楢木桶麦卡伦30年高地单一麦芽威士忌

陈年：30年　装瓶数：155
48.6%vol　1支/700ml
中国嘉德　11/12　lot 4614
估价：60,000—80,000
成交价：71,300

麦卡伦1990年，25年水晶玻璃瓶（珍稀版）

入桶时间：1990年　装瓶时间：2015年
50.6%vol　2支/700ml
永乐拍卖（北京）　22/05　lot 4255
估价：70,000—90,000
成交价：58,650

麦卡伦1824年，25年水晶瓶

43%vol　1支/750ml
永乐拍卖（北京）　03/12　lot 7276
估价：30,000—60,000
成交价：34,500

苏格兰北极之星（North of Scotland，简称NOS）装瓶：麦卡伦1990年单桶单一麦芽威士忌

56.8%vol 1支/750ml

永乐拍卖（北京） 03/12 lot 7406

估价：8,000—15,000

成交价：9,200

NOS装瓶：麦卡伦1987年高地单一麦芽威士忌

入桶时间：1987年 装瓶时间：2008年

瓶编号：199 49.30%vol 1支/750ml

中国嘉德 21/05 lot 4340

估价：1,000—2,000

成交价：17,250

NOS装瓶：麦卡伦1987年高地单一麦芽苏格兰威士忌

入桶时间：1987年 装瓶时间：2008年

装瓶数：668 49.3%vol 1支/700ml

中国嘉德 11/12 lot 4540

估价：1,000—2,000

成交价：13,800

麦卡伦1977年，33年单桶单一麦芽威士忌

入桶时间：1977年 装瓶时间：2010年

桶编号：HH6260

原盒

43%vol 2支/700ml

华艺国际（北京） 03/06 lot 3211

估价：33,000—42,000

成交价：37,950

麦卡伦水晶瓶1979年，25年斯佩塞单一麦芽苏格兰威士忌

入桶时间：1979年 陈年：25年

装瓶时间：2004年

46%vol 1支/750ml

中国嘉德 11/12 lot 4650

估价：30,000—50,000

成交价：63,250

麦卡伦30年单一麦芽威士忌

入桶时间：1988年 装瓶时间：2018年

雪莉桶

54.1%vol 2支/700ml

中贸圣佳 30/12 lot 5101

估价：15,000—25,000

成交价：31,050

麦卡伦30年甄选8号桶单一麦芽威士忌

入桶时间：1988年　装瓶时间：2018年
雪莉桶　桶编号：8
装瓶数：628　52.7%vol　2支/700ml
永乐拍卖（北京）　22/05　lot 4256
估价：10,000—30,000
成交价：80,500

OMC装瓶：麦卡伦1991年单桶

入桶时间：1978年　装瓶时间：2018年
桶编号：9044401　装瓶数：319　陈年：40年
56.5%vol　1支/700ml
永乐拍卖（北京）　22/05　lot 4274
估价：6,000—15,000
成交价：8,050

邓肯·泰勒装瓶：麦卡伦1989年，30年单一麦芽威士忌

入桶时间：1989年5月　装瓶时间：2019年11月　陈年：30年　51.2%vol　12支/700ml
中国嘉德　11/12　lot 4613　估价：200,000—300,000
成交价：230,000

卡蒙装瓶：麦卡伦1993年雪莉单桶单一麦芽威士忌

52.1%vol　1支/700ml

永乐拍卖（北京）　03/12　lot 7407

估价：8,000—15,000

成交价：9,200

格兰丹尼装瓶：麦卡伦1992年雪莉桶强原酒单一麦芽威士忌

51.8%vol　1支/750ml

永乐拍卖（北京）　03/12　lot 7409

估价：6,000—10,000

成交价：6,900

四大神兽一套：独角兽、冰原狼、尼斯怪、双足龙

1. 独角兽：入桶时间：1988年4月　装瓶时间：2018年4月　首注雪莉桶　桶编号：22　瓶编号：599　53%vol

2. 冰原狼：入桶时间：1988年4月　装瓶时间：2019年4月　首注雪莉桶　桶编号：11　瓶编号：291/588　53.2%vol

3. 尼斯怪：入桶时间：1988年4月　装瓶时间：2020年4月　首注雪莉桶　桶编号：12　瓶编号：193/617　51.9%vol

4. 双足龙：入桶时间：1988年　装瓶时间：2021年6月28日　首注雪莉桶　桶编号：10　瓶编号：122/550　52.2%vol

4支/700ml

中国嘉德　11/12　lot 4645　估价：100,000—150,000

成交价：138,000

斯佩塞30年单一麦芽威士忌

入桶时间：1988年4月　装瓶时间：2018年4月　陈年：30年

欧罗索雪莉桶　桶编号：21　瓶编号：587

53%vol　1支/700ml

中国嘉德 21/05 lot 4302

估价：20,000—30,000

成交价：23,000

麦卡伦1989年斯佩塞单一麦芽苏格兰威士忌

入桶时间：1989年　陈年：18年
装瓶时间：2007年5月　装瓶数：255
50%vol　1支/700ml
中国嘉德 11/12 lot 4698
估价：1,000—2,000
成交价：17,250

道格拉斯·麦吉布本装瓶：麦卡伦1985年，18年斯佩塞单一麦芽威士忌

入桶时间：1985年　陈年：18年
装瓶时间：2003年
55.1%vol　1支/700ml
中国嘉德 21/05 lot 4342
估价：1,000—2,000
成交价：6,900

穆雷·麦克戴维装瓶：麦卡伦1990年，16年单桶单一麦芽威士忌

入桶时间：1990年　陈年：16年
装瓶时间：2007年　波本桶
装瓶数：277/300
53.2%vol　1支/700ml
中国嘉德 21/05 lot 4225
估价：1,000—2,000
成交价：9,200

麦卡伦协会酒系列单桶单一麦芽威士忌

1. 入桶时间：1990年　装瓶时间：2002年　54.7%vol　瓶编号：24.67；
2. 入桶时间：1996年　装瓶时间：2008年　雪莉桶　装瓶数：903　瓶编号：24.100　59.5%vol
3. 入桶时间：1996年　装瓶时间：2010年　雪莉桶　装瓶数：822　瓶编号：24.111　59.7%vol
4. 入桶时间：2002年　装瓶时间：2020年　波本桶　装瓶数：197瓶　瓶编号：24.144　56.4%vol

4支/700ml　原盒1个　3瓶无盒
华艺国际（北京）03/06 lot 3208　估价：30,000—45,000
成交价：36,800

格兰城堡装瓶：麦卡伦2009年单桶单一麦芽威士忌

63.4%vol　2支/700ml
永乐拍卖（北京）03/12 lot 7411
估价：3,000—8,000
成交价：4,600

格兰丹尼装瓶：麦卡伦1982年单一麦芽威士忌

入桶时间：1982年 陈年：22年
瓶编号：715/1200
51%vol 1支/750ml
中国嘉德 11/12 lot 4552
估价：1,000—2,000
成交价：16,100

麦卡伦私人订制1990年，15年桶强单一麦芽威士忌

入桶时间：1990年5月16日 陈年：15年
装瓶时间：2005年9月30日
桶编号：26170 瓶编号：124/237
56.1%vol 1支/700ml
中国嘉德 11/12 lot 4699
估价：8,000—15,000
成交价：11,500

格兰丹尼装瓶：麦卡伦1979年，25年单一麦芽苏格兰威士忌

入桶时间：1979年 陈年：25年
桶编号：DL0467 瓶编号：227/360
51%vol 1支/750ml
中国嘉德 11/12 lot 4676
估价：15,000—25,000
成交价：23,000

威尔森&摩根装瓶：麦卡伦1989年、1990年单一麦芽苏格兰威士忌

53.9%vol 46%vol 2支/700ml
永乐拍卖（北京） 03/12 lot 7391
估价：15,000—30,000
成交价：17,250

精神家园系列1992年，27年斯佩塞单桶麦芽威士忌

1. 黑：入桶时间：1992年 装瓶时间：2019年7月 陈年：27年
美国橡木桶 桶编号：1408792 瓶编号：225 50.7%vol
2. 白：入桶时间：1992年 装瓶时间：2019年6月 陈年：27年
美国橡木桶 桶编号：1408811 瓶编号：225 50.7%vol
2支/700ml
中国嘉德 21/05 lot 4304 估价：12,000—18,000
成交价：13,800

波摩（Bowmore）1961年，50年艾雷岛单一麦芽威士忌

入桶时间：1961年　陈年：50年　波本桶　瓶编号：126/200

40.7%vol　1支/700ml

中国嘉德 21/05 lot 4183

估价：350,000—450,000

成交价：517,500

ESTD 1779
BOWMORE
ISLAY
SINGLE MALT
SCOTCH WHISKY

波摩1964年，50年艾雷岛单一麦芽威士忌

入桶时间：1964年　陈年：50年　雪莉猪头桶

瓶编号：008/159

41%vol　1支/700ml

中国嘉德 21/05 lot 4184

估价：500,000—600,000

成交价：690,000

波摩1966年单一麦芽威士忌

入桶时间：1966年蒸馏　装瓶时间：2017年
装瓶数：74
43%vol　1支/700ml
中贸圣佳 30/12 lot 5176
估价：250,000—350,000
成交价：345,000

波摩月光25，海龙王30年单一麦芽威士忌

43%vol　1支/700ml

中贸圣佳 30/12 lot 5172

估价：20,000—30,000

成交价：34,500

波摩31年1988年单一麦芽威士忌

入桶时间：1988年蒸馏　装瓶时间：2020年装瓶

装瓶数：3000

45.4%vol　1支/700ml

中贸圣佳 30/12 lot 5173

估价：25,000—35,000

成交价：36,800

波摩海鸥标薄暮、暗夜、拂晓艾雷岛单一麦芽威士忌（各1支，附赠3支同款200ml酒版）

1. 薄暮：50%vol

2. 暗夜：43%vol

3. 拂晓：51.5%vol

3支/700ml　3支/200ml

中国嘉德 11/12 lot 4605

估价：8,000—15,000

成交价：23,000

波摩1968年海鸥标单一麦芽威士忌

45.5%vol　1支/700ml

中贸圣佳 30/12 lot 5175

估价：40,000—50,000

成交价：54,050

波摩海鸥标红酒桶、桶强、波本桶艾雷岛单一麦芽威士忌

56%vol　3支/700ml

中国嘉德 11/12 lot 4604

估价：10,000—20,000

成交价：17,250

波摩海鸥标25年单一麦芽威士忌

43%vol　1支/700ml

中贸圣佳 30/12 lot 5174

估价：15,000—30,000

成交价：19,550

波摩海鸥标航行麦芽威士忌

56%vol　1支/700ml

中贸圣佳 30/12 lot 5170

估价：无底价

成交价：6,900

波摩30年海龙王单一麦芽威士忌

43%vol　1支/700ml

中贸圣佳 30/12 lot 5171

估价：15,000—25,000

成交价：27,600

波摩海鸥单一麦芽威士忌

56%vol　1支/700ml

永乐拍卖（北京） 03/12 lot 7301

估价：5,000—10,000

成交价：5,750

波摩海鸥标单一麦芽威士忌

56%vol　1支/700ml

永乐拍卖（北京） 03/12 lot 7302

估价：5,500—10,000

成交价：6,325

波摩酒庄三部曲：18年、26年、27年艾雷岛单一麦芽威士忌（各1支）

1. 波摩18年：曼赞尼拉桶　52.5%vol

2. 波摩26年：法国波尔多红酒桶　48.7%voll

3. 波摩27年：波特桶　48.3%vol

3支/700ml

中国嘉德 21/05 lot 4205　估价：10,000—20,000

成交价：23,000

波摩老版海鸥25年艾雷岛单一麦芽苏格兰威士忌

入桶时间/陈年：25年　原盒

43%vol　1支/750ml

北京保利 05/12 lot 7243

估价：16,000—21,000

成交价：18,400

波摩1988年，30年单一麦芽威士忌

47.8%vol　1支/700ml
永乐拍卖（北京） 03/12 lot 7303
估价：6,000—10,000
成交价：9,200

波摩海鸥标海浪单一麦芽威士忌

40%vol　1支/1000ml
中贸圣佳 30/12 lot 5169
估价：无底价
成交价：8,050

波摩21年艾雷岛单一麦芽威士忌

陈年：21年
雪莉桶
49.7%vol　1支/700ml
中国嘉德 21/05 lot 4202
估价：1,000—2,000
成交价：6,900

波摩15年艾雷岛单一麦芽威士忌

陈年：15年　首注波本桶
43%vol　6支/1000ml
中国嘉德 21/05 lot 4187
估价：1,000—2,000
成交价：9,200

波摩10年格拉斯1988年花园限定单一麦芽威士忌

40%vol　1支/750ml

永乐拍卖（北京）　03/12　lot 7304

估价：7,000—10,000

成交价：8,050

阿贝（Ardbeg）1978年单一麦芽威士忌

43%vol　1支/700ml

永乐拍卖（北京）　03/12　lot 7319

估价：8,000—15,000

成交价：9,200

波摩海鸥标1967年单一麦芽威士忌

43%vol　1支/750ml

永乐拍卖（北京）　03/12　lot 7306

估价：35,000—60,000

成交价：40,250

格兰多纳（Glendronach）1991年单一麦芽威士忌

入桶时间：1991年

雪莉桶　装瓶数：2000

45.5%vol　1支/700ml

中贸圣佳　30/12　lot 5178

估价：1,000—2,000

成交价：9,200

拉弗格（Laphroaig）1960年，40年单一麦芽威士忌

入桶时间：1960年　装瓶时间：2000年

装瓶数：3300　瓶号722　原盒

42.4%vol　1支/700ml

华艺国际（北京）　03/06　lot 3222

估价：70,000—90,000

成交价：80,500

拉弗格1976年单一麦芽威士忌

入桶时间：1976年

装瓶数：5400

43%vol　1支/750ml

中贸圣佳　30/12　lot 5183

估价：25,000—35,000

成交价：44,850

乐加维林（Lagavulin）1991年，27年艾雷岛单桶单一麦芽威士忌

入桶时间：1991年　陈年：27年
装瓶时间：2018年　邦穹桶
桶编号：0016　瓶编号：140/432
51.8%vol　1支/700ml
中国嘉德　21/05　lot 4310
估价：15,000—25,000
成交价：17,250

乐加维林25年单一麦芽威士忌

58.1%vol　1支/700ml
永乐拍卖（北京）　03/12　lot 7327
估价：20,000—30,000
成交价：23,000

乐加维林1980年双桶高地单一麦芽威士忌

入桶时间：1980年
西班牙佩德罗桶　瓶编号：4/464
43%vol　1支/700ml
中国嘉德　11/12　lot 4658
估价：10,000—20,000
成交价：11,500

拉弗格海格洛夫庄园查尔斯王子甄选单桶

入桶时间：1978年
46%vol　4支/700ml
永乐拍卖（北京）　22/05　lot 4337
估价：10,000—20,000
成交价：13,800

乐加维林1985年单一麦芽威士忌

入桶时间：1985年　装瓶时间：2007年
雪莉桶　装瓶数：6642
56.5%vol　1支/700ml
中贸圣佳　30/12　lot 5184
估价：15,000—25,000
成交价：20,700

卡尔里拉（Caol Ila）35年单一麦芽威士忌

装瓶数：3276

51.7%vol 1支/700ml

永乐拍卖（北京） 03/12 lot 7328

估价：15,000—20,000

成交价：17,250

卡尔里拉20年单一麦芽威士忌

入桶时间：1975年 装瓶时间：1996年

61.12%vol 1支/750ml

中贸圣佳 30/12 lot 5153

估价：无底价

成交价：10,350

格兰多纳33年高地单一麦芽威士忌

陈年：33年 奥罗索雪莉桶

瓶编号：AD/139

40%vol 1支/750ml

中国嘉德 21/05 lot 4226

估价：1,000—2,000

成交价：13,800

格兰多纳原桶高地单一麦芽威士忌第一到六版

奥罗索佩德罗-希梅内斯雪莉桶

1. 54.8%vol 2. 55.2%vol

3. 54.9%vol 4. 54.7%vol

5. 55.3%vol 6. 56.1%vol 6支/700ml

中国嘉德 21/05 lot 4322

估价：12,000—20,000

成交价：32,200

波摩15年艾雷岛单一麦芽威士忌

陈年：15年 首注波本桶

43%vol 6支/1000ml

中国嘉德 11/12 lot 4440

估价：1,000—2,000

成交价：20,700

格兰多纳第八版一套单一麦芽威士忌

8支/700ml
永乐拍卖（北京） 03/12 lot 7290
估价：65,000—80,000
成交价：74,750

格兰多纳第九版一套

1. 入桶时间：1992年5月29日 装瓶时间：2013年10月 陈年：21年 欧罗索雪莉桶 桶编号：195 瓶编号：281/566 59.8%vol
2. 入桶时间：1989年11月3日 装瓶时间：2013年10月 陈年：23年 雪莉桶 桶编号：5470 瓶编号：261/525 49.2%vol
3. 入桶时间：1985年12月31日 装瓶时间：2013年10月 陈年：27年 雪莉桶 桶编号：1035 瓶编号：180/290 53.7%vol
4. 入桶时间：1994年10月14日 装瓶时间：2013年10月 陈年：19年 雪莉桶 桶编号：3385 瓶编号：231/637 53.4%vol
5. 入桶时间：1990年9月5日 装瓶时间：2013年10月 陈年：23年 雪莉桶 桶编号：1243 瓶编号：219/679 50.6%vol
6. 入桶时间：1995年4月21日 装瓶时间：2013年10月 陈年：18年 雪莉桶 桶编号：3302 瓶编号：215/677 53.7%vol
7. 入桶时间：1993年1月15日 装瓶时间：2013年10月 陈年：20年 雪莉桶 桶编号：5 瓶编号：231/645 53%vol
8. 入桶时间：1991年11月22日 装瓶时间：2013年10月 陈年：21年 雪莉桶 桶编号：5405 瓶编号：217/702 49.9%vol
9. 入桶时间：1972年2月28日 装瓶时间：2013年10月 陈年：41年 欧罗索雪莉桶 桶编号：702 瓶编号：193/448 51.7%vol

9支/700ml
中国嘉德 11/12 lot 4576 估价：85,000—100,000
成交价：161,000

乐加维林20年艾雷岛单一麦芽威士忌

入桶时间：1999年　装瓶时间：2019年
猪头桶　桶编号：7918
瓶编号：032/228　55.4%vol
入桶时间：1999年　装瓶时间：2019
重填猪头桶　桶编号：617
瓶编号：607/642　54.9%vol
2支/700ml
中国嘉德 21/05 lot 4309
估价：1,000—2,000
成交价：20,700

格兰多纳1993年雪莉单桶666

59.2%vol　3支/700ml
永乐拍卖（北京） 22/05 lot 4329
估价：20,000—30,000
成交价：13,800

古仓12生肖格兰多纳、本利亚克、埃德拉多尔全套

精选1991—2002年单桶年份的威士忌
装瓶数：194套
12支/700ml
中国嘉德 11/12 lot 4616
估价：50,000—70,000
成交价：63,250

格兰多纳1994年，21年单一麦芽威士忌

56.5%vol　6支/700ml

永乐拍卖（北京）　22/05　lot 4298

估价：16,000—30,000

成交价：23,000

格兰多纳2003年台湾限定单桶

53.9%vol、54.8%vol、55.3%vol　3支/700ml

永乐拍卖（北京）　22/05　lot 4326

估价：5,000—10,000

成交价：5,750

格兰多纳2003年台湾纪念版单桶原箱

12支/700ml

永乐拍卖（北京）　22/05　lot 4330

估价：5,000—10,000

成交价：23,000

格兰花格(Glenfarclas)25年、30年高地单一麦芽威士忌

43%vol　2支/700ml

中国嘉德　21/05　lot 4213

估价：1,000—2,000

成交价：23,000

格兰花格1975年1号雪莉桶单桶单一麦芽威士忌

入桶时间：1975年　装瓶时间：2021年

雪莉桶　桶编号：1　装瓶数：344

54.7%vol　1支/700ml

中国嘉德　11/12　lot 4547

估价：1,000—2,000

成交价：43,700

格兰花格家族桶1968年

47.5%vol　1支/700ml

永乐拍卖（北京）　22/05　lot 4283

估价：42,000—60,000

成交价：42,550

格兰花格50年单一麦芽威士忌

装瓶时间：2015年

装瓶数：937

41.1%vol　1支/700ml

中贸圣佳　30/12　lot 5133

估价：20,000—30,000

成交价：32,200

格兰花格1955年单一麦芽威士忌

入桶时间：1955年　装瓶时间：2007年

雪莉桶　装瓶数：937

46.1%vol　1支/700ml

中贸圣佳　30/12　lot 5134

估价：1,000—2,000

成交价：55,200

格兰花格40年单一麦芽威士忌

46%vol　1支/700ml

中贸圣佳　30/12　lot 5132

估价：无底价

成交价：8,050

格兰花格家族桶单一麦芽威士忌：1962年、1968年、1979年、1984年、1985年、1987年、1989年、1990年、1992年、1993年、1994年

11支/700ml

永乐拍卖（北京） 03/12 lot 7307

估价：200,000—300,000

成交价：230,000

格兰花格40年单一麦芽威士忌

46%vol 1支/700ml

永乐拍卖（北京） 03/12 lot 7313

估价：5,000—10,000

成交价：6,900

格兰花格家族桶1969年单一麦芽威士忌

56.2%vol 1支/700ml

永乐拍卖（北京） 03/12 lot 7310

估价：20,000—40,000

成交价：25,300

格兰花格家族桶1967年单一麦芽威士忌

52%vol 1支/700ml

永乐拍卖（北京） 03/12 lot 7309

估价：20,000—40,000

成交价：25,300

格兰花格1976年，40年高地单一麦芽苏格兰威士忌

入桶时间：1976年　陈年：40年
装瓶时间：2016年　装瓶数：1500
43.7%vol　1支/700ml
中国嘉德　11/12　lot 4633
估价：20,000—30,000
成交价：25,300

格兰花格1980年，28年单一麦芽威士忌

50%vol　1支/700ml
永乐拍卖（北京）　03/12　lot 7311
估价：5,000—10,000
成交价：6,900

格兰花格1987年高地单一麦芽威士忌

入桶时间：1987年　瓶编号：0231
48.8%vol　1支/700ml
中国嘉德　11/12　lot 4632
估价：1,000—2,000
成交价：9,200

格兰花格家族桶1989年、1990年

58%vol、60%vol　2支/700ml
永乐拍卖（北京）　22/05　lot 4281
估价：32,000—50,000
成交价：28,750

格兰花格1988年，32年单一麦芽威士忌

46%vol　1支/700ml
永乐拍卖（北京）　03/12　lot 7312
估价：5,000—10,000
成交价：6,900

格兰花格178周年、179周年纪念单一麦芽威士忌

48.8%vol　2支/700ml
永乐拍卖（北京）　03/12　lot 7207
估价：无底价
成交价：3,450

云顶(Springbank)　千禧年50年限量版单一麦芽威士忌

云顶千禧年之际为庆祝新世纪的到来推出的限量版威士忌。一组共6支分别是25年、30年、35年、40年、45年、50年本品是其系列中最高年份，是不可多得威士忌收藏珍品。

40.5%vol　1支/750ml

永乐拍卖（北京）　03/12　lot 7314

估价：120,000—150,000

成交价：138,000

格兰花格家族桶1990年雪莉单桶单一麦芽威士忌原箱

51.4%vol　6支/700ml

永乐拍卖（北京）　03/12　lot 7308

估价：25,000—40,000

成交价：32,200

格兰花格酒伴礼盒

7支/50ml

永乐拍卖（北京）　22/05　lot 4277

估价：17,000—25,000

成交价：4,600

云顶21年千禧纪念版单一麦芽威士忌

入桶时间：1979年　装瓶时间：2000年

46%vol　1支/700ml

中贸圣佳　30/12　lot 5164

估价：20,000—30,000

成交价：33,350

云顶12年旧版纯麦威士忌
陈年：12年
43%vol　1支/750ml
中国嘉德 21/05 lot 4244
估价：6,000—8,000
成交价：9,200

云顶30年邮票标单一麦芽威士忌
46%vol　1支/700ml
中贸圣佳 30/12 lot 5166
估价：25,000—35,000
成交价：36,800

百富(Balvenie) 30年单一麦芽威士忌
陈年：30年
47.3%vol　1支/700ml
中国嘉德 21/05 lot 4201
估价：1,000—2,000
成交价：17,250

百富 21 年单一麦芽威士忌
陈年：21年
40%vol　3支/700ml
中国嘉德 21/05 lot 4189
估价：1,000—2,000
成交价：9,200

云顶1973年单一麦芽威士忌
入桶时间：1973年　装瓶时间：1991年
57.5%vol　1支/700ml
中贸圣佳 30/12 lot 5165
估价：25,000—35,000
成交价：35,650

单一麦芽俱乐部装瓶：坎贝尔镇精选钟馗中国限量版单一麦芽威士忌 一套3瓶
3支/700ml
永乐拍卖（北京） 03/12 lot 7387
估价：20,000—30,000
成交价：23,000

云顶2002年，1998年单一麦芽威士忌

1. 云顶2002年：入桶时间：2002年　装瓶时间：2011年
2. 云顶1998年：入桶时间：1998年　装瓶时间：2009年

59.3%vol、59.0%vol　2支/700ml

中贸圣佳 30/12 lot 5163

估价：1,000—2,000

成交价：9,200

云顶10年、24年、1995年，16年单一麦芽威士忌

1. 10年：装瓶时间：2006年11月　桶编号：578　57.2%vol
2. 24年：桶编号：409　49%vol
3. 1995年，16年：入桶时间：1995年　装瓶时间：2012年

雪莉猪头桶　瓶编号：2/357

52.5%vol　3支/700ml

中国嘉德 21/05 lot 4306

估价：24,000—35,000

成交价：32,200

百富50年单一麦芽威士忌（迷你礼盒）

41.6%vol　1支/40ml

永乐拍卖（北京） 03/12 lot 7215

估价：无底价

成交价：4,600

百富1858年限量版单一麦芽威士忌一套7支（第一到七版）

7支/700ml

永乐拍卖（北京） 03/12 lot 7300

估价：130,000—180,000

成交价：149,500

格兰格拉索（Glenglassaugh）35年马德拉桶高地单一麦芽威士忌

入桶时间：1978年　陈年：35年
装瓶时间：2014年　马德拉桶
41.7%vol　1支/700ml
中国嘉德 21/05 lot 4353
估价：9,000—15,000
成交价：20,700

格兰格拉索珍稀单桶系列1973年，46年高地单桶单一麦芽威士忌

入桶时间：1973年　陈年：46年　装瓶时间：2019年
雪莉猪头桶　桶编号：5/129　瓶编号：273/302
45.5%vol　1支/700ml
中国嘉德 21/05 lot 4319
估价：20,000—30,000
成交价：55,200

格兰格拉索1973年，46年雪莉猪头桶单一麦芽威士忌

45.5%vol　1支/700ml
永乐拍卖（北京） 03/12 lot 7294
估价：15,000—30,000
成交价：17,250

百富1858年第四版单一麦芽威士忌

1858号桶
46.8%vol　6支/700ml
永乐拍卖（北京） 22/05 lot 4294
估价：12,000—20,000
成交价：41,400

格兰格拉索1973年单一麦芽苏格兰威士忌

桶编号：21043　装瓶数：340
40%vol　1支/700ml
中国嘉德 11/12 lot 4570
估价：1,000—2,000
成交价：28,750

百富1972年单一麦芽威士忌

入桶时间：1972年　装瓶时间：2006年
桶编号：14813　装瓶数：82/162
47.3%vol　1支/700ml
中国嘉德 11/12 lot 4636
估价：35,000—50,000
成交价：43,700

格兰菲迪（Glenfiddich）25年橡木桶单一麦芽威士忌

陈年：25年
43%vol　1支/700ml
中国嘉德 11/12 lot 4610
估价：1,000—2,000
成交价：8,050

格兰格拉索珍稀选桶套装

48.7%vol、54.8%vol、46%vol　3支/200ml
中贸圣佳 30/12 lot 5193
估价：10,000—20,000
成交价：13,800

格兰菲迪8年单一麦芽威士忌

43%vol　3支 750ml
中贸圣佳 30/12 lot 5017
估价：无底价
成交价：4,600

格兰格拉索第一版1968年、1972年、1973年、1975年、1975年、1978年单一麦芽威士忌

1. 格兰格拉索1968年：入桶时间：1968年　装瓶时间：2014年　陈年：45年
雪莉猪头桶　桶编号：1601　瓶编号：186/349　44.3%vol
2. 格兰格拉索1972年：入桶时间：1972年　装瓶时间：2014年　陈年：41年
雪莉桶　桶编号：2114　瓶编号：283/582　50.6%vol
3. 格兰格拉索1973年：入桶时间：1973年　装瓶时间：2014年　陈年：40年
雪莉桶　桶编号：6801　瓶编号：302/497　52.1%vol
4. 格兰格拉索1975年：入桶时间：1975年　装瓶时间：2014年　陈年：38年
欧罗索雪莉桶　桶编号：7301　瓶编号：101/215　40.7%vol
5. 格兰格拉索1975年：入桶时间：1975年　装瓶时间：2014年　陈年：38年
猪头桶　桶编号：7801　瓶编号：160/247　42.4%vol
6. 格兰格拉索1978年：入桶时间：1978年　装瓶时间：2014年　陈年：35年
猪头桶　桶编号：1810　瓶编号：92/279　42.9%vol

6支/700ml
中国嘉德 11/12 lot 4577
估价：128,000—180,000
成交价：149,500

格兰格拉索1978年，35年马德拉桶高地单一麦芽威士忌
41.7%vol 1支/700ml
永乐拍卖（北京） 03/12 lot 7297
估价：10,000—20,000
成交价：11,500

格兰格拉索1978年，36年雪莉桶单一麦芽威士忌
47.6%vol 1支/700ml
永乐拍卖（北京） 03/12 lot 7296
估价：10,000—20,000
成交价：11,500

格兰格拉索1978年，41年雪莉猪头桶单一麦芽威士忌
43.2%vol 1支/700ml
永乐拍卖（北京） 03/12 lot 7295
估价：10,000—20,000
成交价：11,500

帝亚吉欧（Diageo）Prima & Ultima传世臻品系列第二版

1. 奥赫鲁斯克 1974年：陈年47年 48.7%vol 装瓶时间：2021年1月26日 二次填充欧洲橡木桶单桶 装瓶数：382 斯佩塞
2. 乐加维林 1992年：陈年28年 47.7%vol 装瓶时间：2021年1月20日 熟成于5桶新鲜烘烤美国橡木猪头桶中 装瓶数：1081 艾雷岛
3. 林克伍德（Linkwood）1981：陈年39年 52.9%vol 装瓶时间：2021年1月25日 熟成于4桶全新美国橡木桶及PX/Oloroso雪莉酒浸润过的橡木桶中 瓶编号：701 斯佩塞
4. 苏格登 1992年：陈年28年 60.1%vol 装瓶时间：2021年1月19日 于2个马德拉小型橡木桶中二次熟成14年 装瓶数：420 斯佩塞
5. 泰斯卡 1979年：陈年41年 47.5%vol 装瓶时间：2021年1月26日 4桶二次填充美国橡木猪头桶 装瓶数：556 斯凯岛
6. 布朗拉 1980年：陈年40年 49.4%vol 装瓶时间：2021年1月18日 3桶二次填充美国橡木猪头桶 装瓶数：505 高地区
7. 慕赫（Mortlach）1995年：陈年25年 52.4%vol 装瓶时间：2021年1月19日 浸润过PX/Oloroso雪莉酒的欧洲橡木桶单桶 装瓶数：454 斯佩塞
8. 康法摩尔（Convalmore）1984年：陈年36年 48.6%vol 装瓶时间：2021年1月25日 3桶二次填充美国橡木猪头桶 装瓶数：647 斯佩塞

8支/700ml
中国嘉德 11/12 lot 4641
估价：215,000—280,000
成交价：287,500

波特艾伦（Port Ellen）甄选限量1—13版艾雷岛单一麦芽威士忌
13支/700ml
中国嘉德 21/05 lot 4182
估价：300,000—400,000
成交价：437,000

帝亚吉欧花鸟系列
43%vol　11支/700ml
中贸圣佳 30/12 lot 5229
估价：10,000—20,000
成交价：11,500

帝亚吉欧花鸟系列单一麦芽苏格兰威士忌全套
43%vol　11支/700ml
中国嘉德 11/12 lot 4615
估价：20,000—30,000
成交价：40,250

帝亚吉欧花鸟系列：艾柏迪1980年高地单桶、慕赫1980年斯佩塞单桶麦芽威士忌
入桶时间：1980年　装瓶时间：1997年
62%vol、63.1%vol　2支/700ml
中国嘉德 11/12 lot 4661
估价：10,000—20,000
成交价：20,700

第林可(Teaninich)23年单一麦芽威士忌

入桶时间：1973年　装瓶时间：1997年
57.1%vol　1支/700ml
中贸圣佳　30/12　lot 5156
估价：无底价
成交价：5,750

曼洛克摩（Mannochmore）22年单一麦芽威士忌

入桶时间：1974年　装瓶时间：1997年
60.1%vol　1支/700ml
中贸圣佳　30/12　lot 5150
估价：6,000—8,000
成交价：8,050

大云（Dailuaine）37年单一麦芽苏格兰威士忌

入桶时间：1980年　陈年：37年
装瓶时间：2018年　欧洲橡木桶
桶编号：9003　装瓶数：123
51.4%vol　1支/700ml
中国嘉德　11/12　lot 4655
估价：10,000—20,000
成交价：11,500

波特艾伦20年单一麦芽威士忌

入桶时间：1978年　装瓶时间：1998年
60.9%vol　1支/700ml
中贸圣佳　30/12　lot 5148
估价：无底价
成交价：23,000

Rare Malts Selection装瓶：大云1973年，22年单一麦芽威士忌

入桶时间：1973年　陈年：22年
瓶编号：0236
60.92%vol　1支/750ml
中国嘉德　21/05　lot 4337
估价：6,000—8,000
成交价：17,250

大云22年单一麦芽威士忌

入桶时间：1973年　装瓶时间：1996年
60.92%vol　1支/750ml
中贸圣佳　30/12　lot 5152
估价：无底价
成交价：6,900

林可伍德26年单一麦芽威士忌

入桶时间：1975年　装瓶时间：2002年
56.1%vol　1支/700ml
中贸圣佳 30/12 lot 5154
估价：无底价
成交价：6,900

Rare Malts Selection装瓶：慕赫1978年，20年单一麦芽威士忌

入桶时间：1978年　陈年：20年
装瓶时间：1998年5月　瓶编号：6103
62.2%vol　1支/700ml
中国嘉德 21/05 lot 4336
估价：6,000—8,000
成交价：13,800

克里尼利基（Clynelish）1992年，26年单桶单一麦芽威士忌

入桶时间：1992年　陈年：26年
装瓶时间：2018年　猪头桶
桶编号：1068　瓶编号：072/120
55.5%vol　1支/700ml
中国嘉德 21/05 lot 4311
估价：12,000—18,000
成交价：13,800

班夫（Banff）21年单一麦芽威士忌

入桶时间：1982年　装瓶时间：2004年
57.1%vol　1支/700ml
中贸圣佳 30/12 lot 5151
估价：无底价
成交价：8,050

罗斯班克（Rosebank）20年单一麦芽威士忌

入桶时间：1981年　装瓶时间：2002年
装瓶数：6000
62.3%vol　1支/700ml
中贸圣佳 30/12 lot 5155
估价：6,000—8,000
成交价：11,500

卡杜（Cardhu）27年单一麦芽威士忌

入桶时间：1973年
2000年装瓶
60.02%vol　1支/700ml
中贸圣佳 30/12 lot 5149
估价：无底价
成交价：10,350

欧本（Oban）1992年，26年单一麦芽威士忌

入桶时间：1992年　陈年：26年
装瓶时间：2019年　邦穹桶
桶编号：7002　瓶编号：021/396
59.2%vol　1支/700ml
中国嘉德　21/05　lot 4238
估价：1,000—2,000
成交价：6,900

龙康德（Knockando）1977年单一麦芽苏格兰威士忌

43%vol　1支/750ml
永乐拍卖（北京）　03/12　lot 7332
估价：6,000—10,000
成交价：6,900

欧本1980年单一麦芽威士忌

入桶时间：1980年
43%vol　1支/700ml
中国嘉德　21/05　lot 4335
估价：3,000—5,000
成交价：11,500

欧本21年单一麦芽威士忌

入桶时间：1992年　装瓶时间：2013年
装瓶数：2860
58.5%vol　1支/700ml
中贸圣佳　30/12　lot 5177
估价：无底价
成交价：4,600

波特艾伦1978年，40年单桶单一麦芽威士忌

入桶时间：1978年　装瓶时间：2018年
桶编号：2116　装瓶数：328　瓶号80　原盒
56.2%vol　1支/700ml
华艺国际（北京）　03/06　lot 3223
估价：158,000—200,000
成交价：181,700

奥赫鲁斯克（Auchroisk）30年单一麦芽威士忌

入桶时间：1982年　装瓶时间：2012年
装瓶数：2976
54.7%vol　1支/700ml
中贸圣佳　30/12　lot 5179
估价：6,000—8,000
成交价：9,200

龙康德1974年单一麦芽苏格兰威士忌

入桶时间：1974年
43%vol　1支/1500ml
中国嘉德　11/12　lot 4555
估价：1,000—2,000
成交价：14,950

龙康德（Knockando）1975年纯麦威士忌

入桶时间：1975年
43%vol　1支/750ml
中国嘉德　21/05　lot 4211
估价：1,000—2,000
成交价：8,050

龙康德1979年单一麦芽威士忌

43%vol　1支/750ml
永乐拍卖（北京）　03/12　lot 7333
估价：5,000—10,000
成交价：5,750

布朗拉（Brora）35年单一麦芽威士忌限量版

入桶时间：1978年　装瓶时间：2008年
装瓶数：423
49.9%vol　1支/700ml
永乐拍卖（北京）　22/05　lot 4307
估价：16,000—30,000
成交价：19,550

泰斯卡（Talisker）1979年，39年单一麦芽威士忌

入桶时间：1979年　陈年：39年
装瓶时间：2019年　猪头桶
桶编号：5041　瓶编号：072/132
47.3%vol　1支/700ml
中国嘉德　21/05　lot 4240
估价：6,000—8,000
成交价：25,300

泰斯卡25年单一麦芽威士忌

入桶时间：1981年
45.8%vol　3支/700ml
永乐拍卖（北京）　22/05　lot 4336
估价：12,000—20,000
成交价：17,250

苏格登（Singleton）1978年日本特别限定单一麦芽威士忌

43%vol　1支/750ml

永乐拍卖（北京）　03/12　lot 7337

估价：8,000—15,000

成交价：9,200

达尔维尼（Dalwhinnie）1980年高地单一麦芽威士忌

入桶时间：1980年

欧罗索雪莉桶

43%vol　1支/700ml

中国嘉德　21/05　lot 4332

估价：2,000—5,000

成交价：5,750

高原骑士（Highland Park）勇士宝剑、索尔16年、洛基15年、芙蕾雅15年单一麦芽威士忌

勇士宝剑：43%vol　索尔16年：52.1%vol

洛基15年：48.7%vol　芙蕾雅15：51.2%vol

4支/700ml

中国嘉德　21/05　lot 4295　估价：18,000—25,000

成交价：23,000

高原骑士25年单一麦芽威士忌

入桶时间：1978年　装瓶时间：2020年

猪头桶　桶编号：REF00022

装瓶数：122　45.7%vol　陈年：41年

2支/700ml

永乐拍卖（北京）　22/05　lot 4312　估价：26,000—30,000

成交价：11,500

罗斯班克21年玫瑰单一麦芽威士忌

入桶时间：1997年　装瓶时间：2018年
装瓶数：695
52.5%vol　1支/700ml
中贸圣佳 30/12 lot 5168
估价：20,000—30,000
成交价：31,050

高原骑士2004年，13雪莉单桶单一麦芽威士忌

入桶时间：2004年　陈年：13年
装瓶时间：2018年　雪莉桶
桶编号：6438　装瓶数：643
60.1%vol　12支/700ml
中国嘉德 11/12 lot 4580　估价：30,000—50,000
成交价：36,800

苏格登40年单一麦芽威士忌

入桶时间：40年　装编号：930/999
40%vol　1支/700ml
中国嘉德 21/05 lot 4308
估价：1,000—2,000
成交价：51,750

高原骑士2004年，13年单桶麦芽威士忌

入桶时间：2004年　装瓶时间：2018年
重填雪莉桶　桶编号：6438
装瓶数：643
60.1%vol　3支/700ml
中国嘉德 21/05 lot 4293　估价：1,000—2,000
成交价：20,700

高原骑士维京人系列1997年单一麦芽威士忌

入桶时间：1997年　装瓶时间：2010年
43%vol　1支/750ml
中国嘉德 21/05 lot 4296
估价：1,000—2,000
成交价：4,600

本诺曼克（Benromach）35年斯佩塞单一麦芽威士忌

陈年：35年
42.5%vol　1支/700ml
中国嘉德 21/05 lot 4239
估价：1,000—2,000
成交价：8,050

高原骑士1991年单一麦芽威士忌

40%vol　1支/700ml
永乐拍卖（北京） 03/12 lot 7210
估价：无底价
成交价：2,300

高原骑士17年光明与黑暗单一麦芽威士忌套装

52.9%vol　2支/700ml
中国嘉德 11/12 lot 4669
估价：1,000—2,000
成交价：9,200

高原骑士1977年单一麦芽苏格兰威士忌

40%vol　2支/700ml
中国嘉德 11/12 lot 4677
估价：18,000—30,000
成交价：20,700

高原骑士17年光明与黑暗单一麦芽威士忌套装

52.9%vol　2支/700ml
中国嘉德 21/05 lot 4294
估价：1,000—2,000
成交价：17,250

本利亚克（Ben Riach）30年斯佩塞，凯德汉装瓶：林可伍德-格兰威特（Glenlivet）格兰威特1987年单一麦芽威士忌

1. 本利亚克　陈年：30年　50%vol
2. 林可伍德　陈年：30年　入桶时间：1987年　45.3%vol

猪头桶

2支/700ml

中国嘉德 21/05 lot 4210

估价：10,000—20,000

成交价：13,800

本利亚克第十二版1976年、1979年、1985年、1987年、1990年、1995年、1998年、1999年、2000年单一麦芽威士忌

1. 入桶时间：1995年5月4日　装瓶时间：2015年6月　陈年：20年　波本桶　桶编号：74743　装编号：99/186　58.9%vol
2. 入桶时间：1985年9月6日　装瓶时间：2015年6月　陈年：29年　波本桶　桶编号：10318　装编号：48/177　49%vol
3. 入桶时间：1987年12月22日　装瓶时间：2015年6月　陈年：27年　猪头桶　桶编号：3825　装编号：68/273　52.9%vol
4. 入桶时间：1979年12月12日　装瓶时间：2015年6月　陈年：35年　波本桶　桶编号：517　装编号：38/181　46.9%vol
5. 入桶时间：1999年8月12日　装瓶时间：2015年6月　陈年：15年　欧罗索雪莉桶　桶编号：8687　装编号：453/655　56.1%vol
6. 入桶时间：2000年7月28日　装瓶时间：2015年6月　陈年：14年　波本桶　桶编号：69116　装编号：39/195　56.3%vol
7. 入桶时间：1998年5月27日　装瓶时间：2015年6月　陈年：17年　雪莉桶　桶编号：6394　装编号：445/702　57.5%vol
8. 入桶时间：1976年11月24日　装瓶时间：2015年6月　陈年：38年　雪莉桶　桶编号：541　装编号：41/194　48.8%vol
9. 入桶时间：1990年4月25日　装瓶时间：2015年6月　陈年：25年　波本桶　桶编号：4936　装编号：45/194　50.4%vol

9支/700ml

中国嘉德 11/12 lot 4575　估价：55,000—80,000

成交价：115,000

大摩（Dalmore）30年单一麦芽威士忌

入桶时间：1991年　陈年：30年
装瓶数：381
55%vol　1支/700ml
中国嘉德　11/12　lot 4612
估价：30,000—40,000
成交价：43,700

格兰威特1967年窖藏系列单一麦芽威士忌

入桶时间：1967年　装瓶时间：2000年
46%vol　1支/700ml
中国嘉德　21/05　lot 4298
估价：20,000—30,000
成交价：23,000

大摩1995年，25年高地单桶单一麦芽威士忌

入桶时间：1995年　装瓶时间：2002年
陈年：25年
56.2%vol　1支/700ml
中国嘉德　21/05　lot 4199
估价：15,000—25,000
成交价：43,700

大摩1980年，40年单桶单一麦芽威士忌

入桶时间：1980年　装瓶时间：2020年
雪莉桶过波特桶　桶编号：1　装瓶数：350
瓶编号：181　原盒
45.2%vol　1支/700ml
华艺国际（北京）　03/06　lot 3221
估价：140,000—180,000
成交价：161,000

大摩21年高地单一麦芽苏格兰威士忌

欧罗索雪莉桶
42%vol　4支/700ml
中国嘉德　11/12　lot 4442
估价：1,000—2,000
成交价：28,750

大摩21年高地单一麦芽威士忌

陈年：21年　装瓶数：8000
42%vol　1支/700ml
中国嘉德 21/05 lot 4200
估价：1,000—2,000
成交价：28,750

格兰威特1966年单一麦芽威士忌

40%vol　1支/700ml
永乐拍卖（北京） 22/05 lot 4352
估价：10,000—20,000
成交价：20,700

格兰威特1966年单一麦芽威士忌

40%vol　1支/700ml
中贸圣佳 30/12 lot 5223
估价：无底价
成交价：13,800

本利亚克1999年重雪莉单桶单一麦芽威士忌

入桶时间：1999年　陈年：16年　装瓶时间：2015年
雪莉桶　桶编号：2100　装瓶数：604
60.3%vol　36支/700ml
中国嘉德 11/12 lot 4586
估价：72,000—90,000
成交价：82,800

大摩45年限量版单一麦芽威士忌

波特桶　装瓶数：500　原盒
40%vol　1支/700ml
永乐拍卖（北京） 03/12 lot 7271
估价：140,000—200,000
成交价：161,000

格兰威特1972年，26年单一麦芽威士忌

入桶时间：1972年　装瓶时间：1998年

无盒

46%vol　1支/700ml

华艺国际（北京）　03/06　lot 3198

估价：9,000—18,000

成交价：10,350

格兰威特1969年单一麦芽苏格兰威士忌

入桶时间：1969年　装瓶时间：1998年

52.51%vol　1支/700ml

中国嘉德　11/12　lot 4635

估价：18,000—30,000

成交价：20,700

格兰杰（Glenmorangie）20世纪80年代版本25年单一麦芽威士忌

43%vol　1支/750ml

永乐拍卖（北京）　03/12　lot 7384

估价：5,000—10,000

成交价：5,750

格兰威特1975年，30年单桶单一麦芽威士忌

入桶时间：1975年　装瓶时间：2006年

雪莉桶　无盒　46%vol　1支/700ml

华艺国际（北京）　03/06　lot 3190

估价：9,000—18,000

成交价：10,350

格兰威特1980年单一麦芽威士忌

入桶时间：1980年　装瓶时间：2008年

雪莉桶

43%vol　1支/700ml

中贸圣佳　30/12　lot 5218

估价：4,000—8,000

成交价：6,325

格兰威特1983年窖藏系列单一麦芽威士忌

入桶时间：1983年　装瓶时间：2003年

法国橡木桶　46%vol　1支/700ml

中国嘉德　21/05　lot 4334

估价：4,000—8,000

成交价：6,900

格兰威特私人订制年有余18年单一麦芽苏格兰威士忌

陈年：18年　装瓶时间：2019年10月

雪莉桶　桶编号：5813　装瓶数：498

61.8%vol　3支/700ml

中国嘉德　11/12　lot 4621

估价：9,000—20,000

成交价：11,500

格兰杰1972年高地单一麦芽威士忌

入桶时间：1972年　装瓶时间：1993年

桶编号：1707　装瓶数：029

46%vol　1支/750ml

中国嘉德　11/12　lot 4675

估价：10,000—20,000

成交价：17,250

格兰冠（Glen Grant）1955年，50年单一麦芽威士忌

入桶时间：1955年　装瓶时间：2005年

雪莉桶　40%vol　1支/700ml

华艺国际（北京）　03/06　lot 3176

估价：22,000—32,000

成交价：28,750

格兰冠18年斯佩塞单一麦芽威士忌

陈年：18年

43%vol　6支/1000ml

中国嘉德　11/12　lot 4441

估价：1,000—2,000

成交价：11,500

汤玛丁（Tomatin）1967年，50年单一麦芽威士忌

入桶时间：1967年　装瓶时间：2017年
雪莉桶　装瓶数：88
46%vol　1支/700ml
中贸圣佳 30/12 lot 5136　估价：55,000—70,000
成交价：66,700

汤玛丁（Tomatin）1994年高地单一麦芽苏格兰威士忌

入桶时间：1994年　陈年：19年
装瓶时间：2014年　波本猪头桶　装瓶数：534
46%vol　18支/700ml
中国嘉德 11/12 lot 4584
估价：30,000—50,000
成交价：34,500

格兰冠1977年单一麦芽威士忌

入桶时间：1977年　装瓶时间：2001年
无盒
45%vol　1支/700ml
华艺国际（北京）03/06 lot 3173
估价：7,000—12,000
成交价：8,050

格兰冠5年单一麦芽威士忌

40%vol　1支/750ml
永乐拍卖（北京）03/12 lot 7334
估价：8,000—15,000
成交价：9,200

格兰冠1972年单一麦芽威士忌

入桶时间：1972年　装瓶时间：2016年　装瓶数：70

50.5%vol　2支/700ml

永乐拍卖（北京）　22/05　lot 4314

估价：50,000—70,000

成交价：57,500

格兰冠1936年，50年单一麦芽威士忌

40%vol　1支/750ml

中贸圣佳　30/12　lot 5135

估价：30,000—40,000

成交价：43,700

格兰冠1967年、1969年、1971年、1972年、1973年、1975年、1978年单一麦芽威士忌

陈年：5年

40%vol　7支/750ml

北京保利　05/12　lot 7237

估价：35,000—48,000

成交价：40,250

欧摩（Aultmore）40年精选单桶限量版斯佩塞单一麦芽威士忌

陈年：40年　瓶编号：94/102

48.1%vol　1支/700ml

中国嘉德　21/05　lot 4301

估价：30,000—40,000

成交价：63,250

巴布莱尔（Balblair）1996年高地单桶麦芽威士忌

入桶时间：1996年　装瓶时间：2018年
雪莉桶　桶编号：8
54.3%vol　2支/700ml
中国嘉德 11/12 lot 4622
估价：1,000—2,000
成交价：13,800

巴布莱尔1989年单一麦芽威士忌

46%vol　6支/700ml
永乐拍卖（北京） 22/05 lot 4295
估价：12,000—20,000
成交价：13,800

本诺曼克35年斯佩塞单一麦芽威士忌

陈年：35年　装瓶时间：2015年9月17日
43%vol　1支/700ml
中国嘉德 21/05 lot 4320
估价：10,000—20,000
成交价：11,500

本诺曼克45年单一麦芽威士忌

陈年：45年
42.1%vol　1支/700ml
中国嘉德 21/05 lot 4220
估价：20,000—30,000
成交价：63,250

巴布莱尔1983年单一麦芽威士忌

46%vol　1支/700ml

永乐拍卖（北京）　03/12　lot 7325

估价：3,000—8,000

成交价：3,450

巴布莱尔1983年高地单一麦芽威士忌

入桶时间：1983年　装瓶时间：2015年

美国橡木桶前波本桶

46%vol　1支/700ml

中国嘉德　21/05　lot 4223

估价：3,000—5,000

成交价：11,500

本诺曼克1977年单一麦芽威士忌

入桶时间：1977年　装瓶时间：2011年

猪头桶

48%vol　1支/700ml

中贸圣佳　30/12　lot 5222

估价：无底价

成交价：7,475

本诺曼克1977年单一麦芽威士忌

入桶时间：1977年

49.6%vol　1支/700ml

中国嘉德　21/05　lot 4321

估价：22,000—30,000

成交价：25,300

埃德拉多尔（Edradour）2009年、2010年高地单一麦芽威士忌

1. 郑成功2009年：入桶时间：2009年3月20日　装瓶时间：2020年9月29日
首注雪莉桶　桶编号：64　装瓶数：614　55%vol
2. 凤雏2010年：入桶时间：2010年7月9日　装瓶时间：2020年9月17日
首注雪莉桶　桶编号：178　装瓶数：623　56.7%vol
3. 潮玩2010年：入桶时间：2010年　装瓶时间：2020年9月17日
首注雪莉桶　桶编号：180　装瓶数：673　56.3%vol　3支/700ml
中国嘉德　21/05　lot 4325
估价：1,000—2,000
成交价：20,700

埃德拉多尔2000年《阳台上的两姐妹》单桶单一麦芽威士忌

56.1%vol　6支/700ml
永乐拍卖（北京）　03/12　lot 7322
估价：25,000—40,000
成交价：28,750

克莱嘉赫（Craigellachie）33年斯佩塞单一麦芽威士忌

陈年：33年
46%vol　1支/750ml
中国嘉德　21/05　lot 4312
估价：1,000—2,000
成交价：20,700

埃德拉多尔2019年圣诞限定单桶单一麦芽威士忌

57.8%vol　2支/700ml
永乐拍卖（北京）　03/12　lot 7323
估价：1,000—2,000
成交价：9,200

巴布莱尔2001年高地单桶麦芽威士忌

入桶时间：2001年　装瓶时间：2018年
雪莉桶　桶编号：686　57.80%vol　3支/700ml
中国嘉德 21/05 lot 4222
估价：1,000—2,000
成交价：11,500

埃德拉多尔雪莉桶1999年高地单一麦芽苏格兰威士忌

1.入桶时间：1999年2月2日　装瓶时间：2018年3月13日
西班牙雪莉桶　桶编号：3020　瓶编号：49/666
57.1%vol
2.入桶时间：1999年2月2日　装瓶时间：2018年3月14日
西班牙雪莉桶　桶编号：3023　瓶编号：258/628
56.7%vol
3.入桶时间：1999年2月2日　装瓶时间：2018年3月14日
西班牙雪莉桶　桶编号：3021　瓶编号：191/696
57%vol
3支/700ml
中国嘉德 11/12 lot 4642
估价：10,000—20,000
成交价：20,700

埃德拉多尔2009年高地单一麦芽威士忌

入桶时间：2009年3月30日　装瓶时间：2020年7月14日
首注雪莉桶　桶编号：66　装瓶数：920
55.7%vol　6支/500ml
中国嘉德 21/05 lot 4324　估价：1,000—2,000
成交价：25,300

埃德拉多尔2000年高地单一麦芽威士忌

入桶时间：2000年11月28日　装瓶时间：2021年1月25日
桶编号：815　装瓶数：298　55.8%vol　6支/700ml
中国嘉德 11/12 lot 4448　估价：1,000—2,000
成交价：25,300

埃德拉多尔龙标2011年单一麦芽威士忌

入桶时间：2011年　装瓶时间：2021年
初填雪莉桶　桶编号：19　装瓶数：902
56.4%vol　6支/500ml
中国嘉德 11/12 lot 4574　估价：1,000—2,000
成交价：20,700

格兰帝（Glen Scotia）2011年整桶单一麦芽威士忌

入桶时间：2011年

雪莉猪头桶本品为整桶格兰帝威士忌　桶编号：：#21/52—3

先于初填波本桶中熟成，再转入初填PX雪利猪头桶中陈酿9—12个月，

预计可装瓶210瓶

55.1%vol　预计可装210瓶/700ml

中贸圣佳 30/12 lot 5096

估价：100,000—150,000

成交价：184,000

本诺曼克旧版21年斯佩塞单一麦芽苏格兰威士忌

陈年：21年　雪莉桶
43%vol　3支/700ml
中国嘉德 11/12 lot 4648
估价：1,000—2,000
成交价：13,800

本诺曼克40年单一麦芽威士忌

装瓶时间：2019年
波本桶
43%vol　1支/700ml
中贸圣佳 30/12 lot 5188
估价：12,000—25,000
成交价：13,800

本诺曼克1998年复产20周年纪念单一麦芽威士忌

入桶时间：1998年　装瓶时间：2018年
装瓶数：3000　原盒
56.2%vol　1支/700ml
华艺国际（北京） 03/06 lot 3219
估价：1,000—2,000
成交价：5,750

埃德拉多尔浮世绘单一麦芽威士忌

57.8%vol、55.8%vol　2支/700ml
中贸圣佳 30/12 lot 5127
估价：无底价
成交价：10,350

格兰帝1991年整桶单一麦芽威士忌

入桶时间：1991年　二次注入波本桶，本品为整桶格兰帝威士忌　桶编号：#657　预计可装瓶237瓶

54.9%vol　700ml

中贸圣佳 30/12 lot 5098

估价：2,500,000—3,500,000

成交价：4,140,000

罗曼湖（Loch Lomond）敦煌风神、雷神系列

单桶单一麦芽威士忌

1. 风神：入桶时间：2011年　装瓶时间：2020年　桶编号：7197　瓶编号：240　波本桶 58.6%vol

2. 雷神：入桶时间：2011年　装瓶时间：2020年 桶编号：7194　瓶编号：233　波本桶 59.3%vol　2支/700ml

华艺国际（北京） 03/06 lot 3231

估价：1,000—2,000

成交价：8,050

格兰帝1991年单一麦芽苏格兰威士忌

入桶时间：1991年

46.7%vol　1支/700ml

中国嘉德 11/12 lot 4664

估价：1,000—2,000

成交价：6,900

格兰帝西关单桶单一麦芽威士忌

入桶时间：2002年　装瓶时间：2020年

桶编号：19/320—2　原盒

波特桶　装瓶数：320

52.4%vol　1支/700ml

华艺国际（北京） 03/06 lot 3229

估价：1,000—2,000

成交价：3,450

格兰帝手稿系列——歌德、巴赫单桶单一麦芽威士忌

1. 歌德：入桶时间：1999年

装瓶时间：2020年　装瓶数：231 雪莉桶 54.7%vol

2. 巴赫：入桶时间：2001年　装瓶时间：2020年　装瓶数：303　红酒桶

55.5%vol　2支/700ml

华艺国际（北京） 03/06 lot 3230

估价：1,000—2,000

成交价：6,900

格兰帝大师手稿系列单一麦芽威士忌

大师手稿·歌德：入桶时间：1999年　装瓶时间：2020年

雪莉猪头桶　装瓶数：231

54.7%vol、56.6%vol、55.5%vol　3支/700ml

中贸圣佳 30/12 lot 5091

估价：1,000—2,000

成交价：23,000

格兰帝30年单一麦芽威士忌

入桶时间：1989年　装瓶时间：2020年

雪莉桶　装瓶数：500

50.8%vol　1支/700ml

中贸圣佳 30/12 lot 5092

估价：1,000—2,000

成交价：36,800

小磨坊（Littlemill）1990年整
桶单一麦芽威士忌

43%vol　预计可装200瓶/700ml
中贸圣佳 30/12 lot 5099
估价：4,500,000—6,000,000
成交价：7,475,000

罗曼湖2007年整桶单一麦芽威士忌

入桶时间：2007年　装瓶时间：2019年
波本桶本品为整桶罗曼湖威士忌
桶编号：#2304　预计可装瓶202瓶
58.8%vol　700ml
中贸圣佳 30/12 lot 5097
估价：100,000—150,000
成交价：184,000

罗曼湖《韩熙载夜宴图》系列单一麦芽威士忌

1. 禀告：入桶时间：1997年　装瓶时间：2020年　波本猪头桶　装瓶数：220
2. 宴乐：入桶时间：1994年　装瓶时间：2020年　波本桶　装瓶数：116
3. 清吹上：入桶时间：1996年　装瓶时间：2020年　波本猪头桶　装瓶数：207
4. 清吹下：入桶时间：1998年　装瓶时间：2020年　波本桶　装瓶数：225
5. 观舞：入桶时间：1995年　装瓶时间：2020年　波本桶　装瓶数：157
6. 小憩：入桶时间：1999年　装瓶时间：2020年　波本桶　装瓶数：167
7. 送别：入桶时间：1998年　装瓶时间：2021年　波本猪头桶　装瓶数：178

49.8%vol、46.5%vol、50.5%vol、48.3%vol、52.1%vol、53.4%vol、47.9%vol　7支/700ml
中贸圣佳 30/12 lot 5094
估价：25,000—35,000
成交价：63,250

罗曼湖45年单一麦芽威士忌

入桶时间：1973年　装瓶时间：2021年
美国橡木桶　雪莉桶　装瓶数：200
42.2%vol　1支/700ml
中贸圣佳 30/12 lot 5093
估价：35,000—45,000
成交价：63,250

布赫拉迪（Bruichladdich）风云系列1984年—1988年

艾雷岛单一麦芽威士忌

1. 1984年：入桶时间：1984年　陈年：32年
波本桶　瓶编号：1482/3000
43.7%vol
2. 1985年：入桶时间：1985年　陈年：32年
波本桶　瓶编号：1161/4200
48.7%vol
3. 1986年：入桶时间：1986年　陈年：30年
雪莉桶　瓶编号：2660/4200
44.6%vol
4. 1988年：入桶时间：1988年　陈年：30年
波本桶　瓶编号：0162/6000
46.2%vol
4支/700ml
中国嘉德 21/05 lot 4305
估价：35,000—45,000
成交价：57,500

朱拉（Jura）1984年，30年单一麦芽威士忌

入桶时间：1984年　装瓶时间：2014年
波本桶、雪莉桶　装瓶数：1984
44%vol　1支/700ml
中贸圣佳 30/12 lot 5131
估价：无底价
成交价：17,250

布朗拉1982年单一麦芽威士忌
入桶时间：1982年　装瓶时间：2006年
雪莉桶
43%vol　1支/700ml
中贸圣佳　30/12　lot 5137
估价：15,000—20,000
成交价：20,700

布朗拉1982年单一麦芽威士忌
入桶时间：1982年　装瓶时间：2003年
装瓶数：272
58.4%vol　1支/700ml
中贸圣佳　30/12　lot 5138
估价：15,000—20,000
成交价：21,850

布朗拉34年单一麦芽威士忌
入桶时间：1982年　装瓶时间：2017年
再填美国橡木桶　装瓶数：3000
51.9%vol　1支/700ml
中贸圣佳　30/12　lot 5139
估价：20,000—30,000
成交价：26,450

布朗拉37年单一麦芽威士忌
入桶时间：1977年　装瓶时间：2015年
再填美国橡木桶　装瓶数：2976
50.4%vol　1支/750ml
中贸圣佳　30/12　lot 5140
估价：20,000—30,000
成交价：28,750

布朗拉38年单一麦芽威士忌
入桶时间：1977年　装瓶时间：2016年
再填美国橡木桶、欧洲橡木桶
装瓶数：2984
48.6%vol　1支/750ml
中贸圣佳　30/12　lot 5141
估价：20,000—30,000
成交价：27,600

布朗拉1978年签名版40年单一麦芽威士忌
入桶时间：1978年　装瓶时间：2019年
再填美国橡木猪头桶　装瓶数：1819
49.2%vol　1支/700ml
中贸圣佳　30/12　lot 5142
估价：60,000—70,000
成交价：78,200

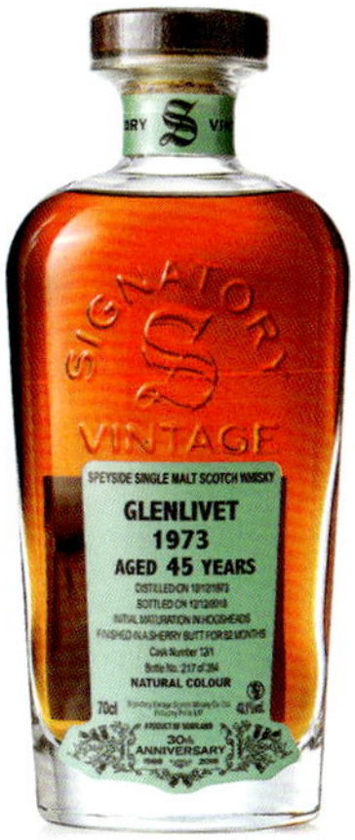

30周年纪念版格兰威特1973年，45年桶强单一麦芽威士忌

入桶时间：1973年　装瓶时间：2018年
瓶编号：217/394　雪莉桶
43.1%vol　1支/700ml
中国嘉德　11/12　lot 4697
估价：18,000—30,000
成交价：51,750

圣弗力装瓶：格兰路思（Glenrothes）43年、林可伍德42年、本尼维斯（Ben Nevis）27年

41.8%vol、59.4%vol、40.9%vol　3支/700ml
永乐拍卖（北京）　22/05　lot 4364
估价：20,000—40,000
成交价：32,200

圣弗力装瓶：布纳哈本（bunnahabhain）1980年，32年单一麦芽威士忌

51.4%vol　1支/700ml
永乐拍卖（北京）　03/12　lot 7209
估价：无底价
成交价：6,900

班夫1975年单一麦芽威士忌

入桶时间：1975年　装瓶时间：2007年
猪头桶　装瓶数：296
45.4%vol　1支/700ml
中贸圣佳　30/12　lot 5157
估价：无底价
成交价：8,050

达拉斯杜（Dallas Dhu）1975年，30年单桶单一麦芽威士忌

入桶时间：1975年　装瓶时间：2006年
桶编号：1493　波本桶
装瓶数：184　瓶编号：43　原盒
46.9%vol　1支/700ml
华艺国际（北京）　03/06　lot 3174
估价：7,000—12,000
成交价：8,050

布纳哈本1968年圣弗力30周年单一麦芽威士忌

入桶时间：1968年　装瓶时间：2019年
再填雪莉桶　装瓶数：323
41.8%vol　1支/700ml
中贸圣佳　30/12　lot 5162
估价：25,000—35,000
成交价：35,650

圣弗力装瓶：提安尼涅克（Teaninich）1983年，27年高地单桶麦芽威士忌

入桶时间：1983年　装瓶时间：2017年
雪莉桶　装瓶数：324
60%vol　1支/700ml
永乐拍卖（北京）　22/05　lot 4362
估价：10,000—15,000
成交价：5,750

圣弗力装瓶：提安尼涅克1983年，27年高地单桶麦芽威士忌

入桶时间：1983年　装瓶时间：2011年
重填桶　桶编号：8069
瓶编号：395/618
60%vol　1支/700ml
中国嘉德　21/05　lot 4291
估价：1,000—2,000
成交价：10,350

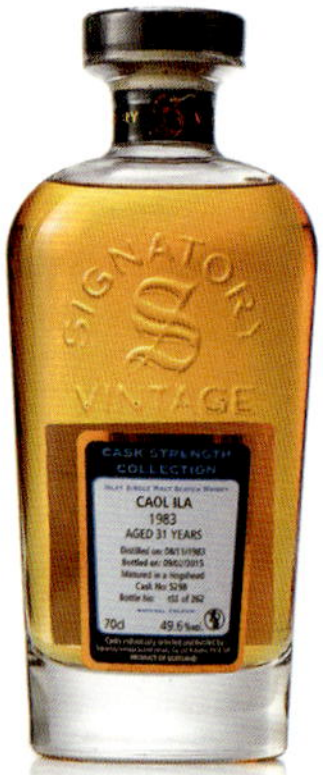

圣弗力装瓶：卡尔里拉（Caol Ila）1983年，31年艾雷岛单一麦芽威士忌

入桶时间：1983年　装瓶时间：2015年
陈年：31年　猪头桶
桶编号：5298　装瓶数：133/262
49.6%vol　1支/700ml
中国嘉德　21/05　lot 4307
估价：1,000—2,000
成交价：11,500

欧特班（Allt A Bhanne）1981年单桶单一麦芽威士忌

入桶时间：1981年　装瓶时间：1994年
桶编号：12046　瓶编号：220
瓶编：7　无盒
55.5%vol　1支/700ml
华艺国际（北京）　03/06　lot 3171
估价：1,000—2,000
成交价：5,750

圣弗力装瓶：大摩1992年，27年高地单一麦芽威士忌及酒托2件

入桶时间：1992年　装瓶时间：2020年
陈年：27年　波本桶
桶编号：1748　瓶编号：60/233
44.7%vol　1支/700ml
中国嘉德　21/05　lot 4216
估价：1,000—2,000
成交价：10,350

圣弗力装瓶：拉弗格1966年，31年单一麦芽威士忌

入桶时间：1966年　装瓶时间：1997年
橡木桶　桶编号：1094　瓶编号：46/210
49.3%vol　1支/700ml
中国嘉德　21/05　lot 4236
估价：45,000—55,000
成交价：51,750

圣弗力装瓶：云顶1969年，28年雪莉桶强单一麦芽威士忌威士忌

入桶时间：1969年　装瓶时间：1998年
陈年：28年　瓶编号：398/590
雪莉桶　桶编号：2382
52.3%vol　1支/700ml
中国嘉德　11/12　lot 4653
估价：25,000—35,000
成交价：34,500

圣弗力装瓶：达拉斯杜1975年单一麦芽威士忌

46.4%vol　1支/700ml
永乐拍卖（北京）　03/12　lot 7366
估价：5,000—10,000
成交价：5,750

达夫镇（Dufftown）1980年单桶单一麦芽威士忌

入桶时间：1980年　装瓶时间：1996年
桶编号：3786　雪莉桶　装瓶数：224
瓶编号：31　无盒
55.7%vol　1支/700ml
华艺国际（北京）　03/06　lot 3172
估价：6,000—12,000
成交价：6,900

圣弗力装瓶：朱拉（Jura）1975年，20年艾雷岛单一麦芽苏格兰威士忌

入桶时间：1975年　陈年：20年
桶编号：2771—2773　瓶编号：490/580
43%vol　1支/700ml
中国嘉德　11/12　lot 4549
估价：1,000—2,000
成交价：10,350

圣弗力装瓶：波特艾伦1979年艾雷岛单一麦芽威士忌

入桶时间：1979年　装瓶时间：2020年
陈年：22年　桶编号：5143
瓶编号：27/348
43%vol　1支/700ml
中国嘉德　11/12　lot 4553
估价：1,000—2,000
成交价：10,350

圣弗力装瓶：高原骑士1988年，24年单一麦芽威士忌

入桶时间：1988年　装瓶时间：2012年
陈年：24年　猪头桶　桶编号：753+754
瓶编号：308/632
43%vol　1支/700ml
中国嘉德　21/05　lot 4349
估价：1,000—2,000
成交价：13,800

埃德拉多尔1976年单一麦芽威士忌

入桶时间：1976年　装瓶时间：1996年
装瓶数：420
50.2%vol　1支/700ml
中贸圣佳 30/12 lot 5159
估价：无底价
成交价：8,050

波特艾伦1978年单一麦芽威士忌

入桶时间：1978年　装瓶时间：2002年
再填雪莉桶　装瓶数：564
59%vol　1支/700ml
中贸圣佳 30/12 lot 5146
估价：15,000—25,000
成交价：21,850

波特艾伦1978年单一麦芽威士忌

入桶时间：1978年　装瓶时间：2002年
装瓶数：247
55.8%vol　1支/700ml
中贸圣佳 30/12 lot 5145
估价：15,000—25,000
成交价：21,850

高原骑士1992年，11年、10年单一麦芽威士忌

入桶时间：1992年 装瓶时间：2004年
雪莉桶　装瓶数：513
入桶时间：1992年　装瓶时间：2003年雪莉桶　装瓶数：578
62.9%vol、59.2%vol　2支/700ml
中贸圣佳 30/12 lot 5160
估价：1,000—2,000
成交价：8,050

波特艾伦1976年单一麦芽威士忌

入桶时间：1976年　装瓶时间：1999年
装瓶数：296
55.6%vol　1支/700ml
中贸圣佳 30/12 lot 5144
估价：15,000—25,000
成交价：21,850

格兰塔1985年单一麦芽威士忌

入桶时间：1985年　装瓶时间：2002年
装瓶数：362
57.1%vol　1支/700ml
中贸圣佳 30/12 lot 5186
估价：无底价
成交价：4,025

圣弗力装瓶：30周年纪念版慕赫1991年单一麦芽威士忌

51.7%vol　1支/700ml
永乐拍卖（北京）　03/12　lot 7365
估价：6,000—10,000
成交价：9,200

埃德拉多尔2007年高地单一麦芽威士忌

入桶时间：2007年　装瓶时间：2020年
波本桶　装瓶数：1854
57.5%vol　12支/700ml
中国嘉德　11/12　lot 4444
估价：1,000—2,000
成交价：17,250

圣弗力装瓶：克莱利（Clynelish）1995年、1996年单一麦芽威士忌

55.2%vol、57.5%vol　2支/700ml
永乐拍卖（北京）　03/12　lot 7364
估价：8,000—15,000
成交价：9,200

圣弗力爱丁堡（Dun Eideann）[1]单桶系列

单桶单一麦芽威士忌　4支/700ml　原盒
1. 格兰莫雷（Glen Moray）：1992年　2013年装瓶
桶编号：4064　装瓶数：260
瓶号116　60.1%vol
2. 卡尔里拉：1992年　2013年装瓶
桶编号：8247　装瓶数：279
瓶号141　56.2%vol
3. 克里尼利基：1993年　2013年装瓶
桶编号：7555　装瓶数：283
瓶号115　53.8%vol
4. 皇家布莱克拉：1993年　2013年装瓶
桶编号：6800　装瓶数：240
瓶号87　52.4%vol
华艺国际（北京）　03/06　lot 3175
估价：10,000—20,000
成交价：11,500

圣弗力装瓶：欧摩2006年、格兰威特2007年鼓浪屿特别版单一麦芽威士忌套装（各1支）

1. 欧摩2006年：
入桶时间：2006年　装瓶时间：2020年
首注雪莉桶　桶编号：#900190
装瓶数：608
65.6%vol　1支/700ml
2. 格兰威特2007年：
入桶时间：2007年　装瓶时间：2020年
首注豪格海雪莉桶
桶编号：#900138　装瓶数：301
66.3%vol　1支/700ml
中国嘉德　21/05　lot 4326
估价：5,000—8,000
成交价：43,700

埃德拉多尔2009年高地单一麦芽威士忌

入桶时间：2009年　装瓶时间：2021年
桶编号：21　装瓶数：661
56.3%vol　12支/700ml
中国嘉德　11/12　lot 4443
估价：1,000—2,000
成交价：25,300

1 Dun Eideann在苏格兰盖尔语中代表爱丁堡，是圣弗力旗下品牌，装瓶酒款250余款

格兰威特1943年，70年

单桶单一麦芽威士忌

入桶时间：1943年　装瓶时间：2013年

桶编号：121　雪莉桶　装瓶数：42

瓶编号：17　原盒

49.1%vol　1支/700ml

华艺国际（北京）　03/06　lot 3177

估价：450,000—500,000

成交价：517,500

高登&麦克菲尔装瓶：理查德·帕特森（Richard　Paterson）签名版麦克菲尔1949年单一麦芽威士忌

入桶时间：1949年　装瓶时间：2017年　41.1%vol　1支/700ml

中国嘉德　21/05　lot 4250　估价：230,000—280,000

成交价：437,000

高登&麦克菲尔装瓶：朗摩1969年，50年单一麦芽威士忌

入桶时间：1969年　陈年：50年　装瓶时间：2019年
首注雪莉桶　桶编号：5291　装瓶数：200
51.2%vol　1支/700ml
中国嘉德 21/05 lot 4287
估价：60,000—80,000
成交价：115,000

高登&麦克菲尔装瓶：格兰威特1954年单一麦芽威士忌

入桶时间：1954年　装瓶时间：2018年
重填雪莉桶　桶编号：1412　装瓶数：222
41%vol　1支/700ml
中国嘉德 21/05 lot 4300
估价：60,000—80,000
成交价：172,500

高登&麦克菲尔装瓶：朗摩1961年双胞胎桶单一麦芽威士忌套装

入桶时间：1961年　装瓶时间：2018年
桶编号：508、512
雪莉桶　装瓶数：仅100套
2支/700ml
中国嘉德 11/12 lot 4531
估价：250,000—300,000
成交价：287,500

高登&麦克菲尔装瓶：朗摩1961年双胞胎桶单一麦芽威士忌套装

桶编号：508　入桶时间：1961年
装瓶时间：2018年　瓶编号：70/100
雪莉桶　45%vol
桶编号：512　入桶时间：1961年
装瓶时间：2018年　瓶编号：70/100
雪莉桶　40.8%vol
2支/700ml
中国嘉德 21/05 lot 4246
估价：200,000—280,000
成交价：448,500

高登&麦克菲尔装瓶：格兰威特1943年苏格兰斯佩塞单一麦芽威士忌

入桶时间：1943年　装瓶时间：2013年
猪头桶　瓶编号：28/42
49.1%vol　1支/700ml
中国嘉德 11/12 lot 4528
估价：500,000—600,000
成交价：575,000

高登&麦克菲尔装瓶：斯特拉赛斯拉（Strathisla）1953年、1954年、1957年、1963年、1969年、1970年

斯佩塞单一麦芽威士忌

雪莉桶
43%vol　6支/700ml
中国嘉德 21/05 lot 4272
估价：280,000—300,000
成交价：414,000

高登&麦克菲尔装瓶：格兰威特套装1954年、1963年、1974年、1980年、1991年

单一麦芽威士忌

1. 1954年单一麦芽威士忌：入桶时间：1954年　装瓶时间：2010年　初填雪莉猪头桶　桶编号：2736　装瓶数：13/191　50.6%vol　700ml
2. 1963年单一麦芽威士忌：入桶时间：1963年　装瓶时间：2010年　初填美国猪头桶　桶编号：1723　1726　装瓶数：13/223　40.6%vol　700ml
3. 1974年单一麦芽威士忌：入桶时间：1974年　装瓶时间：2010年　初填雪莉猪头桶　桶编号：8404　装瓶数：13/245　50.1%vol　700ml
4. 1980年单一麦芽威士忌：入桶时间：1980年　装瓶时间：2010年　重填猪头桶　桶编号：12032　装瓶数：13/117　48.5%vol　700ml
5. 1991年单一麦芽威士忌：入桶时间：1991年　装瓶时间：2010年　重填雪莉猪头桶　桶编号：48299　装瓶数：13/259　54.4%vol　700ml

5支/700ml
中国嘉德 11/12 lot 4618　估价：150,000—200,000
成交价：172,500

高登&麦克菲尔装瓶：格兰威特1977年单一麦芽苏格兰威士忌

入桶时间：1977年　装瓶时间：2020年
陈年：44年　重填猪头桶
桶编号：22140　装瓶数：65
42.4%vol　1支/700ml
中国嘉德　11/12　lot 4628
估价：18,000—30,000
成交价：23,000

格兰威特1978年，40年单一麦芽威士忌

53.5%vol　1支/700ml
永乐拍卖（北京）　22/05　lot 4311
估价：10,000—30,000
成交价：18,400

高登&麦克菲尔装瓶：林可伍德1980年单一麦芽苏格兰威士忌

入桶时间：1980年　装瓶时间：2020年
陈年：40年　重填猪头桶
桶编号：8248　装瓶数：193
59.1%vol　1支/700ml
中国嘉德　11/12　lot 4631
估价：18,000—30,000
成交价：28,750

格兰冠65年、66年、67年单桶单一麦芽威士忌

1. 65年：入桶时间：1950年　装瓶时间：2015年　桶编号：2747　装瓶数：218　59.3%vol
2. 66年：入桶时间：1948年　装瓶时间：2014年　桶编号：1369　装瓶数：160　46.6%vol
3. 67年：入桶时间：1949年　装瓶时间：2016年　桶编号：187　装瓶数：177　45.2%vol

雪莉桶　3支/700ml　原盒
华艺国际（北京）　03/06　lot 3188
估价：240,000—320,000
成交价：276,000

高登&麦克菲尔装瓶：阿德摩尔（Ardmore）1993年，27年高地单一麦芽威士忌

入桶时间：1993年　陈年：27年　装瓶时间：2020年
桶编号：5751　装瓶数：169
51.3%vol　6支/700ml
中国嘉德　11/12　lot 4446
估价：1,000—2,000
成交价：17,250

高登&麦克菲尔装瓶：格兰伯奇（Glenburgie）1995年斯佩塞单一麦芽苏格兰威士忌

入桶时间：1995年　陈年：25年　装瓶时间：2020年
桶编号：6338　装瓶数：499
56.6%vol　6支/700ml
中国嘉德　11/12　lot 4447
估价：1,000—2,000
成交价：28,750

高登&麦克菲尔装瓶：格兰伯奇（Glenburgie）1995年斯佩塞单一麦芽苏格兰威士忌

入桶时间：1995年　陈年：25年　装瓶时间：2020年
桶编号：4838　装瓶数：209　50.9%vol　6支/700ml
中国嘉德　11/12　lot 4449
估价：1,000—2,000
成交价：28,750

高登&麦克菲尔装瓶：曼洛克摩（Mannochmore）1997年斯佩塞单一麦芽威士忌

入桶时间：1997年　陈年：23年　装瓶时间：2020年
桶编号：12099　装瓶数：251　52.4%vol　6支/700ml
中国嘉德　11/12　lot 4445
估价：1,000—2,000
成交价：17,250

高登&麦克菲尔装瓶：麦克菲尔1965年单一麦芽威士忌
入桶时间：1965年　装瓶时间：2016年
重填雪莉桶
40%vol　1支/700ml
中国嘉德 21/05 lot 4249
估价：28,000—35,000
成交价：92,000

高登&麦克菲尔装瓶：格兰冠水晶瓶1936年单一麦芽威士忌、1955年纯麦威士忌
1. 1936年：入桶时间：1936年　40%vol　750ml
2. 1955年：入桶时间：1955年2月10日　750ml
2支/750ml
中国嘉德 11/12 lot 4625
估价：110,000—150,000
成交价：126,500

高登&麦克菲尔装瓶：麦克菲尔30年单一麦芽威士忌
陈年：30年
40%vol　1支/700ml
中国嘉德 11/12 lot 4629
估价：1,000—2,000
成交价：28,750

高登&麦克菲尔装瓶：麦克菲尔50年斯佩塞单一麦芽苏格兰威士忌
陈年：50年　雪莉桶
40%vol　1支/700ml
中国嘉德 11/12 lot 4643
估价：38,000—50,000
成交价：43,700

高登&麦克菲尔装瓶：摩特拉克（Modrtlach）1962年单一麦芽威士忌
入桶时间：1962年　装瓶时间：2016年
桶编号：1776　装瓶数：182
42.8%vol　1支/700ml
中国嘉德 21/05 lot 4248
估价：38,000—50,000
成交价：97,750

高登&麦克菲尔装瓶：克里尼利基2006年高地单一麦芽威士忌

入桶时间：2006年　装瓶时间：2020年
重填雪莉猪头桶　桶编号：310539　装瓶数：165
54.8%vol　3支/700ml
中国嘉德 21/05 lot 4283
估价：5,000—8,000
成交价：13,800

高登&麦克菲尔装瓶：格兰威特1978年桶强原酒单一麦芽威士忌

60.2%vol　1支/700ml
永乐拍卖（北京） 03/12 lot 7354
估价：8,000—15,000
成交价：9,200

高登&麦克菲尔装瓶：麦克菲尔50年单一麦芽威士忌

陈年：50年
40%vol　1支/700ml
中国嘉德 21/05 lot 4252
估价：35,000—45,000
成交价：48,300

高登&麦克菲尔装瓶：格兰冠50年单一麦芽威士忌

陈年：50年
41.3%vol　1支/700ml
中国嘉德 21/05 lot 4265
估价：25,000—35,000
成交价：51,750

高登&麦克菲尔装瓶：朗摩1964年斯佩塞单一麦芽威士忌

入桶时间：1964年　装瓶时间：2011年
首注雪莉桶　桶编号：5614
瓶编号：198/378
47.7%vol　1支/700ml
中国嘉德 21/05 lot 4280
估价：20,000—30,000
成交价：80,500

高登&麦克菲尔装瓶：格兰冠1955年斯佩塞单一麦芽威士忌

入桶时间：1955年　装瓶时间：2012年
雪莉桶
40%vol　1支/700ml
中国嘉德 21/05 lot 4273
估价：50,000—60,000
成交价：80,500

高登&麦克菲尔装瓶：麦克菲尔40年单一麦芽威士忌

陈年：40年　雪莉桶
40%vol　1支/700ml
中国嘉德 21/05 lot 4251
估价：12,000—18,000
成交价：25,300

高登&麦克菲尔装瓶：格兰威特1967年，51年单一麦芽威士忌

入桶时间：1967年　装瓶时间：2018年
重填美国猪头桶　桶编号：1037
瓶编号：74　40.9%vol　1支/700ml
中国嘉德 21/05 lot 4285
估价：38,000—50,000
成交价：69,000

高登&麦克菲尔装瓶：格兰威特1967年单一麦芽威士忌

入桶时间：1967年　装瓶时间：2013年
43%vol　1支/700ml
中国嘉德 21/05 lot 4268
估价：30,000—40,000
成交价：63,250

高登&麦克菲尔装瓶：鉴赏家之选系列格兰基斯（Glen Keith）1968年单一麦芽威士忌

入桶时间：1968年　装瓶时间：2011年
重填美国猪头桶　46%vol　1支/700ml
中国嘉德 21/05 lot 4275
估价：8,000—10,000
成交价：26,450

高登&麦克菲尔装瓶：125周年限量版皇家格兰乌妮（Glenury Royal）1984年单一麦芽威士忌

入桶时间：1984年　装瓶时间：2020年
首注雪莉桶　装瓶数：397
49.1%vol　1支/700ml
中国嘉德 21/05 lot 4282
估价：20,000—30,000
成交价：46,000

高登&麦克菲尔装瓶：格兰冠1953年乔治经典单一麦芽威士忌

入桶时间：1953年　装瓶时间：2021年
雪莉桶　桶编号：4209　装瓶数：355
59.4%vol　1支/700ml
中国嘉德 11/12 lot 4627
估价：80,000—100,000
成交价：92,000

高登&麦克菲尔装瓶：皇家格兰乌妮125周年纪念版1984年单一麦芽苏格兰威士忌

入桶时间：1984年　装瓶时间：2020年　初填雪莉桶
桶编号：2335　装瓶数：397　49.1%vol　1支/700ml
中国嘉德 11/12 lot 4626
估价：20,000—30,000
成交价：23,000

高登&麦克菲尔装瓶：鉴赏家之选系列林可伍德1990年单一麦芽威士忌

入桶时间：1990年　装瓶时间：2020年　首注雪莉桶
桶编号：6961　装瓶数：348　48.6%vol　1支/700ml
中国嘉德 21/05 lot 4266
估价：9,000—12,000
成交价：10,350

高登&麦克菲尔：林可伍德1969年斯佩塞单一麦芽威士忌

入桶时间：1969年　装瓶时间：2009年
43%vol　1支/700ml
中国嘉德 21/05 lot 4276
估价：21,000—30,000
成交价：25,300

高登&麦克菲尔装瓶：富特尼（Old Pulterior）1980年高地单一麦芽威士忌

入桶时间：1980年
43%vol　1支/700ml
中国嘉德 21/05 lot 4267
估价：6,000—8,000
成交价：10,350

高登&麦克菲尔装瓶：格兰威特1965年单一麦芽威士忌

入桶时间：1965年　装瓶时间：2006年
43%vol　1支/700ml
中国嘉德 21/05 lot 4269
估价：32,000—40,000
成交价：36,800

高登&麦克菲尔装瓶：朗摩1967年斯佩塞单一麦芽威士忌

入桶时间：1967年　装瓶时间：2012年
43%vol　1支/700ml
中国嘉德 21/05 lot 4270
估价：30,000—40,000
成交价：57,500

高登&麦克菲尔装瓶：慕赫1984年斯佩塞单一麦芽威士忌

入桶时间：1984年
43%vol　1支/700ml
中国嘉德 21/05 lot 4277
估价：6,500—8,000
成交价：13,800

高登&麦克菲尔装瓶：朗摩1983年斯佩塞单一麦芽威士忌

入桶时间：1983年　雪莉桶
43%vol　1支/700ml
中国嘉德 21/05 lot 4271
估价：7,000—10,000
成交价：13,800

高登&麦克菲尔装瓶：125周年限量版科尔本（Coleburn）1972年单一麦芽威士忌

入桶时间：1972年　装瓶时间：2020年
再填雪莉邦穹桶　装瓶数：363
62.4%vol　1支/700ml
中国嘉德 21/05 lot 4281
估价：30,000—40,000
成交价：34,500

高登&麦克菲尔装瓶：林可伍德皇室限定1959年和1960年年高地麦芽威士忌

入桶时间：1959年、1960年
装瓶时间：1986年　雪莉桶
40%vol　1支/750ml
中国嘉德 11/12 lot 4678
估价：22,000—30,000
成交价：25,300

高登&麦克菲尔装瓶：斯特拉赛斯拉1953年单一麦芽威士忌

40%vol　1支/700ml
永乐拍卖（北京） 03/12 lot 7346
估价：10,000—15,000
成交价：11,500

高登&麦克菲尔装瓶：格兰莫尔（Glen Mhor）1965年

入桶时间：1965年　装瓶时间：2007年
43%vol　1支/700ml
中国嘉德 11/12 lot 4644
估价：30,000—50,000
成交价：34,500

高登&麦克菲尔装瓶：珍稀系列格兰洛奇（Glenlossie）1965年单一麦芽苏格兰威士忌

入桶时间：1965年　装瓶时间：2002年
40%vol　1支/700ml
中国嘉德 11/12 lot 4690
估价：10,000—20,000
成交价：20,700

高登&麦克菲尔装瓶：格兰威特1966年单一麦芽苏格兰威士忌

入桶时间：1966年　原盒
40%vol　1支/700ml
北京保利 05/12 lot 7168
估价：18,000—22,000
成交价：20,700

斯特拉赛斯拉、格兰威特、托明多、格兰尤杰、格兰洛奇、拉弗格、格兰路塞斯、朗摩）

高登&麦克菲尔装瓶：珍稀系托明多（Tomintoul）多1967年斯佩塞单一麦芽威士忌

入桶时间：1967年　装瓶时间：2000年
40%vol　1支/700ml
中国嘉德　11/12　lot 4689
估价：8,000—15,000
成交价：10,350

高登&麦克菲尔装瓶：珍稀系列格兰洛奇1968年，40年单一麦芽威士忌

43%vol　1支/700ml
永乐拍卖（北京）　03/12　lot 7352
估价：8,000—15,000
成交价：9,200

高登&麦克菲尔精选：鉴赏家之选格兰罗塞斯（Glenrothes）1968年 单一麦芽威士忌

入桶时间：1968年　陈年17年
40%vol　1支/750ml
中国嘉德　21/05　lot 4258
估价：12,000—18,000
成交价：17,250

高登&麦克菲尔装瓶：珍稀系列格兰尤杰1968年单一麦芽威士忌

40%vol　1支/700ml
永乐拍卖（北京）　03/12　lot 7350
估价：8,000—15,000
成交价：9,200

高登&麦克菲尔装瓶：鉴赏家系列拉弗格1968年单一麦芽威士忌

40%vol　1支/750ml
永乐拍卖（北京）　03/12　lot 7351
估价：8,000—15,000
成交价：9,200

高登&麦克菲尔装瓶：朗摩1973年斯佩塞单一麦芽威士忌

入桶时间：1973年　装瓶时间：2015年
43%vol　1支/700ml
中国嘉德　21/05　lot 4288
估价：1,000—2,000
成交价：11,500

高登&麦克菲尔装瓶：格兰威特1974年单一麦芽威士忌

入桶时间：1974年　装瓶时间：2011年
43%vol　1支/700ml
中国嘉德 21/05 lot 4286
估价：10,000—20,000
成交价：17,250

高登&麦克菲尔装瓶：格兰冠50年单一麦芽威士忌

入桶时间：1966年　陈年：50年
装瓶时间：2016年
重填雪莉猪头桶　桶编号：3720
49.4%vol　1支/700ml
中国嘉德 21/05 lot 4284
估价：30,000—40,000
成交价：63,250

高登&麦克菲尔装瓶：麦克菲尔50年单一麦芽苏格兰威士忌

陈年：50年
40%vol　1支/700ml
中国嘉德 11/12 lot 4568
估价：1,000—2,000
成交价：69,000

达拉斯杜1971年—鉴赏家之选单一麦芽威士忌1971年

装瓶时间：20世纪90年代　无盒
40%vol　1支/700ml
华艺国际（北京） 03/06 lot 3182
估价：7,000—15,000
成交价：9,200

高登&麦克菲尔装瓶：达拉斯杜1980年单一麦芽威士忌

40%vol　1支/700ml
永乐拍卖（北京） 03/12 lot 7355
估价：7,000—10,000
成交价：8,050

高登&麦克菲尔装瓶：林可伍德15年单一麦芽威士忌

40%vol　1支/700ml
永乐拍卖（北京） 03/12 lot 7357
估价：5,000—10,000
成交价：5,750

高登&麦克菲尔装瓶：慕赫15年单一麦芽威士忌

40%vol　1支/700ml
永乐拍卖（北京）03/12 lot 7356
估价：5,000—10,000
成交价：5,750

高登&麦克菲尔装瓶：鉴赏家之选圣抹大拉（St. Magdalene）1965年低地单一麦芽威士忌

入桶时间：1965年
40%vol　1支/750ml
中国嘉德 11/12 lot 4657
估价：10,000—20,000
成交价：11,500

卡普多尼克（Caperdonich）1968年鉴赏家之选单一麦芽威士忌

入桶时间：1968年
装瓶时间：20世纪90年代　原盒
40%vol　1支/750ml
华艺国际（北京）03/06 lot 3178
估价：10,000—20,000
成交价：11,500

高登&麦克菲尔装瓶：格兰冠1955年，56年斯佩塞单一麦芽威士忌

入桶时间：1995年　装瓶时间：2011年
40%vol　1支/700ml
中国嘉德 11/12 lot 4624
估价：15,000—30,000
成交价：40,250

高登&麦克菲尔装瓶：格兰冠40年斯佩塞单一麦芽威士忌

陈年：40年
43%vol　1支/700ml
中国嘉德 21/05 lot 4253
估价：1,000—2,000
成交价：11,500

高登&麦克菲尔装瓶：格兰冠1960年单一麦芽威士忌

入桶时间：1960年　装瓶时间：2009年
初填雪莉桶　桶编号：5041
40%vol　1支/700ml
中国嘉德 11/12 lot 4623
估价：8,000—10,000
成交价：34,500

高登&麦克菲尔装瓶：鉴赏家之选提安尼涅克1975年高地单一麦芽威士忌

入桶时间：1975年
40%vol　1支/750ml
中国嘉德 21/05 lot 4254
估价：1,000—2,000
成交价：9,200

高登&麦克菲尔装瓶：艾柏迪（Aberfeldy）1978年单一麦芽威士忌

40%vol　1支/700ml
永乐拍卖（北京） 03/12 lot 7353
估价：8,000—15,000
成交价：9,200

高登&麦克菲尔装瓶：鉴赏家之选艾柏迪1970年高地单一麦芽威士忌

40%vol　1支/750ml
中国嘉德 21/05 lot 4263
估价：1,000—2,000
成交价：9,200

高登&麦克菲尔装瓶：鉴赏家之选克莱嘉赫1974年斯佩塞单一麦芽威士忌

入桶时间：1974年　40%vol　1支/750ml
中国嘉德 21/05 lot 4256
估价：1,000—2,000
成交价：17,250

高登&麦克菲尔装瓶：鉴赏家之选格兰艾宾（Glen Albyn）1974年单一麦芽威士忌

入桶时间：1974年　装瓶时间：2003年
46%vol　1支/700ml
中国嘉德 11/12 lot 4569
估价：1,000—2,000
成交价：13,800

高登&麦克菲尔装瓶：鉴赏家之选康法摩尔1969年单一麦芽威士忌

入桶时间：1969年
40%vol　1支/750ml
中国嘉德 11/12 lot 4566
估价：1,000—2,000
成交价：10,350

高登&麦克菲尔装瓶：鉴赏家之选达拉斯杜1971年单一麦芽苏格兰威士忌

入桶时间：1971年
40%vol　1支/700ml
中国嘉德　11/12　lot 4567
估价：1,000—2,000
成交价：9,200

莫斯托维（Mosstowie）1975年—鉴赏家之选单一麦芽威士忌

入桶时间：1975年
装瓶时间：20世纪90年代　无盒
40%vol　1支/700ml
华艺国际（北京）　03/06　lot 3183
估价：7,000—15,000
成交价：8,050

高登&麦克菲尔装瓶：鉴赏家之选格兰洛奇1977年高地单一麦芽威士忌

入桶时间：1977年　装瓶时间：1999年
40%vol　1支/700ml
中国嘉德　21/05　lot 4257
估价：1,000—2,000
成交价：23,000

格兰艾宾1968年—鉴赏家之选单一麦芽威士忌

入桶时间：1968年　装瓶时间：1991年
40%vol　2支/700ml　原盒
华艺国际（北京）　03/06　lot 3181
估价：18,000—35,000
成交价：21,850

高登&麦克菲尔装瓶：朗摩2005年斯佩塞单一麦芽威士忌

入桶时间：2005年
46%vol　6支/700ml
中国嘉德　11/12　lot 4450
估价：1,000—2,000
成交价：13,800

卡普多尼克1968年鉴赏家之选单一麦芽威士忌

40%vol　750ml
中贸圣佳 30/12 lot 5216
估价：1,000—2,000
成交价：6,900

达尔维尼1970年鉴赏家之选单一麦芽威士忌

入桶时间：1970年　装瓶时间：1992年
40%vol　700ml
中贸圣佳 30/12 lot 5215
估价：1,000—2,000
成交价：5,750

科尔本1972年鉴赏家之选单一麦芽威士忌

入桶时间：1972年　装瓶时间：1996年
40%vol　700ml
中贸圣佳 30/12 lot 5213
估价：1,000—2,000
成交价：6,900

巴门纳克（Balmenach）1973年鉴赏家之选单一麦芽威士忌

入桶时间：1973年　装瓶时间：1995年
40%vol　700ml
中贸圣佳 30/12 lot 5212
估价：1,000—2,000
成交价：7,475

克拉格摩尔（Cragganmore）1973年鉴赏家之选单一麦芽威士忌

入桶时间：1973年　装瓶时间：1988年
40%vol　750ml
中贸圣佳 30/12 lot 5211
估价：1,000—2,000
成交价：5,750

莫斯托维1975年鉴赏家之选单一麦芽威士忌

40%vol　750ml
中贸圣佳 30/12 lot 5210
估价：1,000—2,000
成交价：7,475

卡普多尼克1979年鉴赏家之选单一麦芽威士忌

40%vol　750ml
中贸圣佳 30/12 lot 5209
估价：1,000—2,000
成交价：5,750

巴门纳克1971年鉴赏家之选单一麦芽威士忌

40%vol　750ml
中贸圣佳 30/12 lot 5214
估价：1,000—2,000
成交价：6,900

科尔本、莫斯托维、波特艾伦、洛克赛德、阿贝、本利亚克、图里巴丁、磐火、克里尼利基

波特艾伦1982年鉴赏家之选单一麦芽威士忌

入桶时间：1982年　装瓶时间：2001年
40%vol　700ml
中贸圣佳 30/12 lot 5207
估价：1,000—2,000
成交价：11,500

本利亚克1982年鉴赏家之选单一麦芽威士忌

入桶时间：1982年　装瓶时间：1991年
40%vol　700ml
中贸圣佳 30/12 lot 5208
估价：1,000—2,000
成交价：4,600

磐火（Bladnoch）1988年鉴赏家之选单一麦芽威士忌

入桶时间：1988年　装瓶时间：2002年
40%vol　700ml
中贸圣佳 30/12 lot 5206
估价：1,000—2,000
成交价：5,750

洛克赛德（Rockside）1991年鉴赏家之选单一麦芽威士忌

入桶时间：1991年　装瓶时间：2007年
43%vol　750ml
中贸圣佳 30/12 lot 5205
估价：1,000—2,000
成交价：6,325

阿贝1993年鉴赏家之选单一麦芽威士忌

入桶时间：1993年　装瓶时间：2003年
雪莉桶
40%vol　700ml
中贸圣佳 30/12 lot 5203
估价：1,000—2,000
成交价：7,475

克里尼利基1993年鉴赏家之选单一麦芽威士忌

入桶时间：1993年　装瓶时间：2007年
雪莉桶
43%vol　700ml
中贸圣佳 30/12 lot 5204
估价：1,000—2,000
成交价：4,600

阿贝1994年鉴赏家之选单一麦芽威士忌

入桶时间：1994年　装瓶时间：2004年
雪莉桶　40%vol　700ml
中贸圣佳 30/12 lot 5202
估价：1,000—2,000
成交价：5,750

图里巴丁（Tullibardine）1994年鉴赏家之选单一麦芽威士忌

入桶时间：1994年　装瓶时间：2006年
猪头桶　46%vol　700ml
中贸圣佳 30/12 lot 5201
估价：1,000—2,000
成交价：3,450

高登&麦克菲尔装瓶：鉴赏家之选莫斯托维1979年斯佩塞单一麦芽威士忌

入桶时间：1979年　装瓶时间：2004年
40%vol　1支/700ml
中国嘉德 21/05 lot 4255
估价：1,000—2,000
成交价：10,350

高登&麦克菲尔装瓶：迈克达夫（Macduff）1980年单一麦芽威士忌

40%vol　1支/700ml
永乐拍卖（北京） 03/12 lot 7358
估价：5,000—10,000
成交价：6,900

Maltbarn装瓶：波特艾伦29年艾雷岛单一麦芽威士忌

入桶时间：1983年　装瓶时间：2012年
装瓶数：86　52%vol　1支/700ml
中国嘉德 11/12 lot 4660
估价：10,000—20,000
成交价：11,500

波摩1996年，19年单桶单一麦芽威士忌

入桶时间：1996年　装瓶时间：2016年
波本桶　各装瓶数：258
57.4%vol、57.2%vol　2支/700ml
华艺国际（北京） 03/06 lot 3207
估价：7,000—12,000
成交价：14,950

高登&麦克菲尔装瓶：鉴赏家之选波特艾伦1979年、1980年高地单一麦芽威士忌

40%vol　2支/700ml
中国嘉德 11/12 lot 4656
估价：1,000—2,000
成交价：23,000

阿贝1975年—鉴赏家之选单一麦芽威士忌

入桶时间：1975年　装瓶时间：1998年
40%vol　1支/700ml　原盒
华艺国际（北京） 03/06 lot 3187
估价：18,000—25,000
成交价：20,700

阿贝苏格兰之魂1976年艾雷岛单一麦芽威士忌

入桶时间：1976年　装瓶时间：1999年
40%vol　1支
中国嘉德　11/12　lot 4688
估价：8,000—15,000
成交价：17,250

波摩1982年，25年单桶单一麦芽威士忌

入桶时间：1982年　陈年：25年
装瓶时间：2007年　装瓶数：185/220
猪头桶　46%vol　1支/700ml
中国嘉德　11/12　lot 4606
估价：8,000—15,000
成交价：17,250

MCC装瓶：波摩1989年单桶单一麦芽威士忌

57.4%vol　1支/700ml
永乐拍卖（北京）　03/12　lot 7367
估价：6,000—10,000
成交价：6,900

MCC装瓶：波摩1992年单桶单一麦芽威士忌

48%vol　2支/700ml
永乐拍卖（北京）　03/12　lot 7368
估价：8,000—15,000
成交价：9,200

MCC装瓶：慕赫1991年单桶单一麦芽威士忌

54.6%vol　2支/700ml
永乐拍卖（北京）　03/12　lot 7369
估价：8,000—15,000
成交价：9,200

道格拉斯·麦吉本（Douglas McGibbon）装瓶：波特艾伦1982年，19年艾雷岛；帝王1989年，11年斯佩塞单一麦芽威士忌

43%vol　2支/700ml
永乐拍卖（北京）　22/05　lot 4324
估价：20,000—30,000
成交价：17,250

波摩29年艾雷岛单桶单一麦芽威士忌

入桶时间：1990年 装瓶时间：2019年
波本猪头桶 桶编号：3412
42.2%vol 6支/700ml
中国嘉德 11/12 lot 4607
估价：80,000—100,000
成交价：92,000

波摩、拉弗格浮世绘单一麦芽威士忌

51.9%vol、57.1%vol 2支/700ml
中贸圣佳 30/12 lot 5128
估价：无底价
成交价：11,500

高原骑士1975年单一麦芽威士忌

入桶时间：1975年 装瓶时间：2001年
猪头桶
53.2%vol 1支/700ml
中贸圣佳 30/12 lot 5197
估价：15,000—30,000
成交价：25,300

高登&麦克菲尔装瓶：格兰冠1953年，60年斯佩塞单一麦芽威士忌

入桶时间：1953年 陈年：60年
46%vol 1支/700ml
中国嘉德 21/05 lot 4274
估价：120,000—150,000
成交价：138,000

布纳哈本1979年黑蛇装瓶：单一麦芽威士忌

入桶时间：1979年 装瓶时间：2011年
雪莉桶 装瓶数：254
51.8%vol 1支/700ml
中贸圣佳 30/12 lot 5230
估价：10,000—18,000
成交价：11,500

波摩、高原骑士、高登&麦克菲尔装瓶（格兰冠）、布纳哈本、阿贝财神、布纳哈本、波特艾伦、阿贝

阿贝财神单一麦芽威士忌

入桶时间：2003年　装瓶时间：2020年
再填猪头桶　装瓶数：296
53.2%vol　1支/700ml
中贸圣佳 30/12 lot 5126
估价：无底价
成交价：11,500

波摩29年艾雷岛单桶单一麦芽威士忌

入桶时间：1990年　装瓶时间：2019年
波本猪头桶　桶编号：3412
42.2%vol　6支/700ml
中国嘉德 21/05 lot 4206
估价：80,000—90,000
成交价：97,750

布纳哈本34年单一麦芽威士忌

入桶时间：1980年　装瓶时间：2014年
雪莉桶　装瓶数：504
47.1%vol　1支/700ml
中贸圣佳 30/12 lot 5181
估价：8,000—15,000
成交价：9,200

波特艾伦1982年单一麦芽威士忌

入桶时间：1981年　装瓶时间：2000年
装瓶数：522
43%vol　1支/700ml
中贸圣佳 30/12 lot 5143
估价：10,000—20,000
成交价：21,850

阿贝18年单一麦芽威士忌

入桶时间：1974年　装瓶时间：1992年
40%vol　1支/700ml
中贸圣佳 30/12 lot 5194
估价：10,000—20,000
成交价：20,700

苏格兰麦芽威士忌协会装瓶：云顶1989年、郎格罗1990年单桶麦芽威士忌

1. 云顶：入桶时间：1989年　装瓶时间：2005年　陈年：15年　51.4%vol
2. 郎格罗：入桶时间：1990年　装瓶时间：2007年　陈年：17年　56.1%vol

2支/700ml

中国嘉德 11/12 lot 4652　估价：20,000—30,000

成交价：28,750

布朗拉1982年，21年单桶单一麦芽威士忌

入桶时间：1982年　装瓶时间：2004年

瓶编号：61/19

59.7%vol　1支/700ml　无盒

华艺国际（北京） 03/06 lot 3206

估价：12,000—18,000

成交价：17,250

布赫拉迪1970年/格兰格拉索1976年单桶单一麦芽威士忌

1. 布赫拉迪：入桶时间：1970年　装瓶时间：2000年　瓶编号：23.34　48.9%vol
2. 格兰格拉索：入桶时间：1976年　装瓶时间：2004年　瓶编号：21.24　48.8%vol

2支/700ml

华艺国际（北京） 03/06 lot 3204

估价：22,000—32,000

成交价：25,300

小磨坊1977年，25年单桶单一麦芽威士忌

入桶时间：1977年　装瓶时间：2002年

48.8%vol　1支/700ml　无盒

华艺国际（北京） 03/06 lot 3205

估价：12,000—18,000

成交价：17,250

泰斯卡1989年，阿贝1994年单桶单一麦芽威士忌

1. 泰斯卡：入桶时间：1989年　装瓶时间：2004年　瓶编号：14.9　59.4%vol
2. 阿贝：入桶时间：1994年　装瓶时间：2004年　瓶编号：33.50　59.5%vol

2支/700ml　无盒
华艺国际（北京）　03/06　lot 3203
估价：12,000—18,000
成交价：17,250

酒心智库装瓶：艺术家系列1998年斯佩塞调和威士忌

入桶时间：1998年　装瓶时间：2020年
雪莉桶　桶编号：545　瓶编号：331/375
56.5%vol　1支/700ml
中国嘉德　21/05　lot 4346
估价：1,000—2,000
成交价：6,900

云顶1989年，朗格罗1990年单桶单一麦芽威士忌

2支/700ml　无盒
华艺国际（北京）　03/06　lot 3202
估价：18,000—25,000
成交价：20,700

威士忌协会装瓶：格兰花格1965年，40年单一麦芽威士忌

瓶编号：1/132　53.2%vol　1支/700ml
永乐拍卖（北京）　03/12　lot 7403
估价：10,000—15,000
成交价：11,500

格兰塔1977年，34年单桶单一麦芽苏格兰威士忌

入桶时间：1977年　陈年：34年
装瓶数：24　48.4%vol　1支/700ml
中国嘉德　11/12　lot 4546
估价：1,000—2,000
成交价：10,350

英尺马林（Inchmurrin）1966年高地单一麦芽威士忌

入桶时间：1966年　装瓶时间：1999年
43%vol　1支/700ml
中国嘉德 21/05 lot 4221
估价：1,000—2,000
成交价：17,250

塔木岭（Tamnavulin）精选桶29年单一麦芽苏格兰威士忌

入桶时间/陈年：29年　原盒
45%vol　1支/700ml
北京保利 05/12 lot 7156
估价：7,000—8,500
成交价：8,050

帝国1979年桶强单桶单一麦芽威士忌

入桶时间：1979年　装瓶时间：2001年
桶编号：8871　装瓶数：0116
58.1%vol　1支/700ml
中国嘉德 11/12 lot 4539
估价：1,000—2,000
成交价：13,800

格兰塔1988年，25年单桶单一麦芽威士忌

入桶时间：1988年　桶编号：623
装瓶数：068/228　48.6%vol　1支/700ml
中国嘉德 21/05 lot 4229
估价：1,000—2,000
成交价：9,200

格兰塔1988年，25年单桶单一麦芽威士忌

入桶时间：1988年　桶编号：523
装瓶数：174/228　48.6%vol　1支/700ml
中国嘉德 11/12 lot 4611
估价：1,000—2,000
成交价：10,350

贝瑞兄弟装瓶：布纳哈本1990年艾雷岛单桶单一麦芽威士忌

入桶时间：1990年　装瓶时间：2012年
桶编号：19　46%vol　2支/700ml
中国嘉德 21/05 lot 4351
估价：7,000—10,000
成交价：11,500

酒心智库装瓶：艺术家系列布纳哈本2013年艾雷岛单桶麦芽威士忌

入桶时间：2013年　装瓶时间：2020年
猪头桶　桶编号：10526　装瓶数：245/323
58%vol　1支/700ml
中国嘉德　21/05　lot 4348
估价：1,000—2,000
成交价：4,600

酒心智库装瓶：艺术家系列奥什罗斯克（Auchroisk）1995年斯佩塞单桶麦芽威士忌

入桶时间：1995年　装瓶时间：2020年
猪头桶　桶编号：2064　装瓶数：094/214
49.4%vol　1支/700ml
中国嘉德　21/05　lot 4350
估价：1,000—2,000
成交价：9,200

独角兽装瓶：高原骑士1978年，41年单桶单一麦芽威士忌

入桶时间：1978年　陈年：41年
装瓶时间：2020年　猪头桶
桶编号：REF00022　装瓶数：122
51%vol　1支/700ml
中国嘉德　21/05　lot 4224
估价：1,000—2,000
成交价：25,300

MCC装瓶：克里尼利基小猫1993年单桶单一麦芽威士忌

52.4%vol　2支/700ml
永乐拍卖（北京）　03/12　lot 7370
估价：8,000—15,000
成交价：9,200

MCC装瓶：高原骑士1991年单桶单一麦芽威士忌

52%vol　2支/700ml
永乐拍卖（北京）　03/12　lot 7371
估价：8,000—15,000
成交价：9,200

麦基洛普之选（Mackillop's Choice）高原骑士1991年单桶

装瓶时间：2017年
52%vol　2支/700ml
永乐拍卖（北京）　22/05　lot 4381
估价：6,000—15,000
成交价：9,200

苏格登-奥什罗斯克1978年日本特别限定单一麦芽威士忌

入桶时间：1978年
43%vol　1支/750ml
中国嘉德　11/12　lot 4564
估价：1,000—2,000
成交价：10,350

The　Maltman装瓶：花鸟系列全套

入桶时间：1980年　装瓶时间：2012年
重填雪莉桶　桶编号：4390
瓶编号：173/478
58.8%vol、53.6%vol、53.3%vol　3支/700ml
永乐拍卖（北京）　22/05　lot 4384
估价：1,000—2,000
成交价：4,600

苏格登-奥什罗斯克1981年日本特别限定单一麦芽威士忌

入桶时间：1981年
43%vol　1支/750ml
中国嘉德　11/12　lot 4694
估价：1,000—2,000
成交价：6,900

本尼维斯&高地单一麦芽威士忌

48.9%vol、54.9%vol　2支/700ml
中贸圣佳　30/12　lot 5123
估价：无底价
成交价：4,600

Meadowside装瓶：布莱尔阿苏1988年，30年高地单一麦芽威士忌

入桶时间：1988年　装瓶时间：2019年
雪莉桶　桶编号：4867　装瓶数：181
48.1%vol　1支/700ml
中国嘉德　21/05　lot 4215
估价：1,000—2,000
成交价：9,200

迈克达夫1978年单一麦芽威士忌

入桶时间：1978年　装瓶时间：1996年雪莉桶　装瓶数：382
43%vol　1支/700ml
中贸圣佳　30/12　lot 5221
估价：无底价
成交价：8,050

苏格登1976年单一麦芽苏格兰威士忌

入桶时间：1976年

43%vol　1支/750ml

中国嘉德　11/12　lot 4545

估价：1,000—2,000

成交价：6,900

苏格登1976年日本特别限定单一麦芽威士忌

43%vol　1支/750ml

永乐拍卖（北京）　03/12　lot 7338

估价：9,000—15,000

成交价：10,350

苏格登—奥什罗斯克1978年日本特别限定单一麦芽威士忌

入桶时间：1978年

43%vol　1支/750ml

中国嘉德　21/05　lot 4292

估价：1,000—2,000

成交价：13,800

卡普多尼克1972年单一麦芽威士忌

43.2%vol　1支/700ml

中贸圣佳　30/12　lot 5226

估价：无底价

成交价：9,200

格兰塔1977年，34年单桶单一麦芽威士忌

入桶时间：1977年　装瓶时间：2011年

装瓶数：245　48.4%vol　1支/700ml

华艺国际（北京）　03/06　lot 3200

估价：7,000—15,000

成交价：8,050

本尼维斯1966年，44年单桶单一麦芽威士忌

入桶时间：1966年　装瓶时间：2010年

桶编号：6331　雪莉桶　装瓶数：151

45.7%vol　1支/700ml

华艺国际（北京）　03/06　lot 3194

估价：15,000—25,000

成交价：20,700

老马斯特斯（Old Masters）装瓶：因弗戈登（Invergordon）1987年，30年单一谷物威士忌

入桶时间：1987年　陈年：30年
装瓶时间：2018年　波本桶
桶编号：9866　53%vol　1支/700ml
中国嘉德　21/05　lot 4339
估价：1,000—2,000
成交价：11,500

老马斯特斯装瓶：格兰莫尔1982年，30年单一麦芽威士忌

50%vol　1支/700ml
永乐拍卖（北京）　03/12　lot 7397
估价：5,000—10,000
成交价：5,750

贝瑞兄弟装瓶：格兰威特1974年斯佩塞单桶单一麦芽威士忌

入桶时间：1974年　陈年：37年
装瓶时间：2012年　桶编号：5247
46%vol　1支/700ml
中国嘉德　11/12　lot 4672
估价：1,000—2,000
成交价：17,250

苏格登日本市场特别限定单一麦芽威士忌全套1976年、1978年、1980年、1981年、1983年

5支/700ml
永乐拍卖（北京）　03/12　lot 7339
估价：30,000—50,000
成交价：34,500

老马斯特斯装瓶：斯特拉斯米尔1975年，36年单桶单一麦芽威士忌

入桶时间：1975年　装瓶时间：2011年
桶编号：7186　装瓶数：367　原盒
44.1%vol　1支/700ml
华艺国际（北京）　03/06　lot 3193
估价：7,000—15,000
成交价：9,200

道格拉斯·莱恩（Douglas Laing）装瓶：檀都1988年，25年单一麦芽威士忌

50.1%vol　1支/700ml
永乐拍卖（北京）　03/12　lot 7396
估价：5,000—10,000
成交价：5,750

斯贝本1979年，21年高地单桶麦芽威士忌

入桶时间：1979年　装瓶时间：2001年
桶编号：1133　瓶编号：262
43%vol　1支/700ml
中国嘉德　21/05　lot 4243
估价：1,000—2,000
成交价：13,800

道格拉斯·莱恩装瓶：克莱嘉赫1995年，20年单一麦芽威士忌

59.1%vol　1支/700ml
永乐拍卖（北京）　03/12　lot 7208
估价：1,000—2,000
成交价：1,150

老马斯特斯装瓶：本尼维斯1967年，43年单桶单一麦芽威士忌

入桶时间：1967年　装瓶时间：2010年
桶编号：6332　雪莉桶
装瓶数：162　原盒
1支/700ml　46.1%vol
华艺国际（北京）　03/06　lot 3195
估价：15,000—25,000
成交价：20,700

高原骑士虎之选1995年重雪莉单桶单一麦芽威士忌

51.1%vol　6支/700ml
永乐拍卖（北京）　03/12　lot 7399
估价：20,000—30,000
成交价：23,000

老酋长装瓶：卡普多尼克1974年单桶单一麦芽威士忌

46%vol　1支/700ml

永乐拍卖（北京）　03/12　lot 7393

估价：9,000—15,000

成交价：10,350

老酋长装瓶：卡普多尼克1974年，28年单桶单一麦芽威士忌

入桶时间：1974年　装瓶时间：2002年

猪头桶　桶编号：636　装瓶数：389/391

46%vol　1支/700ml

中国嘉德　11/12　lot 4554

估价：1,000—2,000

成交价：17,250

老酋长装瓶：磐火1980年，21年单一麦芽威士忌

46%vol　1支/700ml

永乐拍卖（北京）　03/12　lot 7392

估价：7,000—10,000

成交价：8,050

老酋长装瓶：忠臣藏慕赫1997年，20年单一麦芽威士忌（各1支）

入桶时间：1997年　装瓶时间：2017年　初填欧罗索雪莉桶

桶编号：5247　装瓶数：624　58%vol　入桶时间：1997年　装瓶时间：2017年

初填欧罗索雪莉桶　桶编号：5250　装瓶数：644　57.7%vol　2支/700ml

中国嘉德　21/05　lot 4204

估价：1,000—2,000

成交价：23,000

道格拉斯·莱恩装瓶：格兰威特1980年斯佩塞单一麦芽威士忌

入桶时间：1980年　装瓶时间：2008年

雪莉桶　43%vol　1支/700ml

中国嘉德　11/12　lot 4680

估价：1,000—2,000

成交价：11,500

First Cask装瓶：皇家布莱克亚1975年高地单桶单一麦芽威士忌

入桶时间：1975年　陈年：24年
桶编号：5449　装瓶数：24
46%vol　1支/700ml
中国嘉德　11/12　lot 4558
估价：1,000—2,000
成交价：10,350

First Cask装瓶：格兰路思1975年单桶单一麦芽威士忌

46%vol　1支/700ml
永乐拍卖（北京）　03/12　lot 7395
估价：8,000—15,000
成交价：9,200

First Cask装瓶：巴布莱尔1975年单桶单一麦芽威士忌

46%vol　1支/700ml
永乐拍卖（北京）　03/12　lot 7394
估价：8,000—15,000
成交价：9,200

高原骑士1995年，25年单桶单桶单一麦芽威士忌

入桶时间：1995年　装瓶时间：2020年
桶编号：4　装瓶数：247　原盒
51.1%vol　6支/700ml
华艺国际（北京）　03/06　lot 3189
估价：18,000—30,000
成交价：20,700

格兰威特1980年、克莱嘉赫1983年单一麦芽威士忌

1. 格兰威特1980年：入桶时间：1983年　装瓶时间：2006年
装瓶数：282
2. 克莱嘉赫1983年：入桶时间：1983年　装瓶时间：2006年
装瓶数：240
45%vol　2支/700ml
中贸圣佳　30/12　lot 5191
估价：1,000—2,000　成交价：24,150

First Cask装瓶：格兰斯佩1976年，29年单桶斯佩塞单一麦芽威士忌

入桶时间：1976年　陈年：29年
桶编号：1058　瓶编号：22
46%vol　1支/700ml
中国嘉德 21/05 lot 4228
估价：1,000—2,000
成交价：8,050

First Cask装瓶：北港1976年单桶单一麦芽威士忌

入桶时间：1976年　桶编号：3907
46%vol　1支/700ml
中国嘉德 11/12 lot 4563
估价：1,000—2,000
成交价：11,500

First Cask装瓶：格兰斯佩1976年单桶单一麦芽威士忌

入桶时间：1976年　陈年：29年
桶编号：1063　装瓶数：17
46%vol　1支/700ml
中国嘉德 11/12 lot 4562
估价：1,000—2,000
成交价：10,350

First Cask装瓶：曼诺克摩1977年，22年单桶单一麦芽威士忌

入桶时间：1977年　装瓶时间：2000年
桶编号：95/23/12　瓶号19　无盒
46%vol　1支/700ml
华艺国际（北京）03/06 lot 3192
估价：7,000—15,000
成交价：8,050

First Cask装瓶：格兰塔1978年单桶单一麦芽威士忌

入桶时间：1978年　桶编号：372
装瓶数：56　46%vol　1支/700ml
中国嘉德 11/12 lot 4561
估价：1,000—2,000
成交价：10,350

First Cask装瓶：格兰纳里奇1978年斯佩塞单桶单一麦芽威士忌

入桶时间：1978年　桶编号：7705
装瓶数：237　46%vol　1支/700ml
中国嘉德 11/12 lot 4557
估价：1,000—2,000
成交价：10,350

道格拉斯·莱恩装瓶：60周年特别版1969年，40年斯佩塞单一麦芽威士忌

入桶时间：1969年　装瓶时间：2009年
雪莉桶　装瓶数：289　55.1%vol　1支/700ml
中国嘉德 21/05 lot 4329
估价：8,000—10,000
成交价：25,300

First Cask装瓶：格兰路思1975年，21年单桶单一麦芽威士忌

入桶时间：1975年　装瓶时间：1996年
桶编号：6055　瓶编号：81　无盒
1支/700ml　46%vol
华艺国际（北京） 03/06 lot 3191
估价：7,000—15,000
成交价：8,050

Battlehill装瓶：格兰路思1998年单一麦芽威士忌

入桶时间：1998年　装瓶时间：2020年
雪莉桶　瓶编号：048/255
53.8%vol　1支/700ml
中国嘉德 21/05 lot 4219
估价：1,000—2,000
成交价：8,050

McCrae装瓶：托莫尔1988年，30年单桶单一麦芽威士忌

入桶时间：1988年　装瓶时间：2019年
雪莉桶　装瓶数：088、090/300
47.2%vol　2支/700ml
中国嘉德 21/05 lot 4232
估价：1,000—2,000
成交价：9,200

格兰路思1997年，23年单桶单一麦芽威士忌

入桶时间：1997年　装瓶时间：2020年
雪莉桶　装瓶数：780　原盒
58.7%vol　1支/500ml
华艺国际（北京） 03/06 lot 3232
估价：1,000—2,000
成交价：5,750

邓肯·泰勒装瓶：格兰路思1987年，25年单一麦芽苏格兰威士忌

入桶时间：1987年　装瓶时间：2012年
桶编号：5839
54%vol　2支/700ml
中国嘉德 11/12 lot 4548
估价：1,000—2,000
成交价：10,350

老酋长装瓶：雪茄麦芽13年斯佩塞单一麦芽威士忌

入桶时间：1996年　装瓶时间：2016年

重填雪莉桶　装瓶数：60　陈年：20年

59.8%vol　6支/700ml

永乐拍卖（北京）　22/05　lot 4377

估价：8,000—20,000

成交价：9,200

格兰路思1996年单桶单一麦芽威士忌，175周年单一麦芽威士忌

1. 金标22年共6支：入桶时间：1996年　装瓶时间：2019年　装瓶数：306　猪头桶　50.5%vol

2. 银标175周年共12支：入桶时间：1996年　装瓶时间：2017年　装瓶数：1314　波本猪头桶　51.3%vol

18支/700ml

中国嘉德 11/12　lot 4585　估价：40,000—60,000

成交价：57,500

布莱尔阿苏15年酒厂经理选桶单一麦芽威士忌

装瓶时间：2019年　波本桶

59.4%vol　1支/700ml

中贸圣佳 30/12　lot 5189

估价：无底价

成交价：10,350

迈克达夫1963年年鉴赏家之选单一麦芽威士忌

入桶时间：1963年　装瓶时间：1981年

40%vol　1支/750ml　无盒

华艺国际（北京）　03/06　lot 3179

估价：10,000—20,000

成交价：11,500

布莱尔阿苏艺术家1988年单一麦芽威士忌

入桶时间：1988年　装瓶时间：2014年
雪莉桶　装瓶数：459
57.3%vol　1支/700ml
中贸圣佳 30/12 lot 5182
估价：无底价
成交价：5,750

Whisky-Doris装瓶：布纳哈本1976年，35年单桶麦芽威士忌

入桶时间：1976年　装瓶时间：2012年
雪莉猪头桶　桶编号：6112
瓶编号：241/248　49.1%vol
1支/700ml
中国嘉德 21/05 lot 4341
估价：1,000—2,000
成交价：11,500

老酋长装瓶：雪茄麦芽13年斯佩塞单一麦芽威士忌

入桶时间：2007年　装瓶时间：2021年　欧洲雪莉桶
桶编号：3556　装瓶数：313　59.8%vol　6支/700ml
中国嘉德 21/05 lot 4203
估价：1,000—2,000
成交价：23,000

波特艾伦28年、29年、30年典藏版单一麦芽威士忌

波特艾伦28年：波本桶　装瓶数：240
55.8%vol、58.5%vol、62.6%vol　3支/700ml
中贸圣佳 30/12 lot 5147
估价：60,000—80,000
成交价：77,050

布纳哈本1979年，32年单桶单一麦芽威士忌

入桶时间：1979年　装瓶时间：2011年
桶编号：659　雪莉桶　装瓶数：254　瓶编号：221
原盒
51.8%vol　1支/700ml
华艺国际（北京）　03/06　lot 3199
估价：10,000—18,000
成交价：11,500

格兰塔1988年，25年单桶单一麦芽威士忌

入桶时间：1988年　原盒
桶编号：523　瓶编号：173/228
48.60%vol　1支/700ml
北京保利　05/12　lot 7154
估价：5,000—6,500
成交价：5,750

欧希岚斯装瓶：格兰路思、克里尼利基1997年单一麦芽苏格兰威士忌

1. 格兰路思1997：装瓶时间：2017年　桶编号：15127　装瓶数：356 雪梨桶　54.8%vol
2. 克里尼利基1997：装瓶时间：2017年　桶编号：7104　装瓶数：160　猪头桶　55%vol
3. 克里尼利基1997：装瓶时间：2017年　桶编号：7103　装瓶数：228 猪头桶　56.3%vol

3支/700ml
中国嘉德　11/12　lot 4684
估价：3,000—5,000
成交价：9,200

穆雷・麦克戴维装瓶：达夫镇1979年雪莉桶单一麦芽威士忌

46%vol　1支/700ml
永乐拍卖（北京）　03/12　lot 7408
估价：8,000—15,000
成交价：9,200

塔木岭15年单一麦芽威士忌

装瓶数：3600
45%vol　1支/750ml
中贸圣佳　30/12　lot 5196
估价：15,000—30,000
成交价：25,300

布纳哈本1964年单一麦芽威士忌

入桶时间：1964年　装瓶时间：1989年
猪头桶　装瓶数：600
46%vol　1支/750ml
中贸圣佳　30/12　lot 5195
估价：15,000—30,000
成交价：25,300

格兰路思1997年&克莱根摩1999年单桶单一麦芽威士忌

入桶时间：1997、1999年　装瓶时间：2014年　原盒
46%vol　2支/700ml
华艺国际（北京）　03/06　lot 3197
估价：1,000—2,000
成交价：2,300

格兰路思1968年单桶单一麦芽威士忌

入桶时间：1968年　装瓶时间：2013年
桶编号：13507　装瓶数：145
1支/700ml
永乐拍卖（北京）　03/12　lot 7324
估价：50,000—100,000
成交价：57,500

酒厂储备系列：斯特拉赛斯拉1989年，26年斯佩塞单一麦芽威士忌

入桶时间：1989年　陈年：26年　装瓶时间：2015年
橡木大桶　桶编号：6009　瓶编号：157/516
57.6%vol　1支/500ml
中国嘉德　21/05　lot 4328
估价：3,000—5,000
成交价：11,500

斯特拉赛斯拉1989年，26年单一麦芽威士忌

57.6%vol　1支/500ml
永乐拍卖（北京）　03/12　lot 7212
估价：无底价
成交价：2,300

酒厂储备系列：斯卡帕1992年，23年单桶单一麦芽威士忌

入桶时间：1992年　陈年：23年　装瓶时间：2015年7
橡木大桶　桶编号：1069　瓶编号：347/780
58.4%vol　1支/500ml
中国嘉德　21/05　lot 4327
估价：2,000—5,000
成交价：17,250

斯卡帕1992年，23年单一麦芽威士忌

58.4%vol　1支/500ml
永乐拍卖（北京）　03/12　lot 7213
估价：无底价
成交价：2,300

苏格登1985年，28年达夫镇单一麦芽威士忌

入桶时间：1985年　陈年：28年
装瓶时间：2013年　瓶编号：1037/3816
52.3%vol　1支/700ml
中国嘉德 21/05 lot 4303
估价：4,000—8,000
成交价：9,200

格兰哥尼（Glengoyne）25年单一麦芽威士忌原箱

48%vol　4支/700ml
永乐拍卖（北京） 03/12 lot 7288
估价：20,000—40,000
成交价：23,000

小磨坊43年至信典藏—地利版单一麦芽威士忌

入桶时间：1976年　装瓶时间：2020年
美国橡木桶、oloroso雪莉桶　全球限量1套
42.5%vol　1支/700ml
中贸圣佳 30/12 lot 5095
估价：80,000—120,000
成交价：195,500

格兰哥尼1971年高地单一麦芽威士忌

入桶时间：1971年
48.5%vol　1支/700ml
中国嘉德 11/12 lot 4674
估价：10,000—20,000
成交价：11,500

阿德莫尔30年高地单一麦芽威士忌

陈年：30年　双桶
47.2%vol　1支/700ml
中国嘉德 21/05 lot 4214
估价：1,000—2,000
成交价：9,200

图里巴丁25年高地单一麦芽威士忌

陈年：25年
43%vol　1支/700ml
中国嘉德 21/05 lot 4242
估价：1,000—2,000
成交价：4,600

东方命Sansibar限量版单一麦芽威士忌

装瓶时间：2015年　雪莉桶
装瓶数：579
46%vol　1支/700ml
中国嘉德　11/12 lot 4572
估价：1,000—2,000
成交价：9,200

格兰威特1978年单一麦芽威士忌

入桶时间：1978年　装瓶时间：2011年
重装猪头桶　装瓶数：210
51.1%vol　1支/700ml
中贸圣佳　30/12 lot 5220
估价：无底价
成交价：9,200

格兰威特1978年单一麦芽威士忌

入桶时间：1978年　装瓶时间：2003年
桶编号：13490　装瓶数：241
44%vol　1支/700ml
中国嘉德　11/12 lot 4559
估价：1,000—2,000
成交价：13,800

格兰威特1977年，23年单桶单一麦芽威士忌

入桶时间：1977年　装瓶时间：2001年
桶编号：7007　雪莉桶　46%vol
1支/700ml
华艺国际（北京）　03/06 lot 3201
估价：8,000—15,000
成交价：9,200

贝瑞兄弟装瓶：格兰威特1974年，37年单桶单一麦芽威士忌

46%vol　1支/700ml
永乐拍卖（北京）　03/12 lot 7405
估价：9,000—15,000
成交价：10,350

不二之选装瓶：格兰威特1975年，32年斯佩塞单一麦芽威士忌

46%vol　1支/700ml
永乐拍卖（北京）　03/12 lot 7388
估价：8,000—15,000
成交价：9,200

不二之选装瓶（格兰威特）、东方命斯佩塞、格兰盖瑞、东方命浮世绘系列（龙、虎、鹰）

东方命斯佩塞1975年，40年单一麦芽威士忌

入桶时间：1975年　装瓶时间：2015年

雪莉桶　装瓶数：152

47.2%vol　1支/700ml

中贸圣佳　30/12　lot 5129

估价：10,000—18,000

成交价：11,500

格兰盖瑞（Glen Garioch）1989年，26年单桶单一麦芽威士忌

入桶时间：1989年　装瓶时间：2015年

装瓶数：266　原盒

46%vol　3支/700ml

华艺国际（北京）　03/06　lot 3196

估价：10,000—20,000

成交价：11,500

格兰威特1996年斯佩塞单一麦芽威士忌

入桶时间：1996年　陈年：19年

装瓶时间：2016年　雪莉桶　装瓶数：486

55.8%vol　6支/700ml

中国嘉德　11/12　lot 4579

估价：1,000—2,000

成交价：13,800

东方命浮世绘系列龙、虎、鹰单一麦芽威士忌

51.2%vol、43%vol、50.9%vol　3支/700ml

中贸圣佳　30/12　lot 5130

估价：15,000—25,000

成交价：21,850

Moon Import装瓶：风帆系列单一麦芽威士忌一套

1. 阿贝：入桶时间：1974年　装瓶时间：1993年　装瓶数：432
2. 卡尔里拉：入桶时间：1977年　装瓶时间：1993年　装瓶数：708
3. 布纳哈本：入桶时间：1979 年　装瓶时间：1993年　装瓶数：870
4. 格兰菲迪：入桶时间：1979 年　装瓶时间：1993年　装瓶数：792
5. 林可伍德 ：入桶时间：1979 年　装瓶时间：1993年　装瓶数：660
6. 波特艾伦：入桶时间：1981年　装瓶时间：1993年　装瓶数：792
7. 拉弗格：入桶时间：1984年　装瓶时间：1993年　装瓶数：720

Monn Import的酒标参照了许多16—17世纪普鲁士与意大利的版画，其清新脱俗的设计在一种威士忌中脱颖而出。本标的精选Moon Import的风帆系列，7支一套。

46%vol　7支/700ml

中贸圣佳 30/12 lot 5200

估价：150,000—200,000

成交价：218,500

格兰莫雷（Glen Moray）1963年单一麦芽威士忌

43%vol　1支/750ml

中贸圣佳 30/12 lot 5225

估价：1,000—2,000

成交价：10,350

丁思顿1967年高地单一麦芽威士忌

装瓶时间：1967年　瓶编号：1051/1052

50.7%vol　1支/700ml

中国嘉德 21/05 lot 4331

估价：12,000—18,000

成交价：13,800

Archives装瓶：东方鸟系列布莱尔阿苏18年、布赫拉迪16年、格兰威特26年单一麦芽威士忌

1. 布莱尔阿苏18年：入桶时间：2000年　装瓶时间：2018年

猪头桶　桶编号：57　装瓶数：329　58.6%vol

2. 布赫拉迪16年：入桶时间：2002年　装瓶时间：2018年

猪头桶　桶编号：884　装瓶数：240　59%vol

3. 格兰威特26年：入桶时间：1992年　装瓶时间：2019年

桶编号：1408809　装瓶数：269　51.9%vol

3支/700ml

中国嘉德 11/12 lot 4682

估价：10,000—20,000

成交价：17,250

享乐人生（Vive La Vie Whisky）装瓶：大摩25年北京标、卡尔里拉11年上海标、慕赫17年广州标单一麦芽苏格兰威士忌

装瓶时间：2017年　瓶编号：240套

1. 大摩25年：入桶时间：1992年　瓶编号：99/273

猪头桶　49.3%vol

2. 卡尔里拉11年 入桶时间：2006年　瓶编号：71/240

猪头桶　60%vol

3. 慕赫17年：入桶时间：1999年　瓶编号：77/300

雪梨桶　47%vol

3支/700ml

中国嘉德 11/12 lot 4681　估价：15,000—30,000

成交价：25,300

乐凯力（Caledonian）40年单一谷物苏格兰威士忌

入桶时间：1974年　装瓶时间：2015年
装瓶数：5060
53.3%vol　2支/700ml
中国嘉德　21/05　lot 4315
估价：1,000—2,000
成交价：20,700

老年份斯特拉赛斯拉水晶瓶1948年，40年单一麦芽威士忌

40%vol　1支/750ml
永乐拍卖（北京）　03/12　lot 7375
估价：45,000—60,000
成交价：51,750

格林魔甄选系列：麦卡伦26年、麦卡伦27年、汤玛丁36年、卡尔里拉35年、布纳哈本40年单一麦芽威士忌

1. 麦卡伦26年：入桶时间：1993年
装瓶时间：2019年　40.8%vol
2. 麦卡伦27年：入桶时间：1992年
装瓶时间：2019年　51.1%vol
3. 汤玛丁36年：入桶时间：1983年
装瓶时间：2020年　48.9%vol
4. 卡尔里拉35年：入桶时间：1992年
装瓶时间：2019年　56.4%vol
5. 布纳哈本40年：入桶时间：1980年
装瓶时间：2020年　45.2%vol
5支/700ml
中国嘉德　11/12　lot 4651
估价：20,000—30,000
成交价：63,250

传奇年代珍稀50年汤匙桶威士忌（雪茄盒套装）

入桶时间：1969年　装瓶时间：2020年
瓶编号：218/265　雪莉桶　桶编号：698
48.5%vol　1支/700ml
中国嘉德 11/12 lot 4638
估价：50,000—80,000
成交价：57,500

格兰凯斯孔雀标1967年单一麦芽威士忌

入桶时间：1967年　装瓶数：1500
46%vol　1支/750ml
中贸圣佳 30/12 lot 5198
估价：25,000—35,000
成交价：32,200

Moon Import装瓶：日冕时序女神5支

1. 麦卡伦1988年：入桶时间：1988年
装瓶时间：1998年　装瓶数：480
2. 英尺高尔1977年：入桶时间：1977年
装瓶时间：1998年　装瓶数：520
3. 乐加维林1988年：入桶时间：1988年
装瓶时间：1998年　装瓶数：1300
4. 汤玛丁1977年：入桶时间：1977年
装瓶时间：1998年　装瓶数：820
5. 卡尔里拉1982年：入桶时间：1982年
装瓶时间：1998年　装瓶数：480

50%vol、51%vol、50%vol、56%vol、50%vol
5支/700ml
中贸圣佳 30/12 lot 5199
估价：150,000—200,000
成交价：195,500

Malts of Scotland装瓶：格兰帝1972年，45年单桶单一麦芽威士忌

入桶时间：1972年　装瓶时间：2017年
波本桶　桶编号：17046　装瓶数：144
40.2%vol　1支/350ml
北京保利 05/12 lot 7153
估价：6,000—7,500
成交价：6,900

道格拉斯·莱恩装瓶：老麦芽桶系列格兰纳里奇（Glen Allachie）1972年，38年单桶麦芽威士忌

入桶时间：1972年　装瓶时间：2010年
重填橡木桶　桶编号：DLREF6498
装瓶数：384　50%vol　1支/700ml
中国嘉德 11/12 lot 4679
估价：1,000—2,000
成交价：11,500

Meadowside Blending装瓶：神圣之剑1972年，45年单桶调和威士忌

入桶时间：1972年　陈年：45年
装瓶时间：2017年
42.2%vol　1支/700ml
中国嘉德 21/05 lot 4217
估价：1,000—2,000
成交价：43,700

银玺（Silver Seal）装瓶：格兰基斯1970年，40年斯佩塞单一麦芽威士忌

入桶时间：1970年　装瓶时间：2011年
瓶编号：84/235　46.9%vol　1支/700ml
中国嘉德 21/05 lot 4338
估价：8,000—10,000
成交价：17,250

林可伍德1971年，17年单一麦芽苏格兰威士忌

入桶时间：1971年　桶编号：15131
40%vol　1支/750ml
中国嘉德 11/12 lot 4571
估价：1,000—2,000
成交价：10,350

斯贝本（Speyburn）1973年单一麦芽威士忌

入桶时间：1973年　陈年：27年
46%vol　1支/700ml
中国嘉德 11/12 lot 4551
估价：1,000—2,000
成交价：20,700

朗摩1973年单一麦芽威士忌

入桶时间：1973年　装瓶时间：2015年
43%vol　1支/700ml
中贸圣佳 30/12 lot 5180
估价：无底价
成交价：9,200

英尺高尔1969年单一麦芽威士忌

入桶时间：1969年　装瓶时间：2006年
装瓶数：184
46.2%vol　1支/700ml
中贸圣佳 30/12 lot 5228
估价：1,000—2,000
成交价：10,350

格兰莫雷30年单一麦芽威士忌

入桶时间：1974年　装瓶时间：2004年
装瓶数：6000
43%vol　1支/700ml
中贸圣佳 30/12 lot 5224
估价：无底价
成交价：8,050

里爵（Ledaig）1974年单一麦芽威士忌

陈年：1974
43%vol　1支/700ml
中国嘉德 11/12 lot 4556
估价：1,000—2,000
成交价：9,200

库博1974年，10年单一麦芽威士忌

40%vol　1支/750ml
永乐拍卖（北京） 03/12 lot 7382
估价：7,700—15,000
成交价：8,855

富特尼1974年单一麦芽威士忌

入桶时间：1974年　陈年：26年
46%vol　1支/700ml
中国嘉德 11/12 lot 4550
估价：1,000—2,000
成交价：17,250

格兰盖瑞1978年，18年桶强高地单一麦芽威士忌

入桶时间：1978年　陈年：18年
装瓶时间：1997年
59.4%vol　1支/700ml
中国嘉德 21/05 lot 4230
估价：1,000—2,000
成交价：8,050

坎贝尔湖25年调和威士忌

约2000年初装瓶
40%vol　1支/700ml　无盒
华艺国际（北京） 03/06 lot 3233
估价：5,000—10,000
成交价：5,750

Whisky Doris装瓶：高原骑士1988年10周年周年纪念版单桶麦芽威士忌

入桶时间：1988年　装瓶时间：2012年
猪头桶　桶编号：882　装瓶数：29
40.9%vol　1支/700ml
中国嘉德 11/12 lot 4671
估价：1,000—2,000
成交价：6,900

The Whisky Agency装瓶：1996年高地麦芽威士忌、1996年调和麦芽威士忌、1997年调和麦芽威士忌

1. 1996年高地：装瓶时间：2018年　猪头桶　48.4%vol
2. 1996年调和麦芽：装瓶时间：2018年　雪梨猪头桶　装瓶数：164　56.9%vol
3. 1997年调和麦芽：装瓶时间：2018年　猪头桶　53.1%vol　3支/700ml

中国嘉德 11/12 lot 4683　估价：10,000—20,000
成交价：11,500

艾柏迪1980年单一麦芽威士忌

入桶时间：1980年　装瓶时间：1995年
装瓶数：1450
43%vol　1支/700ml
中贸圣佳 30/12 lot 5227
估价：无底价
成交价：5,175

格兰盖瑞1978年，18年桶强高地单一麦芽威士忌

入桶时间：1978年　陈年：18年
装瓶时间：1997年
59.4%vol　1支/700ml
中国嘉德　11/12　lot 4668
估价：1,000—2,000
成交价：10,350

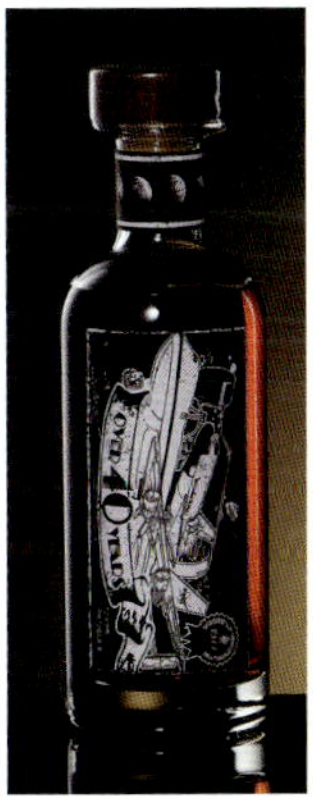

斯佩塞1977年，40年单一麦芽威士忌

入桶时间：1977年　装瓶时间：2017年
雪莉桶
48.9%vol　1支/500ml
中贸圣佳　30/12　lot 5217
估价：1,000—2,000
成交价：10,350

威尔森&摩根（Wilson & Morgan）装瓶：卡尔里拉1980年单一麦芽威士忌

入桶时间：1980年　陈年：31年
装瓶时间：2011年　桶编号：4688
58.8%vol　1支/700ml
中国嘉德　11/12　lot 4560
估价：1,000—2,000
成交价：8,050

格兰莫雷1981年铁盒纪念版原酒

55%vol　1支/700ml
中国嘉德　11/12　lot 4670
估价：1,000—2,000
成交价：6,900

欲系列：康法摩尔1986年、格兰盖瑞1988年、猫女2010年单桶威士忌一套

1. 康法摩尔1986年：54.8%vol　猪头桶　陈年：34年　入桶时间：1986年
灌装时间：2020年　桶编号：860015　装瓶数：90
2. 格兰盖瑞1988年：57.9%vol　雪莉猪头桶　陈年：32年　入桶时间：1988年
灌装时间：2020年　桶编号：0020198　装瓶数：158
3. 猫女2010年：59.8%vol　猪头桶　陈年：10年　入桶时间：2010年
灌装时间：2021年　桶编号：2491　装瓶：250　3支/700ml
中国嘉德　11/12　lot 4544
估价：1,000—2,000
成交价：11,500

英国蒙特穆雷俱乐部定制亚伯乐（Aberlour）1989年单桶单一麦芽威士忌

入桶时间：1989年　装瓶数：091/360
40%vol　1支/700ml
北京保利 05/12 lot 7220
估价：4,000—6,000
成交价：4,600

格兰爱琴（Glen Elgin）白马1980年单一麦芽威士忌

入桶时间：1996年　装瓶时间：2015年
雪莉桶　桶编号：2002　装瓶数：654
43%vol　3支/700ml
永乐拍卖（北京）　22/05 lot 4346
估价：5,000—10,000
成交价：6,900

百富30年原酒明光铠限量

入桶时间/陈年：1981年
装瓶时间：2011年　原盒
51%vol　1支/700ml
北京保利 05/12 lot 7256
估价：30,000—60,000
成交价：34,500

克里尼利基小猫2014年，24年单一麦芽威士忌

47.5%vol　1支/700ml
永乐拍卖（北京）　03/12 lot 7211
估价：无底价
成交价：2,300

大摩30年单一麦芽威士忌

入桶时间：1990年　装瓶时间：2020年
初填雪莉桶　桶编号：83　装瓶数：019/188
55.3%vol　1支/700ml
中国嘉德 11/12 lot 4608
估价：30,000—40,000
成交价：34,500

威士忌蓝调（The Whisky Blues）装瓶：罗曼湖·罗斯杜1990年，28年艺术家系列单桶麦芽威士忌

入桶时间：1990年　装瓶时间：2019年

猪头桶　桶编号：402　装瓶数：230

49.10%vol　1支/700ml

北京保利 05/12 lot 7164

估价：1,000—2,000

成交价：4,600

格兰盖瑞1989年单一麦芽威士忌

入桶时间：1989年　装瓶时间：2015年

猪头桶　装瓶数：266

46%vol　2支/700ml

中贸圣佳 30/12 lot 5219

估价：无底价

成交价：7,475

朗摩作家标1996年单一麦芽威士忌

入桶时间：1996年　装瓶时间：2020年

猪头桶　瓶编号：176/247

58.6%vol　1支/700ml

中国嘉德 11/12 lot 4663

估价：1,000—2,000

成交价：11,500

欧肯特轩（Auchentoshan）、本利亚克30年，招财进宝单桶单一麦芽威士忌

入桶时间：1990年　装瓶时间：2020年

雪莉桶　桶编号：2454/2004967　瓶编号：248/254　57.8%vol、52%vol　2支/700ml

华艺国际（北京） 03/06 lot 3227

估价：1,000—2,000

成交价：12,650

银玺装瓶：格兰莫雷1996年斯佩塞单桶原箱麦芽威士忌

入桶时间：1996年　装瓶时间：2015年　雪莉桶　桶编号：2002　装瓶数：654

51.8%vol　6支/700ml

中国嘉德 11/12 lot 4578

估价：1,000—2,000

成交价：20,700

银玺装瓶：格兰莫雷1996年斯佩塞单桶原箱麦芽威士忌

入桶时间：1996年　装瓶时间：2015年　雪莉桶
桶编号：2002　装瓶数：654
51.8%vol　6支/700ml
中国嘉德 21/05 lot 4352
估价：1,000—2,000
成交价：17,250

银玺装瓶：格兰莫雷1996年斯佩塞单桶原箱麦芽威士忌

雪莉桶　陈年：12年
51.8%vol　6支/700ml
永乐拍卖（北京） 22/05 lot 4371
估价：8,000—15,000
成交价：13,800

银玺装瓶：格兰莫雷1996年雪莉单桶

雪莉桶　陈年：12年
51.8%vol　3支/700ml
永乐拍卖（北京） 22/05 lot 4370
估价：12,000—20,000
成交价：6,900

《乌龙院》40周年纪念款阿德莫尔2008年单桶单一麦芽威士忌原箱

入桶时间：2008年　装瓶时间：2019年　波本桶
桶编号：706957　装瓶数：234　57%vol　4支/700ml
中国嘉德 11/12 lot 4543
估价：1,000—2,000
成交价：11,500

大鼻子情圣（The Whisky Big Nose）装瓶：罗曼湖2003年，14年高地单一麦芽威士忌及酒壶套装

入桶时间：2003年　陈年：14年　装瓶时间：2017年
重填雪莉桶　桶编号：7/158—5　装瓶数：251
55.8%vol　2支/700ml
中国嘉德 21/05 lot 4345
估价：1,000—2,000
成交价：11,500

高原骑士2003年，15年小学馆集英社&纪伊国屋书店总店联合定制单桶麦芽威士忌

入桶时间：2003年　装瓶时间：2019年　猪头桶
桶编号：726　瓶编号：74、76/150
52.2%vol　2支/700ml
中国嘉德 11/12 lot 4667
估价：1,000—2,000
成交价：8,050

詹姆斯·道格拉斯装瓶：拉弗格15年、麦卡伦20年单一麦芽威士忌

46%vol　2支/750ml
永乐拍卖（北京） 03/12 lot 7404
估价：10,000—15,000
成交价：11,500

《科学小飞侠》官方定制弥尔顿达芙（Miltonduff）2008年、本利林（Benrinnes）2010年单桶斯佩塞单一麦芽威士忌

63.4%vol、56.1%vol　2支/700ml
永乐拍卖（北京） 03/12 lot 7383
估价：7,000—15,000
成交价：8,050

《龙虎门》定制火云邪神伯恩赛德1996年调和威士忌、石黑龙高原骑士2010年单一麦芽威士忌

54%vol　2支/700ml
永乐拍卖（北京） 03/12 lot 7381
估价：9,000—15,000
成交价：10,350

单一麦芽威士忌俱乐部装瓶：艾伦20年纪念常玉诞辰50周年单一麦芽威士忌

入桶时间：1996年　装瓶时间：2016年　重填雪莉桶　装瓶数：60

55.80%vol　1支/700ml

北京保利 05/12 lot 7179

估价：8,000—12,000

成交价：9,200

道格拉斯·莱恩装瓶：老麦芽桶系列斯特拉赛斯特拉斯米尔（Strathmill）1975年，36年单桶麦芽威士忌

入桶时间：1975年　装瓶时间：2011年

重填猪头桶　桶编号：DLREF7186　装瓶数：367

44.1%vol　1支/700ml

中国嘉德 11/12 lot 4565

估价：1,000—2,000

成交价：17,250

格兰爱琴单一麦芽威士忌

43%vol　2支/750ml

中贸圣佳 30/12 lot 5019

估价：无底价

成交价：4,600

大鼻子情圣装瓶：波敦达斯(Port Dundas) 1999年，18年低地、本利林1997年，20年斯佩塞单一麦芽威士忌及酒壶套装

1. 波敦达斯：入桶时间：1999年　装瓶时间：2017年　猪头桶　桶编号：711753　装瓶数：282　55.2%vol

2. 本利林：入桶时间：1997年日　装瓶时间：2017年　波本桶　桶编号：847　装瓶数：165　57.9%vol　2支/700ml

中国嘉德 21/05 lot 4212　估价：1,000—2,000

成交价：5,750

格兰伯奇2004年单一麦芽威士忌

53.3%vol　1支/700ml
中贸圣佳　30/12　lot 5013
估价：无底价
成交价：5,750

漫画标威士忌

1. 大摩14年：装瓶时间：2018年　装瓶数：811
2. 恁宪21年：装瓶时间：2018年　装瓶数：3257
3. 波摩15年：装瓶时间：2018年　装瓶数：904

51.3%vol、47.7%vol、48.3%vol　3支/500ml
中贸圣佳　30/12　lot 5124
估价：1,000—2,000
成交价：5,750

浤福洋行装瓶：艺伎三件套单一麦芽威士忌

62.8%vol　3支/700ml
永乐拍卖（北京）　03/12　lot 7410
估价：5,000—10,000
成交价：6,900

豪、爽手写艺术标系列威士忌

1. 豪——布纳哈本1990年：入桶时间：1990年
装瓶时间：2016年　雪莉桶
2. 爽——斯佩塞1991年：入桶时间：1991年
装瓶时间：2016年　猪头桶
装瓶数：230
54.7%vol、52.4%vol　2支/700ml
中贸圣佳　30/12　lot 5125　估价：1,000—2,000
成交价：8,050

That Boutique-y Whisky Company（缩写TBWC）装瓶：：城市系列漫画标麦芽威士忌套装

1. 香港 · 高地区4号12年：瓶编号：249/330　53.3%vol
2. 上海 · 斯佩塞6号10年：瓶编号：163/330　56.4%vol
3. 北京 · 7号32年调和：瓶编号：76/330　45.6%vol
4. 苏州 · 阿德莫尔10年：瓶编号：60/330　59.2%vol
5. 广州 · 斯佩塞4号22年：瓶编号：142/330　54.3%vol
6. 三亚 · 格兰莫雷10年：瓶编号：86/330　56.8%vol
7. 武汉 · 巴门纳克10年：瓶编号：29/330　59.2%vol
8. 沈阳 · 格伦托赫斯10年：瓶编号：168/330　59.7%vol
9. 深圳 · 格伦托赫斯23年：瓶编号：33/330　48.8%vol
10. 厦门 · 托伯莫里12年：瓶编号：141/330　62.1%vol

10支/500ml
中国嘉德 21/05 lot 4218
估价：1,000—2,000
成交价：40,250

托比莫瑞21年单一麦芽威士忌

装瓶数：8000　陈年：21年　55.1%vol　6支/700ml
永乐拍卖（北京） 22/05 lot 4303
估价：5,000—10,000
成交价：13,800

卡尔里拉33年雪莉桶单一麦芽威士忌

52.6%vol　1支/700ml
永乐拍卖（北京） 03/12 lot 7326
估价：25,000—40,000
成交价：28,750

菲特凯恩（Fettercairn）30年高地单一麦芽威士忌

陈年：30年　瓶编号：000194

45%vol　1支/700ml

中国嘉德 21/05 lot 4231

估价：1,000—2,000

成交价：5,750

威士忌蓝调装瓶：布纳哈本猫咪交响乐2012年单桶单一麦芽威士忌

57.6%vol　2支/700ml

永乐拍卖（北京）03/12 lot 7412

估价：3,000—8,000

成交价：4,600

罗曼湖2008年、2009年单一麦芽威士忌

1. 2008年：入桶时间：2008年

桶编号：19/407—4　53.9%vol

2. 2009年：入桶时间：2009年

桶编号：18/390—14　52.4%vol

2支/700ml

中国嘉德 11/12 lot 4685

估价：6,000—12,000

成交价：9,200

埃德拉多尔古仓10周年纪念，源、航10年高地单一麦芽威士忌

1. 源：入桶时间：2011年　灌装时间：2021年

桶编号：35　装瓶数：685　雪莉桶　59.3%vol　700ml

2. 航：入桶时间：2011年　灌装时间：2021年

桶编号：36　装瓶数：685　雪莉桶　59%vol　700ml

2支/700ml

中国嘉德 11/12 lot 4649

估价：1,000—2,000

成交价：13,800

漫画标2018年、2019年、2020年年圣诞限定盲盒全套四盒

1. 2018年：49.4%vol　24支/30ml

2. 2019年：48.4%vol　24支/30ml

3. 2020年：43.3%vol　24支/30ml

4. 2020日本威士忌：43.6%vol　24支/30ml

96支/30ml

中国嘉德 11/12 lot 4637

估价：1,000—2,000

成交价：36,800

Samaroli装瓶泥煤调和威士忌

1. 远航艾雷（Ferry To Islay）：装瓶时间：2016年　装瓶数：340

2. 斯佩塞（SPeaty）1995：装瓶时间：2017年　装瓶数：280

3. 艾雷之虹（Over an Islay Rainbow）：装瓶时间：2016年　装瓶数：246

55.1%vol、45%vol、45%vol　3支/700ml

中贸圣佳 30/12 lot 5190

估价：1,000—2,000

成交价：9,200

黑湖（Loch Dhu）10年单一麦芽苏格兰威士忌

陈年：10年

40%vol　2支/700ml

北京保利 05/12 lot 7238

估价：11,000—15,000

成交价：12,650

奥威泉瓷瓶、尼卡财富、双师调和威士忌

43%vol　2支/750ml、1支/760ml

中贸圣佳 30/12 lot 5015

估价：无底价

成交价：5,750

罗伯特布朗瓷瓶、格兰菲迪瓷瓶、苏格兰王 17 年调和威士忌

43%vol　2支/750ml、1支/720ml

中贸圣佳 30/12 lot 5010

估价：无底价

成交价：5,750

格兰莫雷12年纪念版高地单一麦芽威士忌

43%vol　1支/750ml

中国嘉德 21/05 lot 4290

估价：1,000—2,000

成交价：5,750

东亚酒造昭和59年调和威士忌

2支43%vol、1支39%vol　3支/760ml

中贸圣佳 30/12 lot 5014

估价：无底价

成交价：5,750

帝霖37年爱尔兰单一麦芽威士忌
入桶时间：1983年　陈年：37年
装瓶时间：2020年　波本桶
桶编号：0004　瓶编号：122/175
41.3%vol　1支/700ml
中国嘉德 21/05 lot 4314
估价：70,000—80,000
成交价：80,500

柒杯装瓶：帝霖28年爱尔兰单一麦芽威士忌
陈年：28年　装瓶时间：2020年
朗姆桶　桶编号：10681
44.1%vol　1支/700ml
中国嘉德 21/05 lot 4313
估价：1,000—2,000
成交价：9,200

最后一滴（Last Drop）科林·J.P. 斯科特（Colin J.P. Scott）大师精选50年限量版苏格兰调和威士忌
陈年：50年　装瓶时间：2021年
橡木桶　瓶编号：089/500
48.7%vol　1支/700ml
中国嘉德 11/12 lot 4535
估价：45,000—55,000
成交价：63,250

最后一滴科林· J.P. 斯科特大师精选50年限量版苏格兰调和威士忌
装瓶数：500
1支/700ml
中国嘉德 11/12 lot 4537
估价：67,000—85,000
成交价：126,500

最后一滴50年苏格兰调和威士忌
装瓶数：732
1支/700ml
中国嘉德 11/12 lot 4538
估价：67,000—85,000
成交价：126,500

最后一滴50年双桶苏格兰调和威士忌
陈年：50年　装瓶时间：2015年
装瓶数：83/898　51.8%vol　1支/700ml
中国嘉德 21/05 lot 4318
估价：45,000—55,000
成交价：92,000

最后一滴格兰路思1968年、1969年、1970年
单一麦芽威士忌

1. 1968年　桶编号：13508　装瓶数：141
吉姆·莫瑞（Jim Murray）《威士忌圣经》2019年评分：96.5分
2. 1969年　瓶编号：：16207　装瓶数：141
吉姆·莫瑞《威士忌圣经》2019年评分：95.5分
3. 1970年　瓶编号：：10589　装瓶数：74
吉姆·莫瑞《威士忌圣经》2020年– 95.5分
3支/700ml
中国嘉德 11/12 lot 4536
估价：280,000—380,000
成交价：402,500

威尔森&摩根装瓶：桶装精选1980年，35年调和威士忌

入桶时间：1980年　陈年：35年
装瓶时间：2015年　雪莉桶
桶编号：27　装瓶数：470
46.7%vol　1支/700ml
中国嘉德　21/05　lot 4233
估价：10,000—20,000
成交价：11,500

最后一滴48年限量版苏格兰调和威士忌

入桶时间：1965年　装瓶时间：2014年
装瓶数：592　48.6%vol　1支/700ml
中国嘉德　11/12　lot 4533
估价：45,000—55,000
成交价：55,200

卡斯桥1965年，47年单桶单一谷物威士忌

入桶时间：1965年　装瓶时间：2012年
桶编号：HH9489
1支/700ml　45.3%vol　无盒
华艺国际（北京）　03/06　lot 3234
估价：5,500—10,000
成交价：6,325

最后一滴1947年

入桶时间：1947年　装瓶时间：2017年
法国橡木桶　瓶编号：58/186
41.1%vol　1支/700ml
中国嘉德　21/05　lot 4317
估价：38,000—45,000
成交价：63,250

威尔森&摩根装瓶：桶装精选1980年，35年调和威士忌

入桶时间：1980年　陈年：35年
装瓶时间：2015年　雪莉桶
桶编号：27　装瓶数：470
46.7%vol　1支/700ml
中国嘉德　11/12　lot 4692
估价：10,000—20,000
成交价：13,800

最后一滴1972年洛克赛德单一谷物威士忌

入桶时间：1972年　装瓶时间：2017年
美国白橡木桶　桶编号：346
瓶编号：22/106　44%vol　1支/700ml
中国嘉德　21/05　lot 4316
估价：45,000—55,000
成交价：86,250

剑威30年珍稀调和威士忌

陈年：30年

43%vol　1支/750ml

中国嘉德　21/05　lot 4333

估价：3,000—5,000

成交价：8,050

最后一滴百年世纪之选茶色波特酒礼盒装

入桶时间：1870年、1970年

20%vol　2支/50ml

中国嘉德　11/12　lot 4534

估价：1,000—2,000　成交价：5,750

皇家礼炮（Royal Salute）21年调和威士忌

43%vol　3支/700ml

中贸圣佳　30/12　lot 5012

估价：无底价

成交价：4,600

Samaroli精选系列2021年一套

45%vol　9支/700ml

1. 格兰纳里奇2009：入桶时间：2009年　装瓶时间：2021年　装瓶数：470
2. 太平洋遗珠2009：入桶时间：2009年　装瓶时间：2021年　装瓶数：342
3. 巴巴多斯2007：入桶时间：2007年　装瓶时间：2021年　装瓶数：352
4. 迪美拉拉2007：入桶时间：2007年　装瓶时间：2021年　装瓶数：352
5. 加勒比之魂：2021年装瓶　装瓶数：9000
6. 太平洋遗珠2009：入桶时间：2009年　装瓶时间：2021年　装瓶数：340
7. 巴拿马2000：入桶时间：2000年　装瓶时间：2021年　装瓶数：260
8. 格兰盖瑞2011：入桶时间：2011年　装瓶时间：2021年　装瓶数：328
9. 牙买加2004：入桶时间：2004年　装瓶时间：2021年　装瓶数：312瓶

中贸圣佳　30/12　lot 5192

估价：10,000—20,000

成交价：18,400

尊尼获加（Johnnie Walker）1947—1997年精益求精50年单一麦芽威士忌

43%vol 1支/750ml

中国嘉德 11/12 lot 4691

估价：1,000—2,000

成交价：25,300

尊尼获加1947年—1997年精益求精50年

调和威士忌

入桶时间：1947年 装瓶时间：1997年

43%vol 1支/750ml

中国嘉德 21/05 lot 4207

估价：1,000—2,000

成交价：23,000

尊尼获加《冰与火之歌》系列

调和威士忌

40.2%vol、40.8%vol 2支/750ml

中国嘉德 21/05 lot 4209

估价：1,000—2,000

成交价：8,050

尊尼获加大师典藏系列30年调和威士忌

陈年：30年 装瓶数：1438

40%vol 1支/700ml

中国嘉德 21/05 lot 4208

估价：25,000—35,000

成交价：28,750

尊尼获加《冰与火之歌》系列

调和威士忌

40.8%vol、40.2%vol 2支/700ml

永乐拍卖（北京） 03/12 lot 7203

估价：无底价

成交价：1,150

軽井沢
KARUIZAWA

轻井沢1960年，52单一麦芽威士忌

入桶时间：1960年　陈年：52年

装瓶时间：2013年

雪莉桶　桶编号：5627　装瓶数：41

51.8%vol　1支/700ml

中国嘉德　11/12　lot 4520

估价：2,800,000—3,800,000

成交价：4,600,000

轻井沢黑“命之水”50年单一麦芽威士忌

入桶时间：1968年　装瓶时间：2018年
雪莉桶　装瓶数：248
57.9%vol　1支/700ml
中贸圣佳 30/12 lot 5077
估价：250,000—350,000
成交价：437,000

轻井沢黑“命之水”50年单一麦芽威士忌

陈年：50年　装瓶时间：2018年
雪莉桶　装瓶数：248
57.90%vol　1支/700ml
永乐拍卖（北京）　03/12　lot 7249
估价：330,000—400,000
成交价：506,000

轻井沢白“命之水”40年单桶单一麦芽威士忌

装瓶时间：2014年　陈年：40年
雪莉桶　桶编号：6114　装瓶数：309
57.4%vol　1支/750ml
中国嘉德　21/05　lot 4181
估价：150,000—200,000
成交价：287,500

轻井沢1965年单桶单一麦芽威士忌

入桶时间：1965年　陈年：50年　雪莉桶

桶编号：2372　装瓶数：286

62.3%vol　1支/700ml

中国嘉德 21/05 lot 4185

估价：350,000—450,000

成交价：483,000

轻井沢3D雪景1981年，35年单一麦芽威士忌

入桶时间：1981年　装瓶时间：2017年

桶编号：6412　装瓶数：505

57.7%vol　1支/700ml

永乐拍卖（北京） 03/12 lot 7254

估价：80,000—150,000

成交价：92,000

轻井沢1963年，50年单一麦芽威士忌

入桶时间：1963年　装瓶时间：2014年
桶编号：5132　装瓶数：131
59.40%vol　1支/700ml
永乐拍卖（北京）03/12 lot 7247
估价：650,000—800,000
成交价：816,500

轻井沢1963年，50年单桶

单一麦芽威士忌

入桶时间：1963年　装瓶时间：2014年

桶编号：5132　装瓶数：131　原盒

59.4%vol　1支/700ml

华艺国际（北京）　03/06 lot 3164

估价：620,000—680,000

成交价：713,000

轻井沢1965年，50年一似水流年单桶单一麦芽威士忌

入桶时间：1965年　装瓶时间：2017年
桶编号：8852　雪莉桶　装瓶数：150　原盒
63.1%vol　1支/700ml
华艺国际（北京）　03/06　lot 3166
估价：360,000—450,000
成交价：437,000

轻井沢1965年单桶单一麦芽威士忌

入桶时间：1965年　装瓶时间：2017年
雪莉桶　桶编号：8852　装瓶数：150
63.1%vol　1支/700ml
中国嘉德　11/12　lot 4503
估价：320,000—400,000
成交价：368,000

轻井沢1965年似水流年单一麦芽威士忌

入桶时间：1965年　装瓶时间：2017年
雪莉桶　桶编号：8852　装瓶数：150
63.1%vol　1支/700ml
永乐拍卖（北京）　22/05　lot 4249
估价：350,000—500,000
成交价：402,500

轻井沢大乱斗礼盒版1套3支全景
1986年、1987年、1988年

采用轻井沢蒸馏厂1986、1987、1988所蒸馏的三桶原酒，皆于2014年装瓶。桶号分别为6206、2031、3406，全球仅313组。大乱斗全景1986和1987。

5支/700ml

永乐拍卖（北京） 03/12 lot 7248

估价：330,000—450,000

成交价：747,500

轻井沢繁花艺伎系列套装

1. 平成十一年（1999）：入桶时间：1999年
装瓶时间：2017年　59.7%vol
桶编号：2380　雪莉桶　装瓶数：436
2. 平成十一年：入桶时间：1999年
装瓶时间：2017年　60.6%vol
桶编号：899　雪莉桶　装瓶数：478
3. 平成十一年：入桶时间：1999年
装瓶时间：2017年　58.6%vol
桶编号：866　雪莉桶　装瓶数：487
4. 平成十一年：入桶时间：1999年
装瓶时间：2017年　57.3%vol
桶编号：864　雪莉桶　装瓶数：440
5. 平成十一年：入桶时间：1999年
装瓶时间：2017年　60.4%vol
桶编号：897　雪莉桶　装瓶数：382
6. 平成十二年：入桶时间：2000年
装瓶时间：2017年　59.8%vol
桶编号：2219　雪莉桶　装瓶数：468
7. 平成十二年（2000年）：入桶时间：2000年
装瓶时间：2017年　60.4%vol
桶编号：2267　雪莉桶　装瓶数：405
8. 平成十二年：入桶时间：2000年
装瓶时间：2018年　60.5%vol　桶编号：2503
雪莉桶　装瓶数：500　8支/700ml

中国嘉德　11/12　lot4517
估价：250,000—320,000
成交价：287,500

轻井沢艺伎1991年单桶麦芽威士忌

入桶时间：1991年　装瓶时间：2016年
雪莉桶　桶编号：259　装瓶数：85
56.8%vol　1支/700ml
中国嘉德 21/05 lot 4137
估价：80,000—100,000
成交价：97,750

轻井沢法国艺伎系列1999年—2000年
单一麦芽威士忌

入桶时间：1999—2000年
装瓶时间：2017年　雪莉桶　装瓶数：324
61.4%vol　1支/700ml
中国嘉德 21/05 lot 4140
估价：35,000—45,000
成交价：40,250

轻井沢繁花之都2000年单桶单一麦芽威士忌

入桶时间：2000年　装瓶时间：2018年
雪莉桶　桶编号：7834　装瓶数：500
60.5%vol　1支/700ml
中国嘉德 21/05 lot 4147
估价：20,000—30,000
成交价：40,250

轻井沢繁花之都艺伎系列套装

1. 平成十一年：入桶时间：1999年　装瓶时间：2017年　59.7%vol
桶编号：2380　雪莉桶　装瓶数：436
2. 平成十一年：入桶时间：1999年　装瓶时间：2017年　60.6%vol
桶编号：899　雪莉桶　装瓶数：478
3. 平成十一年：入桶时间：1999年　装瓶时间：2017年　58.6%vol
桶编号：866　雪莉桶　装瓶数：487
4. 平成十一年：入桶时间：1999年　装瓶时间：2017年　57.3%vol
桶编号：864　雪莉桶　装瓶数：440
5. 平成十一年：入桶时间：1999年　装瓶时间：2017年　60.4%vol
桶编号：897　雪莉桶　装瓶数：382
6. 平成十二年：入桶时间：2000年　装瓶时间：2017年　59.8%vol
桶编号：2219　雪莉桶　装瓶数：468
7. 平成十二年：入桶时间：2000年　装瓶时间：2017年　60.4%vol
桶编号：2267　雪莉桶　装瓶数：405
8. 平成十二年：入桶时间：2000年　装瓶时间：2018年　60.5%vol
桶编号：2503　雪莉桶　装瓶数：500　8支/700ml

中国嘉德 21/05 lot 4153
估价：180,000—200,000
成交价：483,000

轻井沢繁花艺伎富本豊雏1999年，18年单桶单一麦芽威士忌

57.3%vol　1支/700ml
永乐拍卖（北京）　03/12　lot 7268
估价：33,000—60,000
成交价：37,950

轻井沢艺伎三味线1999年单桶麦芽威士忌

入桶时间：1999年　装瓶时间：2016年
雪莉桶　桶编号：7436　装瓶数：484
60.6%vol　1支/700ml
中国嘉德　21/05　lot 4139
估价：35,000—45,000
成交价：51,750

轻井沢艺伎三味线1999年单桶麦芽威士忌

入桶时间：1999年　装瓶时间：2016年
雪莉桶　桶编号：7436　装瓶数：484
60.6%vol　1支/700ml
中国嘉德　11/12　lot 4507
估价：35,000—50,000
成交价：40,250

轻井沢艺伎1999年，18年单桶麦芽威士忌

入桶时间：1999年　装瓶时间：2017年
雪莉桶　桶编号：2410　装瓶数：378
59.9%vol　1支/700ml
中国嘉德 21/05 lot 4143
估价：25,000—35,000
成交价：40,250

轻井沢艺伎1999年，18年单桶麦芽威士忌

入桶时间：1999年　装瓶时间：2017年
雪莉桶　桶编号：2410　装瓶数：378
59.9%vol　1支/700ml
永乐拍卖（北京） 22/05 lot 4237
估价：35,000—50,000
成交价：40,250

轻井沢艺伎1994年、1995年单桶麦芽威士忌

61.6%vol、61.2%vol　2支/700ml
永乐拍卖（北京） 22/05 lot 4244
估价：80,000—120,000
成交价：92,000

轻井沢艺伎《七福神之布袋》2000年单桶麦芽威士忌

入桶时间：2000年　装瓶时间：2016年
雪莉桶　桶编号：125　装瓶数：507
61.5%vol　1支/700ml
中国嘉德 21/05 lot 4138
估价：35,000—45,000
成交价：48,300

轻井沢艺伎《七福神之布袋》2000年单桶麦芽威士忌

入桶时间：2000年　装瓶时间：2016年
雪莉桶　桶编号：125　装瓶数：507
61.5%vol　1支/700ml
中国嘉德 11/12 lot 4508
估价：35,000—50,000
成交价：40,250

轻井沢岳亭春信浮世绘系列《七福神之布袋》2000年，16年雪莉桶单桶麦芽威士忌

装瓶时间：2000年　61.5%vol　1支/700ml
永乐拍卖（北京） 03/12 lot 7267
估价：35,000—60,000
成交价：40,250

轻井沢1999年艺妓单一麦芽威士忌

入桶时间：1999年　装瓶时间：2017年
雪莉桶　装瓶数：324
61.4%vol　1支 700ml
中贸圣佳　30/12　lot 5063
估价：38,000—45,000
成交价：46,000

轻井沢《春晓之色染》五色艺伎单桶麦芽威士忌

雪莉桶　5支/700ml　原盒5个
1. 樱花：入桶时间：1999年　装瓶时间：2016年　桶编号：671　装瓶数：394　61.3%vol
2. 蝴蝶：入桶时间：1999年　装瓶时间：2017年　桶编号：6258　装瓶数：465　61.2%vol
3. 早蕨：入桶时间：2000年　装瓶时间：2016年　桶编号：7497　装瓶数：522　61.4%vol
4. 梅花：入桶时间：2000年　装瓶时间：2017年　桶编号：512　装瓶数：447　59.5%vol
5. 初乌：入桶时间：2000年　装瓶时间：2017年　桶编号：2577　装瓶数：445　61.0%vol
华艺国际（北京）　03/06　lot 3168
估价：98,000—180,000
成交价：161,000

轻井沢乾隆艺伎1982年，30年单一麦芽威士忌

55.5%vol　1支/700ml
永乐拍卖（北京）　03/12　lot 7255
估价：80,000—150,000
成交价：92,000

轻井沢海港城蓝艺伎1980年，35年单一麦芽威士忌

入桶时间：1980年　陈年：35年　装瓶时间：2015年
雪莉桶　桶编号：4376　装瓶数：212
60.1%vol　1支/700ml
中国嘉德　11/12　lot 4505
估价：80,000—100,000
成交价：126,500

轻井沢蓝艺伎、金艺伎40年
单一麦芽威士忌

1. 蓝艺伎：桶编号：4560
装瓶数：192　雪莉桶
装瓶时间：2014年　58.8%vol
2. 金艺伎：桶编号：3626
装瓶数：392　雪莉桶
装瓶时间：2014年　64.5%vol
2支/700ml
中国嘉德 11/12 lot 4522
估价：200,000—280,000
成交价：402,500

轻井沢繁花之都系列（第5—8版）
单桶单一麦芽威士忌

1. 雪莉桶　4瓶 700ml　原盒4个
桶编号：864　1999年蒸馏　2017年装瓶
装瓶数：440　57.3%vol
2. 桶编号：866　1999年蒸馏　2017年装瓶
装瓶数：487　58.6%vol
3. 桶编号：2219　2000年蒸馏　2017年装瓶
装瓶数：468　59.8%vol
4. 桶编号：2380　1999年蒸馏　2017年装瓶
装瓶数：436　59.7%vol
华艺国际（北京） 03/06 lot 3155
估价：83,000—110,000
成交价：112,700

轻井沢2000年七福神单一麦芽威士忌

入桶时间：2000年　装瓶时间：2016年
雪莉桶　装瓶数：507
61.5%vol　1支/700ml
中贸圣佳 30/12 lot 5064
估价：38,000—45,000
成交价：46,000

轻井沢歌川国贞、歌川国芳等浮世绘艺伎1981年，35年单桶单一麦芽威士忌（各1支）

1. 入桶时间：1981年　装瓶时间：2017年　陈年35年
波本桶　桶编号：8223　装瓶数：257　59.9%vol
2. 入桶时间：1981年　装瓶时间：2017年　陈年35年
雪莉桶、桶编号：8287　装瓶数：195　56.2%vol
3. 入桶时间：1981年　装瓶时间：2016年　陈年35年
雪莉桶　桶编号：7413　装瓶数：249　56.6%vol
4. 入桶时间：1981年　装瓶时间：2016年　陈年35年
雪莉桶　桶编号：3513　装瓶数：160　58%vol
4支/700ml
中国嘉德 11/12 lot 4502
估价：400,000—500,000
成交价：460,000

轻井沢繁花之都系列（第1—8版）单桶单一麦芽威士忌

1. 桶编号：7834　2000年蒸馏　2018年装瓶
装瓶数：500　60.5%vol
2. 桶编号：899　1999年蒸馏　2017年装瓶
装瓶数：478　60.6%vol
3. 桶编号：2380　1999年蒸馏　2017年装瓶
装瓶数：436　59.7%vol
4. 桶编号：2267　2000年蒸馏　2017年装瓶
装瓶数：405　60.4%vol
5. 桶编号：897　1999年蒸馏　2017年装瓶
装瓶数：382　60.4%vol
6. 桶编号：2219　2000年蒸馏　2017年装瓶
装瓶数：468　59.8%vol
7. 桶编号：864　1999年蒸馏　2017年装瓶
装瓶数：440　57.3%vol
8. 桶编号：866　1999年蒸馏　2017年装瓶
装瓶数：487　58.6%vol

雪莉桶　8支/700ml　原盒
华艺国际（北京）03/06 lot 3154
估价：150,000—250,000
成交价：253,000

轻井沢《富岳三十六景》：东海道保土谷、远江山中单桶麦芽威士忌

61.4%vol　2支/700ml
中国嘉德　21/05　lot 4148
估价：30,000—50,000
成交价：92,000

轻井沢《富岳三十六景》第33、34景单一麦芽威士忌

61.4%vol　2支/700ml
永乐拍卖（北京）　03/12　lot 7262
估价：38,000—60,000
成交价：63,250

轻井沢《富岳三十六景》33、34、35景单一麦芽威士忌

61.4%vol　3支/700ml
中国嘉德　11/12　lot 4514
估价：70,000—90,000
成交价：86,250

轻井沢三十六景第1、2、3景（神奈川冲浪里、东都浅草本愿寺、相州七里浜）单一麦芽威士忌

59.5%vol　3支/700ml
永乐拍卖（北京）　03/12　lot 7250
估价：135,000—180,000
成交价：155,250

轻井沢花鸟绘第4版单一麦芽威士忌

入桶时间：2000年　装瓶时间：2018年

雪莉桶　桶编号：7608　装瓶数：479

62%vol　1支/700ml

永乐拍卖（北京）　03/12　lot 7269

估价：20,000—40,000

成交价：29,900

轻井沢花鸟绘系列：黄鸟与长春2000年单桶麦芽威士忌

入桶时间：2000年　装瓶时间：2018年

雪莉桶　桶编号：7608　装瓶数：479

62%vol　2支/700ml

中国嘉德　11/12　lot 4512

估价：40,000—60,000

成交价：55,200

轻井沢《富岳三十六景》：远江山中、东海道保土谷单一麦芽威士忌

入桶时间：1999—2000年　装瓶时间：2016年

61.4%vol　2支/700ml　原盒

华艺国际（北京）　03/06　lot 3157

估价：30,000—45,000

成交价：34,500

轻井沢《富岳三十六景》：骏州江尻单一麦芽威士忌

入桶时间：1999—2000年　装瓶时间：2016年

61.4%vol　1支/700ml　原盒

华艺国际（北京）　03/06　lot 3158

估价：16,000—22,000

成交价：18,400

轻井沢《富岳三十六景》第1—10景单一麦芽威士忌

1. 神奈川冲浪里　61%vol　700ml
2. 东都浅草本愿寺　59.5%vol　700ml
3. 相州七里浜　60.5%vol　700ml
4. 山下白雨　60.1%vol　700ml
5. 东海道金谷　59.2%vol　700ml
6. 身延川里不二　59.7%vol　700ml
7. 登户浦　59.2%vol　700ml
8. 东海道吉田　59.2%vol　700ml
9. 甲州石班泽　60.8%vol　700ml
10. 江都骏河町三井见世略图　60.9%vol　700ml

10支/700ml
中国嘉德　11/12　lot 4493
估价：280,000—320,000
成交价：414,000

轻井沢富岳第三十六景第32景单一麦芽威士忌

60.9%vol　1支/700ml
中贸圣佳　30/12　lot 5057
估价：15,000—25,000
成交价：24,150

轻井沢富岳第三十六景第1景单一麦芽威士忌

61%vol　1支/700ml
中贸圣佳　30/12　lot 5058
估价：48,000—58,000
成交价：62,100

轻井沢富岳第三十六景第31景单一麦芽威士忌

60.6%vol　1支/700ml
中贸圣佳　30/12　lot 5056
估价：15,000—25,000
成交价：23,000

轻井沢30年侍单桶麦芽威士忌套装

1. 装瓶时间：2014年　桶编号：3139　装瓶数：494　55.4%vol
2. 装瓶时间：2015年　桶编号：3620　装瓶数：280　60.2%vol
3. 装瓶时间：2015年　桶编号：7843　装瓶数：458　58.3%vol
4. 装瓶时间：2015年　桶编号：3622　装瓶数：332　61.1%vol
5. 装瓶时间：2014年　桶编号：3656　装瓶数：260　60.8%vol
6. 装瓶时间：2014年　桶编号：7963　装瓶数：437　58.1%vol
7. 装瓶时间：2014年　桶编号：7857　装瓶数：508　58%vol
8. 装瓶时间：2014年　桶编号：8354　装瓶数：175　53.3%vol
9. 装瓶时间：2015年　桶编号：4201　装瓶数：358　57.4%vol
10. 装瓶时间：2015年　桶编号：6432　装瓶数：404　63.2%vol

10支/700ml
中国嘉德 11/12 lot 4521
估价：600,000—750,000
成交价：713,000

轻井沢艺伎1984年单桶麦芽威士忌

入桶时间：1984年　装瓶时间：2012年

雪莉桶　桶编号：3186　装瓶数：540

58%vol　1支/700ml

中国嘉德 21/05 lot 4152

估价：85,000—95,000

成交价：126,500

轻井沢1983年，29年艺伎单桶单一麦芽威士忌

入桶时间：1983年　装瓶时间：2012年

桶编号：2656　雪莉桶　装瓶数：589　瓶编号：385

57.6%vol　1支/700ml　原盒

华艺国际（北京） 03/06 lot 3156

估价：72,000—85,000

成交价：82,800

轻井沢花鸟绘系列

单桶单一麦芽威士忌

入桶时间：2000年

装瓶时间：2018年装瓶　雪莉桶

1. 文鸟与辛夷花：桶编号：507

装瓶数：483　62.9%vol

2. 莺与垂樱：桶编号：7377

装瓶数：498　61.6%vol

3. 燕与紫阳花：桶编号：7550

装瓶数：514　62.2%vol

4. 黄鸟与长春花：桶编号：7608

装瓶数：479　62.0%vol

4瓶 700ml　原盒4个

华艺国际（北京）03/06 lot 3167

估价：83,000—120,000

成交价：149,500

轻井沢花鸟绘单一麦芽威士忌全套

轻井沢花鸟绘系列特别遴选2000年蒸馏的四个雪莉单桶，采用日本江户时代浮世绘巨匠葛饰北斋笔下的《花鸟图》作为酒标，限量发售。

1. 莺与垂樱：入桶时间：2000年　装瓶时间：2018年　雪莉桶

桶编号：7377　装瓶数：498　61.6%vol

2. 燕与紫阳花：入桶时间：2000年　装瓶时间：2018年　雪莉桶

桶编号：7550　装瓶数：514　62.2%vol

3. 文鸟与辛夷花：入桶时间：2000年　装瓶时间：2018年　雪莉桶

桶编号：507　装瓶数：483　62.9%vol

4. 黄鸟与长春：入桶时间：2000年　装瓶时间：2018年　雪莉桶

桶编号：7608　装瓶数：479　62%vol

4支/700ml

永乐拍卖（北京）03/12 lot 7251

估价：130,000—180,000

成交价：166,750

轻井沢花鸟绘单一麦芽威士忌四支

1. 莺与垂樱：入桶时间：2000年　装瓶时间：2018年　雪莉桶　装瓶数：498
2. 瓶燕与紫阳花：入桶时间：2000年　装瓶时间：2018年　雪莉桶　装瓶数：514
3. 文鸟与辛夷花：入桶时间：2000年　装瓶时间：2018年　雪莉桶　装瓶数：483
4. 黄鸟与长春花：入桶时间：2000年　装瓶时间：2018年　雪莉桶　装瓶数：479

本拍品均为轻井沢单桶原酒
中贸圣佳 30/12 lot 5075
估价：110,000—130,000
成交价：143,750

轻井沢花鸟绘系列2000年单桶麦芽威士忌套装

62.2%vol、62.9%vol、62%vol、61.6%vol
4支/700ml
永乐拍卖（北京） 22/05 lot 4246
估价：120,000—180,000
成交价：104,650

轻井沢花鸟绘系列2000年单桶麦芽威士忌套装

1. 莺与垂樱：入桶时间：2000年　装瓶时间：2018年　雪莉桶　桶编号：7377　装瓶数：498　61.6%vol
2. 燕与紫阳花：入桶时间：2000年　装瓶时间：2018年　雪莉桶　桶编号：7550　装瓶数：514　62.2%vol
3. 文鸟与辛夷花：入桶时间：2000年　装瓶时间：2018年　雪莉桶　桶编号：507　装瓶数：483　62.9%vol
4. 黄鸟与长春花：入桶时间：2000年　装瓶时间：2018年　雪莉桶　桶编号：7608　装瓶数：479　62%vol

4支/700ml
中国嘉德 21/05 lot 4145　估价：80,000—100,000
成交价：253,000

轻井沢1980年，35年海港城限定版单桶单一麦芽威士忌

入桶时间：1980年　装瓶时间：2015年　雪莉桶　桶编号：4376　装瓶数：212　60.1%vol　1支/700ml
中国嘉德 11/12 lot 4496　估价：120,000—150,000
成交价：138,000

轻井沢1982年、1989年单桶单一麦芽威士忌

入桶时间：1982年　装瓶时间：2008年
雪莉桶　装瓶数：612
桶编号：2230　58.0%vol
入桶时间：1989年　装瓶时间：2010年
雪莉桶　装瓶数：240
桶编号：4587　59.6%vol
2支/700ml
中国嘉德　21/05　lot 4151
估价：82,000—90,000
成交价：126,500

轻井沢29年，31年信浓屋限量版单一麦芽威士忌

55.4%vol、61%vol　2支/700ml
中贸圣佳　30/12　lot 5076
估价：120,000—180,000
成交价：207,000

轻井沢1996年，16年鬼魅首版单桶麦芽威士忌

入桶时间：1996年　装瓶时间：2013年
雪莉桶　桶编号：3681　瓶编号：11/140
59.5%vol　1支/700ml
中国嘉德　21/05　lot 4146
估价：90,000—100,000
成交价：138,000

轻井沢大物海上月1980年，35年单一麦芽威士忌

入桶时间：1980年　装瓶时间：2015年
35年　波本桶　桶编号：8238　装瓶数：401
57.1%vol　1支/700ml
中国嘉德　11/12　lot 4504
估价：80,000—100,000
成交价：115,000

轻井沢艺伎《七福神之布袋》2000年单桶麦芽威士忌

入桶时间：2000年　装瓶时间：2016年
雪莉桶　桶编号：125　装瓶数：507
61.5%vol　1支/700ml
永乐拍卖（北京）　22/05　lot 4238
估价：35,000—50,000
成交价：40,250

轻井沢1980年，35年大物海上月单桶单一麦芽威士忌

入桶时间：1980年　装瓶时间：2015年
桶编号：8283　波本桶
装瓶数：401　原盒
1支/700ml　57.1%vol
华艺国际（北京）　03/06　lot 3170
估价：78,000—110,000
成交价：138,000

轻井沢合战图1981年，35年单一麦芽威士忌

入桶时间：1981年　装瓶时间：2016年

1.桶编号：226　装瓶数：102　57.3%vol　1支/700ml

2.桶编号：164　装瓶数：261　56.7%vol　1支/700ml

2支/700ml

中国嘉德 11/12 lot 4518

估价：200,000—260,000

成交价：230,000

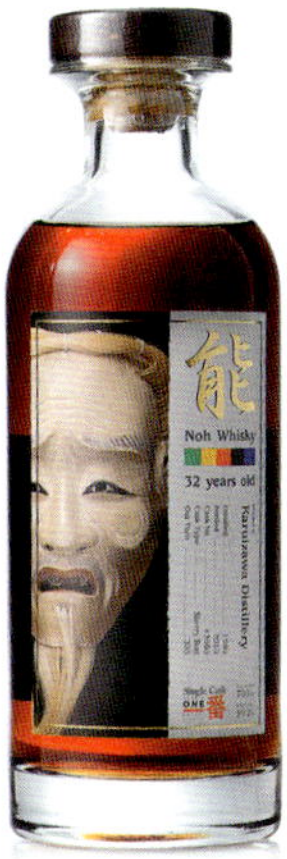

轻井沢能1980年，32年单桶麦芽威士忌

入桶时间：1980年　装瓶时间：2013年
雪莉桶　陈年：32年　桶编号：3565
装瓶数：335　59.2%vol　1支/700ml
中国嘉德 11/12 lot 4516
估价：70,000—90,000
成交价：80,500

轻井沢1982年单桶麦芽威士忌

入桶时间：1982年　装瓶时间：2012年
首注波本桶　桶编号：8497
46%vol　1支/700ml
中国嘉德 21/05 lot 4142
估价：60,000—80,000
成交价：86,250

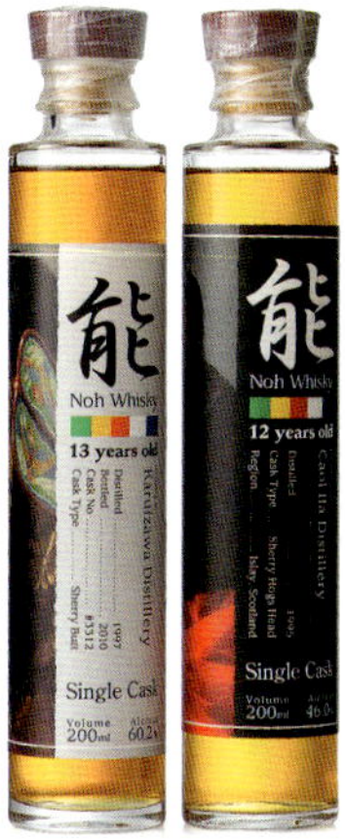

轻井沢能12年、13年单一麦芽威士忌

1. 能12年：入桶时间：1995年
猪头雪莉桶　46%vol　200ml
2. 能13年：入桶时间：1997年
装瓶时间：2010年　桶编号：3312
雪莉桶　60.%vol　200ml
2支/200ml
中国嘉德 11/12 lot 4515
估价：40,000—60,000
成交价：46,000

轻井沢雪中相忘艺伎1981年，35年单一麦芽威士忌

入桶时间：1981年　装瓶时间：2016年
桶编号：7427　装瓶数：208
57.2%vol　1支/700ml
永乐拍卖（北京） 03/12 lot 7253
估价：80,000　150,000
成交价：92,000

轻井沢地图1984年单一麦芽威士忌

入桶时间：1984年　装瓶时间：2010年
雪莉桶　装瓶数：554
57.1%vol　1支/700ml
中贸圣佳 30/12 lot 5071
估价：60,000—70,000
成交价：80,500

轻井沢30年有田烧单一麦芽威士忌

43%vol　1支/700ml
中贸圣佳 30/12 lot 5074
估价：80,000—90,000
成交价：115,000

轻井沢旭日东升2000年单一麦芽威士忌

入桶时间：2000年　装瓶时间：2016年
雪莉桶　桶编号：8123　装瓶数：401
63.8%vol　1支/700ml
中国嘉德 11/12 lot 4499
估价：35,000—50,000
成交价：48,300

轻井沢旭日东升15年

入桶时间：1990年
装瓶时间：2016年
雪莉桶　桶编号：7420　装瓶数：486
63.80% vol　1支/700ml
北京保利 05/12 lot 7230
估价：45,000—53,000
成交价：51,750

轻井沢浅间魂单一麦芽威士忌

入桶时间：1999—2000年
装瓶时间：2012年
48%vol　2支/700ml
中国嘉德 21/05 lot 4135
估价：40,000—50,000
成交价：63,250

轻井沢1999年，14年单桶麦芽威士忌

入桶时间：1999年　装瓶时间：2013年
陈年：14年　桶编号：2316
61.3%vol　1支/700ml
中国嘉德 21/05 lot 4141
估价：20,000—30,000
成交价：34,500

轻井沢桶强原酒1—4版单一麦芽威士忌

雪莉桶
61.7%vol　4支/700ml
中国嘉德 21/05 lot 4144
估价：80,000—100,000
成交价：126,500

轻井沢2000年，12年，1999年，12年单一麦芽威士忌

60.2%vol、60.9%vol、61%vol
2支/700ml、1支/200ml
永乐拍卖（北京） 22/05 lot 4245
估价：90,000—150,000
成交价：92,000

轻井沢1981年，35年八头龙单桶单一麦芽威士忌

入桶时间：1981年　装瓶时间：2016年
桶编号：171　雪莉桶
装瓶数：530　原盒
54.4%vol　1支/700ml
华艺国际（北京）03/06 lot 3169
估价：78,000—110,000
成交价：103,500

轻井沢牟财天1981年，35年单桶单一麦芽威士忌

入桶时间：1981年　装瓶时间：2016年
陈年：35年　雪莉桶
桶编号：6809　装瓶数：317
58.5%vol　1支/700ml
中国嘉德 11/12 lot 4511
估价：120,000—150,000
成交价：138,000

轻井沢牟财天1981年，35年单桶单一麦芽威士忌

入桶时间：1981年　陈年：35年
装瓶时间：2016年　雪莉桶
桶编号：6809　装瓶数：317
58.5%vol　1支/700ml
中国嘉德 11/12 lot 4498
估价：100,000—120,000
成交价：126,500

轻井沢宣纸1984年单一麦芽威士忌

入桶时间：1984年　装瓶时间：2012年
雪莉桶　装瓶数：350
57.7%vol　1支/700ml
中贸圣佳 30/12 lot 5072
估价：75,000—85,000
成交价：97,750

轻井沢1994年美术馆纪念版单一麦芽威士忌

入桶时间：1994年　装瓶时间：2011年
62.8%vol　1支/700ml
中贸圣佳 30/12 lot 5062
估价：20,000—30,000
成交价：31,050

轻井沢鲤鱼2000年单一麦芽威士忌

入桶时间：2000年　装瓶时间：2013年
雪莉桶
60.9%vol　1支/700ml
中贸圣佳 30/12 lot 5060
估价：20,000—30,000
成交价：31,050

轻井沢四季·秋13年单桶单一麦芽威士忌

入桶时间：1999年　装瓶时间：2021年
桶编号：5329　装瓶数：10/82
64.2%vol　1支/700ml
中国嘉德　11/12　lot 4495
估价：35,000—50,000
成交价：43,700

轻井沢Asama（浅见山）1999年、2000年单一麦芽威士忌

50.5%vol　2支/700ml
中国嘉德　21/05　lot 4136
估价：40,000—50,000
成交价：55,200

轻井沢贮藏15年单一麦芽威士忌

陈年：15年
40%vol　1支/700ml
中国嘉德　11/12　lot 4422
估价：1,000—2,000
成交价：13,800

轻井沢浅间山1999年单一麦芽威士忌

入桶时间：1999年　雪莉桶
62.9%vol　1支/700ml
中贸圣佳　30/12　lot 5061
估价：15,000—25,000
成交价：31,050

轻井沢21年单一麦芽威士忌三支

入桶时间：1978年
雪莉桶　装瓶数：496
40%vol　1支/700ml
中贸圣佳　30/12　lot 5073
估价：80,000—90,000
成交价：101,200

轻井沢2000年单一麦芽威士忌

入桶时间：2000年　装瓶时间：2013年
雪莉桶
64.3%vol　1支/700ml
中贸圣佳　30/12　lot 5059
估价：20,000—30,000
成交价：31,050

轻井沢12年单一麦芽威士忌

装瓶时间：2013年　入桶时间：2000年
陈年：12年　桶编号：5173　瓶编号：45/185
64.8%vol　1支/700ml
中国嘉德　11/12　lot 4501
估价：30,000—50,000
成交价：36,800

轻井沢1980年单桶单一麦芽威士忌

入桶时间：1980年　装瓶时间：2011年
桶编号：6568
56.4%vol　1支/700ml
中国嘉德　11/12　lot 4509
估价：70,000—90,000
成交价：89,700

轻井沢1984年单桶单一麦芽威士忌

入桶时间：1984年　装瓶时间：2011年
桶编号：3653
59.3%vol　1支/700ml
中国嘉德　11/12　lot 4500
估价：60,000—80,000
成交价：74,750

轻井沢1979年单桶单一麦芽威士忌

入桶时间：1979年　装瓶时间：2014年
波本桶　桶编号：8187
58.8%vol　1支/700ml
中国嘉德　21/05　lot 4149
估价：60,000—80,000
成交价：86,250

美露香轻井沢贮藏17年百分百麦芽威士忌

陈年：17年
40%vol　1支/700ml
中国嘉德　11/12　lot 4424
估价：1,000—2,000
成交价：17,250

美露香轻井沢贮藏15年百分百麦芽威士忌

陈年：15年
40%vol　1支/700ml
中国嘉德　11/12　lot 4423
估价：1,000—2,000
成交价：13,800

轻井沢1979年单一麦芽威士忌

入桶时间：1979年　装瓶时间：2013年
雪莉桶
59.9%vol　700ml
中贸圣佳 30/12 lot 5070
估价：40,000—50,000
成交价：80,500

轻井沢1981年单一麦芽威士忌

入桶时间：1981年　装瓶时间：2011年
雪莉桶　桶编号：6207
58.3%vol　700ml
中贸圣佳 30/12 lot 5069
估价：40,000—50,000
成交价：74,750

轻井沢1982年单一麦芽威士忌

入桶时间：1982年　装瓶时间：2011年
雪莉桶　桶编号：2279
58.1%vol　700ml
中贸圣佳 30/12 lot 5068
估价：60,000—70,000
成交价：74,750

轻井沢1983年单一麦芽威士忌

入桶时间：1983年　装瓶时间：2011年
雪莉桶　桶编号：7524
57.4%vol　700ml
中贸圣佳 30/12 lot 5067
估价：60,000—70,000
成交价：74,750

轻井沢1984年单一麦芽威士忌

入桶时间：1984年　装瓶时间：2011年
雪莉桶
57.2%vol　700ml
中贸圣佳 30/12 lot 5065
估价：60,000—70,000
成交价：74,750

轻井沢1984年单一麦芽威士忌

入桶时间：1984年　装瓶时间：2011年
雪莉桶　桶编号：3660
59.6%vol　700ml
中贸圣佳 30/12 lot 5066
估价：60,000—70,000
成交价：74,750

轻井沢12年、15年、17年单一麦芽威士忌
装瓶时间：约20世纪80—90年代
40%vol、43%vol　3支/700ml、720ml
华艺国际（北京）　03/06　lot 3162
估价：55,000—65,000
成交价：63,250

轻井沢12年单一麦芽威士忌
40%vol　1支/700ml
中贸圣佳　30/12　lot 5055
估价：8,000—15,000
成交价：11,500

轻井沢贮藏12年单一麦芽威士忌
装瓶时间：约20世纪80—90年代
无盒
40%vol　1支/720ml
华艺国际（北京）　03/06　lot 3161
估价：12,000—20,000
成交价：17,250

轻井沢俱乐部、大师精选单一麦芽威士忌，大师精选调和威士忌
装瓶时间：20世纪90年代
40%vol　3支/700ml
华艺国际（北京）　03/06　lot 3163
估价：30,000—40,000
成交价：34,500

轻井沢长期贮藏原酒31年，12年、美露香轻井沢12年百分百麦芽威士忌
入桶时间：12年　原盒
40%vol　2支/700ml
北京保利　05/12　lot 7183
估价：40,000—50,000
成交价：46,000

美露香轻井沢贮藏15年百分百麦芽威士忌

陈年：15年

40%vol 2支/700ml

中国嘉德 11/12 lot 4421

估价：1,000—2,000

成交价：23,000

美露香轻井沢贮藏15年百分百麦芽威士忌

40%vol 1支/700ml 原盒

北京保利 05/12 lot 7210

估价：10,000—15,000

成交价：11,500

美露香轻井沢贮藏15年百分百麦芽威士忌

陈年：15年

40%vol 2支/700ml

中国嘉德 11/12 lot 4420

估价：1,000—2,000

成交价：20,700

三乐轻井沢帆船金瓶调和威士忌

43%vol 3支/760ml

中贸圣佳 30/12 lot 5026

估价：无底价

成交价：8,625

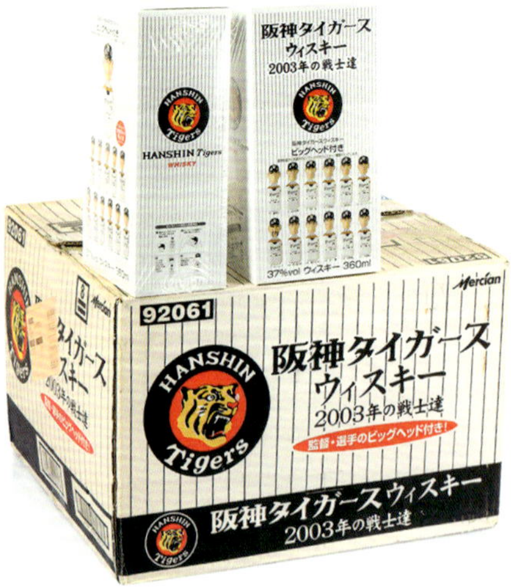

轻井沢阪神老虎优胜纪念（原箱）

调和威士忌 装瓶时间：2003年 原盒

37%vol 12支/360ml

华艺国际（北京） 03/06 lot 3159

估价：18,000—30,000

成交价：20,700

轻井沢阪神老虎优胜纪念单一麦芽威士忌

装瓶时间：2003年

40%vol　1支/700ml

中国嘉德　11/12　lot 4427

估价：1,000—2,000

成交价：11,500

20世纪80年代三乐轻井沢Gloria Ocean船形威士忌

43%vol　6支/760ml

中国嘉德　11/12　lot 4426

估价：1,000—2,000

成交价：25,300

三乐轻井沢Ocean调和威士忌套装

43%vol　2支/500ml

中国嘉德　11/12　lot 4425

估价：1,000—2,000

成交价：13,800

轻井沢特一级调和威士忌1对

43%vol　2支/720ml

永乐拍卖（北京）　03/12　lot 7270

估价：6,000—10,000

成交价：6,900

20世纪80年代三乐轻井沢Gloria Ocean船形威士忌

43%vol　3支/760ml

中国嘉德　21/05　lot 4174

估价：6,000—8,000

成交价：23,000

美露香轻井沢贮藏8年、12年、15年百分百麦芽威士忌

陈年：8年、12年、15年

40%vol　1支/720ml、2支/700ml

中国嘉德　21/05　lot 4115

估价：1,000—2,000

成交价：57,500

美露香轻井沢贮藏8年、10年、12年、15年百分百麦芽威士忌

四种陈年：8年、10年、12年、15年

40%vol　4支/700ml

中国嘉德　21/05　lot 4150

估价：60,000—80,000

成交价：74,750

美露香轻井沢阪神虎2003年优胜战士达套组

装瓶时间：2003年

37%vol　12支/360ml

中国嘉德 21/05 lot 4134

估价：1,000—2,000

成交价：40,250

轻井沢阪神老虎优胜纪念、2003年优胜战士达单一麦芽威士忌

装瓶时间：2003年

37%vol、40%vol　1支/360ml、1支/500ml

中国嘉德 11/12 lot 4428

估价：1,000—2,000

成交价：17,250

美露香轻井沢阪神虎2003年优胜战士达威士忌及酒具1套

37%vol　2支/360ml

中国嘉德 21/05 lot 4116

估价：1,000—2,000

成交价：23,000

羽生2000年，秩父2010年单桶麦芽威士忌

1. 羽生：波本桶　桶编号：923
入桶时间：2000年　57%vol
2. 秩父：桶编号：2641　入桶时间：2010年
装瓶时间：2016年　59%vol
2支/700ml
中国嘉德 21/05 lot 4163
估价：40,000—50,000
成交价：46,000

羽生扑克牌大王、小王单一麦芽威士忌

57.7%vol、54.9%vol　2支/700ml
中贸圣佳 30/12 lot 5085
估价：350,000—500,000
成交价：586,500

羽生三匠魂单一麦芽威士忌

57.5%vol、57.6%vol、57.3%vol　3支/700ml
中贸圣佳 30/12 lot 5084
估价：75,000—95,000
成交价：101,200

羽生伊知郎2000年单一麦芽威士忌

58.5%vol　1支/700ml
中贸圣佳 30/12 lot 5082
估价：18,000—28,000
成交价：24,150

羽生扑克牌方片十单一麦芽威士忌

入桶时间：1990年　装瓶时间：2011年
猪头桶、邦穹桶　装瓶数：585
54.9%vol　1支/700ml
中贸圣佳 30/12 lot 5083
估价：18,000—28,000
成交价：69,000

羽生15年单一麦芽威士忌
装瓶时间：2000年　陈年：15年
46.5%vol　2支/700ml
中国嘉德　11/12　lot 4474
估价：30,000—50,000
成交价：34,500

秩父2012年伊势丹限定水楢桶单一麦芽威士忌
入桶时间：2012年　水楢桶　桶编号：1718
59%vol　1支/700ml
中国嘉德　21/05　lot 4164
估价：20,000—30,000
成交价：28,750

秩父2011年单桶单一麦芽威士忌
入桶时间：2011年　装瓶时间：2017年
羽生猪头桶　装瓶数：150
59.9%vol　1支/700ml
中贸圣佳　30/12　lot 5079
估价：无底价
成交价：10,350

羽生三位一体单一麦芽威士忌
57.6%vol　1支/700ml
中贸圣佳　30/12　lot 5081
估价：无底价
成交价：4,600

秩父2018年机场免税店版单一麦芽威士忌

装瓶时间：2018年　装瓶数：580/610

60.6%vol　1支/700ml

中国嘉德　21/05　lot 4133

估价：1,000—2,000

成交价：9,200

秩父2011年高岛屋限定单一麦芽威士忌

入桶时间：2011年　装瓶时间：2020年

白葡萄酒桶　桶编号：4551　瓶编号：202/255

59.8%vol　1支/700ml

中国嘉德　21/05　lot 4162

估价：10,000—20,000

成交价：23,000

秩父505调和威士忌

2020年发售

50.5%vol　5支/700ml

中贸圣佳　30/12　lot 5078

估价：无底价

成交价：8,050

秩父2019年伦敦版日本单一麦芽威士忌

瓶编号：148/1405、316/1405 、827/1405

装瓶时间：2019年

48.5%vol　3支/700ml

中国嘉德　21/05　lot 4166

估价：38,000—45,000

成交价：51,750

秩父高岛屋限定2011年单一麦芽威士忌

入桶时间：2011年　桶编号：4551
装瓶时间：2020年
59.8%vol　2支/700ml
中国嘉德　11/12　lot 4467
估价：25,000—35,000
成交价：28,750

山崎12年1984年首版双狮标单一麦芽威士忌

43%vol　1支/760ml
中贸圣佳　30/12　lot 5035
估价：10,000—20,000
成交价：12,650

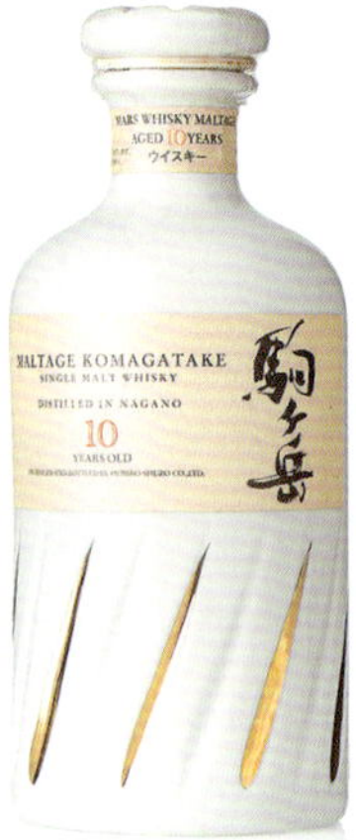

驹之岳10年单一麦芽威士忌

40%vol　1支/720ml
中国嘉德　11/12　lot 4460
估价：1,000—2,000
成交价：5,750

罗伯特布朗瓷瓶威士忌

43%vol　2支/750ml
中贸圣佳　30/12　lot 5011
估价：无底价
成交价：5,175

山崎12年金花标单一麦芽威士忌

43%vol　3支/750ml
中贸圣佳　30/12　lot 5034
估价：8,000—12,000
成交价：13,800

厚岸寒露、雨水调和威士忌

55%vol、48%vol　2支/700ml
中贸圣佳　30/12　lot 5025
估价：无底价
成交价：8,050

山崎纯麦金瓶限量版

60周年纪念版　装瓶时间：1983年
装瓶数：300
43%vol　1支/700ml
永乐拍卖（北京）　22/05　lot 4225
估价：55,000—80,000
成交价：34,500

山崎12年金花顶竹礼盒

43%vol　4支/700ml
永乐拍卖（北京）　22/05　lot 4222
估价：18,000—30,000
成交价：17,250

越忍无年份、10年、15年水楢桶纯麦、调和威士忌

陈年：10年、15年　水楢桶　43%vol　4支/700ml
中国嘉德　21/05　lot 4132　估价：1,000—2,000
成交价：20,700

山崎12年单一麦芽威士忌

43%vol　3支/750ml
永乐拍卖（北京）　22/05　lot 4221
估价：15,000—30,000
成交价：17,250

山崎20世纪80年代金花12年单一麦芽威士忌

陈年：12年
43%vol　5支/700ml
中国嘉德　11/12　lot 4489
估价：1,000—2,000
成交价：40,250

户河内桃太郎限定单桶及调和套装

40%vol　3支/700ml
永乐拍卖（北京）　03/12　lot 7216
估价：6,000—10,000
成交价：8,050

山崎12年金花版单一麦芽威士忌

装瓶时间：20世纪90年代—21世纪00年代　原盒

43%vol　12支/700ml、750ml

华艺国际（北京）　03/06　lot 3148

估价：56,000—70,000

成交价：64,400

山崎2013年风味桶限量版单一麦芽威士忌木质礼盒（1套4支）

48%vol　4支/700ml　永乐拍卖（北京）　03/12　lot 7242

估价：75,000—100,000

成交价：86,250

山崎10年纯麦威士忌

陈年：10年
40%vol　2支/750ml
中国嘉德 21/05 lot 4173
估价：12,000—18,000
成交价：25,300

山崎10年绿标、白标金花单一麦芽威士忌

40%vol　700ml、750ml
中贸圣佳 30/12 lot 5036
估价：10,000—20,000
成交价：17,250

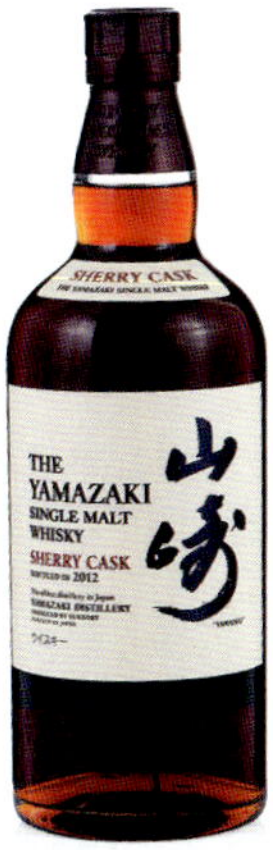

山崎雪莉桶单一麦芽威士忌

装瓶时间：2012年　雪莉桶
48%vol　1支/700ml
中国嘉德 21/05 lot 4169
估价：28,000—35,000
成交价：34,500

山崎2020年风味桶限量版单一麦芽威士忌

装瓶时间：2020年
48%vol　4支/700ml
中国嘉德 21/05 lot 4159
估价：55,000—65,000
成交价：74,750

山崎2020年限量版重泥煤、邦穹桶单一麦芽威士忌

装瓶时间：2020年
48%vol　2支/700ml
中国嘉德 21/05 lot 4158
估价：18,000—25,000
成交价：28,750

山崎2020年限量版重泥煤、邦穹桶单一麦芽威士忌

装瓶时间：2020年
48%vol　2支/700ml
中国嘉德　11/12　lot 4483
估价：18,000—30,000
成交价：20,700

山崎限量2021年水楢桶单一麦芽威士忌

装瓶时间：2021年
43%vol　3支/700ml
中国嘉德　11/12　lot 4487
估价：36,000—50,000
成交价：43,700

山崎2020年限量版邦穹桶、重泥煤桶单一麦芽威士忌

48%vol　2支/700ml
永乐拍卖（北京）　22/05　lot 4223
估价：20,000—30,000
成交价：20,700

山崎风味桶2020年单一麦芽威士忌

48%vol　4支/700ml
中贸圣佳　30/12　lot 5046
估价：45,000—55,000
成交价：63,250

山崎水楢木2021年、响樱花木桶2021年威士忌

43%vol　4支/700ml
中贸圣佳　30/12　lot 5045
估价：30,000—40,000
成交价：50,600

山崎2020年度限量风味桶系列单一麦芽威士忌

装瓶时间：2020年　原盒

48%vol　4支/700ml

华艺国际（北京）　03/06　lot 3153

估价：40,000—50,000

成交价：46,000

山崎2014年—2017年
酒厂限定版
单一麦芽威士忌

43%vol　4支/700ml

中贸圣佳　30/12　lot 5044

估价：30,000—40,000

成交价：46,000

山崎2015年限量版单一麦芽威士忌

装瓶时间：2015年
43%vol　3支/700ml
中国嘉德　21/05　lot 4157
估价：25,000—35,000
成交价：57,500

山崎2015年限量版单一麦芽威士忌

43%vol　3支/700ml
永乐拍卖（北京）　03/12　lot 7236
估价：25,000—40,000
成交价：28,750

山崎2015年、2016年、2017年限量版单一麦芽威士忌

43%vol　3支/700ml　原盒
北京保利　05/12　lot 7200
估价：8,000—12,000
成交价：13,800

山崎2015年、2016年限定单一麦芽威士忌

43%vol　4支/700ml
中国嘉德　11/12　lot 4486
估价：25,000—40,000
成交价：46,000

山崎2017年限量版单一麦芽威士忌

43%vol　3支/700ml
永乐拍卖（北京）　22/05　lot 4224
估价：30,000—50,000
成交价：23,000

山崎2015年限量版单一麦芽威士忌

装瓶时间：2015年
43%vol　3支/700ml
中国嘉德　11/12　lot 4484
估价：32,000—50,000
成交价：43,700

山崎2017年限量版单一麦芽威士忌

装瓶时间：2017年　原盒
43%vol　3支/700ml
北京保利　05/12　lot 7232
估价：21,000—32,000
成交价：24,150

山崎2017年限量版单一麦芽威士忌

43%vol　3支/700ml
永乐拍卖（北京）　03/12　lot 7235
估价：21,000—35,000
成交价：24,150

山崎2017年酒厂限定版单一麦芽威士忌

43%vol　3支/700ml
中贸圣佳　30/12　lot 5042
估价：15,000—25,000
成交价：27,600

山崎2017年限量版单一麦芽威士忌

装瓶时间：2017年
43%vol　3支/700ml
中国嘉德　11/12　lot 4485
估价：28,000—45,000
成交价：36,800

山崎——三得利至精系列2019年版单一麦芽威士忌

原盒　3支/500ml
华艺国际（北京）　03/06　lot 3152
估价：11,000—20,000
成交价：13,800

山崎2015年酒厂限定版单一麦芽威士忌

43%vol　3支/700ml
中贸圣佳　30/12　lot 5043
估价：20,000—30,000
成交价：33,350

山崎1983年雪莉桶金花标
单一麦芽威士忌
入桶时间：1983年　装瓶时间：1998年
雪莉桶　装瓶数：6000
45%vol　1支/700ml
中贸圣佳 30/12 lot 5048
估价：40,000—50,000
成交价：55,200

山崎私人选桶1992年
单一麦芽威士忌
入桶时间：1992年　装瓶时间：2007年
波本桶　装瓶数：157
59%vol　1支/700ml
中贸圣佳 30/12 lot 5049
估价：15,000—20,000
成交价：20,700

山崎1993年“大吉”
单一麦芽威士忌
入桶时间：1993年　装瓶时间：2006年
雪莉桶　装瓶数：1548
1支/700ml
中贸圣佳 30/12 lot 5051
估价：60,000—70,000
成交价：73,600

山崎私人选桶1994年“创”
单一麦芽威士忌
入桶时间：1994年　装瓶时间：2008年
雪莉桶
59%vol　1支/700ml
中贸圣佳 30/12 lot 5050
估价：35,000—45,000
成交价：51,750

山崎雪莉桶2010年
单一麦芽威士忌
装瓶时间：2010年　雪莉桶
山崎酒厂于2010年推出的限量版雪莉桶威士忌
48%vol　1支/700ml
中贸圣佳 30/12 lot 5047
估价：30,000—40,000
成交价：40,250

山崎至精艺术原酒2008年—2009年单一麦芽威士忌

1. 入桶时间：2008年　装瓶时间：2019年　雪莉桶　53%vol
2. 入桶时间：2009年　装瓶时间：2019年　西班牙橡木桶　56%vol
3. 入桶时间：2009年　装瓶时间：2019年　蒙蒂利亚桶　55%vol

3支/500ml
中国嘉德 11/12 lot 4480
估价：150,000—200,000
成交价：32,200

山崎至精艺术原酒2008年—2009年单一麦芽威士忌

1. 入桶时间：2008年　装瓶时间：2019年　雪莉桶　53%vol
2. 入桶时间：2009年　装瓶时间：2019年　西班牙橡木桶　56%vol
3. 入桶时间：2009年　装瓶时间：2019年　蒙蒂利亚桶　55%vol

3支/500ml
中国嘉德 21/05 lot 4129
估价：1,000—2,000
成交价：40,250

山崎2009年蒙特利亚葡萄桶至精艺术原酒单一麦芽威士忌

入桶时间：2009年　装瓶时间：2019年　蒙蒂利亚桶
55%vol　2支/500ml
中国嘉德 21/05 lot 4130
估价：1,000—2,000
成交价：25,300

山崎2008年雪莉桶至精艺术原酒单一麦芽威士忌

入桶时间：2008年　装瓶时间：2019年　重填雪莉桶
53%vol　2支/500ml
中国嘉德 11/12 lot 4481
估价：8,000—15,000
成交价：25,300

山崎18年水楢木单一麦芽威士忌
48%vol　1支/700ml
中贸圣佳　30/12　lot 5052
估价：65,000—75,000
成交价：80,500

山崎25年单一麦芽威士忌
43%vol　1支/700ml
中贸圣佳　30/12　lot 5053
估价：70,000—80,000
成交价：92,000

山崎1995年，1996年雪莉桶单一麦芽威士忌
60%vol、61%vol　2支/700ml
中贸圣佳　30/12　lot 5054
估价：85,000—100,000
成交价：112,700

山崎12年单一麦芽威士忌（1箱）
43%vol　6支/700ml
永乐拍卖（北京）　03/12　lot 7231
估价：11,000—15,000
成交价：12,650

山崎25年、白州25年单一麦芽威士忌
装瓶时间：约2013年　瓶编号：17148/5067　原盒
43%vol　2支/700ml
华艺国际（北京）　03/06　lot 3149
估价：83,000—100,000
成交价：95,450

响21年调和、山崎18年、白州18年单一麦芽威士忌

43%vol　3支/700ml

中国嘉德 21/05 lot 4178

估价：22,000—30,000

成交价：34,500

山崎25年机场版单一麦芽威士忌

雪莉桶　原盒

43%vol　1支/700ml

华艺国际（北京） 03/06 lot 3150

估价：60,000—68,000

成交价：69,000

山崎18年、白州18年单一麦芽威士忌

陈年：18年

43%vol　2支/700ml

中国嘉德 11/12 lot 4482

估价：10,000—20,000

成交价：25,300

山崎 18 年单一麦芽威士忌

陈年：18 年

43%vol　6 支 700ml

中国嘉德 11/12 lot 4455

估价：1,000—2,000

成交价：69,000

山崎18年单一麦芽威士忌

43%vol　2支/700ml

永乐拍卖（北京） 03/12 lot 7234

估价：18,000—25,000

成交价：20,700

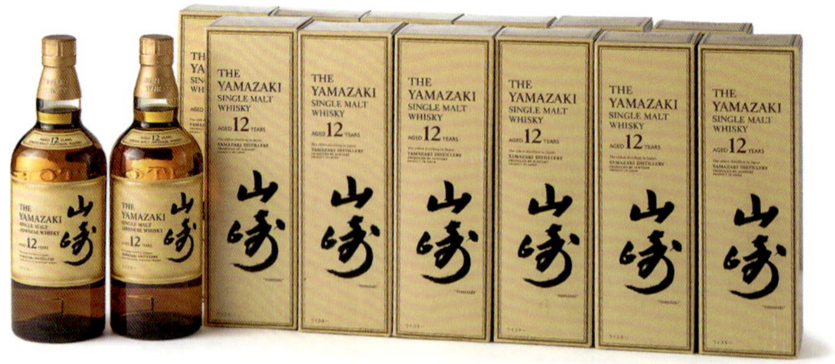

山崎12年单一麦芽威士忌

陈年：12年　43%vol　12支/700ml

中国嘉德 21/05 lot 4118　估价：18,000—28,000

成交价：43,700

山崎12年单一麦芽威士忌

陈年：12年　43%vol　10支/700ml

中国嘉德 11/12 lot 4454　估价：18,000—28,000

成交价：32,200

山崎12年单一麦芽威士忌

43%vol　5支/700ml

中贸圣佳 30/12 lot 5033

估价：8,000—12,000

成交价：13,800

山崎日式单一麦芽威士忌

43%vol　6支/700ml

永乐拍卖（北京） 22/05 lot 4215

估价：18,000—28,000

成交价：11,500

山崎10年单一麦芽威士忌

40%vol　3支/700ml

永乐拍卖（北京） 22/05 lot 4220

估价：18,000—28,000

成交价：24,150

山崎金花版10年单一麦芽威士忌

陈年：10年
40%vol　2支 700ml
中国嘉德　11/12　lot 4476
估价：12,000—25,000
成交价：17,250

山崎12年单一麦芽威士忌金花标礼盒

43%vol　4支/700ml
永乐拍卖（北京）　03/12　lot 7232
估价：15,000—20,000
成交价：20,700

山崎1923年蒸馏所珍藏单一麦芽威士忌

43%vol　12支/700ml
中国嘉德　21/05　lot 4117　估价：1,000—2,000
成交价：36,800

山崎私人桶2012年东京国际酒吧展（Tokyo International Bar Show）单桶麦芽威士忌

入桶时间：1999年　装瓶时间：2012年
邦穹桶　桶编号：DQ70032
瓶编号：101
58%vol　1支/700ml
中国嘉德　21/05 lot 4161
估价：26,000—35,000
成交价：29,900

山崎12年，和民创始人之选

43%vol　2支/660ml
永乐拍卖（北京）　22/05 lot 4217
估价：8,000—15,000
成交价：8,050

响2012年，12年优胜纪念调和威士忌

陈年：12年
43%vol　1支/700ml
中国嘉德　21/05 lot 4126
估价：1,000—2,000
成交价：10,350

山崎12年，和民总裁之选

43%vol　2支/660ml
永乐拍卖（北京）　22/05 lot 4216
估价：6,000—10,000
成交价：8,050

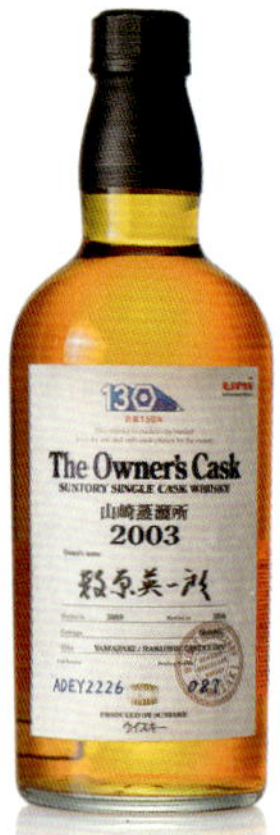

山崎私人桶2003年单桶麦芽威士忌

入桶时间：2003年　装瓶时间：2016年
桶编号：ADEY2226　瓶编号：087
58%vol　1支/700ml
中国嘉德　11/12 lot 4461
估价：1,000—2,000
成交价：23,000

山崎私人桶东京和平酒店35周年纪念单桶麦芽威士忌

瓶编号：40/189、14/189
53%vol　2支/700ml
中国嘉德　11/12 lot 4459
估价：1,000—2,000
成交价：46,000

山崎1999年英雄单桶麦芽威士忌

入桶时间：1999年　装瓶时间：2011年
雪莉桶　桶编号：DU65300　瓶编号：365
56%vol　1支/700ml
中国嘉德 21/05 lot 4175
估价：75,000—85,000
成交价：86,250

山崎1990年雪莉桶单桶麦芽威士忌

入桶时间/陈年：1990年
装瓶时间：2008年
西班牙雪莉桶　桶编号：ON70644
装瓶数：214/448
63%vol　1支/700ml
北京保利 05/12 lot 7192
估价：30,000—38,000
成交价：69,000

山崎蒸馏所15年樽出原酒单一麦芽威士忌

装瓶时间：约20世纪90年代
瓶编号：49588　原盒
1支/600ml　56%vol
华艺国际（北京） 03/06 lot 3151
估价：13,000—20,000
成交价：14,950

山崎私人桶W Shop系列原酒单桶麦芽威士忌

4支/700ml　原盒
北京保利 05/12 lot 7249
估价：200,000—280,000
成交价：230,000

山崎蒸馏所单一麦芽威士忌

43%vol　3支/300ml
中贸圣佳 30/12 lot 5001
估价：无底价
成交价：5,750

山崎12年瓷瓶单一麦芽威士忌

43%vol　3支/600ml

中贸圣佳 30/12 lot 5037

估价：20,000—30,000

成交价：33,350

三得利山崎21年世纪珍藏单一麦芽威士忌

入桶时间/陈年：21年　原盒

43%vol　1支/500ml

北京保利 05/12 lot 7208

估价：10,000—14,000

成交价：11,500

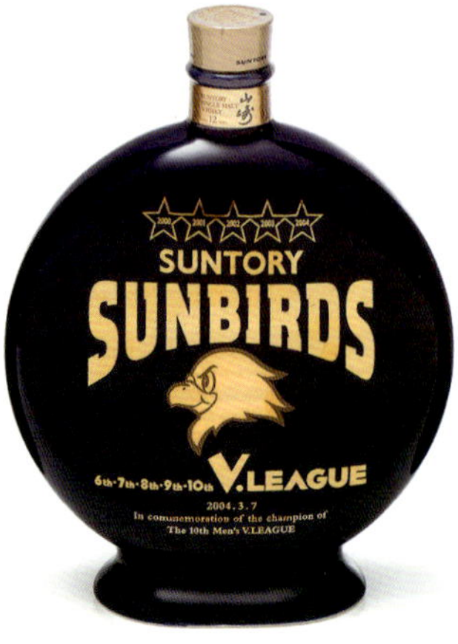

山崎2004年，12年太阳鸟五连霸纪念单一麦芽威士忌

陈年：12年

43%vol　1支/600ml

中国嘉德 21/05 lot 4156

估价：1,000—2,000

成交价：8,050

山崎2000年金花千禧年限定

43%vol　1支/700ml

永乐拍卖（北京） 22/05 lot 4214

估价：6,000—10,000

成交价：4,600

白州私人桶1996年单一麦芽威士忌

入桶时间：1996年　装瓶数：225
装瓶时间：2007年　桶编号：AB40152
猪头桶
61%vol　2支/700ml
中国嘉德　11/12　lot 4479
估价：65,000—85,000
成交价：80,500

白州蒸馏所Blender's Choice单一麦芽威士忌

48%vol　1支/700ml
中国嘉德　21/05　lot 4160
估价：18,000—25,000
成交价：20,700

白州私人桶1997年舆水精一、1997年大森寿郎单一麦芽威士忌

1. 1997舆水精一：装瓶时间：2011年
桶编号：B140039　瓶编号：124　54%vol
2. 1997大森寿郎：装瓶时间：2014年
桶编号：BD40174　瓶编号：063　58%vol
2支/700ml
中国嘉德　11/12　lot 4478
估价：100,000—150,000
成交价：115,000

白州重泥煤2013年单一麦芽威士忌

装瓶时间：2013年
48%vol　1支/700ml
中国嘉德　21/05　lot 4168
估价：12,000—20,000
成交价：17,250

白州雪莉桶2014年单一麦芽威士忌

装瓶时间：2014年　雪莉桶
43%vol　1支/700ml
中贸圣佳　30/12　lot 5039
估价：15,000—25,000
成交价：24,150

白州1998年单桶单一麦芽威士忌

入桶时间：1998年　装瓶时间：2008年
猪头桶　装瓶数：227
56%vol　1支/700ml
中贸圣佳　30/12　lot 5040
估价：15,000—25,000
成交价：21,850

白州1973年蒸馏所珍藏单一麦芽威士忌

43%vol 12支/700ml

中国嘉德 21/05 lot 4121

估价：1,000—2,000

成交价：20,700

白州10年、12年金花标单一麦芽威士忌

43%vol 2支/600ml

中贸圣佳 30/12 lot 5038

估价：8,000—12,000

成交价：9,200

白州1996年原酒单一麦芽威士忌

入桶时间：1996年 装瓶时间：2008年

猪头桶 装瓶数：1000 62%vol 1支/700ml

中贸圣佳 30/12 lot 5041 估价：18,000—28,000

成交价：29,900

白州蒸馏所单一麦芽威士忌

43%vol 3支/300ml

中贸圣佳 30/12 lot 5002

估价：无底价

成交价：5,750

响17年金花版调和威士忌

入桶时间：20世纪90年代—21世纪00年代　原盒
43%vol　3支/700ml、750ml
华艺国际（北京）　03/06　lot 3133
估价：25,000—30,000
成交价：28,750

响21年花鸟风月调和威士忌

43%vol　2支/700ml　原盒
华艺国际（北京）　03/06　lot 3136
估价：14,000—20,000
成交价：16,100

响12年特别版调和威士忌

43%vol　3支/500ml
中贸圣佳　30/12　lot 5030
估价：12,000—20,000
成交价：19,550

响17年调和威士忌

43%vol　3支/700ml
中贸圣佳　30/12　lot 5031
估价：12,000—20,000
成交价：21,850

响12年花鸟风月特别版（已停产）调和威士忌

43%vol　2支/700ml

永乐拍卖（北京） 03/12 lot 7227

估价：10,000—15,000

成交价：11,500

响大师精选雪莉桶日本调和威士忌

43%vol　1支/700ml　原盒

北京保利 05/12 lot 7199

估价：2,000—3,000

成交价：2,300

响30周年纪念和风醇韵调和威士忌

43%vol　2支/700ml

中国嘉德 11/12 lot 4473

估价：30,000—50,000

成交价：48,300

响21年花鸟风月限量版调和威士忌

陈年：21年

43%vol　2支/700ml

中国嘉德 11/12 lot 4470

估价：16,000—30,000

成交价：40,250

响21年花鸟风月系列调和威士忌

陈年：21年　原盒

43%vol　1支/700ml

北京保利 05/12 lot 7216

估价：8,000—12,000

成交价：9,200

响17年金花调和威士忌及烟碟酒杯1组

43%vol　2支/700ml

中国嘉德 21/05 lot 4180

估价：1,000—2,000

成交价：17,250

响2021年限量樱花桶调和威士忌

装瓶时间：2021年
43%vol　3支/700ml
中国嘉德　11/12　lot 4472
估价：36,000—50,000
成交价：41,400

响17年花鸟风月特别版调和威士忌

43%vol　2支/700ml
永乐拍卖（北京）　03/12　lot 7228
估价：30,000—40,000
成交价：43,700

响大师精选樱花限量版调和威士忌

43%vol　3支/700ml
中国嘉德　21/05　lot 4179
估价：10,000—20,000
成交价：23,000

响大师精选樱花限量版调和威士忌

43%vol　2支/700ml
中国嘉德　21/05　lot 4125
估价：10,000—20,000
成交价：34,500

响21年调和威士忌

43%vol　2支/700ml
永乐拍卖（北京）　22/05　lot 4233
估价：20,000—30,000
成交价：20,700

响21年调和威士忌

陈年：21年　原盒
43%vol　2支/700ml
北京保利　05/12　lot 7209
估价：9,000—13,000
成交价：10,350

日威三剑客、白州、山崎响 （各2支、共6支）

43%vol　6支/700ml

永乐拍卖（北京） 03/12 lot 7202

估价：无底价

成交价：5,750

响Blender's Choice

43%vol　12支/700ml

中国嘉德 11/12 lot 4451

估价：1,000—2,000

成交价：36,800

响和风醇韵日本调和威士忌

43%vol　12支/700ml

中国嘉德 11/12 lot 4452

估价：1,000—2,000

成交价：36,800

响调酒师精选红酒桶调和威士忌

43%vol　12支/700ml

中国嘉德 21/05 lot 4122

估价：1,000—2,000

成交价：34,500

响大师精选樱花版（原箱）

调和威士忌　原盒

43%vol　6支/700ml

华艺国际（北京） 03/06 lot 3135

估价：1,000—2,000

成交价：23,000

响21年调和威士忌

43%vol 3支/700ml
中贸圣佳 30/12 lot 5032
估价：15,000—25,000
成交价：25,300

响17年调和威士忌

装瓶时间：20世纪90年代 无盒
50.5%vol 1支/700ml
华艺国际（北京） 03/06 lot 3134
估价：15,000—25,000
成交价：17,250

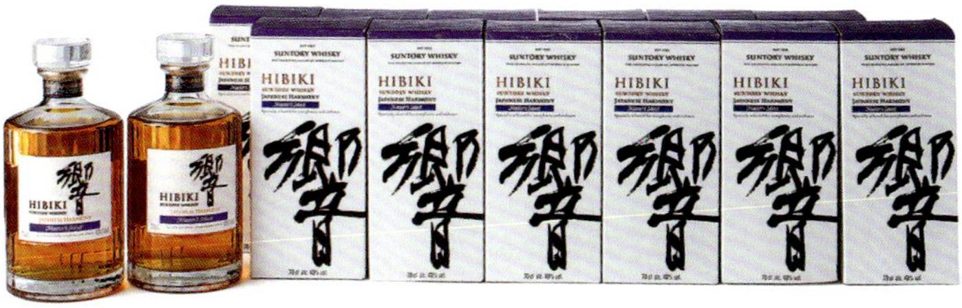

响大师精选雪莉桶日本调和威士忌

雪莉桶
43%vol 12支/700ml
中国嘉德 11/12 lot 4453
估价：1,000—2,000
成交价：40,250

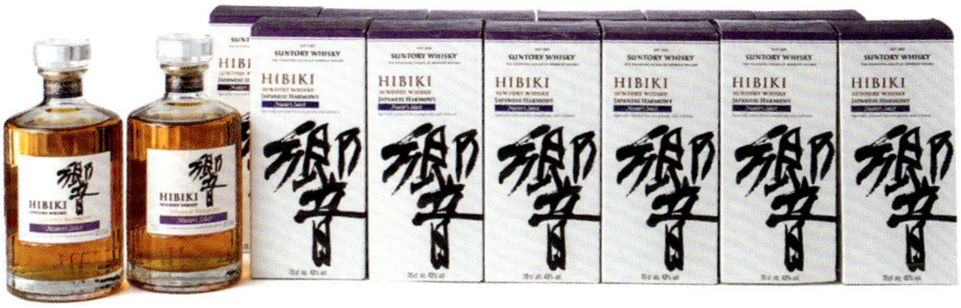

响 大师精选雪莉桶日本调和威士忌

43%vol 12支/700ml
中国嘉德 21/05 lot 4120
估价：1,000—2,000
成交价：28,750

响 和风醇韵日本调和威士忌

43%vol 12支/700ml
中国嘉德 21/05 lot 4119
估价：1,000—2,000
成交价：25,300

20世纪80年代三得利金狮标梅竹锦鸡纹有田烧调和威士忌

43%vol　2支/720ml

中国嘉德　21/05　lot 4176

估价：12,000—20,000

成交价：20,700

20世纪90年代三得利有田烧调和威士忌

入桶时间：20世纪90年代　无盒

43%vol　2支/700ml

华艺国际（北京）　03/06　lot 3141

估价：12,000—20,000

成交价：17,250

20世纪90年代三得利金狮标梅竹锦鸡纹有田烧调和威士忌

43%vol　2支/700ml

中国嘉德　11/12　lot 4492

估价：12,000—20,000

成交价：13,800

1999年三得利感谢百年纪念陶瓷瓶

43%vol　1支/660ml

永乐拍卖（北京）　22/05　lot 4207

估价：18,000—25,000

成交价：5,750

三得利1982年世博会纪念陶瓷百子图调和威士忌

43%vol　1支/720ml

永乐拍卖（北京）　22/05　lot 4206

估价：5,000—7,000

成交价：5,750

三得利1982年世博会纪念陶瓷百子图调和威士忌

43%vol　1支/720ml

中国嘉德　21/05　lot 4155

估价：1,000—2,000

成交价：10,350

20世纪80年代三得利有田烧调和威士忌

装瓶时间：20世纪80年代　无盒
43%vol　1支/700ml、1支/720ml
华艺国际（北京）　03/06　lot 3140
估价：12,000—20,000
成交价：17,250

20世纪90年代三得利金花标花卉小鸟纹有田烧调和威士忌

43%vol　2支/700ml
中国嘉德　21/05　lot 4177
估价：12,000—20,000
成交价：25,300

三得利威基伍德调和威士忌

43%vol　1支/750ml
中贸圣佳　30/12　lot 5029
估价：15,000—25,000
成交价：21,850

三得利十二生肖系列调和威士忌

无盒
43%vol　12支/600ml、700ml
华艺国际（北京）　03/06　lot 3142
估价：1,000—2,000
成交价：29,900

三得利十二生肖限定版老牌调和威士忌

40%vol　12支/760ml

永乐拍卖（北京） 22/05 lot 4201

估价：4,000—6,000

成交价：16,100

三得利十二生肖瓷瓶调和威士忌

中贸圣佳 30/12 lot 5024

估价：15,000—25,000

成交价：32,200

三得利虎年12年皇家限定版调和威士忌

陈年：12年　原盒
43%vol　1支/600m
北京保利 05/12 lot 7202
估价：2,000—3,500
成交价：2,300

三得利猪年皇家限定版调和威士忌

原盒
43%vol　1支/600ml
北京保利 05/12 lot 7203
估价：2,000—3,500
成交价：2,300

三得利鸡年皇家限定版调和威士忌

原盒
43%vol　1支/600ml
北京保利 05/12 lot 7201
估价：2,000—3,500
成交价：2,300

三得利木桶仕込、古樽仕上金花标单一麦芽威士忌

43%vol　2支/750ml
中贸圣佳 30/12 lot 5005
估价：无底价
成交价：6,325

三得利洛雅羊年金瓶调和威士忌

43%vol　2支/720ml
中贸圣佳 30/12 lot 5003
估价：无底价
成交价：5,750

三得利帝国水晶调和威士忌

43%vol　2支/600ml
中贸圣佳 30/12 lot 5006
估价：无底价
成交价：8,625

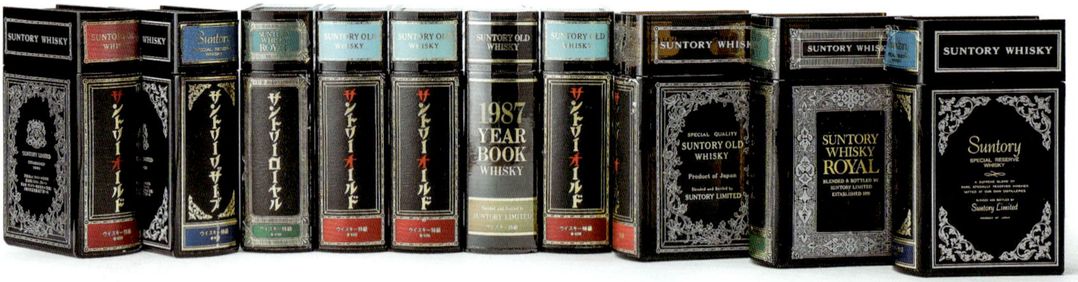

三得利1987年书册威士忌

43%vol　10支/660ml

中国嘉德　11/12　lot 4464　估价：1,000—2,000

成交价：25,300

三得利帝国水晶金花版调和威士忌

装瓶时间：20世纪90年代　原盒

43%vol　3支/600ml

华艺国际（北京）　03/06　lot 3138

估价：10,500—20,000

成交价：17,250

三得利1987年书册威士忌全套原箱

43%vol　3支/660ml

永乐拍卖（北京）　03/12　lot 7218

估价：10,000—15,000

成交价：11,500

20世纪70年代三得利帝国水晶瓶调和威士忌

43%vol　3支/600ml

中国嘉德　21/05　lot 4124

估价：1,000—2,000

成交价：34,500

三得利经典酒版调和威士忌

原盒

43%vol　12支/50ml

华艺国际（北京）　03/06　lot 3139　估价：1,000—2,000

成交价：2,300

三得利世博会纪念款威士忌

43%vol　1支/700ml
中国嘉德 11/12 lot 4458
估价：1,000—2,000
成交价：5,750

20世纪70年代三得利帝国水晶瓶

43%vol　1支/660ml
永乐拍卖（北京） 22/05 lot 4205
估价：5,000—7,000
成交价：4,600

20世纪90年代金花响乐器瓶里拉琴调和威士忌

原盒
43%vol　1支/660ml
北京保利 05/12 lot 7159
估价：5,000—8,000
成交价：5,750

三得利钢琴，里拉琴金花调和威士忌

43%vol　2支/600ml
中贸圣佳 30/12 lot 5027
估价：无底价
成交价：12,650

三得利威望25年调和威士忌

43%vol　1支/750ml
中贸圣佳 30/12 lot 5028
估价：8,000—12,000
成交价：17,250

20世纪80年代三得利特级礼盒

43%vol　2支/760ml

永乐拍卖（北京）　22/05　lot 4204

估价：4,000—5,000

成交价：4,600

20世纪80年代三得利特级礼盒

43%vol　1支/760ml

永乐拍卖（北京）　22/05　lot 4203

估价：3,000—5,000

成交价：3,450

20世纪70年代三得利特级礼盒

43%vol　2支/760ml

永乐拍卖（北京）　22/05　lot 4202

估价：3,000—5,000

成交价：4,600

三得利秘藏调和威士忌

40%vol、43%vol　4支/760ml、1支/700ml

中贸圣佳　30/12　lot 5008

估价：3,000—5,000

成交价：5,750

三得利寿、麒麟徽章、富士御殿场礼盒装调和威士忌

43%vol　760ml

中贸圣佳　30/12　lot 5009

估价：3,000—5,000

成交价：5,750

三得利洛雅15年金瓶，洛雅15年调和威士忌

43%vol　2支/720ml

中贸圣佳　30/12　lot 5004

估价：无底价

成交价：4,600

三得利12年纯麦威士忌套装

陈年：12年　40%vol　6支/150ml

中国嘉德 11/12 lot 4457　估价：3,000—5,000

成交价：6,900

20世纪90年代三得利特别珍藏（Special Reserve）10年调和威士忌

陈年：10年　40%vol　5支/700ml

中国嘉德 21/05 lot 4172　估价：3,000—5,000

成交价：8,050

三得利千禧限量版金花标威士忌白兰地

40%vol　2支/700ml

中贸圣佳 30/12 lot 5007

估价：无底价

成交价：6,900

20世纪70年代三得利木箱特别珍藏系列威士忌

43%vol　16支/760ml

中国嘉德 11/12 lot 4463

估价：3,000—5,000

成交价：40,250

三得利千禧年纪念限量版纯麦威士忌

43%vol　2支/700ml

中国嘉德 21/05 lot 4123

估价：1,000—2,000

成交价：36,800

余市10年、12年、15年、20年单一麦芽威士忌
1. 余市10年、12年、15年：45%vol
2. 余市20年：52%vol　4支/700ml
中国嘉德　21/05　lot 4167
估价：55,000—65,000
成交价：92,000

余市 20 年单一麦芽威士忌
陈年：20年
52%vol　2支/700ml
中国嘉德　11/12　lot 4491
估价：42,000—50,000
成交价：63,250

余市宫城峡蒸馏所限定单一麦芽风味桶原酒
55%vol　6支/500ml
永乐拍卖（北京）　22/05　lot 4229
估价：12,000—20,000
成交价：18,400

余市20年单一麦芽威士忌
52%vol　1支/700ml
中贸圣佳　30/12　lot 5088
估价：15,000—25,000
成交价：24,150

余市蒸馏所限定单一麦芽风味桶原酒

55%vol　3支/500ml

永乐拍卖（北京）03/12 lot 7224

估价：4,000—8,000

成交价：9,200

余市石炭直火蒸馏单一麦芽威士忌

43%vol　5支/500ml

中国嘉德 21/05 lot 4170

估价：1,000—2,000

成交价：13,800

余市10年单一麦芽威士忌

陈年：10年

45%vol　1支/700ml

中国嘉德 11/12 lot 4462

估价：1,000—2,000

成交价：11,500

余市宫城峡蒸馏所限定单一麦芽风味桶原酒

55%vol　6支/500ml

中国嘉德 11/12 lot 4466

估价：1,000—2,000

成交价：17,250

尼卡Super Rare Old（超稀有老款）宫城峡限定调和威士忌

43%vol　10支/500ml

中国嘉德 11/12 lot 4465

估价：10,000—20,000

成交价：13,800

余市，宫城峡限定版单一麦芽威士忌

40%vol　3支/500ml

中贸圣佳 30/12 lot 5086

估价：无底价

成交价：4,600

宫城峡1989年纪念松尾芭蕉俳句集《奥之细道》300周年陶瓷瓶威士忌

39%vol　1支/700ml

中国嘉德 21/05 lot 4131

估价：1,000—2,000

成交价：36,800

宫城峡1989年纪念松尾芭蕉俳句集《奥之细道》300周年陶瓷瓶威士忌

39%vol　1支/700ml

永乐拍卖（北京） 22/05 lot 4212

估价：12,000—20,000

成交价：17,250

宫城峡15年单一麦芽威士忌

45%vol　3支/700ml

中贸圣佳 30/12 lot 5087

估价：20,000—30,000

成交价：31,050

宫城峡新川伏流水仕込单一麦芽威士忌

43%vol　5支/500ml

中国嘉德 21/05 lot 4171　估价：1,000—2,000

成交价：10,350

余市宫城峡蒸馏所限定单一麦芽风味桶原酒

55%vol　6支/500ml

中国嘉德 21/05 lot 4128　估价：1,000—2,000

成交价：20,700

仙台宫城峡伊达政宗纪念威士忌

43%vol　8支/700ml

中国嘉德 11/12 lot 4468　估价：1,000—2,000

成交价：23,000

宫城峡12年单一麦芽威士忌

55%vol　1支/500ml

永乐拍卖（北京） 03/12 lot 7201

估价：无底价

成交价：2,300

宫城峡Sherry & Sweet（雪莉、甜香）酒厂限定版原酒威士忌

原盒

55%vol　1支/500ml

北京保利 05/12 lot 7198

估价：4,000—5,500

成交价：4,600

卡慕高尔夫球特别版拿破仑干邑白兰地

中国嘉德 21/05 lot 4357

估价：1,000—2,000

成交价：6,900

卡慕拿破仑干邑白兰地（共2支）及烟碟套装

中国嘉德 21/05 lot 4356

估价：1,000—2,000

成交价：17,250

人头马瓷瓶干邑白兰地

40%vol 1支/700ml

永乐拍卖（北京） 03/12 lot 7206

估价：无底价

成交价：1,150

人头马250周年1974年限量版白兰地

40%vol 1支/700ml

中贸圣佳 30/12 lot 5023

估价：无底价

成交价：13,800

金花卡慕干邑白兰地

48.8%vol 1支/700ml

永乐拍卖（北京） 03/12 lot 7204

估价：无底价

成交价：1,150

卡慕白兰地

40%vol 3支/700ml

中贸圣佳 30/12 lot 5020

估价：无底价

成交价：5,750

轩尼诗1998年毕加索《若恩咖啡厅》艺术限定干邑

40%vol　6支/350ml

中国嘉德　11/12　lot 4582

估价：1,000—2,000

成交价：28,750

轩尼诗1995年高田贤三（Kenzo）订制长斧干邑

40%vol　2支/350ml

中国嘉德　21/05　lot 4354

估价：1,000—2,000

成交价：10,350

轩尼诗1995年高田贤三订制长斧干邑

40%vol　10支/350ml

中国嘉德　11/12　lot 4583

估价：1,000—2,000

成交价：20,700

派克1973年干邑白兰地

入桶时间：1973年　装瓶时间：2013年

43%vol　1支/700ml

中国嘉德　21/05　lot 4359

估价：1,000—2,000

成交价：11,500

太师龙极品干邑

40%vol 2支/1750ml

永乐拍卖（北京） 22/05 lot 4393

估价：无底价

成交价：115,000

宝莱远年大香槟干邑白兰地

陈年：45年及以上

40%vol 1支/900ml

中国嘉德 21/05 lot 4355

估价：1,000—2,000

成交价：17,250

卡慕干邑白兰地及酒具一套

40%vol 2支/700ml

中国嘉德 21/05 lot 4360

估价：1,000—2,000

成交价：17,250

人头马特优香槟干邑白兰地

40%vol 4支/700ml

中国嘉德 21/05 lot 4358

估价：1,000—2,000

成交价：13,800

人头马20世纪80年代拿破仑干邑白兰地

40%vol 2支/700ml

永乐拍卖（北京） 03/12 lot 7205

估价：无底价

成交价：1,150

市场分析

读懂老酒，读懂中国酒

——中国老酒收藏市场趋势解读和营销价值研判

田卓鹏 /中国酒类流通协会收藏与市场专业委员会副秘书长

“酒是陈的香”，老酒的陈香既有酒本身陈化老熟的物质之香，也有沉淀了岁月和文化的精神韵味。近年来，老酒价格不断攀升，老酒市场不断扩容，老酒消费持续增长，老酒的收藏、购买、品鉴、投资、馈赠等多种功能价值不断凸显，相信在未来老酒市场会更加繁荣，也会有更多的朋友关注老酒、认识老酒、爱上老酒。

一、数读老酒产业千亿市场

59亿：中国艺术品59亿美元成交额位居全球第一

2021年中国艺术品市场以59亿美元的成交额位居全球第一，占全球艺术品成交额的34.5%。在老酒拍卖板块，以茅台老酒标王为代表的老酒价值比肩高端收藏品。

1000亿：未来收藏酒/老酒市场将突破1000亿+规模

《2022年线上收藏酒消费趋势前瞻报告》中显示，目前收藏酒/老酒市场总量约为500亿—1000亿元之间，预计未来5年中国收藏酒/老酒市场将突破1000亿元。

400%：铁盖茅台老酒价格逐年上涨，6年增长超过400%+

从2015年到2021年，1987年铁盖茅台从17,250元/瓶上涨到72,500元/瓶，6年增长420%，年均增长70%；1996年铁盖茅台也从11,500元/瓶上涨到

52,708元/瓶，6年增长458%，年均增长76.3%。受限于产量低、存量少、升值空间大等多重因素，铁盖茅台已成为备受追捧的茅台酒价值标杆，而茅台老酒更是老酒市场繁荣的一个重要风向标。

二、解读老酒收藏发展趋势

趋势一：三大源动力驱动老酒市场扩容

一是参与者、收藏者、投资者“三轮驱动”。近年来，老酒市场参与者的数量增多，参与深度也有所加强。茅台酒、五粮液、习酒、汾酒、郎酒、西凤酒等老牌名优白酒竞相举办老酒“回家”、老酒拍卖、老酒鉴赏等活动，积极入局老酒市场。老酒的热度更是从收藏圈、投资圈扩散到大众消费者。

二是“拍王”引领老酒升值空间与潜力。在2013年6月的“浓香万里”原坛古井贡酒老酒拍卖会上，“1979年古井贡酒”拍出1357万的天价，创下迄今为止白酒拍卖场上单一标的物成交额的最高纪录。老酒“拍王”持续高价引领，为更多的老酒价值挖掘和升值提供了充足的空间和良好的发展势头。

三是老酒消费扩容成为驱动市场的关键力量。老酒市场逐渐从私人爱好发展成白酒行业重要的细分市场，越来越多的消费者对陈年名酒的品质认知逐渐清晰，认同感提升，这也极大地促进了老酒市场的规范化、专业化。

趋势二：酒业向名酒集中催生老酒市场繁荣

老酒品牌要成为老酒市场繁荣主力军需具备三大必要条件：酒体够老是基础、品牌知名是前提、老酒存量是保障。当前酒业向名酒集中的趋势正在加剧，头部名酒的市场集中度呈现压倒性优势。

趋势三：三大势力决定老酒投资潜力

一是老名酒的次新酒。次新酒将会推动瓶储酒的发展，其饮用场景的扩容潜力巨大。二是更名过的老名酒。可关注20世纪80年代以前的高年份老酒，如古井贡酒、泸州老窖特曲、舍得（沱牌曲酒）、水井坊（全兴大曲）、汾酒等。三是特殊香型强势头部品牌。老白干香型、芝麻香型、凤香型、董香型、馥郁香型、特香型等特殊香型更具稀缺潜力。

趋势四：老酒收藏呈现名优酒三大热门阵营

一是17种中国老名酒阵营。茅台酒、汾酒、五粮液、董酒、西凤酒、郎酒等17大中国老名酒规模持续扩大，在2016—2017年老酒市场中规模涨幅高达85%。

二是58种中国优质酒。自1952年至1989年，历时37年、5届名酒评选会选出了58种国优酒，其中稀缺品多、收藏难度大，部分白酒已经绝迹，成为老酒收藏追捧的热门对象。

三是新名酒。这些产品品牌以中高端酒为主，省内或区域销量领先，有些也曾是省优酒、部优酒，存市量少，更符合收藏界“物以稀为贵”的规律，我们称之为新名酒。

二、研读老酒营销八大价值

第一，老酒拍卖价值助推品牌价值向上生长。应更重视老酒市场的挖掘与引导，拍卖价值的推广，引导拍卖市场，促进品牌价值的提升与稀缺价值的塑造。

第二，老酒原点人群有利于拉动品牌高端消费。

第三，老酒收藏家也是超级IP。将收藏家的大IP价值发挥到极致，利用社群搭建一个高端酒的推广方式，甚至将其发展成新的社群酒商。

第四，老酒新零售平台隐藏巨量发展潜力。新零售是“线上加线下，店内加店外，服务加零售”的一体化。

第五，老酒收藏催熟瓶储年份酒价值标准。

第六，老酒收藏助推酒道文化体验热。

第七，老酒收藏引领珍藏酒品开发风向标。

第八，老酒收藏加速白酒复古消费热。中国酒是中国传统文化的一部分，也必将紧随传统文化的兴起与发展。

名酒随着岁月的流淌，将时间的美好沉淀，把收藏价值、投资价值和饮用价值发挥到极致，将成为推动中国酒业新营销新文化运动的重要力量！

拍卖公司信息

中国嘉德国际拍卖有限公司
地址：北京市东城区王府井大街1号嘉德艺术中心三层
电话：010-85928288
传真：010-85928289
邮箱：mail@cguardian.com

北京保利国际拍卖有限公司
北京市东城区朝阳门北大街1号新保利大厦三层
Tel：+86(0)10-64083188
Fax：+86(0)10-64083186
copyright @ www.polypm.com.cn

北京永乐国际拍卖有限公司
地址：北京市朝阳区朝阳公园南路10号院
骏豪·中央公园广场A2座6层
电话：+86(10) 8709 5988
邮箱：vip@yongleauction.com

广州华艺国际拍卖有限公司
地址：广州市越秀区东湖路125号
电话：020-87306600
传真：020-87306611
邮箱：sh@hollypm.com.cn

中贸圣佳国际拍卖有限公司
地址：北京市朝阳区酒仙桥路4号798艺术区A04栋三层
电话：010-64156669
传真：010-64166843
邮箱：webmaster@chinasungari.com

北京荣宝拍卖有限公司
地址：北京西城区琉璃厂西街36号
电话：010-83159597
传真：010-83159598
邮箱：rongbao@art139.com

西泠印社拍卖有限公司
地址：浙江省杭州市清吟街127号（王文韶大学士故居）
邮编：310003
电话：0571-87896778
传真：0571-87812600
邮箱：xlpm@xlysauc.com